Macroeconomía

Un enfoque cuantitativo

Editado por
Emilio Congregado
Universidad de Huelva
y
Concepción Román
Universidad de Huelva

Bridging Languages and Scholarship

Serie en Economía

Vernon Press

www.vernonpress.com

En América:
Vernon Press
1000 N West Street, Suite 1200,
Wilmington, Delaware 19801
United States

En el resto del mundo:
Vernon Press
C/Sancti Espiritu 17,
Málaga, 29006
Spain

Bridging Languages and Scholarship

Serie en Economía

Library of Congress Control Number: 2025944339
ISBN: 979-8-8819-0368-8

Diseño de cubierta por Vernon Press con elementos de Freepik.

Contenidos

Lista de figuras

Autores

MACROECONOMÍA

Un enfoque cuantitativo

Javier García-Clemente

Copenhaguen Business School

Ana Rodríguez-Santiago

Universidad de Málaga

Nicola Rubino

Universidad de Valencia

David Troncoso

Universidad de Sevilla

Inmaculada Vílchez

Universidad de Sevilla y Universidad Internacional de Andalucía

Capítulo uno
Introducción

Emilio Congregado
Concepción Román

1.1 Introducción

Este manual es el resultado de la sistematización de las notas con las que, a lo largo de nuestra carrera docente, hemos intentado facilitar el aprendizaje de los modelos macroeconómicos básicos. Estas se han ido enriqueciendo a lo largo del tiempo, gracias a las aportaciones de los diferentes compañeros y compañeras que se han incorporado al equipo, a las sugerencias de muchos estudiantes y, por supuesto, a la adaptación a los cambios en la disciplina y a las habilidades de las nuevas generaciones de estudiantes. Es, por tanto, fruto de un esfuerzo colectivo y de continua revisión.

Así, y en buena medida, el valor de este manual se encuentra en las estrategias, en ocasiones imaginativas, con las que hemos tratado de abordar conceptos áridos o con los que hemos intentado despertar el interés de nuestros alumnos a través del uso de símiles y relaciones con algunos conceptos o ideas de más fácil comprensión. Un segundo mérito de este texto reside en el uso de aplicaciones de los modelos al análisis de patologías reales, lo que, desde nuestra experiencia, hace que los estudiantes aprecien la aplicabilidad práctica de lo aprendido y sean conscientes de las competencias adquiridas cuando terminan el curso. Esto facilita mucho, al docente, la tarea de hacer atractiva la disciplina que imparte. El tercer rasgo diferenciador de este manual es que no rehúye del uso del instrumental analítico y cuantitativo; más bien al contrario, lo potencia de manera intencionada para que el estudiante entienda, desde el principio, cuál es la estrategia para diagnóstico y tratamiento de patologías en economía, que aprecie el valor de los modelos y de la importancia de las herramientas cuantitativas para su calibración. Todo ello ha de propiciar que el estudiante comprenda que los diagnósticos y tratamientos no son elementos especulativos y subjetivos sino derivados del uso de modelos que, una vez calibrados, nos permiten hacer simulaciones sobre los efectos esperados de diferentes shocks en los valores y/o trayectorias de sus variables de control. El propio título incluye de manera deliberada, una referencia a su enfoque cuantitativo, para diferenciarlo de otras estrategias de enseñanza de la disciplina a estos niveles básicos e intermedios, que no permiten al alumno apreciar la potencialidad de la disciplina, en toda su extensión.

Llegados a este punto, es pertinente plantearse la razón de ser de este manual, su necesidad y, en cierta medida, cuál es su valor añadido y su aportación en comparación con otros manuales existentes en el mercado, muchos de los cuales están avalados por firmas de alto prestigio en el ámbito académico e investigador. Desde nuestro punto de vista, tres vectores configuran la utilidad práctica y la justificación de este curso de Macroeconomía.

En primer lugar, como podrá comprobar, este es un curso de Macroeconomía que incluye tanto un tratamiento teórico riguroso como una serie de aplicaciones prácticas de dos tipos. Las primeras están diseñadas para que el estudiante pueda aplicar los modelos a la interpretación de situaciones y contextos reales, tanto del pasado como de aquellos que surgirán durante el desarrollo del curso; por ejemplo, la aparición de una determinada patología en una economía concreta o en el contexto internacional, así como diversos tipos de shocks, incluyendo cambios en la política económica. El análisis de estos casos, utilizando los modelos teóricos, permitirá al docente reforzar ciertas ideas y proposiciones, al mismo tiempo que capacitará al alumno para saber qué modelo usar en cada situación y apreciar la utilidad de los modelos teóricos para comprender los efectos de diferentes perturbaciones y la propia dinámica de la economía.

En segundo lugar, y frente a la opción seguida por otros manuales, este curso de macroeconomía se orienta a proporcionar al lector/usuario un enfoque que combina el rigor analítico en la modelización con una iniciación a la economía cuantitativa y computacional. Desde nuestra experiencia nos parece que prescindir de lo analítico y del componente cuantitativo puede llevar a los estudiantes a hacerse una idea equivocada de lo que es la Economía. El alumno no puede tener la impresión de que en economía todo es conocimiento especulativo y opinático cuando, precisamente debe entender, el papel de la modelización, calibración y simulación. Aunque sea con modelos lineales y haciendo uso de unos instrumentos estadísticos rudimentarios, es importante que el alumno entienda que, los impactos de cualquier shock o la dinámica de las variables económicas en ausencia de perturbaciones han de ser evaluadas con el uso de modelos que han de ser aterrizados en un lugar y momento concretos gracias a la calibración, esto es, a la búsqueda del espacio paramétrico que lo define. Sobre esta base es sobre la que evaluar impactos o realizar simulaciones. Esta forma de proceder debe ser inculcada en el estudiante para que no corra el peligro de pensar que la efectividad o inefectividad de una política o los efectos de un tratamiento son un dogma de fe, con aplicación universal, en vez de una cuestión técnica en la que, a lo sumo, las discrepancias entre analistas, caso de existir, se generan por una mayor o menor habilidad en el diseño y calibración de los modelos, pero nunca por razones subjetivas. Por esta razón, este manual introduce al alumno en la modelización macroeconómica, para que calibre, compute y simule, haciendo uso de los modelos aprendidos junto a conocimientos básicos de estadística y programación de hojas de cálculo. De la misma manera, se le introduce en los problemas de largo plazo, resolviendo ecuaciones en diferencias con métodos numéricos. Estas estrategias no solo le sirven para comprender y afianzar ciertos conceptos, sino también para entender el trabajo del economista, el método, y la interrelación entre la teoría económica, la econometría y la computación.

Esta apuesta por este enfoque cuantitativo se hace siendo conscientes de que nuestro público objetivo son estudiantes de primeros cursos del Grado, razón por la cual, sacrificamos el uso de modelizaciones más complejas o de técnicas econométricas avanzadas. Pero creemos que eso no es importante en esta etapa del aprendizaje, lo trascendente es que el estudiante aprenda el método, entienda el uso y utilidad de cada herramienta y sobre todo el valor del análisis económico, a través de la introducción al modelado, calibrado y simulación. De esta forma, se sientan las bases para que en cursos posteriores o en el posgrado, el estudiante se introduzca en modelados más complejos, microfundamentados, no lineales, dinámicos y con elementos estocásticos, a la vez que mejore sus competencias para calibrar de forma más precisa gracias a la ampliación de sus conocimientos de econometría o de las técnicas de aprendizaje estadístico[1]. En definitiva, el enfoque adoptado pasa por ajustar la enseñanza de la macroeconomía al paradigma de trabajo, tratando de desarrollar esquemas mentales en el estudiante, que le permitan apreciar el contenido y alcance de la Macroeconomía y como en ella, se conjugan la modelización, la computación y la calibración, aunque sea de forma muy rudimentaria, al tratarse de un curso de nivel intermedio.

Para concluir y centrándonos en el estilo, este curso de Macroeconomía está diseñado pensando en los alumnos. Como hemos avanzado, el objetivo final es lograr que el estudiante sea capaz de aplicar sus modelos básicos, y de prever,

---

[1] Haciendo abstracción de lo que depare el uso de la Inteligencia Artificial al análisis macroeconómico, vivimos un momento, en el que los avances en el *Big Data y los avances en la Ciencia de Datos* y en la *Computación*, están dando origen a modelizaciones más complejas, con un mayor número de variables, en las que es posible calibrar de forma más precisa, mejorar la capacidad predictiva de los modelos y la capacidad para realizar simulaciones. En una disciplina que avanza bajo esos parámetros convendrá el lector que la enseñanza de la macroeconomía no puede estar ajena a esta combinación de lo analítico y lo cuantitativo siendo imperativo el iniciar al estudiante de economía en la programación y calibración de modelos, competencias que forman parte del perfil laboral del economista actual.

haciendo uso de sus proposiciones, cuáles son las consecuencias de diferentes tipos de shocks. Para lograrlo, y por nuestra experiencia, solo son necesarias dos cosas. La primera, que el alumno no se pierda al experimentar ciertas dificultades con el álgebra o el cálculo diferencial. La segunda, conseguir que la asignatura le motive.

La primera es fácilmente subsanable, a través de la explicación parsimoniosa de los conceptos, del álgebra y del análisis gráfico, una opción consciente de los autores de este libro que, aunque a veces pueda resultar tediosa para el estudiante más aventajado, resulta clave para que el alumno medio adquiera las destrezas básicas en la determinación y comprensión de los modelos.

La segunda es aún más fácil, si cabe. Si bien es cierto que, en momentos de inestabilidad, cuando las noticias de índole económica ocupan las primeras páginas de los noticieros de todo el mundo, es sencillo despertar el interés de los alumnos por nuestra disciplina, también es verdad que siempre existen patologías y políticas/tratamientos que pueden ayudarnos a inspirar el debate. Se trata de lograr que el estudiante aprecie la importancia práctica de la disciplina, para lo cual resulta imprescindible realizar una adecuada traslación de los modelos a la interpretación de los fenómenos y problemas macroeconómicos actuales. En este sentido, se analizan fenómenos, patologías y shocks reales, haciendo uso de los modelos aprendidos, insistiendo una y otra vez en que no son más que juegos, dado que los modelos hay que aterrizarlos a través de la obtención de su espacio paramétrico, y los efectos y evoluciones de las variables deben ser computados gracias a esos modelos.

1.2 Estructura del curso

En cuanto a la estructura, se trata de un curso clásico, permitiendo su uso tanto para completar un curso de Introducción a la Economía, como para desarrollar uno de Macroeconomía Intermedia, de unos seis créditos, al nivel al que habitualmente se ha venido impartiendo esta última.

La primera parte se dedica al análisis de los modelos de determinación de la renta partiendo del análisis de una economía abierta de precios fijos, sobre la base del cual y a través de la relajación de ciertos supuestos restrictivos se procede a incorporar nuevos elementos al análisis. El enfoque es clásico y va dando pasos sucesivos desde el modelo básico keynesiano hasta el modelo de oferta y demanda agregada. Las razones de esta sucesión está motivada: i) primero, porque pedagógicamente resulta muy efectivo partir del modelo más simple hasta llegar a los más complejos, y ii) segundo, porque esta presentación coincide cronológicamente con la evolución de la Macroeconomía, en la que los modelos han intentado dar explicación a las patologías, a la vez que proporcionar instrumentos para combatirlas, pero en las que las sucesivas mutaciones del virus -la aparición de nuevas patologías asociadas- han provocado que los tratamientos -vacunas- resultaran inefectivos. Es en esta clave en la que debemos entender la aparición de los sucesivos modelos, como extensiones de los anteriores en los que cosas que antes formaban parte del espacio paramétrico pasan a convertirse en variables de interés. Este bloque se completa con una primera aproximación a los modelos dinámicos, para entender la dinámica del output y la inflación. El complemento de los temas en este bloque lo constituye un conjunto de aplicaciones prácticas que analizan la realidad económica mediante el uso de modelos. Estas aplicaciones se pueden llevar a cabo, sin dificultad, en clases tradicionales de problemas o a través del trabajo autónomo, y buscan reforzar el dominio de los modelos aprendidos, así como la capacidad del alumno para trasladar esos resultados a la interpretación de diferentes acontecimientos y medidas de política económica.

Volviendo al detalle de los contenidos, los cuatro temas incluidos en este módulo abordan el estudio de los modelos de determinación de la renta, los tipos de interés y los precios en el corto plazo. Como ya hemos advertido, la ordenación que proponemos de los mismos es la que creemos más pedagógica, al ir construyendo cada uno de los modelos sobre la base del anterior, a través de la incorporación de nuevas variables o lo que es lo mismo, la relajación de ciertos supuestos. En primer lugar, se presenta el modelo estático más simple, aquel que solo aborda la determinación de la renta en el marco de una economía no monetaria[2] y con precios rígidos. A continuación, se amplía el modelo a economías monetarias, en las que los tipos de interés son variables -modelo IS-LM-. A partir de aquí, el modelo básico de determinación de la renta y de los tipos de interés se expande en dos direcciones: en primer lugar, incorporando los flujos de capital al modelo -modelo Mundell-Fleming- y, en segundo lugar, relajando el supuesto de precios rígidos -modelo de oferta y demanda agregadas-. Esta relajación del supuesto de estabilidad de precios se realiza inicialmente sobre la base del modelo IS-LM, para obtener la demanda agregada, esto es el nivel de equilibrio general del output -de equilibrio simultáneo de los mercados de bienes y servicios y de activos financieros- para cada nivel de precios. Posteriormente, introducimos el lado de la oferta en el modelo, sobre la base de una función de producción agregada y de una

---

[2] El alumno debería entender que, si queremos construir un modelo de determinación de la renta, para una economía en la que los tipos de interés y los precios son estables, podemos hacer abstracción de estas dos variables y suponerlas dadas. Así, y para modelizar este tipo de economías podemos simplificar y suponer que los mercados de activos financieros no influyen en el mercado de bienes y servicios. Esto equivale a centrarnos en analizar sólo el mercado de bienes y servicios y pensar en términos de una economía no monetaria.

ecuación de salarios y precios. Este esquema de oferta y demanda agregada nos permitirá determinar conjuntamente la producción y los precios, y comprobar que no solo que existen nuevos instrumentos de política –los propios de las llamadas políticas de oferta– sino también reconsiderar y ampliar el alcance de los efectos de las políticas de demanda, ya estudiadas en los anteriores modelos. Finalmente, e introduciendo dinámica en la demanda agregada, se presenta el funcionamiento del modelo de oferta y demanda agregada dinámica que debe ayudar a comprender al alumno la dinámica de la inflación y el desempleo y el porqué de ciertas trayectorias y fenómenos tales como la estanflación.

La segunda parte, se dedica al análisis de la teoría del crecimiento, a lo largo de tres temas. El primero de estos temas, dedicado al crecimiento económico comienza analizando, sobre la base de los datos internacionales sobre renta y tasas de crecimiento, la presencia de ciertas regularidades empíricas, de ciertos hechos estilizados del crecimiento, para entender qué elementos caracterizan el fenómeno que queremos explicar y qué debe explicar cualquier modelo explicativo del crecimiento económico. Como comprobará el lector, un modelo que pretenda explicar la dinámica de la renta o de su tasa de crecimiento ha de contener una relación entre la producción y los factores (una función de producción agregada) y una ley dinámica de acumulación de los factores que genere dinámica en la producción. El modelo de Solow-Swan y sus implicaciones básicas es usado como ilustración inicial de estos modelos. Los dos temas restantes con los que se completa este bloque se dedican a la presentación de los modelos alternativos, a la lógica de aparición de cada uno de ellos y a la controversia acerca de la hipótesis de convergencia.

La tercera parte de este libro, opcional para aquellos que tengan pocos créditos en sus planes de estudio, incluye un tema diseñado con el único objetivo de que el estudiante entienda la relación entre la Microeconomía y la Macroeconomía, es decir, los microfundamentos que subyacen a la Macroeconomía. Este tema se diseña para marcar la transición entre un curso de Macroeconomía Intermedia y uno de Macroeconomía Superior. Concretamente y, para conseguir este objetivo, se expone una teoría básica del consumo. El tema comienza con el análisis del consumo intertemporal para un individuo representativo que vive dos períodos. Posteriormente y, a través del modelo más tradicional –hipótesis del ciclo vital/renta permanente– se estudian los determinantes básicos del consumo y se hace una semblanza de la teoría del consumo como paseo aleatorio (Hall, 1978).

Finalmente, el último capítulo con el que se cierra este manual trata de hacer balance de lo aprendido, presentando una panorámica de la evolución de esta disciplina, situando en contexto temporal los modelos que hemos abordado y entendiendo la lógica en lo que se refiere a la sucesión de teorías y modelos que trataban de dar respuestas a nuevos fenómenos sobre los que los economistas no tenían respuesta. En suma, se trata de un tema de Historia del Análisis Económico en el que se trata de poner en retrospectiva los modelos aprendidos, a la vez que cumple con la finalidad de dotar de una cierta cultura económica al alumno. Repasaremos la evolución de la Macroeconomía desde Keynes, entendiendo la lógica de sus prescripciones, la evolución del pensamiento postkeynesiano y los cuestionamientos/reconsideraciones de los modelos. Finalmente, se concluye presentando una breve panorámica actual del estado de la Macroeconomía.

1.3 Fórmulas alternativas de impartición

Como advertíamos anteriormente, este curso puede ser usado para cubrir tanto una asignatura de introducción como una de Macroeconomía intermedia, en una misma secuencia. Conocedores de la diversidad de la que el análisis macroeconómico goza en los diferentes planes de estudio y titulaciones, los autores de este curso sugerimos dos posibles alternativas: La primera, el uso de los dos primeros capítulos de la segunda parte y quizá del primer tema de crecimiento para un curso de Macroeconomía Introductoria; la segunda, impartir un curso de Macroeconomía Intermedia haciendo uso de la segunda parte del manual excluyendo los contenidos que hayan sido ya avanzados en el curso de introducción.

Referencias

Hall, R. E. (1978). Stochastic implications of the life cycle-permanent income hypothesis: theory and evidence. *Journal of political economy*, *86*(6), 971-987.

PARTE I: MODELOS DE DETERMINACIÓN DE LA RENTA A CORTO PLAZO

Capítulo dos
El modelo keynesiano básico: keynesianismo hidráulico

Emilio Congregado
Javier García-Clemente
Inmaculada Vílchez

Resumen

Este capítulo analiza la transición de la teoría económica clásica a la teoría keynesiana en respuesta a la Gran Depresión de los años treinta. Destaca cómo el enfoque clásico, que atribuye la renta nacional a factores de oferta y propone medidas deflacionistas para reactivar los mercados, fracasó ante el estancamiento y el elevado desempleo sin precedentes. En contraste, la obra de Keynes, "La Teoría General", introduce un análisis centrado en la demanda agregada, subrayando que la insuficiencia de esta constituye la causa principal de las recesiones y el desempleo elevado, y propone la intervención del Estado como forma de impulsar la demanda. El capítulo presenta el modelo keynesiano básico—también conocido como modelo de 45 grados o Aspa keynesiana—que asume una economía sin mercado de dinero y con precios estables, para mostrar cómo la demanda agregada determina la renta. La exposición se desarrolla en tres fases: análisis de la determinación de la renta, incorporación del sector público y análisis de políticas fiscales, y extensión del modelo al sector exterior y políticas comerciales. A través del análisis matemático y de la realización de ejercicios de estática comparativa, se analiza el impacto de diversas perturbaciones y el multiplicador, proporcionando una base para entender modelos más complejos en los siguientes temas.

Palabras Clave: Gran Depresión, economía clásica, economía keynesiana, demanda agregada, política fiscal, multiplicador, modelización macroeconómica, equilibrio económico, estabilidad, estática comparativa.

***

2.1 Introducción

La *Gran Depresión* de los años treinta, puso en duda la validez de la teoría económica clásica, teoría según la cual la renta nacional depende de factores de oferta. El análisis clásico propuso, como receta a la crisis, la adopción de medidas deflacionistas. La idea que subyace es que, al reducirse los precios, se ampliaría el mercado, se reactivaría el consumo, permitiendo así la eliminación de los stocks acumulados y la reactivación de la producción. Para ello, era preciso reajustar la masa monetaria a los nuevos niveles de precios, mantener el equilibrio presupuestario y evitar el intervencionismo, considerado por esta escuela como algo nocivo. Esta fue la esencia del fracasado *Plan Hoover*, en plena concordancia con la receta de política económica que se plantea desde el clasicismo y que se puede resumir en la *no intervención*. El problema es que, por primera vez, en la historia del capitalismo, las economías se mostraron incapaces de salir, por sí solas, de una situación de estancamiento y paro. En este contexto, *John Maynard Keynes* publica en 1936 *"The General Theory of Interest, Employment and Money"*, obra que marca un hito como alternativa a la teoría económica clásica. Frente a la visión clásica, en la que como ya se ha mencionado, la renta viene determinada por la oferta agregada, *Keynes* considera que las situaciones de baja renta y elevado desempleo, típicas de las recesiones, son debidas en gran medida a una insuficiencia de la demanda agregada. El lector podrá advertir que este hallazgo abre la puerta de la intervención en economía: si la recesión está producida por una insuficiencia de la demanda agregada, el Estado puede ayudar a superar esta situación aumentando sus compras de bienes y servicios, pues es este el componente del gasto planeado más fácil de manipular en fases recesivas del ciclo económico.

Este capítulo intenta presentar las principales ideas keynesianas a través de la modelización del sistema keynesiano para una economía en la que *no existe mercado de dinero*[1] y en la que los *precios son estables*. Este modelo –*aspa keynesiana, modelo keynesiano básico* o *modelo de 45 grados*– nos ayudará a entender la forma en la que la renta es determinada por la demanda agregada en el sistema keynesiano (Hicks, 1937). A pesar de considerar los precios como fijos y no considerar el dinero, es un buen punto de partida para entender modelos más completos y complejos que serán analizados en temas siguientes.[2]

---

[1] Estos supuestos, equivalen a suponer que los tipos de interés permanecen estables y que no hay tensiones inflacionistas ni deflacionistas. Es una forma de simplificar el modelo, lo cual no le quita realismo, en tanto en cuanto, hay situaciones en las que esos supuestos son bastante realistas.

[2] La expresión keynesianismo hidráulico fue popularizada por Coddington (2013), para referirse a la idea de que una economía puede ser concebida (en el agregado) como un

Por una cuestión didáctica, presentamos este modelo en tres fases. Así, tras una primera aproximación a la demanda agregada y sus componentes y a cómo esta determina la renta de equilibrio, analizamos la situación de equilibrio en una economía en la que no existe ni sector público ni sector exterior. A continuación, ampliamos la economía incorporando el sector público, lo que nos permite analizar el papel de la política fiscal en la renta y en el saldo presupuestario. Por último, completamos el modelo incorporando el sector exterior, lo que nos permite también analizar el efecto de la política comercial. En cada caso, además de analizar el equilibrio tanto gráfica como analíticamente, realizamos distintos ejercicios de estática comparativa[3], que permiten analizar el efecto que sobre la renta tienen distintas perturbaciones y comprender el fenómeno del multiplicador. Aun a riesgo de ser repetitivos, hemos considerado necesario presentar este modelo de esta forma, en la que el modelo se va completando de forma paulatina, por la importancia que creemos tiene comprender en profundidad este análisis que, aunque básico, es fundamental dado que nos servirá de base para el desarrollo de modelos más complejos.

Esquema del capítulo	
2.1. Introducción 2.2. La demanda agregada y la producción de equilibrio 2.3. Los componentes de la demanda agregada 2.3.1. El consumo 2.3.2. La inversión 2.3.3. El gasto público 2.3.4. Las exportaciones netas 2.4. El equilibrio en una economía sin sector público y sin sector exterior 2.4.1. La representación gráfica del equilibrio 2.4.2. Ejercicios de estática comparativa	2.5. El equilibrio en una economía con sector público y sin sector exterior 2.5.1. La representación gráfica del equilibrio 2.5.2. Ejercicios de estática comparativa 2.5.3. Efectos de la política fiscal sobre el saldo presupuestario 2.6. El equilibrio en una economía con sector público y con sector exterior 2.6.1. La representación gráfica del equilibrio 2.6.2. Ejercicios de estática comparativa 2.7. Nota final

conjunto de flujos homogéneos y se le puede representar a través de un pequeño número de ecuaciones fundamentales.

[3] Nos referimos al análisis comparado de equilibrios estáticos, antes y después de someter al modelo a un cambio o perturbación.

2.2 La demanda agregada y la producción de equilibrio

La *demanda agregada o gasto planeado,* que en adelante denotaremos por *DA*, representa la cantidad total de bienes y servicios que se demandan en la economía. En una economía abierta y con sector público, la demanda agregada o el gasto planeado es la suma del *consumo privado* –consumo planeado de las economías domésticas (*C*) –, de la *inversión privada* -la partida que se desea destinar a la formación bruta de capital fijo (*I*)-, del *gasto público* –consumo e inversión planeados por el Estado (cuya suma denotaremos por *G*)– y del saldo de la balanza comercial o *exportaciones netas* (*XN*), es decir, de la diferencia entre las exportaciones (*X*) e importaciones (*Q*) de bienes y servicios:

$$DA = C + I + G + XN$$

Como veremos, la demanda agregada depende del nivel de renta. Pero por un momento, vamos a suponer que la demanda agregada es constante (y, por tanto, independiente del nivel de renta). En ese caso, cabría plantearse qué determina el nivel efectivo de renta. En este contexto, decimos que la economía se encuentra en *equilibrio* cuando la cantidad producida, *Y*, coincide con la cantidad demandada, *DA*. Para entender que esta situación es un equilibrio, vamos a ayudarnos de la figura 2.1. En dicha figura, representamos en el plano *Y-DA* la demanda agregada como una línea horizontal, puesto que la hemos supuesto constante. Asimismo, representamos la bisectriz del primer cuadrante o línea de 45º, que representa todas las combinaciones en las que la abscisa y la ordenada coinciden. Por tanto, dicha economía simplificada estará en equilibrio en el punto *E*, siendo el nivel de producción de equilibrio Y^E. En dicho punto, la cantidad demandada y producida coinciden. Supongamos que la producción fuese menor que la producción de equilibrio. Por ejemplo, vamos a suponer que la producción es Y_1. En ese caso, la cantidad producida es menor que la demandada $Y_1 < DA$, existiendo, por tanto, una desacumulación de existencias en las empresas. Decimos, en este caso que hay una *inversión no planeada* o *inversión en existencias* negativa (*INP*<0). Las empresas reaccionarán a esta disminución de las existencias aumentando su nivel de producción, moviéndose, por tanto, como indica la flecha hacia la producción de equilibrio. Por su parte, si el nivel de producción fuese superior al nivel de producción de equilibrio, por ejemplo, si fuese Y_2, la cantidad producida sería mayor que la demandada, $Y_2 > DA$, lo que provocaría un aumento de las existencias de las empresas. Es decir, en este caso existirá una inversión no planeada o inversión en existencias positiva (*INP*>0). La reacción lógica de las empresas ante esta situación será disminuir su nivel de producción, lo que como indica la flecha haría que la producción se redujese hasta alcanzar el nivel de equilibrio, en el que la oferta y la demanda coinciden. En ese punto de equilibrio, las empresas venden todo lo que producen y los consumidores compran todo lo que desean, no existiendo presiones para que el nivel de producción varíe y siendo la inversión no planeada nula (*INP*=0).

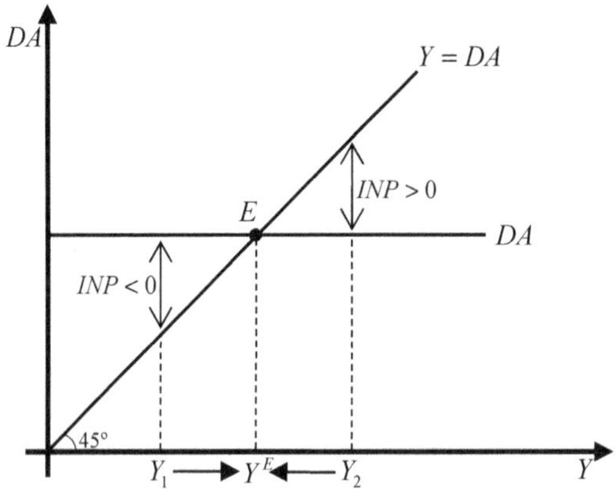

Figura 2.1: La situación de equilibrio con una demanda agregada independiente del nivel de renta.

Por tanto, acabamos de ver que la producción de equilibrio es aquella para la cual se cumple que:

$$Y = \underbrace{C + I + G + XN}_{DA}$$

Sin embargo, al estudiar la Contabilidad Nacional, vimos que una de las formas de descomponer el PIB por el método del gasto nos decía que $Y = C + I + G + XN$, sin necesidad de decir que esto solo se cumplía en el equilibrio. Se hace necesario en este punto hacer una distinción entre la *demanda agregada planeada* (la que estamos considerando en este capítulo) y la *demanda agregada efectiva* (la considerada en la Contabilidad Nacional). La diferencia fundamental estriba en que en la demanda agregada planeada se incluye la inversión planeada, mientras que la demanda agregada efectiva de la Contabilidad Nacional incluye, además de la inversión planeada, la inversión no planeada o inversión en existencias *INP*.

$$DA_{efectiva} = \underbrace{C + I_{planeada} + G + XN}_{DA_{planeada}} + INP$$

Al incluir una partida residual que recoge las diferencias positivas o negativas entre el total producido y el total demandado, la condición derivada de la Contabilidad Nacional es una identidad que se cumple siempre y nos indica que la demanda agregada efectiva es igual a la producción efectiva. En equilibrio, al ser la inversión no planeada nula, demanda agregada planeada y demanda agregada efectiva coinciden. En lo que resta del capítulo, cada vez que mencionemos la demanda agregada, nos estamos refiriendo a la demanda agregada planeada.

Una vez hemos introducido la noción de equilibrio en el supuesto de que la demanda agregada fuese constante, el resto del capítulo completa este análisis en tres fases. En primer lugar, analizaremos la situación de equilibrio en el supuesto de que no exista ni sector público ni sector exterior. Una vez analizado este caso simplificado, ampliaremos el análisis para considerar la existencia del sector público en la economía. Por último, completaremos el modelo incorporando la existencia del sector exterior. Esto nos permitirá ir incorporando los distintos elementos de forma paulatina, lo que creemos favorece una mejor comprensión. Pero antes de analizar estos tres casos, el siguiente apartado analiza los distintos componentes de la demanda agregada.

2.3 Los componentes de la demanda agregada

En este apartado analizamos los distintos componentes de la demanda agregada, poniendo especial énfasis en su forma funcional.

2.3.1 El consumo

Aunque en la parte dedicada a los microfundamentos estudiaremos con mayor detenimiento los determinantes del consumo, parece razonable suponer que la renta disponible, esto es, la renta que de forma efectiva reciben los sujetos, ha de ser uno de los principales determinantes del nivel de consumo de una economía. Esto equivale a pensar en la existencia de cierta relación funcional entre consumo y renta disponible. Es decir, suponemos que existe una relación del tipo $C = C(Y_d)$, donde Y_d denota la renta disponible.

Si aceptamos la existencia de esta relación, el siguiente paso consiste en averiguar el signo de la misma. En este sentido, parece bastante razonable suponer que ambas variables, consumo y renta disponible, se mueven en la misma dirección. Esto es, un aumento (disminución) de la renta disponible –variable independiente, explicativa o exógena– provocará un aumento (disminución) del consumo –variable dependiente, explicada o endógena–. En otras palabras, existe una relación positiva o directa entre ambas variables, por lo que la función de consumo ha de ser creciente con el volumen de renta disponible. O en otros términos, la función de consumo ha de tener pendiente positiva.

Para facilitar nuestro análisis gráfico-analítico, vamos a dar una forma funcional concreta a la relación anteriormente expuesta. En particular vamos a suponer que la forma funcional es la de una recta -aunque, por supuesto, podría adoptar cualquier otra forma funcional más compleja-. De esta forma la función de consumo puede escribirse como sigue:

$$C = C_o + cY_d \text{ con } 0 < c < 1$$

Esta función de consumo, que denominaremos *función de consumo keynesiana*, nos dice que el consumo depende de la renta disponible y de otros factores recogidos en el término C_o. Este término es denominado *consumo autónomo*[4], para destacar precisamente el hecho de que recoge la parte del consumo que no depende de la renta disponible (piense, por ejemplo, en que recoge entre otras cosas, el efecto de las expectativas de los consumidores). Para que esta función represente la relación positiva descrita el parámetro c tiene que ser positivo.

Observe que c es la derivada del consumo con respecto a la renta disponible, $\frac{dC}{dY_d} = c$, esto es, c nos indica lo que varía el consumo al variar la renta disponible en una unidad. Por tanto, el parámetro c es denominado *propensión marginal a consumir sobre la renta disponible.* Y acabamos de ver que para que haya una relación directa entre el consumo y la renta disponible, se tiene que cumplir que $c > 0$.

Por otra parte, podemos comprobar que el consumo crece a medida que aumenta la renta disponible, pero en menor proporción de lo que lo hace la renta.[5] Esto es fácil de entender. Si nuestra renta disponible aumenta en un euro, c partes de euro serán destinadas a consumo y el resto, $1 - c = s$ partes de euro, serán destinadas a ahorro.[6] Por tanto, el consumo siempre crece en menor proporción que la renta. Por tanto, la propensión marginal a consumir debe ser menor que la unidad, es decir, $c < 1$. En definitiva, tenemos que $0 < c < 1$, condición que, como veremos, es fundamental tener en cuenta para realizar ejercicios de estática comparativa.

Una vez que hemos analizado la forma funcional del consumo en términos de la renta disponible, vamos a destacar la diferencia entre renta y renta disponible. Recuerde que la diferencia entre la renta Y y la renta disponible Y_d viene dada por el hecho de que el Estado se apropia de una fracción t de la renta, mientras que a su vez redistribuye parte de sus ingresos en forma de transferencias (pagos a los consumidores y empresas sin contraprestación, como los subsidios, las becas, etc.-). Es decir, para obtener la renta disponible

---

[4] Es el término independiente de la ecuación, es el nivel de consumo que es independiente (que no depende) del nivel de renta.

[5] Este principio se denomina *ley psicológica fundamental* y fue enunciado por Keynes.

[6] Recuerde que la renta tiene dos destinos: o se consume o se ahorra.

a partir de la renta, debemos detraer lo que se paga en forma de impuestos (tY) y añadir las transferencias. Como ha podido suponer, t es el tipo impositivo, que consideramos positivo y menor que uno. Por su parte, suponemos que las transferencias son exógenas, esto es, que no dependen del nivel de renta y las denotamos por TR_0. Por tanto, la renta disponible puede definirse como sigue:

$$Y_d = Y - tY + TR_0 \text{ con } 0 < t < 1$$

Sacando factor común la renta, tenemos que:

$$Y_d = (1 - t)Y + TR_0 \text{ con } 0 < t < 1$$

Sustituyendo esta expresión de la renta disponible en la función de consumo tenemos que:

$$C = C_o + c\underbrace{[(1 - t)Y + TR_0]}_{Y_d}$$

Reordenando términos, obtenemos la expresión de la función de consumo en términos de la renta que utilizaremos en el resto del capítulo:

$$C = C_o + c(1 - t)Y + cTR_0 \text{ con } 0 < c < 1 \text{ } y \text{ } 0 < t < 1$$

2.3.2 La inversión

Para los objetivos de este capítulo supondremos que la inversión productiva de los agentes privados es independiente del nivel de renta, es decir, suponemos que la inversión es completamente autónoma, de forma que podemos escribir que:

$$I = I_0$$

2.3.3 El gasto público

Del mismo modo, suponemos que el nivel gasto público es completamente autónomo, un parámetro, un dato del modelo, algo exógenamente determinado por el Gobierno, e independiente del nivel de renta:

$$G = G_0$$

2.3.4 Las exportaciones netas

Las exportaciones netas se definen como la diferencia entre las exportaciones y las importaciones. Por un lado, suponemos que el *nivel de importaciones* Q depende de la renta de los residentes (Y) de forma que un aumento de la renta interior –la de nuestro país– añade capacidad de compra a los residentes, provocando, por tanto, un aumento del nivel de importaciones.[7] En particular, suponemos que dicha relación positiva es lineal, de forma que la función de importaciones que consideramos es como sigue:

$$Q = Q_o + mY \text{ con } 0 < m < 1$$

Donde, Q_o representa el *volumen de importaciones autónomo*, es decir, la parte que es independiente del nivel de renta. Por su parte, m es un parámetro positivo que como se observa, nos da información acerca de cuánto aumenta el volumen de importaciones cuando la renta aumenta en una unidad: $\frac{dQ}{dY} = m$. Por tanto, dicho parámetro es denominado *propensión marginal a importar sobre la renta*, parámetro, que además de ser positivo, debe ser inferior a la unidad.

Por otro lado, parece lógico pensar que, suponiendo un comercio bilateral, el *nivel de exportaciones* X dependa, no del nivel de renta interior, sino del nivel de renta del otro país, que denotaremos por Y^*. Así, cuanto mayor sea el nivel de renta de la economía con la que nos relacionamos comercialmente, mayor será su nivel de importaciones y, por tanto, mayor será la cuantía de nuestras exportaciones.[8] Igual que hemos hecho con la función de importaciones, le damos a la función de exportaciones la forma funcional más sencilla, la de una recta, de modo que nuestra función de exportaciones es la siguiente:

$$X = X_0 + xY^*$$

donde X_0 representa el *volumen de exportaciones autónomo*, es decir, debido a otros factores distintos a la renta extranjera y donde x es un parámetro positivo. Este parámetro nos da información acerca de cuánto aumenta el volumen de exportaciones cuando la renta extranjera aumenta en una unidad: $\frac{dX}{dY^*} = x$. Denominamos, por tanto, a dicho parámetro *propensión marginal a exportar sobre la renta extranjera.*

Una vez le hemos dado forma a la función de importaciones y a la función de exportaciones, para obtener la función de exportaciones netas basta con detraer a la función de exportaciones la función de importaciones:

[7] Por ahora, consideramos esta versión simplificada de la función de importaciones. Con posterioridad, cuando extendamos el análisis para considerar una economía monetaria abierta con flujos de capital, ampliaremos dicha función de importaciones para hacerla depender, además de la renta, del tipo de cambio real.

[8] Análogamente cuando extendamos el análisis para considerar una economía monetaria abierta con flujos de capital, ampliaremos esta función de exportaciones para hacerla depender, además de la renta extranjera, del tipo de cambio real.

$$\begin{array}{r} X = X_0 + xY^* \\ -[Q = Q_0 + mY] \\ \hline \underbrace{X - Q}_{XN} = \underbrace{X_0 - Q_0 + xY^*}_{XN_0} - mY \end{array}$$

Dado que la variable relevante de nuestro modelo es la renta interior, Y, podemos simplificar la función de exportaciones netas, agrupando en el término XN_0 –que denominamos *exportaciones netas autónomas*–, todos los elementos que no dependen del nivel de renta. Por tanto, de forma simplificada, podemos expresar la función de exportaciones netas como sigue:

$$XN = XN_0 - mY$$

Donde observamos que el nivel de exportaciones netas depende negativamente del nivel de renta interior.

2.4 El equilibrio en una economía sin sector público y sin sector exterior

Comenzamos suponiendo que no existe ni sector público ni sector exterior. Las implicaciones de este supuesto son las siguientes. En primer lugar, la demanda agregada será igual a la suma del consumo privado C y la inversión privada I.

$$DA = C + I$$

Además, al no existir sector público, la renta disponible coincide con la renta, puesto que las transferencias TR y el tipo impositivo t, al no existir sector público, son nulos.

$$Y_d = Y$$

Por tanto, la función de consumo, podemos escribirla como sigue:

$$C = C_0 + c\underbrace{Y_d}_{Y} = C_0 + cY$$

Suponemos como antes que la inversión es exógena, de forma que:

$$I = I_0$$

Por tanto, sustituyendo el consumo y la inversión en la demanda agregada, tenemos una expresión de la demanda agregada que depende de la renta:

$$DA = \underbrace{C_0 + cY}_{C} + \underbrace{I_0}_{I}$$

Podemos aplicar la condición de equilibrio:

$$\left.\begin{array}{l} Y = DA \\ DA = C_0 + cY + I_0 \end{array}\right\} \Rightarrow \quad Y = C_0 + cY + I_0$$

El nivel de renta que satisface esta condición es el nivel de renta de equilibrio. Podemos despejar dicho nivel de renta. Para ello, vamos a pasar a la izquierda de la igualdad el término cY:

$$Y - cY = C_0 + I_0$$

Ahora, en la parte izquierda de la igualdad podemos sacar factor común Y:

$$Y(1 - c) = C_0 + I_0$$

Y así estamos en disposición de despejar el nivel de renta de equilibrio Y^E:

$$Y^E = \frac{1}{1-c}(C_0 + I_0)$$

El componente $\frac{1}{1-c}$ es denominado *multiplicador*, mientras que $(C_0 + I_0)$ constituye el *componente autónomo del gasto*. Podemos comprobar que, dado que la propensión marginal a consumir, *c*, está comprendida entre *0* y *1*, el multiplicador es mayor que la unidad. Asimismo, podemos comprobar que el multiplicador mide el efecto que produce sobre la renta el aumento en una unidad de cualquiera de los componentes de la parte autónoma del gasto. Para entender mejor esta afirmación, vamos a diferenciar por completo el nivel de renta de equilibrio. Para ello, utilizamos en primer lugar la regla de diferenciación de un producto:

$$dY = d\left(\frac{1}{1-c}\right)(C_0 + I_0) + \frac{1}{1-c}d(C_0 + I_0)$$

A continuación, para diferenciar el multiplicador aplicamos la regla de diferenciación de un cociente[9] y para diferenciar el componente autónomo del gasto, la regla de diferenciación de una suma:

$$dY = \left(\frac{1}{1-c}\right)^2 dc(C_0 + I_0) + \frac{1}{1-c}(dC_0 + dI_0)$$

Esta expresión que obtenemos al diferenciar la renta de equilibrio nos permitirá calcular el efecto que sobre la renta tiene cualquier variación en el componente autónomo del gasto o en la propensión marginal a consumir. Retomaremos este análisis, tras representar gráficamente el equilibrio, en los ejercicios de estática comparativa correspondientes a este apartado. Por el momento, podemos observar que si, por ejemplo, el consumo autónomo aumenta en una unidad, la renta de equilibrio aumentará en $\frac{1}{1-c} > 1$. Dicho

---

[9] $d\left(\frac{1}{1-c}\right) = \frac{d1\cdot(1-c)-1\cdot d(1-c)}{(1-c)^2} = \frac{dc}{(1-c)^2} = \left(\frac{1}{1-c}\right)^2 dc$

efecto multiplicador será, además, mayor cuanto mayor es la propensión marginal a consumir.

Antes de continuar es crucial entender la lógica de este efecto multiplicador. Para ello, supongamos que la inversión aumenta en dos unidades, $dI_0 = 2$. Este aumento de la inversión provoca un *efecto directo* en la demanda agregada y, por tanto, en la renta que aumentarán también en dos unidades. Pero el proceso no termina aquí. El aumento en la inversión provoca además un *efecto inducido* en la renta, vía consumo. Así, el aumento de dos unidades que ha experimentado el nivel de renta provoca asimismo un aumento del consumo –recuerde que el consumo depende positivamente de la renta–. En particular, el consumo aumentará en $2c$ unidades –recuerde que la propensión marginal a consumir nos dice cuanto aumenta el consumo al aumentar la renta en una unidad–. Al aumentar el consumo en $2c$ unidades, la demanda agregada aumentará también en esa cantidad. De nuevo, como en equilibrio la renta coincide con la demanda agregada, la renta también aumentará en $2c$ unidades. Y al aumentar la renta, aumenta de nuevo el consumo. Y el proceso continúa así indefinidamente. El cuadro 1 ilustra este proceso multiplicador.

Cuadro 1: El efecto multiplicador.

$DA = C + I_0$	$Y = DA$	$C = C_0 + cY$
$dDA = dC + dI_0$	$dY = dDA$	$dC = dC_0 + dc \cdot Y + cdY$
$dI_0 = 2 \quad \Rightarrow \quad dDA = 2 \quad \Rightarrow$	$dY = 2 \quad \Rightarrow$	$dC = 2c$
$dC = 2c \quad \Rightarrow \quad dDA = 2c \quad \Rightarrow$	$dY = 2c \quad \Rightarrow$	$dC = 2c^2$
$dC = 2c^2 \quad \Rightarrow \quad dDA = 2c^2 \quad \Rightarrow$	$dY = 2c^2 \quad \Rightarrow$	$dC = 2c^3$
$\ldots$	$\ldots$	$\ldots$

Así comprobamos que el efecto sobre la renta del aumento de la inversión en dos unidades es la suma infinita de los términos de una progresión geométrica de razón c y coincide con la variación de la renta que habíamos obtenido con el cálculo diferencial.

$$dY = 2 + 2c + 2c^2 + 2c^3 + \ldots = 2\frac{1}{1-c}$$

2.4.1 La representación gráfica del equilibrio

El equilibrio ha sido la solución del sistema de ecuaciones formado por las ecuaciones siguientes:

$$Y = DA$$

$$DA = C_0 + cY + I_0$$

Por tanto, para obtener gráficamente el equilibrio nos bastará con representar ambas ecuaciones en el plano *Y-DA* y ver la intersección de ambas líneas. Ya hemos visto que la representación de la primera ecuación, en el plano *Y-DA*, es bien sencilla, ya que se trata de la bisectriz del primer cuadrante, de la recta de 45º, es decir del lugar geométrico de los puntos en los que abscisa y ordenada coinciden -(1,1), (2,2)-. La figura 2.2 muestra la representación gráfica de la condición $Y = DA$.

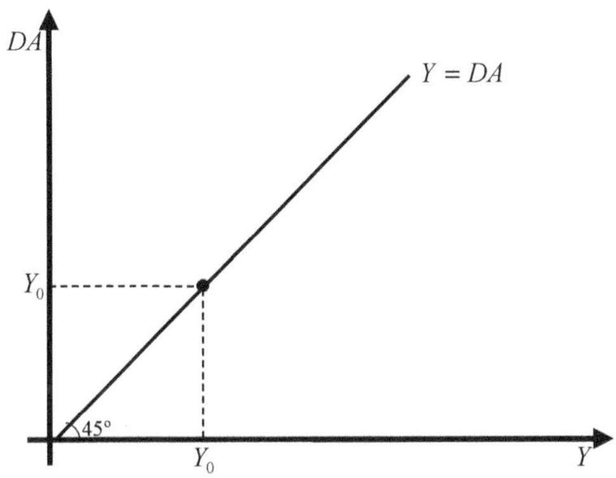

Figura 2.2: La condición *Y=DA*. La línea de 45º.

La representación de la segunda ecuación es la representación de una recta de pendiente positiva. El corte con el eje de ordenadas se alcanza en $DA = C_0 + I_0$ (compruebe que este es el valor que toma la demanda agregada cuando *Y=0*). Además, podemos comprobar que su pendiente es positiva y menor que la unidad (lo que, como veremos, garantiza la existencia del equilibrio). Para ello, calculamos la pendiente de dicha función como la derivada de la demanda agregada con respecto a la renta:

$$\frac{dDA}{dY} = c$$

Recuerde que la propensión marginal a consumir cumple que $0 < c < 1$. La figura 2.3 muestra la representación gráfica de la demanda agregada.

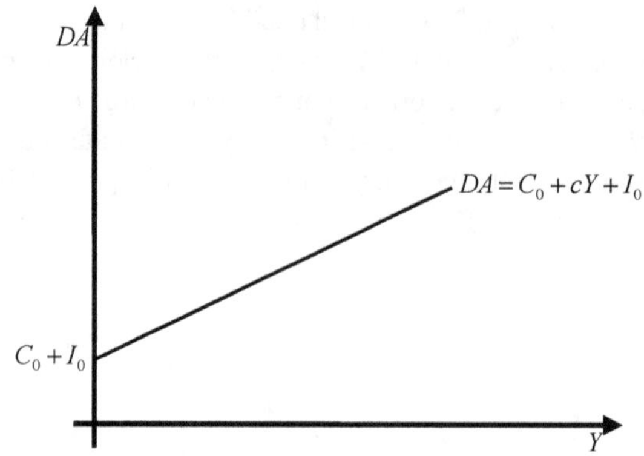

Figura 2.3: La demanda agregada en una economía sin sector público y sin sector exterior.

El equilibrio viene dado por la intersección de la demanda agregada con la línea de 45º. La figura 2.4 muestra gráficamente el equilibrio alcanzado en el punto E, así como la renta de equilibrio Y^E.

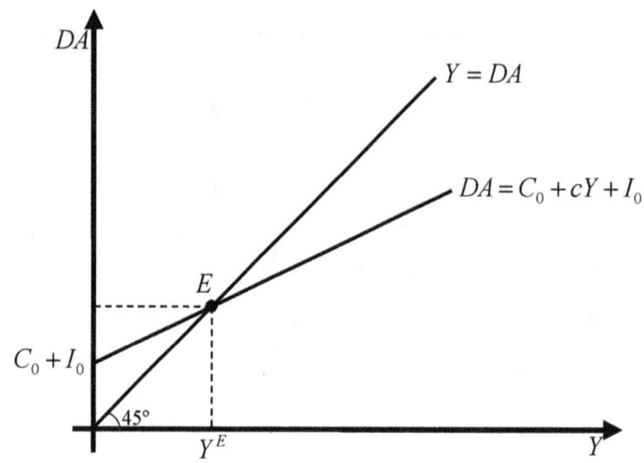

Figura 2.4: La situación de equilibrio en una economía sin sector público y sin sector exterior.

Como hemos adelantado, el hecho de que la pendiente de la demanda agregada sea menor que uno -pendiente de la línea de 45º- garantiza la existencia del equilibrio. Si la pendiente de la demanda agregada fuese mayor que la de la bisectriz del primer cuadrante, no existiría un valor de la renta para el cual $Y = DA$.

2.4.2 Ejercicios de estática comparativa

Partiendo de una situación de equilibrio como la anterior, planteamos a continuación diversos ejercicios de estática comparativa que nos permitirán analizar cómo cambia la renta cuando cambia el componente autónomo del gasto o la propensión marginal a consumir.

Efecto de un aumento del consumo autónomo

En primer lugar, supongamos que se produce un aumento en el componente autónomo del consumo, de forma que $C_1 > C_0$. Sabemos que este aumento en el consumo autónomo provocará un aumento de la demanda agregada y, por tanto, un aumento de la renta de equilibrio –puesto que en equilibrio demanda agregada y renta coinciden-. Pero podemos, además, cuantificar el aumento que se producirá en la renta (dY), en función del aumento que se ha producido en el componente autónomo del consumo (dC_0). Para ello, hacemos uso de la expresión que obtuvimos al diferenciar la renta de equilibrio:

$$dY = \left(\frac{1}{1-c}\right)^2 \underbrace{dc}_{=0} (C_0 + I_0) + \frac{1}{1-c}\left(\underbrace{dC_0}_{\neq 0} + \underbrace{dI_0}_{=0}\right)$$

Puesto que el único elemento que está variando es el consumo autónomo, tanto dI_0 como dc son iguales a cero. Simplificando, obtenemos por tanto que:

$$dY = \frac{1}{1-c} dC_0 > 0 \text{ puesto que } dC_0 > 0$$

Obtenemos, por tanto, lo que ya habíamos avanzado, que la variación de la renta provocada por un aumento del consumo autónomo es igual a la variación en el consumo autónomo multiplicada por el multiplicador. Por tanto, al ser el multiplicador mayor que uno, el aumento en la renta es mayor que el aumento en el consumo autónomo.

En términos gráficos, al aumentar el consumo autónomo, aumenta el corte con el eje de ordenadas de la demanda agregada, que se desplaza, por tanto, paralelamente hacia arriba. La figura 2.5 muestra este cambio.

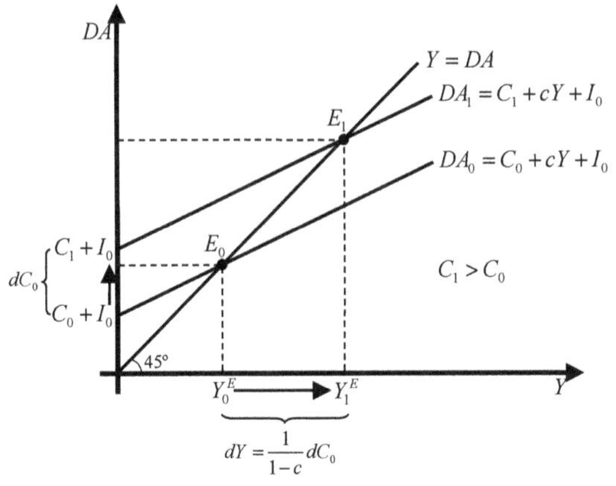

Figura 2.5: Efecto de un aumento del consumo autónomo.

Efecto de un aumento de la inversión

Este caso es análogo al anterior. Si aumenta el nivel de inversión –que ya hemos comentado que es considerado autónomo– de manera que $I_1 > I_0$, aumentará la demanda agregada y la renta de equilibrio. Para cuantificar el aumento de la renta (dY) procedemos como anteriormente. Utilizamos la expresión del diferencial de la renta de equilibrio:

$$dY = \left(\frac{1}{1-c}\right)^2 \underbrace{dc}_{=0} (C_0 + I_0) + \frac{1}{1-c}\left(\underbrace{dC_0}_{=0} + \underbrace{dI_0}_{\neq 0}\right)$$

En este caso, el único diferencial distinto de cero es dY_0. Simplificando, obtenemos por tanto que:

$$dY = \frac{1}{1-c} dI_0 > 0 \text{ puesto que } dI_0 > 0$$

Obtenemos, por tanto, que la variación de la renta provocada por un aumento de la inversión es igual a la variación en la inversión multiplicada por el multiplicador. La figura 2.6 muestra esta variación.

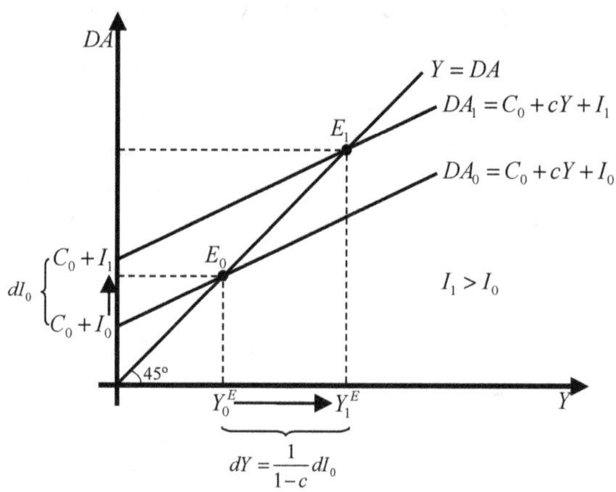

Figura 2.6: Efecto de un aumento de la inversión.

Efecto de un aumento de la propensión marginal a consumir

Suponemos ahora que aumenta la proporción de la renta que se dedica a consumo, de forma que $c_1 > c_0$, aumentará la demanda agregada al aumentar el consumo y, por tanto, también aumentará la renta de equilibrio. Para cuantificar el aumento de la renta (dY) procedemos como anteriormente. Utilizamos la expresión del diferencial de la renta de equilibrio:

$$dY = \left(\frac{1}{1-c}\right)^2 \underbrace{dc}_{\neq 0}(C_0 + I_0) + \frac{1}{1-c}\left(\underbrace{dC_0}_{=0} + \underbrace{dI_0}_{=0}\right)$$

En este caso, el único diferencial distinto de cero es dc. Simplificando, obtenemos por tanto que:

$$dY = \left(\frac{1}{1-c}\right)^2 (C_0 + I_0)dc > 0 \text{ puesto que } dc > 0$$

En términos gráficos, un aumento de la propensión marginal a consumir aumenta la pendiente de la demanda agregada. La figura 2.7 de la página siguiente muestra esta variación.

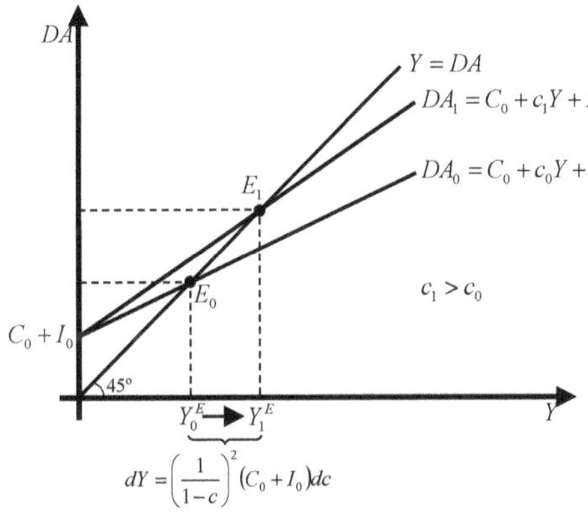

Figura 2.7: Efecto de un aumento de la propensión marginal a consumir.

2.5 El equilibrio en una economía con sector público y sin sector exterior

Ampliamos en este apartado el análisis anterior para incorporar el sector público. En primer lugar, esta incorporación hace que tengamos que añadir a la demanda agregada un componente adicional, el gasto público *G*, de forma que:

$$DA = C + I + G$$

Además, ahora tenemos que considerar que la renta disponible difiere de la renta bruta. Ya vimos que, para obtener la renta disponible, hay que detraer de la renta bruta lo que recauda el sector público en forma de impuestos, además de añadir las transferencias que el sector público hace a las familias:

$$Y_d = Y(1-t) + TR_0$$

Por tanto, en este caso la función de consumo puede escribirse como sigue:

$$C = C_0 + c\underbrace{Y_d}_{Y(1-t)+TR_0} = C_0 + c(1-t)Y + cTR_0$$

Si seguimos suponiendo que tanto la inversión como el gasto público son exógenos, tenemos que la expresión de la demanda agregada en este caso es como sigue:

$$DA = \underbrace{C_0 + c(1-t)Y + cTR_0}_{C} + \underbrace{I_0}_{I} + \underbrace{G_0}_{G}$$

Reordenando términos, tenemos lo siguiente:

$$DA = C_0 + cTR_0 + I_0 + G_0 + c(1-t)Y$$

Una vez que tenemos la función de demanda agregada, estamos en disposición de aplicar la condición de equilibrio:

$$\left.\begin{array}{l} Y = DA \\ DA = C_0 + cTR_0 + I_0 + G_0 + c(1-t)Y \end{array}\right\} \Rightarrow Y = C_0 + cTR_0 + I_0 + G_0 + c(1-t)Y$$

Asimismo, podemos despejar el nivel de renta de equilibrio. Para ello, aislamos en la parte izquierda de la igualdad todos los términos que incluyen el nivel de renta:

$$Y - c(1-t)Y = C_0 + cTR_0 + I_0 + G_0$$

Ahora, en la parte izquierda de la igualdad podemos sacar factor común Y:

$$Y[1 - c(1-t)] = C_0 + cTR_0 + I_0 + G_0$$

Y así estamos en disposición de despejar el nivel de renta de equilibrio Y^E:

$$Y^E = \frac{1}{1 - c(1-t)}(C_0 + cTR_0 + I_0 + G_0)$$

De forma análoga a lo expuesto en el apartado anterior en el que analizamos una economía sin sector público ni exterior, el componente $\frac{1}{1-c(1-t)}$ es el *multiplicador*, mientras que $(C_0 + cTR_0 + I_0 + G_0)$ es el *componente autónomo del gasto*, que recoge la parte de la demanda agregada que no depende de la renta.

Podemos comprobar que el multiplicador en este caso sigue siendo mayor que la unidad. Dado que tanto la propensión marginal a consumir como el tipo impositivo son parámetros comprendidos entre *0* y *1*, puede demostrarse que el multiplicador es mayor que uno. Por tanto, tal y como expusimos al analizar el caso en el que no existía sector público, tenemos que el aumento en cualquier elemento del componente autónomo del gasto provoca un efecto en la renta más que proporcional.

Si comparamos el multiplicador de la economía sin sector público con el multiplicador de la economía con sector público, comprobamos que, dadas las restricciones sobre la propensión marginal a consumir -$0 < c < 1$- y el tipo impositivo -$0 < t < 1$-, el efecto multiplicador es mayor cuando no existe sector público. Es decir, tenemos que:

$$\underbrace{\frac{1}{1-c}}_{\substack{\text{Multiplicador} \\ \text{sin sector público}}} > \underbrace{\frac{1}{1-c(1-t)}}_{\substack{\text{Multiplicador} \\ \text{con sector público}}}$$

Ya vimos en el apartado anterior la lógica del efecto multiplicador. El efecto directo que sobre la renta provoca cualquier cambio tiene a su vez un efecto inducido vía consumo (al aumentar la renta, aumenta el consumo...). Ahora, ese efecto multiplicador también se produce, pero con menor intensidad. Piense que, del incremento de la renta, t partes van a parar al Estado en forma de impuestos y solo el resto, $1-t$ partes del incremento en la renta, genera el efecto multiplicador (piense que el consumo depende en realidad de la renta disponible). Por tanto, como ya hemos mencionado, dicho efecto multiplicador es menor que si no existiese un sector público que recauda impuestos.

Una vez hemos comparado el multiplicador con y sin sector público, al igual que hicimos en el apartado anterior, vamos a diferenciar por completo el nivel de renta de equilibrio:

$$dY = d\left(\frac{1}{1-c(1-t)}\right)(C_0 + cTR_0 + I_0 + G_0) +$$
$$+\frac{1}{1-c(1-t)}d(C_0 + cTR_0 + I_0 + G_0)$$

Para diferenciar el multiplicador aplicamos la regla de diferenciación de un cociente[10] y para diferenciar el componente autónomo del gasto, la regla de diferenciación de una suma:

$$dY = \left(\frac{1}{1-c(1-t)}\right)^2 [dc \cdot (1-t) - c \cdot dt](C_0 + cTR_0 + I_0 + G_0) +$$
$$+\frac{1}{1-c(1-t)}(dC_0 + dc \cdot TR_0 + cdTR_0 + dI_0 + dG_0)$$

Esta expresión nos permitirá calcular la cuantía de la variación en la renta ante cualquier cambio en el componente autónomo del gasto o en el multiplicador, como veremos al realizar los ejercicios de estática comparativa de este apartado, tras analizar gráficamente el equilibrio.

---

[10] $d\left(\frac{1}{1-c(1-t)}\right) = \frac{d1 \cdot [1-c(1-t)] - 1 \cdot d[1-c(1-t)]}{[1-c(1-t)]^2} = \frac{d[c(1-t)]}{[1-c(1-t)]^2} =$
$= \left(\frac{1}{1-c(1-t)}\right)^2 [dc \cdot (1-t) + c \cdot d(1-t)] = \left(\frac{1}{1-c(1-t)}\right)^2 [dc \cdot (1-t) - c \cdot dt]$

2.5.1 La representación gráfica del equilibrio

En términos gráficos, la representación del equilibrio es análoga a la del apartado anterior. La renta de equilibrio será aquella para la que la función de demanda agregada corta a la línea de 45º. La diferencia fundamental estriba en la demanda agregada. Ahora el corte con el eje de abscisas se alcanza en $DA = C_0 + cTR_0 + I_0 + G_0$ (obviamente, cuando la renta es cero, el valor de la demanda agregada coincide con el componente autónomo del gasto). Y la pendiente sigue siendo positiva y menor que la unidad, pero además de depender de la propensión marginal a consumir, depende del tipo impositivo:

$$\frac{dDA}{dY} = c(1-t)$$

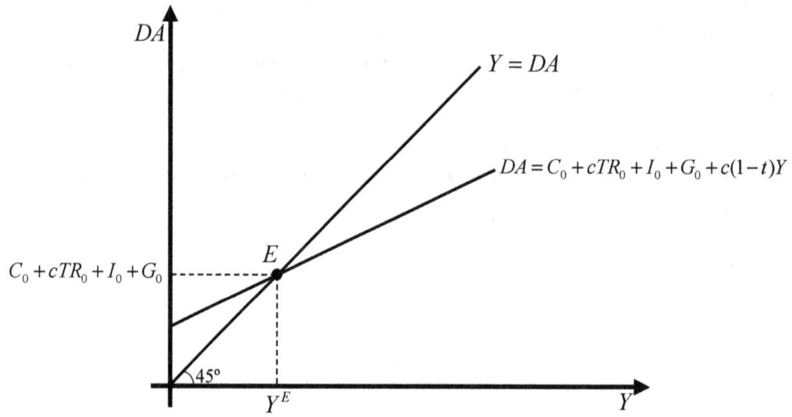

Figura 2.8: La situación de equilibrio en una economía con sector público y sin sector exterior.

La figura 2.8 muestra gráficamente el equilibrio que se alcanza en el punto E, así como la renta de equilibrio Y^E. Igual que argumentamos en el apartado anterior en el que no existía sector público, el hecho de que la pendiente de la demanda agregada sea menor que uno –pendiente de la línea de 45º– garantiza la existencia del equilibrio.

2.5.2 Ejercicios de estática comparativa

Al igual que hicimos al analizar la economía sin sector público, partimos ahora de una situación de equilibrio como la que acabamos de representar y planteamos ejercicios de estática comparativa. En particular, haber introducido en este apartado al sector público nos va a permitir analizar el efecto que sobre la renta tiene la *política fiscal*. Los instrumentos de la política fiscal son el gasto público, las transferencias y el tipo impositivo. El sector público lleva a cabo una política fiscal *expansiva* –buscando, por tanto, un aumento en el nivel de renta– cuando aumenta el gasto público, aumenta las transferencias o disminuye el tipo impositivo. Por el contrario, la política fiscal será *restrictiva* o *contractiva* si disminuye el gasto público o las transferencias o aumenta el tipo impositivo. A continuación, analizamos gráfica y analíticamente el efecto que sobre la renta tienen las tres medidas de política fiscal expansiva. Además, por su particularidad, analizamos también el efecto de un aumento en la propensión marginal a consumir.

Efecto de un aumento del gasto público

En primer lugar, supongamos que se produce un aumento del gasto público, de forma que $G_1 > G_0$. Sabemos que este aumento en el gasto público provocará un aumento de la demanda agregada y, por tanto, un aumento de la renta de equilibrio –puesto que en equilibrio demanda agregada y renta coinciden-. Pero podemos, además, cuantificar el aumento que se producirá en la renta (dY), en función del aumento que se ha producido en el gasto público (dG_0). Para ello, hacemos uso de la expresión que obtuvimos al diferenciar la renta de equilibrio:

$$dY = \left(\frac{1}{1-c(1-t)}\right)^2 \left[\underbrace{dc}_{=0} \cdot (1-t) - c \cdot \underbrace{dt}_{=0}\right](C_0 + cTR_0 + I_0 + G_0) + \\ + \frac{1}{1-c(1-t)}\left(\underbrace{dC_0}_{=0} + \underbrace{dc}_{=0} \cdot TR_0 + c\,\underbrace{dTR_0}_{=0} + \underbrace{dI_0}_{=0} + \underbrace{dG_0}_{\neq 0}\right)$$

Puesto que el único elemento que está variando es el gasto público, el resto de las diferenciales son iguales a cero. Simplificando, obtenemos por tanto que

$$dY = \frac{1}{1-c(1-t)} dG_0 > 0 \text{ puesto que } dG_0 > 0$$

Aumentar el gasto público aumenta el componente autónomo del gasto. Obtenemos, por tanto, lo que ya habíamos avanzado, que la variación de la renta provocada por un aumento del gasto público es igual a la variación en el gasto público multiplicada por el multiplicador. Por tanto, al ser el multiplicador mayor que uno, el aumento en la renta es mayor que el aumento en el gasto público. En términos gráficos, al aumentar el gasto público, aumenta el corte con el eje de ordenadas de la demanda agregada, que se desplaza, por tanto, paralelamente hacia arriba. La figura 2.9 de la página siguiente muestra este cambio.

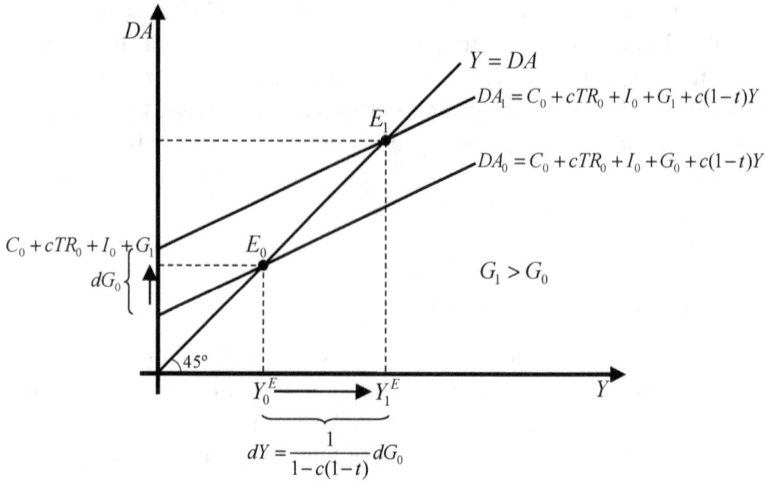

Figura 2.9: Efecto de un aumento del gasto público.

Analizar el efecto de un aumento en el consumo autónomo, C_0, o de un aumento en el nivel de inversión, I_0, sería completamente análogo a lo analizado en este caso.

Efecto de un aumento de las transferencias

En este caso suponemos que aumenta la partida dedicada por el sector público a transferencias, de manera que $TR_1 > TR_0$. Sabemos que este aumento en las transferencias aumentará la renta disponible y, por tanto, el consumo. Al aumentar el consumo provocará un aumento de la demanda agregada y, por tanto, un aumento de la renta de equilibrio –puesto que en equilibrio demanda agregada y renta coinciden-. Pero podemos, además, cuantificar el aumento que se producirá en la renta (dY), en función del aumento que se ha producido en las transferencias (dTR_0). Para ello, de nuevo hacemos uso de la expresión que obtuvimos al diferenciar la renta de equilibrio:

$$dY = \left(\frac{1}{1-c(1-t)}\right)^2 \left[\underbrace{dc}_{=0} \cdot (1-t) - c \cdot \underbrace{dt}_{=0}\right] (C_0 + cTR_0 + I_0 + G_0) +$$
$$+ \frac{1}{1-c(1-t)} \left(\underbrace{dC_0}_{=0} + \underbrace{dc}_{=0} \cdot TR_0 + c\, \underbrace{dTR_0}_{\neq 0} + \underbrace{dI_0}_{=0} + \underbrace{dG_0}_{=0}\right)$$

Puesto que el único elemento que está variando son las transferencias, el resto de las diferenciales son iguales a cero. Simplificando, obtenemos por tanto que:

$$dY = \frac{1}{1 - c(1 - t)} cdTR_0 > 0 \text{ puesto que } dTR_0 > 0$$

En este punto es interesante comparar el efecto expansivo del gasto público con el efecto expansivo de las transferencias. Vimos que aumentar el gasto público en una unidad aumenta la renta en $\frac{dY}{dG_0} = \frac{1}{1-c(1-t)}$ unidades. Por su parte, acabamos de ver que aumentar las transferencias en una unidad aumenta la renta en $\frac{dY}{dTR_0} = \frac{1}{1-c(1-t)}c$. Puesto que la propensión marginal a consumir está comprendida entre 0 y 1, podemos confirmar que el efecto expansivo del gasto público es mayor que el de las transferencias:

$$\underbrace{\frac{1}{1 - c(1 - t)}}_{\frac{dY}{dG_0}} > \underbrace{\frac{1}{1 - c(1 - t)}c}_{\frac{dY}{dTR_0}}$$

Piense que mientras que el aumento del gasto público se traduce en un aumento de la demanda agregada de la misma cuantía, un aumento de las transferencias solo genera un aumento de demanda agregada de $c \cdot dTR$. Por tanto, ante una variación de la misma cuantía en gasto público o en transferencias, el efecto multiplicador será menor en el segundo caso.

En términos gráficos, al aumentar las transferencias, aumenta el corte con el eje de ordenadas de la demanda agregada, que se desplaza, por tanto, paralelamente hacia arriba. La figura 2.10 muestra esta variación.

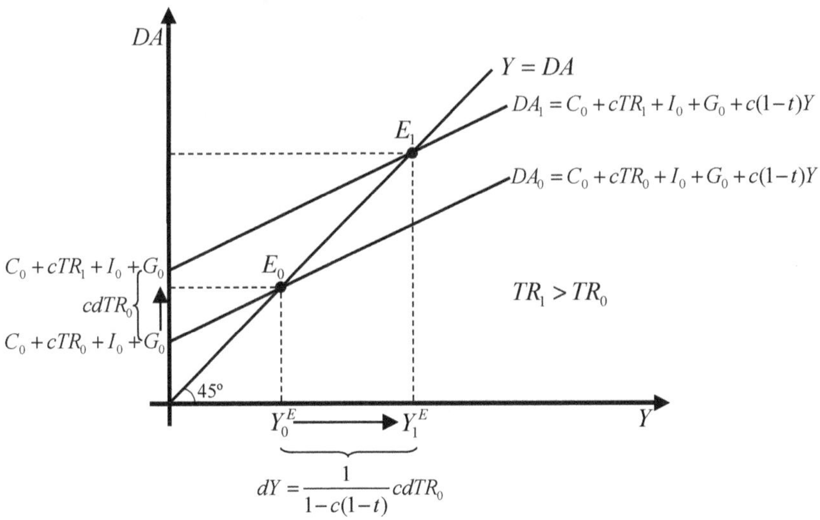

Figura 2.10: Efecto de un aumento de las transferencias.

Efecto de una disminución del tipo impositivo

En este caso suponemos que disminuye el tipo impositivo, de forma que $t_1 < t_0$. Sabemos que esta disminución del tipo impositivo aumentará la renta disponible y, por tanto, el consumo. Al aumentar el consumo provocará un aumento de la demanda agregada y, por tanto, un aumento de la renta de equilibrio –puesto que en equilibrio demanda agregada y renta coinciden-. Pero podemos, además, cuantificar el aumento que se producirá en la renta (dY), en función de la disminución que se ha producido en el tipo impositivo (dt). Para ello, de nuevo hacemos uso de la expresión que obtuvimos al diferenciar la renta de equilibrio:

$$dY = \left(\frac{1}{1-c(1-t)}\right)^2 \left[\underbrace{dc}_{=0} \cdot (1-t) - c \cdot \underbrace{dt}_{=0}\right](C_0 + cTR_0 + I_0 + G_0) + \\ + \frac{1}{1-c(1-t)}\left(\underbrace{dC_0}_{=0} + \underbrace{dc}_{=0} \cdot TR_0 + c\underbrace{dTR_0}_{\neq 0} + \underbrace{dI_0}_{=0} + \underbrace{dG_0}_{=0}\right)$$

Puesto que el único elemento que está variando es el tipo impositivo, el resto de las diferenciales son iguales a cero. Simplificando, obtenemos por tanto que:

$$dY = -\left(\frac{1}{1-c(1-t)}\right)^2 c(C_0 + cTR_0 + I_0 + G_0)dt > 0 \text{ puesto que } dt < 0$$

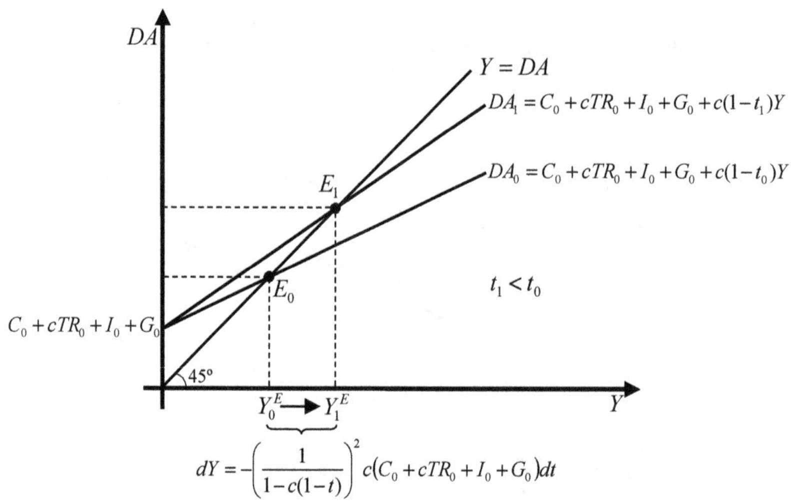

Figura 2.11: Efecto de una disminución del tipo impositivo.

En términos gráficos, al disminuir el tipo impositivo, el corte con el eje de ordenadas de la demanda agregada no varía, pero aumenta su pendiente –

recuerde que la pendiente de la demanda agregada es $Y = c(1-t)$–. La figura 2.11 muestra esta variación.

Efecto de un aumento de la propensión marginal a consumir

Consideramos en este apartado un aumento de la propensión marginal a consumir, por tratarse de un caso particular que, en este caso, afectará tanto al componente autónomo del gasto, como a la pendiente de la demanda agregada. Suponemos, por tanto, que $c_1 > c_0$. Sabemos que este aumento de la propensión marginal a consumir aumentará la renta disponible y, por tanto, el consumo. Al aumentar el consumo provocará un aumento de la demanda agregada y, por tanto, un aumento de la renta de equilibrio –puesto que en equilibrio demanda agregada y renta coinciden-. Pero podemos, además, cuantificar el aumento que se producirá en la renta (dY), en función del aumento que se ha producido en la propensión marginal a consumir (dc). Para ello, de nuevo hacemos uso de la expresión que obtuvimos al diferenciar la renta de equilibrio:

$$dY = \left(\frac{1}{1-c(1-t)}\right)^2 \left[\underbrace{dc}_{\neq 0} \cdot (1-t) - c \cdot \underbrace{dt}_{=0}\right](C_0 + cTR_0 + I_0 + G_0) +$$
$$+\frac{1}{1-c(1-t)}\left(\underbrace{dC_0}_{=0} + \underbrace{dc}_{\neq 0} \cdot TR_0 + c\,\underbrace{dTR_0}_{=0} + \underbrace{dI_0}_{=0} + \underbrace{dG_0}_{=0}\right)$$

Puesto que el único elemento que está variando es la propensión marginal a consumir, el resto de las diferenciales son iguales a cero. Simplificando, obtenemos por tanto que:

$$dY = \left(\frac{1}{1-c(1-t)}\right)^2 [dc \cdot (1-t)](C_0 + cTR_0 + I_0 + G_0) +$$
$$+\frac{1}{1-c(1-t)}(dc \cdot TR_0) > 0$$

Podemos simplificar, sacando factor común $\frac{1}{1-c(1-t)}dc$, de forma que:

$$dY = \left((1-t)\frac{1}{1-c(1-t)}(C_0 + cTR_0 + I_0 + G_0) + TR_0\right)\frac{1}{1-c(1-t)}dc >$$

0 puesto que $dc > 0$

En términos gráficos, al aumentar la propensión marginal a consumir aumentará el corte con el eje de ordenadas de la demanda agregada y aumentará su pendiente –recuerde que la pendiente de la demanda agregada es $Y = c(1-t)$ -. La figura 2.12 muestra esta variación.

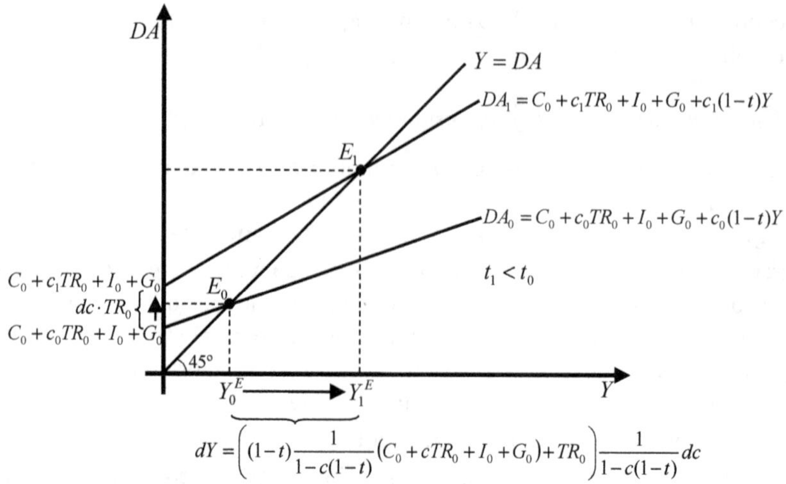

Figura 2.12: Efecto de un aumento de la propensión marginal a consumir.

2.5.3 Efectos de la política fiscal sobre el saldo presupuestario

Si solo analizáramos los efectos de la política fiscal sobre la renta, no estaríamos explotando toda la potencialidad de los resultados obtenidos, pues podemos ver qué implicaciones tienen estas medidas sobre el presupuesto del Estado. Intuitivamente, estamos tentados a pensar que un aumento del gasto o de las transferencias aumentan los pagos del Estado y por tanto aumentan el déficit, mientras que un aumento del tipo impositivo supone un aumento de los ingresos. Sin embargo, hemos visto que estas medidas afectan a la renta y por tanto a los ingresos del estado. Por ello, puede resultar interesante analizar el verdadero efecto de estas medidas sobre el presupuesto sobre la base de los resultados obtenidos en el epígrafe anterior.

Podemos definir el saldo presupuestario, que denotaremos por *SP*, como la diferencia entre los ingresos del sector público derivados de su actividad recaudadora –*tY*– y sus gastos totales, consistentes tanto en las compras de bienes y servicios –*G*– como en las transferencias que realizan a sus ciudadanos –TR_0–. El saldo presupuestario, que puede ser positivo o negativo, es por tanto como sigue:

$$SP = tY - G_0 - TR_0$$

Por tanto, la magnitud del saldo presupuestario depende de la política fiscal, pues esta determina los valores del tipo impositivo, del gasto público y de las transferencias, pero también del ritmo de la actividad económica, puesto que los cambios en la producción o renta generan cambios por el lado de los ingresos. La figura 2.13 representa el saldo presupuestario del sector público. Si el nivel de renta fuese cero, el saldo presupuestario sería negativo e igual a $-G_0 - TR_0$. Esto nos da el corte con el eje de ordenadas de la función de saldo presupuestario. Por su parte, la pendiente puede ser calculada como la derivada del saldo presupuestario con respecto a la renta: $\frac{dSP}{dY} = t$. Comprobamos que la pendiente del saldo presupuestario coincide con el tipo impositivo, que como sabemos es positivo y menor que la unidad.

Por tanto, cambios en el gasto público o en las transferencias provocan desplazamientos paralelos de la función de saldo presupuestario, mientras que cambios en el tipo impositivo, no modifican el corte con el eje de ordenadas, pero sí la pendiente. Por su parte, cambios en la renta provocan desplazamientos a lo largo de la función de saldo presupuestario. Para el nivel de renta Y_0 representado en la figura 2.13, siguiente el *saldo presupuestario* está *equilibrado*, es decir, para ese nivel de renta, se cumple que $tY_0 = G_0 TR_0$, por lo que $SP = 0$. Manteniendo constantes el tipo impositivo, el gasto público y las transferencias, si disminuye la renta, el saldo presupuestario será negativo ($SP < 0$). Es decir, para valores inferiores a Y_0, existe *déficit público*. Por el contrario, para valores de la renta mayores que Y_0, el saldo presupuestario será positivo ($SP > 0$), es decir, en ese caso existe *superávit presupuestario*.

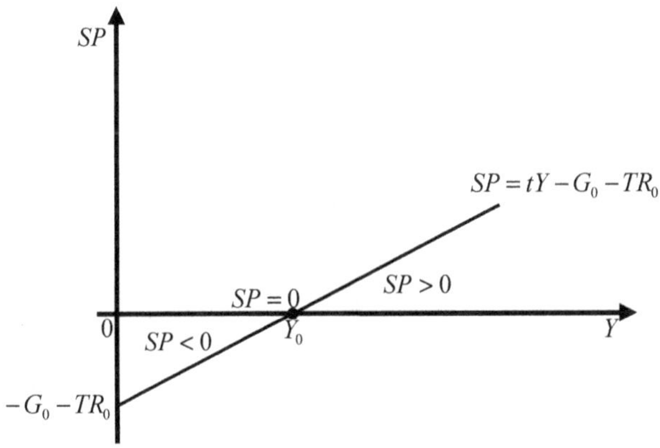

Figura 2.13: El saldo presupuestario del sector público.

Para analizar el efecto de la política fiscal sobre el presupuesto del sector público, conviene diferenciar nuestra ecuación del saldo presupuestario:

$$dSP = dt \cdot Y + tdY - dG_0 - dTR_0$$

Esta expresión nos permitirá calcular el efecto que sobre el saldo presupuestario tiene cualquier cambio. A continuación, utilizamos esta expresión para ver el efecto de la política fiscal sobre el saldo presupuestario. Aunque no los consideramos expresamente, merece la pena mencionar ahora que cualquier cambio distinto a la política fiscal (es decir, cualquier cambio en el consumo autónomo, en la propensión marginal a consumir o en la inversión) altera el presupuesto al variar la renta. En ese caso, la variación del saldo presupuestario sería $dSP = tdY$.

Efecto sobre el saldo presupuestario de un aumento del gasto público

Si el gasto público aumenta, pasando de G_0 a G_1 con $G_1 > G_0$, sabemos que aumentará la parte de los gastos del presupuesto. Pero también sabemos que al aumentar el gasto público se produce un efecto expansivo en la renta, aumentando también la parte de los ingresos del presupuesto. Por tanto, en la expresión anterior del diferencial del saldo presupuestario, tanto dG_0 como dY son distintos de cero:

$$dSP = \underbrace{dt}_{=0} \cdot Y + t\,\underbrace{dY}_{\neq 0} - \underbrace{dG_0}_{\neq 0} - \underbrace{dTR_0}_{=0}$$

Además, sabemos que, al aumentar el gasto público, el efecto sobre la renta es $dY = \frac{1}{1-c(1-t)} dG_0$.

Si sustituimos esta variación de la renta en la variación del saldo presupuestario tenemos lo siguiente:

$$dSP = t \underbrace{dY}_{\frac{1}{1-c(1-t)}dG_0} - dG_0 \quad \Rightarrow \quad dSP = t\frac{1}{1-c(1-t)}dG_0 - dG_0$$

Para evaluar si este diferencial es positivo o negativo, tratamos de simplificar esta expresión. Para ello, sacamos factor común dG_0:

$$dSP = \left(\frac{t}{1-c(1-t)} - 1\right) dG_0$$

A continuación, utilizamos el denominador común para hacer la diferencia del paréntesis:

$$dSP = \left(\frac{t - 1 + c(1-t)}{1-c(1-t)}\right) dG_0$$

Por último, en el numerador del paréntesis, podemos sacar factor común $1 - t$:

$$dSP = \underbrace{\left(\frac{\overbrace{(1-t)}^{>0}\overbrace{(-1+c)}^{<0}}{\underbrace{1-c(1-t)}_{>0}}\right)}_{<0} \underbrace{dG_0}_{<0} < 0$$

Donde ya podemos comprobar que dadas las restricciones sobre los parámetros (recuerde que $0 < c < 1$ y $0 < t < 1$) y dado que $dG_0 < 0$, un aumento del gasto público disminuye el saldo del sector público.

Efecto sobre el saldo presupuestario de un aumento de las transferencias

Consideramos ahora que aumentan las transferencias de manera que $TR_1 > TR_0$. Igual que en el caso anterior, esta variación aumentará directamente la parte de los gastos del presupuesto, pero también aumentará los ingresos del presupuesto, dado que un aumento de las transferencias supone un aumento en el nivel de renta. Para evaluar qué efecto domina más, si el positivo o el negativo, utilizamos como en el caso anterior la expresión del diferencial del saldo presupuestario. En este caso, tanto dTR_0 como dY son distintos de cero:

$$dSP = \underbrace{dt}_{=0} \cdot Y + t\underbrace{dY}_{\neq 0} - \underbrace{dG_0}_{=0} - \underbrace{dTR_0}_{\neq 0}$$

Además, sabemos que un aumento de las transferencias provoca un aumento de la renta de $dY = \frac{1}{1-c(1-t)} cdTR_0$.

Si sustituimos esta variación de la renta en la variación del saldo presupuestario tenemos lo siguiente:

$$dSP = t \underbrace{dY}_{\frac{1}{1-c(1-t)}cdTR_0} - dTR_0 \quad \Rightarrow \quad dSP = t\frac{1}{1-c(1-t)}cdTR_0 - dTR_0$$

Para evaluar si este diferencial es positivo o negativo, tratamos de simplificar esta expresión. Para ello, sacamos factor común dTR_0:

$$dSP = \left(\frac{tc}{1-c(1-t)} - 1\right) dTR_0$$

A continuación, utilizamos el denominador común para hacer la diferencia del paréntesis:

$$dSP = \left(\frac{tc - 1 + c(1-t)}{1-c(1-t)}\right) dTR_0$$

Podemos simplificar el numerador del paréntesis:

$$dSP = \left(\frac{tc - 1 + c - ct}{1-c(1-t)}\right) dTR_0 \quad \Rightarrow \quad dSP = \underbrace{\left(\frac{\overbrace{-1+c}^{<0}}{\underbrace{1-c(1-t)}_{>0}}\right)}_{<0} \underbrace{dTR_0}_{>0} < 0$$

Podemos comprobar que, como en el caso anterior, dadas las restricciones sobre los parámetros (recuerde que $0 < c < 1$ y $0 < t < 1$) y dado que $dTR_0 > 0$, un aumento de las transferencias disminuye el saldo del sector público.

Efecto sobre el saldo presupuestario de una disminución del tipo impositivo

Consideramos ahora que disminuye el tipo impositivo de forma que $t_1 < t_0$. En este caso, este cambio solo afecta a los ingresos del presupuesto. Por una parte, el tipo impositivo es menor. Pero, por otra parte, esa disminución del tipo impositivo provoca un aumento del nivel de renta. Por lo tanto, el tipo impositivo menor se aplica sobre un nivel de renta mayor. Tratamos a continuación, como en los casos anteriores, de evaluar el efecto final sobre el saldo presupuestario de esta política fiscal expansiva. Partiendo como en los casos anteriores de la expresión del diferencial del saldo presupuestario, en este caso solo dt y dY son distintos de cero:

$$dSP = \underbrace{dt}_{\neq 0} \cdot Y + t\, \underbrace{dY}_{\neq 0} - \underbrace{dG_0}_{=0} - \underbrace{dTR_0}_{=0}$$

Además, sabemos que la disminución del tipo impositivo hace que la renta varía en $dY = -\left(\frac{1}{1-c(1-t)}\right)^2 c(C_0 + cTR_0 + I_0 + G_0)dt$.

Si sustituimos esta variación de la renta en la variación del saldo presupuestario tenemos lo siguiente:

$$dSP = dt \cdot Y + t \cdot \underbrace{\left[-\left(\frac{1}{1-c(1-t)}\right)^2 c(C_0 + cTR_0 + I_0 + G_0)dt\right]}_{dY}$$

Para evaluar si este diferencial es positivo o negativo, tratamos de simplificar esta expresión. Para ello, debemos notar que puesto que $Y = \frac{1}{1-c(1-t)}(C_0 + cTR_0 + I_0 + G_0)$, podemos sacar factor común Ydt:

$$dSP = \left(1 - \frac{tc}{1-c(1-t)}\right) Ydt$$

A continuación, utilizamos el denominador común para hacer la diferencia del paréntesis: $dSP = \left(\frac{1-c(1-t)-tc}{1-c(1-t)}\right) Ydt$

Podemos simplificar el numerador del paréntesis:

$$dSP = \left(\frac{1 - c + ct - tc}{1 - c(1-t)}\right) Ydt \quad \Rightarrow \quad dSP = \underbrace{\left(\frac{\overbrace{1-c}^{>0}}{\underbrace{1 - c(1-t)}_{>0}}\right)}_{>0} \underbrace{Y}_{>0} \underbrace{dt}_{<0} < 0$$

Podemos comprobar que, como en el caso anterior, dadas las restricciones sobre los parámetros (recuerde que $0 < c < 1$ y $0 < t < 1$), dado que la renta es positiva y dado que $dt < 0$, una disminución del tipo impositivo disminuye el saldo del sector público.

2.6 El equilibrio en una economía con sector público y con sector exterior

Ampliamos en este apartado el análisis anterior para incorporar el sector exterior.[11] Esta nueva incorporación hace que tengamos que añadir a la demanda agregada un componente adicional, las exportaciones netas *XN*, de forma que:

$$DA = C + I + G + XN$$

Como en el apartado anterior, la función de consumo en este caso es como sigue:

$$C = C_0 + c(1-t)Y + cTR_0$$

Seguimos suponiendo que tanto la inversión como el gasto público son exógenos, de forma que $I = I_0$ y $G = G_0$. Por último, la función de exportaciones netas, tal y como vimos en el apartado 2.3.4., depende negativamente del nivel de renta de la siguiente forma:

$$XN = XN_0 - mY$$

Por tanto, tenemos que la expresión de la demanda agregada en este caso es como sigue:

$$DA = \underbrace{C_0 + c(1-t)Y + cTR_0}_{C} + \underbrace{I_0}_{I} + \underbrace{G_0}_{G} + \underbrace{XN_0 - mY}_{XN}$$

Reordenando términos, tenemos lo siguiente:

$$DA = \underbrace{C_0 + cTR_0 + I_0 + G_0 + XN_0}_{A_0} + c(1-t)Y - mY$$

[11] Puesto que estamos ante un modelo que considera una economía no monetaria, la incorporación del sector exterior se traduce simplemente en la consideración de las exportaciones e importaciones de bienes y servicios. Con posterioridad, tras incorporar el mercado de activos financieros en el modelo IS-LM, analizaremos un modelo más completo que además de las exportaciones netas considera los flujos de capital entre economías: el modelo Mundell-Fleming.

Donde, para simplificar, hemos llamado A_0 al *componente autónomo del gasto*, es decir, la parte de la demanda agregada que no depende del nivel de renta. Note que, en relación con el componente autónomo del gasto del apartado de la economía sin sector exterior, en este caso tiene un elemento adicional, las exportaciones netas autónomas.

Tal y como hemos hecho en los casos anteriores, una vez que tenemos la función de demanda agregada, estamos en disposición de aplicar la condición de equilibrio:

$$\left.\begin{aligned} Y &= DA \\ DA &= A_0 + c(1-t)Y - mY \end{aligned}\right\} \Rightarrow \quad Y = A_0 + c(1-t)Y - mY$$

Con un poco de álgebra, podemos despejar el nivel de renta de equilibrio de forma análoga a como lo hemos hecho en los dos casos anteriores. Para ello, aislamos en la parte izquierda de la igualdad todos los términos que incluyen el nivel de renta:

$$Y - c(1-t)Y + mY = A_0$$

Ahora, en la parte izquierda de la igualdad podemos sacar factor común *Y*:

$$Y[1 - c(1-t) + m] = A_0$$

Y así estamos en disposición de despejar el nivel de renta de equilibrio Y^E:

$$Y^E = \frac{1}{1 - c(1-t) + m} A_0$$

De forma análoga a lo expuesto en los casos analizados anteriormente, el componente $\frac{1}{1-c(1-t)+m}$ es el *multiplicador* (para simplificar el análisis posterior, vamos a llamar a este multiplicador α), mientras que ya hemos adelantado que A_0 es el *componente autónomo del gasto*, que recoge la parte de la demanda agregada que no depende de la renta. Por tanto, podemos expresar la renta de equilibrio en forma compacta como:

$$Y^E = \alpha A_0$$

Donde podemos observar de nuevo que el nivel de renta de una economía viene determinado por el valor del multiplicador y por el valor del componente autónomo del gasto. Y que cualquier incremento del multiplicador o del componente autónomo del gasto aumentará el nivel de renta.

Podemos comprobar asimismo que el multiplicador de la economía abierta sigue siendo mayor que la unidad. Para ello, basta con tener en cuenta las restricciones de los parámetros: $0 < c < 1$, $0 < t < 1$ y $0 < m \leq c(1-t)$. Podemos además comprobar que el multiplicador de la economía abierta es menor que el multiplicador cuando no existía sector exterior:

$$\underbrace{\frac{1}{1-c}}_{\substack{\text{Multiplicador}\\ \text{sin sector público y}\\ \text{sin sector exterior}}} > \underbrace{\frac{1}{1-c(1-t)}}_{\substack{\text{Multiplicador}\\ \text{con sector público y}\\ \text{sin sector exterior}}} > \underbrace{\frac{1}{1-c(1-t)+m}}_{\substack{\text{Multiplicador}\\ \text{con sector público y}\\ \text{con sector exterior}}}$$

Evidentemente, si una parte de los bienes de consumo se adquiere en el exterior, el efecto multiplicador es menor.

Al igual que hicimos en los apartados anteriores, vamos a diferenciar por completo el nivel de renta de equilibrio:

$$dY = d\alpha \cdot A_0 + \alpha dA_0$$

Para diferenciar el multiplicador aplicamos la regla de diferenciación de un cociente[12] y para diferenciar el componente autónomo del gasto, la regla de diferenciación de una suma:

$$dY = \alpha^2[dc \cdot (1-t) - c \cdot dt - dm]A_0 + \alpha(dC_0 + dc \cdot TR_0 + cdTR_0 + dI_0 + dG_0 + dXN_0)$$

Como en los casos anteriores, utilizaremos esta expresión para calcular la variación de la renta ante cualquier perturbación.

2.6.1 La representación gráfica del equilibrio

En términos gráficos, la representación del equilibrio es análoga a la del apartado anterior. La renta de equilibrio será aquella para la que la función de demanda agregada corta a la línea de 45º. La diferencia fundamental estriba en la demanda agregada. Ahora el corte con el eje de abscisas se alcanza en $DA = A_0$ (obviamente, cuando la renta es cero, el valor de la demanda agregada coincide con el componente autónomo del gasto). Y la pendiente sigue siendo positiva y menor que la unidad (recuerde que $m \leq c(1-t)$), pero además de depender de la propensión marginal a consumir y del tipo impositivo, depende de la propensión marginal a importar:

$$\frac{dDA}{dY} = c(1-t) - m$$

La figura 2.14 muestra gráficamente el equilibrio que se alcanza en el punto E, así como la renta de equilibrio Y^E. Igual que argumentamos en los apartados

[12] $d\alpha = d\left(\frac{1}{1-c(1-t)+m}\right) = \frac{d1\cdot[1-c(1-t)+m]-1\cdot d[1-c(1-t)+m]}{[1-c(1-t)+m]^2} = \frac{d[c(1-t)]-dm}{[1-c(1-t+m)]^2} =$
$= \left(\frac{1}{1-c(1-t)+m}\right)^2 [dc \cdot (1-t) + c \cdot d(1-t) - dm] = \alpha^2[dc \cdot (1-t) - c \cdot dt - dm]$

anteriores, el hecho de que la pendiente de la demanda agregada sea menor que uno –pendiente de la línea de 45º– garantiza la existencia del equilibrio.

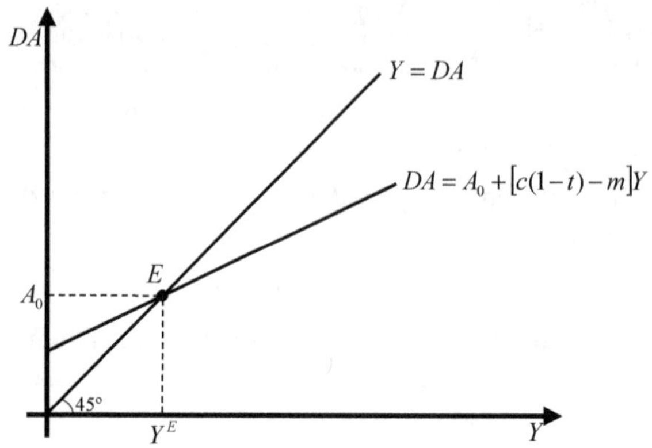

Figura 2.14: La situación de equilibrio en una economía con sector público y con sector exterior.

2.6.2 Ejercicios de estática comparativa

Al igual que en los casos anteriores en los que no existía sector público y/o exterior, analizamos ahora qué le ocurre a la renta de equilibrio ante diferentes cambios en los componentes de la demanda agregada. Obviamente, la realización de estos ejercicios de estática comparativa puede parecer muy repetitiva, puesto que los casos que analizamos ahora son muy parecidos a los analizados en los apartados anteriores. Pero creemos que esta sistemática ayuda a la asimilación de los contenidos. En particular, vamos a analizar el efecto sobre la renta de un aumento en el gasto público, de un aumento en las transferencias, de una disminución del tipo impositivo y de un aumento de la propensión marginal a importar. Además, merece especial mención en este apartado, la política comercial. Nos referimos a alguna acción deliberada del sector público para modificar las relaciones comerciales con otros países. Hablamos, por ejemplo, del establecimiento de contingentes o aranceles. Cerramos este apartado, por tanto, analizando el efecto de la política comercial

Efecto de un aumento del gasto público

En primer lugar, supongamos que se produce un aumento del gasto público, de forma que $G_1 > G_0$. Sabemos que este aumento en el gasto público provocará un aumento de la demanda agregada y, por tanto, un aumento de la renta de equilibrio –puesto que en equilibrio demanda agregada y renta coinciden-. Pero podemos, además, cuantificar el aumento que se producirá en la renta (dY), en función del aumento que se ha producido en el gasto público (dG_0). Para ello, hacemos uso de la expresión que obtuvimos al diferenciar la renta de equilibrio:

$$dY = \alpha^2 \left[\underbrace{dc}_{=0} \cdot (1-t) - c \cdot \underbrace{dt}_{=0} - \underbrace{dm}_{=0} \right] A_0 + \alpha \left(\underbrace{dC_0}_{=0} + \underbrace{dc}_{=0} \cdot TR_0 + c \underbrace{dTR_0}_{=0} + \underbrace{dI_0}_{=0} + \underbrace{dG_0}_{\neq 0} + \underbrace{dXN_0}_{=0} \right)$$

Puesto que el único elemento que está variando es el gasto público, el resto de las diferenciales son iguales a cero. Simplificando, obtenemos por tanto que:

$$dY = \alpha dG_0 > 0 \text{ puesto que } dG_0 > 0$$

En términos gráficos, al aumentar el gasto público, aumenta el corte con el eje de ordenadas de la demanda agregada, que se desplaza, por tanto, paralelamente hacia arriba. La figura 2.15 de la página siguiente muestra este cambio.

Tenga en cuenta que analizar el efecto de un aumento en el consumo autónomo, C_0, o de un aumento en el nivel de inversión, I_0, o de un aumento en las exportaciones netas autónomas, XN_0, sería completamente análogo a lo analizado en este caso.

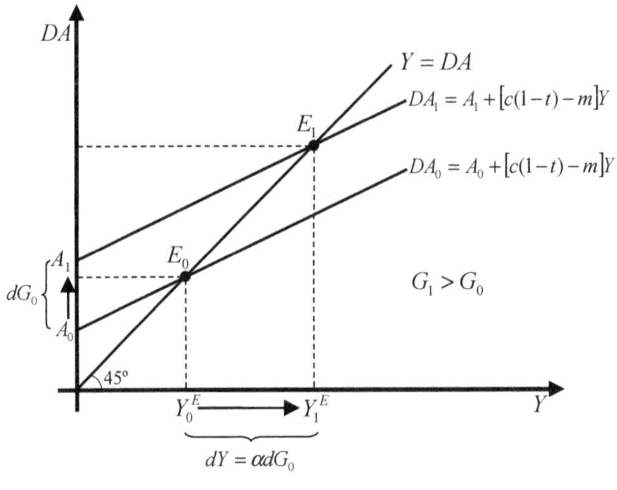

Figura 2.15: Efecto de un aumento del gasto público.

Efecto de un aumento de las transferencias

En este caso suponemos que aumenta la partida dedicada por el sector público a transferencias, de manera que $TR_1 > TR_0$. Sabemos que este aumento en las transferencias aumentará la renta disponible y, por tanto, el consumo. Al aumentar el consumo provocará un aumento de la demanda agregada y, por tanto, un aumento de la renta de equilibrio –puesto que en equilibrio demanda agregada y renta coinciden–. Pero podemos, además, cuantificar el aumento que se producirá en la renta (dY), en función del aumento que se ha producido en las transferencias (dTR_0). Para ello, de nuevo hacemos uso de la expresión que obtuvimos al diferenciar la renta de equilibrio:

$$dY = \alpha^2 \left[\underbrace{dc}_{=0} \cdot (1-t) - c \cdot \underbrace{dt}_{=0} - \underbrace{dm}_{=0} \right] A_0 + \alpha \left(\underbrace{dC_0}_{=0} + \underbrace{dc}_{=0} \cdot TR_0 + c\, \underbrace{dTR_0}_{\neq 0} + \underbrace{dI_0}_{=0} + \underbrace{dG_0}_{=0} + \underbrace{dXN_0}_{=0} \right)$$

Puesto que el único elemento que está variando son las transferencias, el resto de las diferenciales son iguales a cero. Simplificando, obtenemos por tanto que:

$$dY = \alpha c dTR_0 > 0 \text{ puesto que } dTR_0 > 0$$

En términos gráficos, al aumentar las transferencias, aumenta el corte con el eje de ordenadas de la demanda agregada, que se desplaza, por tanto, paralelamente hacia arriba. La figura 2.16 muestra esta variación.

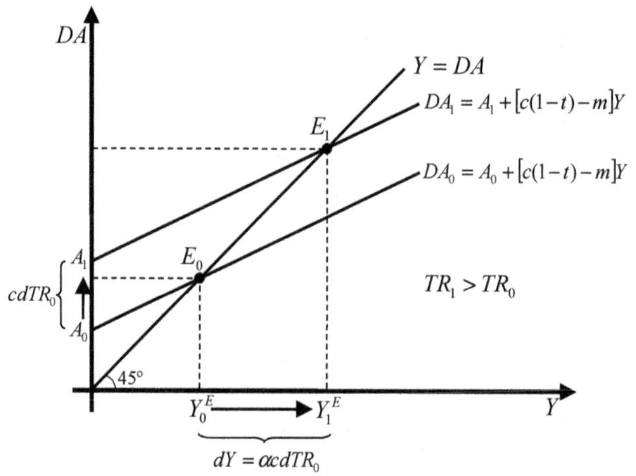

Figura 2.16: Efecto de un aumento de las transferencias.

Efecto de una disminución del tipo impositivo

En este caso suponemos que disminuye el tipo impositivo, de forma que $t_1 < t_0$. Sabemos que esta disminución del tipo impositivo aumentará la renta disponible y, por tanto, el consumo. Al aumentar el consumo provocará un aumento de la demanda agregada y, por tanto, un aumento de la renta de equilibrio –puesto que en equilibrio demanda agregada y renta coinciden-. Pero podemos, además, cuantificar el aumento que se producirá en la renta (dY), en función de la disminución que se ha producido en el tipo impositivo (dt). Para ello, de nuevo hacemos uso de la expresión que obtuvimos al diferenciar la renta de equilibrio:

$$dY = \alpha^2 \left[\underbrace{dc}_{=0} \cdot (1-t) - c \cdot \underbrace{dt}_{\neq 0} - \underbrace{dm}_{=0} \right] A_0 + \alpha \left(\underbrace{dC_0}_{=0} + \underbrace{dc}_{=0} \cdot TR_0 + c\,\underbrace{dTR_0}_{=0} + \underbrace{dI_0}_{=0} + \underbrace{dG_0}_{=0} + \underbrace{dXN_0}_{=0} \right)$$

Puesto que el único elemento que está variando es el tipo impositivo, el resto de diferenciales son iguales a cero. Simplificando, obtenemos por tanto que:

$$dY = -\alpha^2 c A_0 dt > 0 \text{ puesto que } dt < 0$$

En términos gráficos, al disminuir el tipo impositivo, el corte con el eje de ordenadas de la demanda agregada no varía, pero aumenta su pendiente –recuerde que la pendiente de la demanda agregada es $Y = c(1-t) - m$ -. La figura 2.17 muestra esta variación.

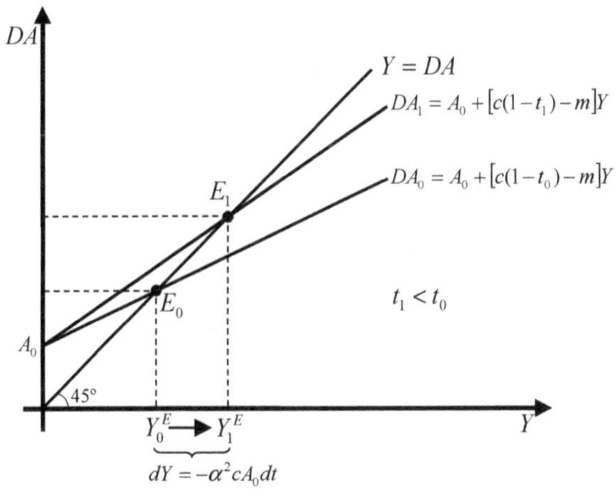

Figura 2.17: Efecto de una disminución del tipo impositivo.

Efecto de un aumento de la propensión marginal a importar

Consideramos en este apartado un aumento de la propensión marginal a importar. Suponemos, por tanto, que $m_1 > m_0$. Sabemos que este aumento de la propensión marginal a importar provocará una disminución de las exportaciones netas. Al disminuir las exportaciones netas, disminuirá la demanda agregada y, por tanto, la renta de equilibrio –puesto que en equilibrio demanda agregada y renta coinciden-. Pero podemos, además, cuantificar la disminución que se producirá en la renta (dY), en función del aumento que se ha producido en la propensión marginal a importar (dm). Para ello, de nuevo hacemos uso de la expresión que obtuvimos al diferenciar la renta de equilibrio:

$$dY = \alpha^2 \left[\underbrace{dc}_{=0} \cdot (1-t) - c \cdot \underbrace{dt}_{=0} - \underbrace{dm}_{\neq 0} \right] A_0 + \alpha \left(\underbrace{dC_0}_{=0} + \underbrace{dc}_{=0} \cdot TR_0 + c\, \underbrace{dTR_0}_{=0} + \underbrace{dI_0}_{=0} + \underbrace{dG_0}_{=0} + \underbrace{dXN_0}_{=0} \right)$$

Puesto que el único elemento que está variando es la propensión marginal a importar, el resto de las diferenciales son iguales a cero. Simplificando, obtenemos por tanto que:

$$dY = -\alpha^2 A_0 dm < 0 \text{ puesto que } dm > 0$$

En términos gráficos, al aumentar la propensión marginal a importar, disminuye la pendiente de la demanda agregada –recuerde que la pendiente de la demanda agregada es $Y = c(1-t) - m$ –. La figura 2.18 muestra esta variación.

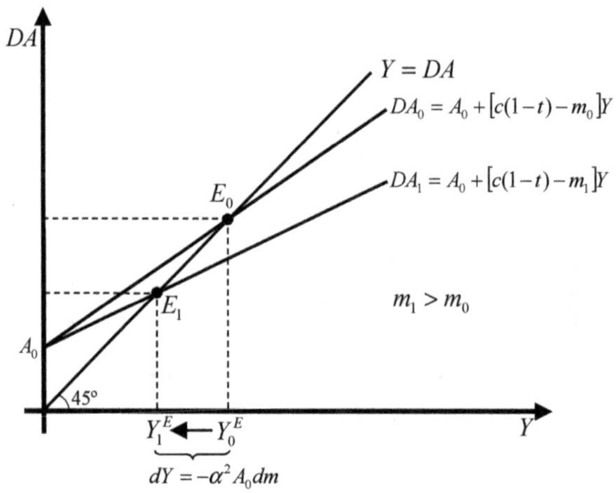

Figura 2.18: Efecto de un aumento de la propensión marginal a importar.

La política comercial: efecto del establecimiento de un arancel a los productos importados

Consideramos en este caso un ejemplo de política comercial. En particular, suponemos que se establece un arancel que grava los productos de importación. El efecto de esta política es un aumento de las exportaciones netas autónomas (puesto que disminuirá el componente autónomo de las importaciones), de forma que $XN_1>XN_0$. Este aumento en el componente autónomo de las exportaciones netas provocará un aumento de la demanda agregada y, por tanto, un aumento de la renta de equilibrio –puesto que en equilibrio demanda agregada y renta coinciden–. Pero podemos, además, cuantificar el aumento que se producirá en la renta (dY), en función del aumento que se ha producido en las exportaciones netas autónomas (dXN_0). Para ello, hacemos uso de la expresión que obtuvimos al diferenciar la renta de equilibrio:

$$dY = \alpha^2 \left[\underbrace{dc}_{=0} \cdot (1-t) - c \cdot \underbrace{dt}_{=0} - \underbrace{dm}_{=0} \right] A_0 + \alpha \left(\underbrace{dC_0}_{=0} + \underbrace{dc}_{=0} \cdot TR_0 + c \underbrace{dTR_0}_{=0} + \underbrace{dI_0}_{=0} + \underbrace{dG_0}_{=0} + \underbrace{dXN_0}_{\neq 0} \right)$$

Puesto que el único elemento que está variando son las exportaciones netas autónomas, el resto de las diferenciales son iguales a cero. Simplificando, obtenemos por tanto que:

$$dY = \alpha dXN_0 > 0 \; puesto \; que \; dXN_0 > 0$$

En términos gráficos, al aumentar las exportaciones netas autónomas, aumenta la ordenada en el origen de la demanda agregada, que se desplaza, por tanto, paralelamente hacia arriba. La figura 2.19 muestra este cambio.

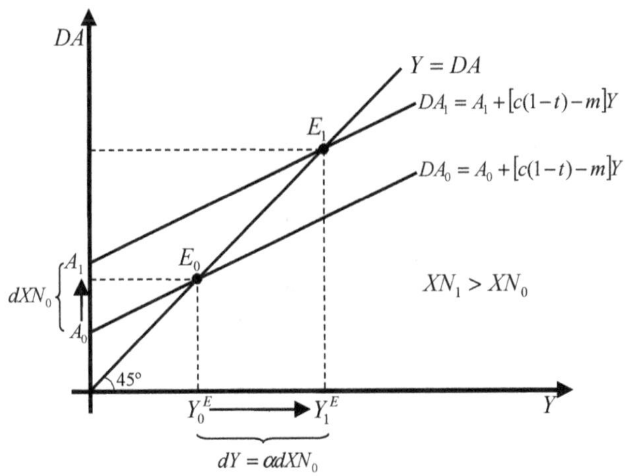

Figura 2.19: Efecto del establecimiento de un arancel a los productos importados.

Por tanto, esta política comercial genera un aumento de la renta.

2.7 Nota final

Antes de finalizar este capítulo conviene destacar dos cuestiones. En primer lugar, tras los diversos ejercicios de estática comparativa que hemos planteado debe quedar claro que las variables exógenas de nuestro modelo se pueden dividir en aquellas que cambian como fruto de la elección de los individuos (como el consumo autónomo C_0, la propensión marginal a consumir c, la inversión I_0 o la propensión marginal a importar m) y aquellas que son fijadas o pueden ser fijadas por una autoridad (como el gasto público G_0, las transferencias TR_0 o el tipo impositivo t). Las exportaciones netas autónomas XN_0 pueden variar tanto por una elección de los individuos (que pueden preferir comprar bienes extranjeros) como por decisión de una autoridad (estableciendo, como hemos visto, aranceles, contingentes o cualquier otro instrumento que altere la relación comercial entre países). Ya debe estar claro que cuando alguna de estas variables cambia por una acción deliberada del sector público, decimos que estamos ante una *política* (shock o perturbación de política). De la misma forma, ya debe quedar claro que el gasto público G_0, las transferencias TR_0 y el tipo impositivo t, al afectar a las cuentas del Fisco (ver ecuación del saldo presupuestario), son los *instrumentos de política fiscal.* Note que, al fijar el nivel de los subsidios, de los impuestos, o del gasto en educación, los gobiernos no solo intentan prestar servicios a los ciudadanos, sino que afectan al nivel de renta. Por su parte, como ya hemos avanzado, los aranceles, contingentes y cualquier instrumento que altere las exportaciones netas constituyen los *instrumentos de política comercial.*

En segundo lugar, es importante finalizar destacando por qué se da tanta importancia a los hallazgos de este modelo. Hasta la publicación de la *General Theory* (1936), los economistas creían en el vaciado automático de los mercados, en la *ley de Say,* de forma que el *laissez-faire, laissez-passer,* era la única receta para salir de una crisis de sobreproducción generalizada. Sin embargo, el efecto multiplicador de la política fiscal abre nuevas posibilidades. ¿Por qué adquiere tanta importancia la política fiscal expansiva como receta para salir de la crisis? En recesión no cabe esperar que aumente el consumo o la inversión, porque las posibilidades de endeudamiento de consumidores y empresas no lo permiten. Pero el Sector Público sí puede endeudarse. Aquí aparece el papel del sector público en la economía, frente a la visión anterior del *laissez-faire, laissez-passer.* Desde entonces, el papel del sector público como estabilizador de la economía aparece en escena y el peso del sector público en la economía sufre un crecimiento exponencial.

Referencias

Coddington, A. (2013). *Keynesian economics.* Routledge. https://doi.org/10.4324/9781315016788

Hicks, J. R. (1937). Mr. Keynes and the "classics"; a suggested interpretation. *Econometrica*, 147-159. https://doi.org/10.2307/1907242

Keynes, J. M. (1936). *Teoría General de la Ocupación, el Interés y el Dinero.* Fondo de Cultura Económica, México, 2014.

Capítulo tres
El modelo IS-LM

Ana Rodríguez-Santiago
Concepción Román
Inmaculada Vílchez

Resumen

En este capítulo se amplía el análisis del modelo keynesiano básico, al incorporar en el modelo el mercado de activos financieros en el análisis. El modelo IS-LM va a permitirnos apreciar cómo la demanda agregada depende del tipo de interés y como se interrelacionan los mercados de bienes y servicios con los de activos financieros. Se explica el análisis de las curvas IS y LM, que representan el equilibrio en el mercado de bienes y servicios y en el mercado de activos, respectivamente, y su intersección define el equilibrio general, definido en términos del equilibrio simultáneo en ambos mercados. Además, se profundiza en la influencia de las políticas fiscal y monetaria en este contexto y en su efectividad para alcanzar metas macroeconómicas. Este enfoque permite una comprensión más realista y completa del funcionamiento de la economía y del papel de las políticas económicas.

Palabras clave: Modelo de 45º, aspa keynesiana, mercado de activos, curva IS, curva LM, política monetaria, política fiscal, equilibrio macroeconómico, tipos de interés, demanda agregada.

***

3.1 Introducción

En el capítulo anterior hemos analizado el papel que juegan los diferentes componentes de la demanda en la determinación de la producción y la renta de equilibrio de una economía no monetaria abierta, sin flujos de capital. Ahora bien, el modelo keynesiano básico, modelo de 45º o aspa keynesiana es considerado un modelo insatisfactorio, al menos en dos sentidos. En primer lugar, se trata de un modelo en el que los precios son fijos. En segundo lugar, se trata de un modelo de equilibrio del mercado de bienes y servicios, en el que no tiene cabida el mercado de activos, ya sean activos no rentables -dinero- o activos rentables -bonos-. En este capítulo, intentamos suplir esta deficiencia del modelo de 45º analizando una economía monetaria, en la que existe un mercado de activos, utilizando el denominado *modelo IS-LM* (Hicks, 1937). La introducción de los mercados de activos nos permitirá matizar algunas de las conclusiones obtenidas en base al aspa keynesiana y analizar el papel de la política monetaria, junto a las políticas fiscal y comercial, ya analizadas.

El capítulo se estructura en base al siguiente guion. En primer lugar, una vez analizado el mercado de activos, se introducen algunas nociones y simplificaciones que nos permitirán introducir el mercado de activos en nuestro modelo keynesiano. La existencia de mercados de activos nos va a permitir introducir una función de inversión dependiente del tipo de interés. Esto hará que la demanda agregada dependa ahora del tipo de interés. Partiendo del modelo de 45º con esta nueva demanda agregada llegaremos a determinar la denominada curva IS, que muestra las combinaciones de tipos de interés y renta para las cuales el mercado de bienes y servicios está en equilibrio. Tras haber analizado a fondo la curva IS -los determinantes de su posición y su pendiente- nos centraremos en el mercado de activos propiamente dicho. A partir del análisis del equilibrio en el mercado de activos llegaremos a la llamada curva LM, que muestra las combinaciones de tipos de interés y renta para las cuales los mercados de activos -tanto el de dinero como el de bonos- están en equilibrio. Si la curva IS representa el conjunto de combinaciones de tipos de interés y renta para los que existe un equilibrio en el mercado de bienes y servicios y la LM representa las combinaciones de tipos de interés y renta para las que el mercado de activos está en equilibrio, existirá una combinación para la que ambos mercados, el de bienes y servicios y el de activos, estén simultáneamente en equilibrio. Este punto se alcanza en la intersección de las curvas IS y LM. A partir de dicho equilibrio, se analizarán las consecuencias de política económica en el modelo, poniendo especial énfasis en la combinación de políticas económicas y en la efectividad de las mismas.

Esquema del capítulo	
3.1 Introducción 3.2 Los mercados financieros 3.2.1. El dinero: funciones y clases 3.2.2. La demanda de dinero 3.2.3. La oferta de dinero 3.2.4. La determinación del tipo de interés: el equilibrio en el mercado de dinero 3.2.5. Perturbaciones en el mercado de dinero: la política	3.4.2. Obtención analítica de la curva LM 3.5 El equilibrio conjunto de los mercados de bienes y servicios y activos financieros: el modelo IS-LM 3.5.1. El equilibrio en el modelo IS-LM: análisis gráfico 3.5.2. Obtención analítica del equilibrio

3.2 Los mercados financieros

Los mercados de activos son aquellos mercados en los que se intercambia dinero, bonos, acciones, viviendas y otros tipos de riqueza. Es decir, incluyen tanto activos reales como activos financieros. Aunque en la actualidad la característica fundamental de estos últimos estriba en la gran diversidad de instrumentos que emplean, para los objetivos de este capítulo procederemos como si solo existiesen dos activos financieros: el *dinero*, activo financiero plenamente líquido no generador de intereses, y los *bonos*, activos financieros generadores de intereses.[1] Cabe destacar en este punto que definiremos el tipo de interés r como el cociente entre la rentabilidad del bono y su precio y que constituye, por tanto, el coste de oportunidad de dinero:

$$r = \frac{\text{Rentabilidad del bono}}{\text{Precio del bono}}$$

Además, puesto que las decisiones de cartera sobre la cantidad de dinero y la de bonos que van a mantenerse constituyen en realidad la misma decisión, este apartado se centra únicamente en el estudio del *mercado de dinero*. Dada la *restricción presupuestaria de la riqueza*, que indica que la suma de la demanda de dinero y de la demanda de bonos de un individuo tiene que ser igual a su

[1] La liquidez que un activo es la facilidad con la que podemos convertirlo en un medio de pago generalmente aceptado, esto es, en dinero.

riqueza financiera total, una vez que se decide la cantidad de dinero que se quiere tener, se decide también de forma implícita la cantidad de bonos. De esta forma, si estudiamos el mercado de dinero, conocemos también la situación del mercado de bonos, al ser este complementario. Es decir, si el mercado de dinero está en equilibrio, el mercado de bonos también estará en equilibrio, mientras que si en el mercado de dinero existe un exceso de demanda (oferta), en el de bonos existirá un exceso de oferta (demanda) de la misma cuantía. El resto del apartado se centra, por tanto, en el análisis del mercado de dinero.

3.2.1 El dinero: funciones y clases

El dinero es un *activo plenamente líquido* susceptible de convertirse en un activo rentable. Se diferencia de los bienes de consumo e inversión analizados hasta ahora esencialmente porque es capaz de trasladar la riqueza en el tiempo. Las funciones tradicionales o clásicas del dinero son cuatro: (i) sirve como *medio de cambio*; (ii) como *depósito de valor* es un medio de almacenar riqueza, ya que en ausencia de inflación mantiene su valor a lo largo del tiempo (a diferencia de otros activos como los bienes de inversión que también permitirían mantener la riqueza, pero que están sujetos a la depreciación y obsolescencia); (iii) es la *unidad de cuenta* –unidad en la que se miden los precios y se llevan las cuentas– por excelencia y (iv) sirve como *patrón de pagos diferidos*, al utilizarse las unidades monetarias en las transacciones a largo plazo como los préstamos.

A lo largo de la historia se han utilizado como dinero bienes muy diversos. Podemos destacar las siguientes *clases de dinero*. El *dinero mercancía* es aquel dinero con valor intrínseco, por ejemplo, las monedas acuñadas en metales preciosos. Por su parte, el *dinero signo o fiduciario* es el dinero con escaso valor como mercancía, pero que mantiene su valor como medio de cambio porque la gente confía en el emisor. Por ejemplo, las monedas y billetes de euros entrarían dentro de esta categoría. El papel que soporta un billete de 500 euros no tiene ese valor de forma intrínseca, pero los ciudadanos confían en el Banco Central Europeo, emisor de dicho billete, y es esa confianza la que dota a ese billete de dicho valor. Además, hay que distinguir el dinero legal –el dinero signo emitido por una institución que monopoliza su emisión y adopta la forma de moneda metálica o billetes– del dinero bancario –los depósitos a la vista de los bancos que son aceptados generalmente como medio de pago–. En el caso del dinero bancario, es aceptado como medio de pago gracias a la confianza de que, en cualquier momento, y siempre que lo solicite su titular, el banco convertirá dichos depósitos a la vista en dinero de curso legal.

3.2.2 La demanda de dinero

Los agentes económicos demandan dinero con objeto de hacer frente a determinados pagos. La *demanda nominal* de dinero es la demanda de una determinada cantidad de unidades monetarias, mientras que la *demanda real* de dinero es la demanda de dinero expresada en el número de unidades de bienes que pueden comprarse con él, y es igual a la demanda nominal dividida por el nivel general de precios. Desde este momento diremos que la demanda de dinero es una *demanda de saldos reales*, es decir, los agentes económicos demandan dinero por el poder adquisitivo que este les confiere, por la cantidad de bienes que pueden comprar con él.

Keynes enunció tres motivos por los que los agentes desean conservar saldos líquidos: (i) para realizar transacciones; (ii) como precaución; y (iii) para especular. El análisis de las funciones de demanda de dinero correspondientes a los tres motivos citados se basa en la disyuntiva que se plantea entre las ventajas de tener más dinero contra los costes en términos de intereses perdidos y los inconvenientes ligados a encontrarse sin liquidez en un determinado momento.

La *demanda de saldos reales por motivo transacción (L_T)* es la que se efectúa para realizar pagos frecuentes. Cuanto mayor sea el nivel de renta, mayor será el número de transacciones y por tanto, mayores serán las necesidades de saldo por motivo transacción. Por otra parte, mantener riqueza en forma de dinero tiene su coste (entendido en términos de coste de oportunidad). Cuanto mayor sea el tipo de interés de los bonos, r (que ya hemos definido como la relación existente entre la rentabilidad del bono y el precio del mismo), mayor será el coste de oportunidad de mantener la riqueza en forma de dinero y, por tanto, mayor será el desincentivo a mantener la riqueza en forma de dinero. En resumen, la demanda de saldos reales por motivo transacción dependerá positivamente del nivel de renta y negativamente del tipo de interés:

$$L_T = L_t(Y, r)$$
$$\uparrow Y \Rightarrow \uparrow L_T$$
$$\uparrow r \Rightarrow \downarrow L_T$$

Por otra parte, la *demanda de saldos reales por motivo precaución (L_P)* hace referencia a la demanda de dinero para hacer frente a contingencias imprevistas. Parece razonable pensar que cuanto mayor sea el nivel de renta mayor será también la cantidad de efectivo que se mantiene por este motivo. Por otra parte, y al igual que en el caso anterior, cuanto mayor sea el tipo de interés, mayor será el coste de los intereses perdidos y, por tanto, menor será la cantidad de dinero demandada por motivo precaución. Es decir,

$$L_P = L_p(Y, r)$$
$$\uparrow Y \Rightarrow \uparrow L_P$$
$$\uparrow r \Rightarrow \downarrow L_P$$

Por último, la *demanda de saldos reales por motivo especulación (L_E)*, también denominada *de preferencia por la liquidez*, es la demanda de dinero que se debe a la incertidumbre sobre el valor monetario de otros activos que pueden tener los individuos. Un especulador es aquella persona que compra una mercancía cuando su precio es relativamente bajo para venderla cuando su precio es relativamente alto, con la intención de obtener una ganancia de la plusvalía generada. En este sentido, no hay que descartar que los individuos quieran mantener su riqueza en forma de dinero cuando su precio es bajo (es decir, cuando los intereses de los bonos sean bajos) para vender cuando su precio sea alto. Por tanto, existe aquí también una relación negativa entre la demanda de dinero por motivo especulación y el tipo de interés:

$$L_E = L_e(r)$$
$$\uparrow r \Rightarrow \downarrow L_E$$

Por tanto, si consideramos que los individuos demandan saldos reales por cualquiera de los tres motivos apuntados, la demanda de saldos reales en un momento determinado será igual a la suma de las cantidades demandadas por cualquiera de estos motivos. Así, la demanda de saldos reales (L) dependerá positivamente del nivel de renta y negativamente del tipo de interés:

$$L = L_T + L_P + L_E$$
$$L = L(Y, r)$$

$$\uparrow Y \Rightarrow \uparrow L$$
$$\uparrow r \Rightarrow \downarrow L$$

Para facilitar el análisis vamos a dar una forma funcional concreta a la curva de demanda de saldos reales. Así, expresaremos la función de demanda de dinero como:

$$L = kY - hr$$

donde $k > 0$ mide la sensibilidad de la demanda de saldos reales a cambios en el nivel de renta $\left(\frac{\partial L}{\partial Y} = k\right)$ y $h > 0$ mide la sensibilidad de la demanda de saldos reales a cambios en el tipo de interés $\left(\frac{\partial L}{\partial r} = h\right)$.

Para representar esta función en el plano, dado que es una función que va de R^2 en R, tenemos que considerar constante una de las dos variables explicativas. Si fijamos el nivel de renta, para cada valor de Y tendremos una relación negativa entre la demanda de saldos reales y el tipo de interés. Para un determinado nivel de renta Y_0, la figura 3.1 representa la función de demanda de dinero $L_0 = kY_0 - hr$. En ese caso, el corte con el eje de abscisas ($r = 0$) se alcanza en $L_0 = kY_0$ mientras que el corte con el eje de ordenadas ($L_0 = 0$) se alcanza en $r = \frac{kY_0}{h}$. Asimismo, podemos calcular la pendiente de dicha función de demanda de dinero. Puesto que la tenemos representada de forma que en el eje de abscisas medimos la demanda de dinero, mientras que en el eje de ordenadas medimos el tipo de interés, calculamos la pendiente como la derivada del tipo de interés con respecto a la demanda de dinero:

$$\frac{dr}{dL_0} = \frac{1}{\frac{dL_0}{dr}} = \frac{1}{-h} = -\frac{1}{h}$$

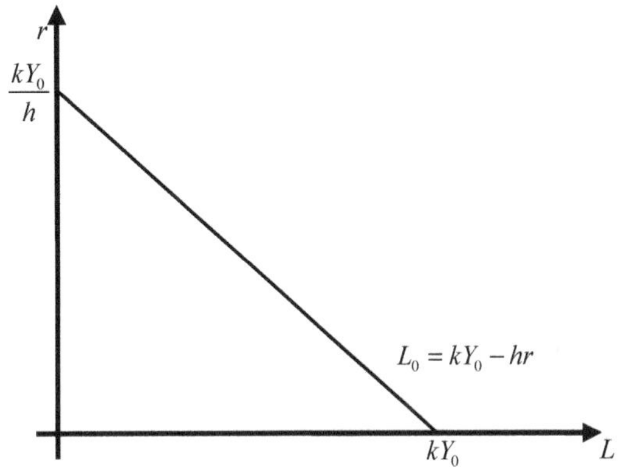

Figura 3.1: La función de demanda de dinero.

Comprobamos que la pendiente es negativa, puesto que h es un parámetro positivo que, como ya habíamos avanzado, mide la sensibilidad de la demanda de dinero a cambios en el tipo de interés. Dicha pendiente negativa recoge la relación inversa entre el tipo de interés y la demanda de dinero. Partiendo siempre del corte con el eje de abscisas, la función de demanda de dinero será más plana cuanto mayor sea h, siendo completamente inelástica si $h=0$. Cuando $h \to \infty$ la LM coincide con el eje de abscisas. Esta situación es conocida como la *trampa de la liquidez*. Como veremos, esta situación hace que la política monetaria sea inefectiva. La figura 3.2 de la página siguiente muestra los casos extremos de la demanda de dinero.

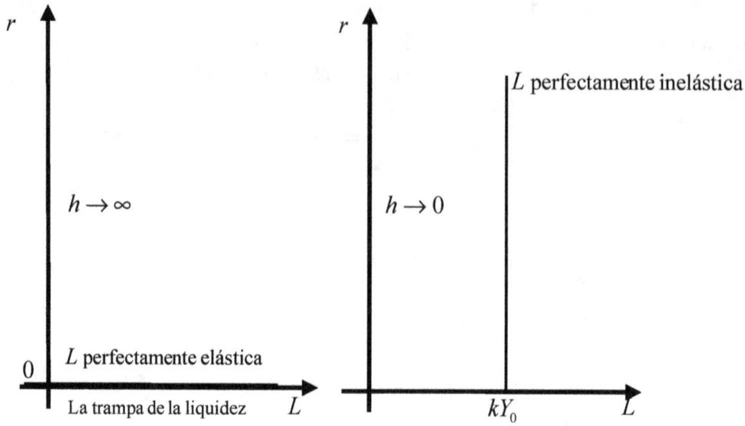

Figura 3.2: La función de demanda de dinero. Casos extremos.

Por otra parte, los cortes con los ejes nos indican que cambios en el nivel de renta o en la sensibilidad de la demanda de dinero a cambios en la misma, k, supondrán desplazamientos paralelos de la curva de demanda de saldos reales. La figura 3.3 muestra el cambio que se produciría en la función de demanda de dinero ante un aumento en la renta, de forma que $Y_1 > Y_0$.

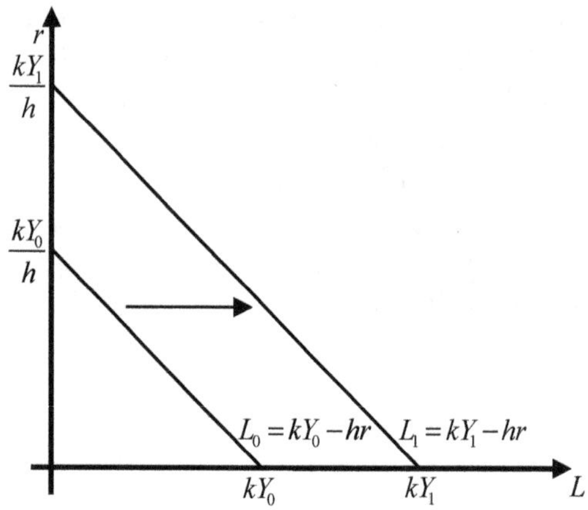

Figura 3.3: La función de demanda de dinero. Efecto de un aumento en el nivel de renta.

3.2.3 La oferta de dinero

La cantidad de dinero en circulación constituye la oferta monetaria. El encargado de controlar dicha oferta monetaria es el Banco Central. Definimos a continuación los *agregados monetarios*, que son diversas definiciones de dinero, que van aumentando de forma progresiva el número de elementos que son considerados dinero. Así, el agregado monetario M_0, la definición más estrecha de dinero, es la *base monetaria* o *dinero de alta potencia* e incluye el efectivo en cajas bancarias, el efectivo en manos del público y los depósitos en el Banco Central. Podemos decir también, por tanto, que la base monetaria (BM) es la suma de las reservas bancarias (RB) y del efectivo total en manos del público (L). Por su parte, el agregado monetario M_1 es la *oferta monetaria*, que incluye el efectivo en manos del público y los depósitos a la vista, activos del público y pasivos del sistema bancario, movilizables mediante cheques o tarjetas de débito y que constituyen el dinero bancario por ser aceptados generalmente como medios de pago. Es decir, la oferta monetaria (M) es la suma del efectivo total en manos del público (L) y los depósitos a la vista (D). Definiciones más amplias de dinero son el agregado monetario M_2, que añade a la oferta monetaria los depósitos de ahorro, y el M_3, también denominado *disponibilidades líquidas*, que amplía a M_2 añadiendo los depósitos a plazo y otros componentes.

Una vez mencionadas las diferentes definiciones de dinero, estamos en disposición de analizar el proceso de creación del dinero. En este proceso intervienen tres agentes: (i) el *Banco Central*, que crea la base monetaria e incide sobre la conducta del sistema bancario; (ii) el *sistema bancario*, que, como ya se ha mencionado y a continuación analizaremos, genera dinero bancario y (iii) el *público*, particulares y empresas poseedores de los distintos activos financieros.

Los bancos y la creación de dinero: el multiplicador monetario

Los bancos son intermediarios financieros que reciben fondos de los individuos y de las empresas y los utilizan para hacer préstamos y comprar bonos. Los bancos están obligados a tener reservas en una cuantía proporcional a sus depósitos. Estas reservas son para satisfacer las demandas de efectivo de sus clientes, y para hacer frente a los pagos que estos realizan mediante cheques que se depositan en otros bancos.

Para entender cómo se expande y se contrae la oferta monetaria y cómo puede controlarse, es necesario comprender qué es lo que determina el volumen de depósitos bancarios, una parte de los cuales termina siendo depositado en el Banco Central, formando parte de la base monetaria. Los propios bancos pueden expandir el volumen de depósitos bancarios y por tanto la base monetaria mediante el proceso de expansión múltiple de los depósitos bancarios, por medio de la concesión de nuevos créditos. Para ello vamos a analizar a continuación la relación entre la base monetaria y la oferta monetaria. Recordemos que:

> Base monetaria (BM) = Reservas bancarias (RB) + efectivo total en manos del público (L)

Oferta monetaria (M) = Efectivo total en manos del público (L) + depósitos a la vista (D)

El *coeficiente de reservas* o *encaje bancario* (w) se define como el cociente entre las reservas y los depósitos a la vista, de tal manera que:

$$RB = wD \text{ siendo } 0 < w < 1$$

Por lo que respecta a la *demanda de efectivo* por parte del público, supongamos que es una proporción a de los depósitos a la vista, de forma que:

$$L = aD \text{ siendo } 0 < a < 1$$

Suponemos que el coeficiente de efectivo a es constante. Teniendo en cuenta los supuestos referidos al coeficiente de efectivo y al coeficiente de reservas, la definición de la base monetaria resulta:

$$BM = \underbrace{RB}_{wD} + \underbrace{L}_{aD} = (w + a)D$$

Por otra parte, si tenemos en cuenta la definición de la oferta monetaria y el supuesto sobre la relación entre el efectivo y los depósitos a la vista, podemos escribir:

$$M = \underbrace{L}_{aD} + D = (a + 1)D$$

Si dividimos la oferta monetaria entre la base monetaria tenemos que:

$$\frac{M}{BM} = \frac{(a + 1)D}{(w + a)D} = \frac{a + 1}{w + a}$$

Si pasamos la base monetaria a la derecha de la igualdad, podemos escribir:

$$M = \frac{a + 1}{w + a} BM$$

El cociente $\frac{a+1}{w+a}$ es el denominado multiplicador monetario, que mide lo que varía la oferta monetaria cuando varía la base monetaria. Es siempre mayor que 1 y será mayor cuanto menor sea el coeficiente de reservas. Por tanto, un aumento de la base monetaria provocará un aumento mayor de la oferta monetaria, en la proporción que viene dada por el multiplicador monetario.

La política monetaria

Para controlar la evolución de la cantidad de dinero, es decir, de la oferta monetaria, el Banco Central puede recurrir a dos instrumentos:

- La manipulación del *coeficiente legal de reservas* o *coeficiente de caja*. La autoridad monetaria puede influir sobre la oferta monetaria manipulando los coeficientes legales. Si la autoridad monetaria redujese el coeficiente de caja, la oferta monetaria aumentaría porque aumenta el multiplicador del dinero, y lo contrario ocurriría si el coeficiente de caja se incrementase.

- Las *operaciones de mercado abierto.* Son la compra y venta de títulos públicos por parte del Banco Central. Para aumentar la cantidad de dinero, el Banco Central compra títulos y los paga, creando dinero, y para reducirla, vende títulos y retira de la circulación el dinero que recibe a cambio.

Para facilitar el análisis vamos a suponer de ahora en adelante que la oferta monetaria es rígida y, por tanto, independiente del tipo de interés. Suponemos además que la cantidad nominal de dinero *M* está dada y que el nivel de precios es constante e igual a *P*. Por tanto, si representamos la oferta de dinero en términos reales, $\frac{M}{P}$, en el plano tipo de interés-cantidad de dinero, esta oferta de saldos reales es una recta completamente inelástica.

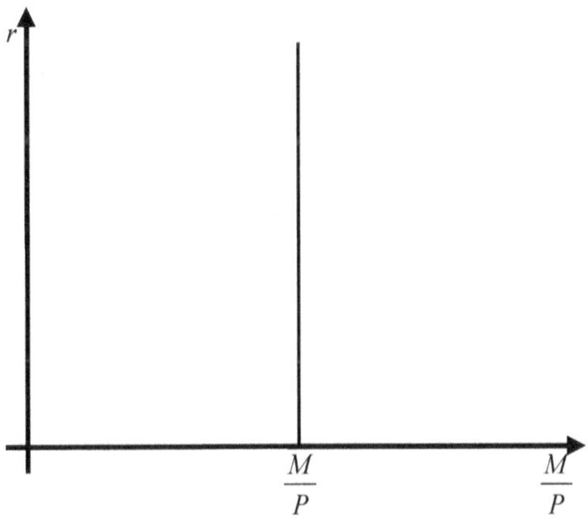

Figura 3.4: La función de oferta de dinero.

Esta función se desplazará paralelamente a la derecha si la autoridad monetaria decide aumentar la cantidad de dinero en circulación (política monetaria expansiva) y se desplazará a la izquierda si el Banco Central decide disminuir la oferta monetaria (política monetaria contractiva). La figura 3.5 de la página siguiente muestra el efecto de un aumento de la oferta monetaria, de forma que $M_1 > M_0$.

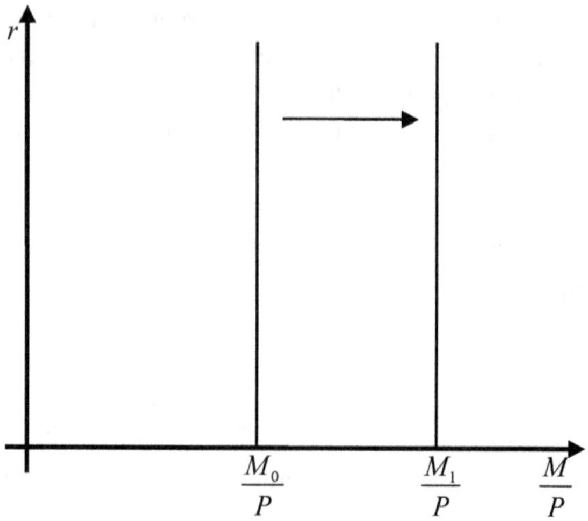

Figura 3.5: La función de oferta de dinero. Efecto de una política monetaria expansiva.

3.2.4 La determinación del tipo de interés: el equilibrio en el mercado de dinero

Una vez analizadas la demanda y la oferta de dinero podemos estudiar cómo se determina el equilibrio en el mercado de dinero. Dicho equilibrio se alcanza cuando la cantidad demandada de dinero coincide con la oferta de dinero, de forma que el mercado se vacía. En términos analíticos, podemos calcular el tipo de interés de equilibrio simplemente igualando la oferta monetaria real y la demanda de saldos reales.

$$\underbrace{\frac{M}{P}}_{\substack{\text{Oferta}\\ \text{de dinero}}} = \underbrace{L}_{\substack{\text{Demanda}\\ \text{de dinero}}} \quad \Rightarrow \quad \underbrace{\frac{M}{P}}_{\substack{\text{Oferta}\\ \text{de dinero}}} = \underbrace{kY - hr}_{\substack{\text{Demanda}\\ \text{de dinero}}}$$

Despejando el tipo de interés de equilibrio r^E tenemos que:

$$\frac{M}{P} = kY - hr \quad \Rightarrow \quad r^E = \frac{1}{h}\left(kY - \frac{M}{P}\right)$$

Donde podemos observar que cuanto mayor es la cantidad de dinero que hay en circulación, menor es el tipo de interés de equilibrio y viceversa. Asimismo, podemos observar que cuanto mayor es el nivel de renta, mayor es el tipo de interés de equilibrio.

Gráficamente, para un determinado nivel de renta, Y_0, el mercado de dinero estará en equilibrio en el punto en el que la demanda de saldos reales se intersecta con la oferta de saldos reales. La figura 3.6 muestra el tipo de interés de equilibrio r^E y la cantidad total de dinero demandada, L^E, que obviamente al tratarse de la situación de equilibrio, coincide con la cantidad total de dinero ofrecida, $\frac{M}{P}$.

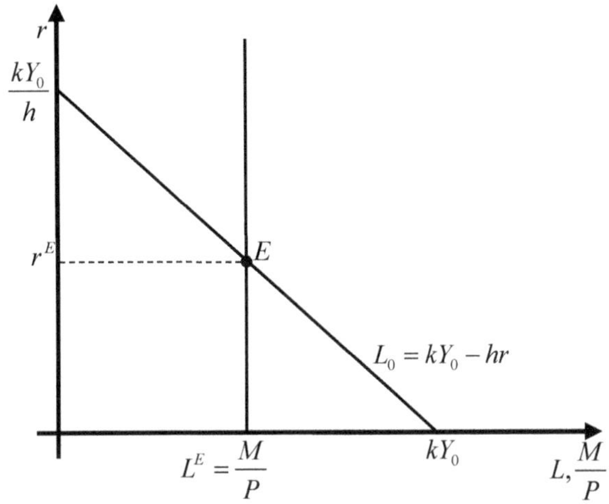

Figura 3.6: El equilibrio en el mercado de dinero.

3.2.5 Perturbaciones en el mercado de dinero: la política monetaria y los cambios en la producción y en los precios.

En este apartado, partimos de una situación de equilibrio en el mercado de dinero como la analizada anteriormente para realizar diversos ejercicios de estática comparativa. En particular, analizamos el efecto sobre el tipo de interés de equilibrio y la cantidad de dinero de una política monetaria expansiva, de un aumento de la renta y de una subida del nivel de precios.

Efecto de una política monetaria expansiva

Partiendo de una situación inicial en la que el mercado de dinero (y, como mencionamos a principios del capítulo, por tanto, también el mercado de bonos) se encuentra en equilibrio, imagine que se lleva a cabo una política monetaria expansiva. Es decir, suponga que $M_1 > M_0$. Esta política monetaria expansiva, que podría instrumentarse a través de una disminución del coeficiente legal de caja o a través de una compra de bonos, provoca un desplazamiento de la oferta monetaria real a la derecha. La figura 3.7 muestra este cambio en términos gráficos.

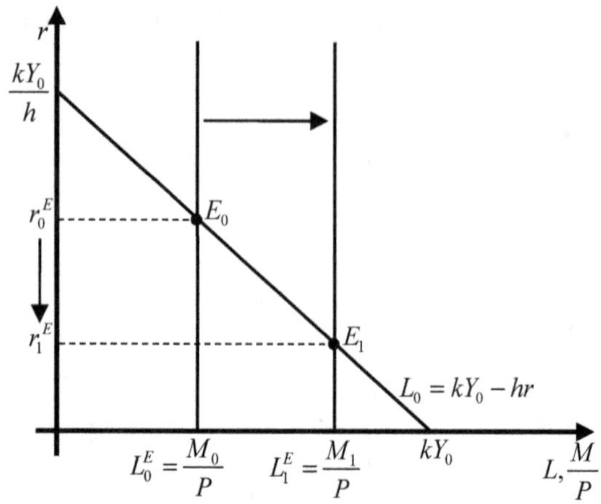

Figura 3.7: El equilibrio en el mercado de dinero. Efecto de una política monetaria expansiva.

Partiendo del equilibrio inicial E_0, al aumentar la oferta monetaria, si no se modificase el tipo de interés, existiría un exceso de oferta de dinero (EOD). Al ser el mercado de bonos complementario al mercado de dinero, existirá asimismo un exceso de demanda de bonos (EDB). Este exceso de demanda provoca un aumento en el precio del bono. Como consecuencia, el tipo de interés (que recuerde es igual al cociente entre la rentabilidad del bono y su precio) disminuirá, haciendo que aumente la demanda de dinero hasta que de nuevo se vacía el mercado de dinero, alcanzando el nuevo equilibrio E_1. En resumen, un aumento de la oferta monetaria provoca una disminución del tipo de interés, lo cual es lógico si tenemos en cuenta que el tipo de interés es el coste de oportunidad del dinero. La siguiente cadena de razonamientos lógicos resume el paso del equilibrio inicial E_0 al equilibrio final E_1:

$$\uparrow M \Rightarrow M_1 > M_0 \Rightarrow \frac{M_1}{P} > L(Y_0, r_0^E) \Rightarrow \text{EOD (EDB)} \Rightarrow \uparrow \text{Precio del bono} \Rightarrow$$

$$\downarrow r \text{ hasta que}$$

$$\frac{M_1}{P} = L(Y_0, r_1^E)$$

Efecto de un aumento de la renta

En este caso, partiendo de una situación inicial de equilibrio en el mercado de dinero (y de bonos), suponga que se produce un aumento de la renta de manera que $Y_1 > Y_0$. Este proceso de crecimiento económico genera un desplazamiento a la derecha de la función de demanda de dinero, puesto que para cada nivel de tipo de interés, al ser la renta mayor, la demanda de dinero aumenta. La figura 3.8 muestra esta perturbación de forma gráfica.

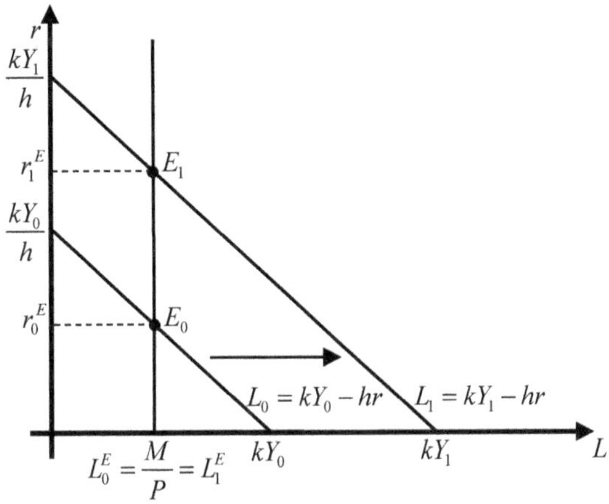

Figura 3.8: El equilibrio en el mercado de dinero. Efecto de un aumento de la renta.

Partiendo del equilibrio inicial E_0, al aumentar la renta se desplaza la función de demanda de dinero a la derecha. Si no se modificase el tipo de interés existiría un exceso de demanda de dinero (EDD) y, por tanto, un exceso de oferta de bonos (EOB). Este exceso de oferta provoca una disminución en el precio del bono. Como consecuencia, el tipo de interés aumentará, haciendo que disminuya la demanda de dinero hasta que de nuevo se vacía el mercado de dinero, alcanzando el nuevo equilibrio E_1. En resumen, un aumento de la renta provoca un aumento del tipo de interés. La transición entre equilibrio inicial E_0 y el equilibrio final E_1 se resume de la siguiente forma:

$$\uparrow Y \Rightarrow Y_1 > Y_0 \Rightarrow \frac{M}{P} < L(Y_1, r_0^E) \Rightarrow \text{EDD (EOB)} \Rightarrow \downarrow \text{Precio del bono} \Rightarrow$$
$$\uparrow r \text{ hasta que}$$
$$\frac{M}{P} = L(Y_1, r_1^E)$$

Efecto de un aumento del nivel de precios

Por último, consideramos la situación en la que partiendo del equilibrio en el mercado de dinero (y de bonos) tiene lugar un aumento en el nivel de precios de forma que $P_1 > P_0$. Este proceso inflacionista provoca una disminución del poder adquisitivo del dinero, haciendo que la oferta monetaria real disminuya, desplazándose por tanto a la izquierda. La figura 3.9 muestra este cambio en términos gráficos. Partiendo del equilibrio inicial E_0, al aumentar el nivel de precios se desplaza la oferta real de dinero a la izquierda. Si no se modificase el tipo de interés existiría un exceso de demanda de dinero (EDD) y, por tanto, un exceso de oferta de bonos (EOB). Este exceso de oferta provoca una disminución en el precio del bono. Como consecuencia, el tipo de interés aumentará, haciendo que disminuya la demanda de dinero hasta que de nuevo se vacía el mercado de dinero, alcanzando el nuevo equilibrio E_1.

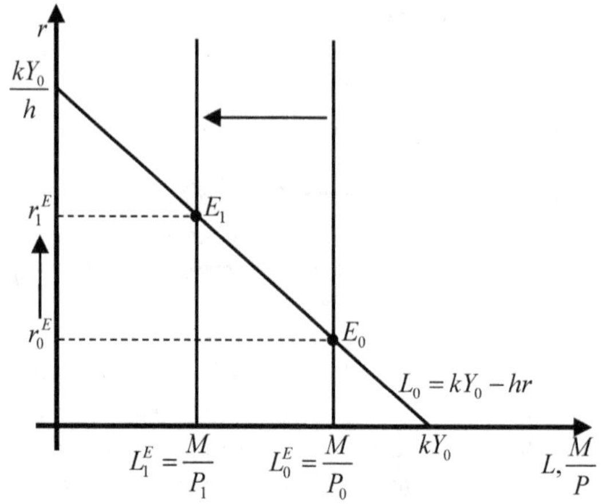

Figura 3.9: El equilibrio en el mercado de dinero. Efecto de un aumento del nivel de precios.

En resumen, un aumento del nivel de precios provoca un aumento del tipo de interés. La transición entre equilibrio inicial E_0 y el equilibrio final E_1 se resume de la siguiente forma:

$$\uparrow P \Rightarrow P_1 > P_0 \Rightarrow \frac{M}{P_1} < L(Y_0, r_0^E) \Rightarrow \text{EDD (EOB)} \Rightarrow\downarrow \text{Precio del bono} \Rightarrow$$

$$\uparrow r \text{ hasta que}$$

$$\frac{M}{P_1} = L(Y_0, r_1^E)$$

3.3 El equilibrio en el mercado de bienes y servicios: la curva IS

La incorporación de los mercados de activos nos lleva a formular una función de inversión dependiente del tipo de interés.[2] Esto provoca que la demanda agregada pase también a depender del tipo de interés. La introducción de esta modificación en la demanda agregada nos lleva a que a partir del aspa

[2] Recordemos que el tipo de interés se define cómo la relación existente entre la rentabilidad del bono y el precio de mismo.

keynesiana lleguemos a la llamada *curva IS* o curva de equilibrio del mercado de bienes y servicios.[3]

3.3.1 La inversión y el tipo de interés

En el modelo keynesiano básico, presentado en el capítulo anterior, considerábamos que el gasto de inversión era completamente exógeno. Es decir, suponíamos que: $I = I_0$

Ahora, la introducción de los mercados de activos financieros nos permite considerar el tipo de interés *r* como determinante del gasto en inversión. De esta forma, el gasto en inversión deja de ser exógeno para convertirse en dependiente del tipo de interés. La inversión no es otra cosa que el gasto que planean los individuos para aumentar los bienes de capital. El gasto en inversión se realiza para obtener un rendimiento futuro. Cuanto mayor sea el tipo de interés de los activos financieros, esto es, cuanto mayor sea la rentabilidad de los bonos, más costosa será la inversión en capital físico, en términos de coste de oportunidad. Por tanto, parece lógico pensar que a mayor tipo de interés menor tasa de inversión planeada. Otra forma intuitiva de pensar en la relación existente entre los tipos de interés y la inversión es en términos de financiación de un proyecto de inversión. Suponga que no dispone del capital necesario para acometer un proyecto de inversión y que debe pedir el dinero prestado. Cuanto mayor sea el tipo de interés mayor será el coste del capital y por tanto se necesitará un mayor *cash flow* para que el proyecto sea viable. Así, cuanto más alto sea el tipo de interés las empresas tendrán que pagar en concepto de interés una fracción mayor de las ganancias que obtienen de su inversión. Así ante un tipo de interés mayor tendremos un beneficio esperado menor y la inversión planeada será inferior. Si queremos reflejar que la inversión y el tipo de interés están relacionados negativamente, la forma más sencilla es considerar una recta con pendiente negativa de la siguiente forma: $I = I_0 - br$

I_0 es la *inversión autónoma* donde recogemos todos aquellos factores adicionales que inciden sobre la inversión y que no hemos considerado explícitamente. Por su parte, *b* es un parámetro positivo que mide la *sensibilidad de la demanda de inversión a cambios en el tipo de interés* $\left(\frac{dI}{dr} = -b\right)$. La figura 3.10 muestra la función de demanda de inversión. Hemos representado la inversión en el eje de abscisas y el tipo de interés en el eje de ordenadas. El corte con el eje de abscisas (*r=0*) se alcanza para $I = I_0$, mientras que el corte con el eje

[3] La curva IS debe su nombre a las siglas de las palabras *investment* (inversión) y *savings* (ahorro), para hacer referencia a que una forma alternativa de caracterizar el equilibrio del mercado de bienes y servicios es igualar inversión y ahorro.

de ordenadas (*I=0*) se alcanza para $r = \frac{I_0}{b}$. Esta función de inversión muestra, para cada tipo de interés, la tasa a la que las empresas planean invertir. Por la forma en la que la hemos representado, calculamos su pendiente como la derivada del tipo de interés (medido en el eje de ordenadas) con respecto a la inversión (medida en el eje de abscisas):

$$\frac{dr}{dI} = \frac{1}{\frac{dI}{dr}} = \frac{1}{-b} = -\frac{1}{b}$$

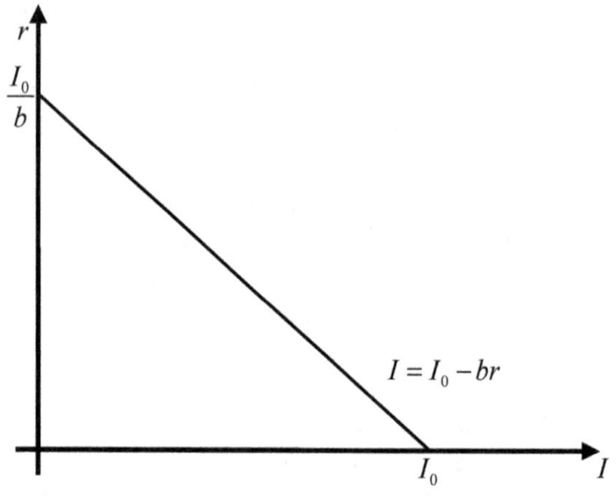

Figura 3.10: La función de demanda de inversión.

La pendiente negativa de la función de inversión refleja el supuesto de que una caída en el tipo de interés aumenta la rentabilidad de la inversión y, por tanto, aumenta el gasto planeado en inversión.

Por su parte, la posición de la función de inversión está determinada por el nivel de inversión autónoma I_0. Cambios en la inversión autónoma trasladan a derecha o izquierda la curva de demanda de inversión. Si nos preguntamos qué factores pueden generar cambios en la inversión autónoma, podemos considerar la existencia de expectativas favorables a la inversión o un clima de euforia bursátil. La figura 3.11 muestra el efecto sobre la inversión de una mejora de las expectativas de inversión, de manera que $I_1 > I_0$:

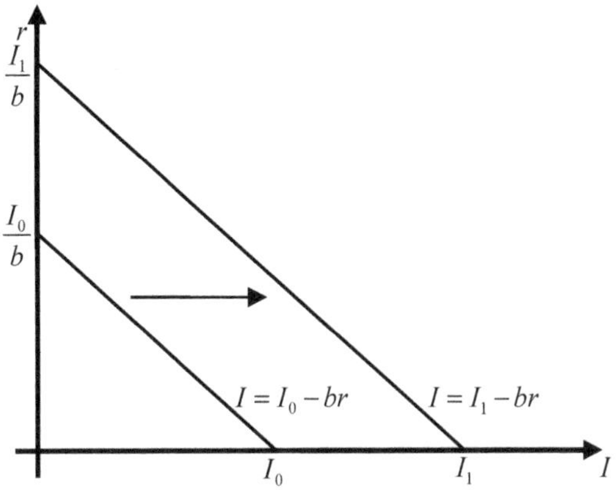

Figura 3.11: La función de demanda de inversión. Efecto de una mejora en las expectativas de inversión.

En lo que se refiere a la pendiente de la función de inversión, si el parámetro b es muy grande, la inversión es muy sensible al tipo de interés, lo que indica que ante una pequeña variación en el tipo de interés se produce una gran variación de la inversión. La curva de demanda de inversión es entonces muy plana. En el límite, cuando b tiende a ∞, la función de inversión coincide con el eje de abscisas. Por el contrario, cuanto más próxima a cero sea la sensibilidad de la inversión al tipo de interés, más inelástica será la curva de demanda de inversión. De hecho, si b=*0* decimos que estamos en la *trampa de la inversión*, puesto que cambios en el tipo de interés no alteran el nivel de demanda de inversión. La figura 3.12 muestra los casos extremos de la función de inversión, en términos de la sensibilidad de la inversión a cambios en el tipo de interés.

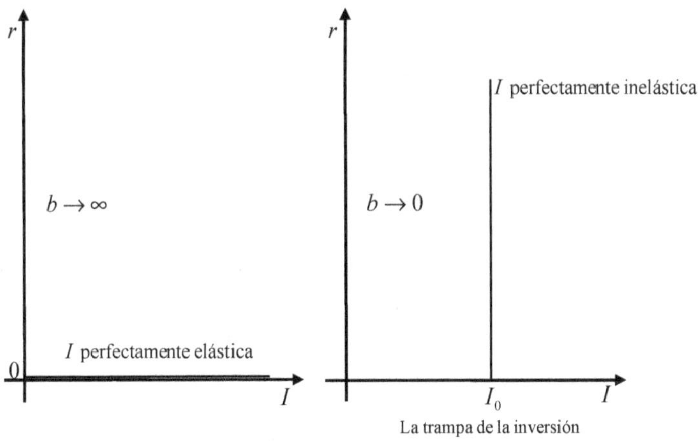

Figura 3.12: La función de demanda de inversión. Casos extremos.

3.3.2 La incorporación de la función de inversión en la demanda agregada: desde el modelo keynesiano a la curva IS

La incorporación de una función de demanda de inversión dependiente del tipo de interés en la función de demanda agregada hace que la demanda agregada sea también dependiente del tipo de interés. Vamos a considerar la función de demanda agregada en una economía monetaria abierta sin flujos de capital. Partimos de las ecuaciones que obtuvimos en el tema anterior. La única novedad reside en la función de inversión, que ahora depende del tipo de interés. La demanda agregada era igual a:

$$DA = C + I + G + X - Q$$

Donde las funciones de consumo y exportaciones netas eran respectivamente como sigue:

$$C = C_0 + c(1-t)Y + cTR_0$$

$$XN = XN_0 - mY$$

El gasto público se considera, al igual que en el capítulo anterior, completamente exógeno:

$$G = G_0$$

Y como avanzábamos, la novedad con respecto al capítulo anterior estriba en que consideramos que la inversión depende negativamente del tipo de interés:

$$I = I_0 - br$$

Sustituyendo las expresiones del consumo, la inversión, el gasto público y las exportaciones netas en la función de demanda agregada, se tiene que:

$$DA = \underbrace{C_0 + c(1-t)Y + c \cdot TR_0}_{C} + \underbrace{I_0 - br}_{I} + \underbrace{G_0}_{G} + \underbrace{XN_0 + -mY}_{XN=X-Q}$$

Reagrupando términos obtenemos:

$$DA = \underbrace{C_0 + cTR_0 + I_0 + G_0 + XN_0}_{A_0} - br + [c(1-t) - m]Y$$

Donde de nuevo A_0 denota el componente autónomo de la demanda. A_0 recoge, por tanto, la suma de todos los componentes de la demanda agregada que son independientes del nivel de renta y del tipo de interés. Así, a partir de ahora cuando nos refiramos a un cambio en A_0, nos podemos referir a cualquier cambio en el consumo autónomo, en la propensión marginal a consumir, en las transferencias, en la inversión autónoma, en el gasto público o en las exportaciones netas autónomas. Podemos expresar la demanda agregada, por tanto, en forma compacta como sigue:

$$DA = A_0 - br + [c(1-t) - m]Y$$

Podemos observar que, para cualquier nivel de renta, los aumentos del tipo de interés reducen la demanda agregada, al reducir el volumen de inversión. Ahora, al variar el tipo de interés variará la demanda agregada y, como consecuencia, también variará el nivel de renta o producción de equilibrio. La figura 3.13 muestra gráficamente esta nueva función de demanda agregada y la situación de equilibrio, de forma análoga a como lo hicimos en el modelo keynesiano. La principal novedad es que la ordenada en el origen de la demanda agregada es $A_0 - br$, de forma que cualquier cambio en el tipo de interés provocará un desplazamiento paralelo de la demanda agregada. Al igual que vimos en el capítulo anterior, la situación de equilibrio viene determinada por el punto en el que la demanda agregada corta a la bisectriz del primer cuadrante o línea de 45º. En otras palabras, el nivel de renta de equilibrio Y^E es aquel para el cual coinciden la oferta y la demanda de bienes y servicios.

La curva IS va a representar el conjunto de combinaciones de tipos de interés y renta, para los cuales el mercado de bienes y servicios está en equilibrio. Esto es, para cada valor del tipo de interés tendremos una demanda agregada diferente y por tanto un nivel de producción de equilibrio distinto. Si representamos en un plano de tipo de interés y renta, el conjunto de combinaciones de tipos de interés y renta de equilibrio, conforman la curva IS. Por tanto, la IS se puede representar como:

$$IS = \{(Y, r)/Y = DA\}$$

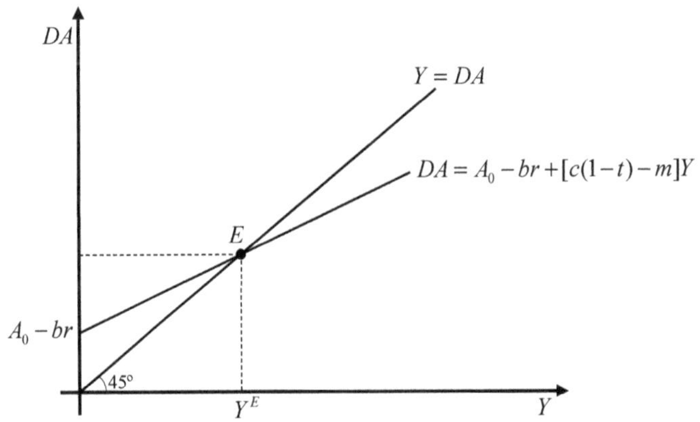

Figura 3.13: La demanda agregada con una función de inversión dependiente del tipo de interés.

3.3.3 Obtención gráfica de la curva IS

Para obtener de forma gráfica la curva IS, utilizamos los dos paneles de la figura 3.14. En el panel (a) representamos el modelo keynesiano, esto es, el equilibrio del mercado de bienes y servicios. En el panel (b) representaremos la curva IS. Comenzamos situándonos en el panel (a). Como hemos avanzado, la diferencia con respecto al modelo keynesiano del tema anterior viene marcada por el hecho de que ahora variaciones en el tipo de interés, *r*, desplazan la curva de demanda agregada paralelamente. Veamos en detalle esta afirmación. Supongamos inicialmente que el tipo de interés es igual a r_0. La ordenada en el origen de la función de demanda agregada es, por tanto, igual a $A_0 - br_0$, alcanzándose el equilibrio -situación en la que $Y = DA_0$- en el punto E_0. Es decir, cuando el tipo de interés es igual a r_0, la renta de equilibrio es Y_0. El par (Y_0, r_0), al ser una combinación de renta y tipo de interés para la cual el mercado de bienes y servicios está en equilibrio, formará parte de la curva IS. Por lo tanto, representamos dicho par (Y_0, r_0) en el panel (b) de la figura 3.14.

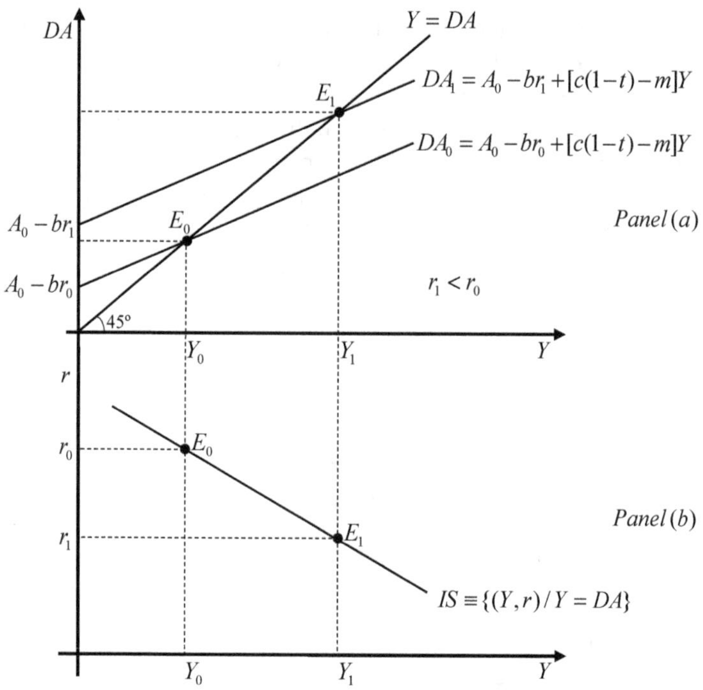

Figura 3.14: Obtención gráfica de la curva IS.

Suponemos ahora que el tipo de interés disminuye, de manera que $r_1 < r_0$. Al disminuir el tipo de interés, aumentará el gasto en inversión, de forma que la demanda agregada también aumenta. En términos gráficos, al disminuir el tipo de interés, aumenta la ordenada en el origen de la demanda agregada -$A_0 - br_1 > A_0 - br_0$- por lo que la demanda agregada se desplazará paralelamente hacia arriba en el panel (a) de la figura 3.14. Este desplazamiento, origina un nuevo equilibrio E_1 en el mercado de bienes y servicios. Podemos observar que al disminuir el tipo de interés $(r_1 < r_0)$, la renta de equilibrio aumenta $(Y_1 > Y_0)$. El nuevo par (Y_1, r_1) constituye asimismo una combinación de renta y tipo de interés que vacía el mercado de bienes y servicios y forma parte, por tanto, de la curva IS. En consecuencia, representamos dicha combinación en el panel (b) de la figura 3.14. Si repitiéramos este ejercicio para todos los valores posibles del tipo de interés, obtendríamos la curva IS, curva que recoge todas las combinaciones de renta y tipo de interés que hacen que el mercado de bienes y servicios esté en equilibrio y que se muestra en el panel (b) de la figura 3.14 como una recta.[4]

3.3.4 Obtención analítica de la curva IS

Si la curva IS es el conjunto de combinaciones tipo interés y renta(Y, r) para las cuales el mercado de bienes y servicios está en equilibrio, para obtener la expresión analítica de la IS solo tendremos que aplicar la condición de equilibrio del mercado de bienes y servicios, *Y=DA*.

Así, partiendo de dicha condición de equilibrio, si sustituimos la expresión de la demanda agregada obtenida en el apartado 3.3.2. tenemos que:

$$Y = DA$$

$$Y = \underbrace{A_0 - br + [c(1-t) - m]Y}_{DA}$$

Agrupamos en la parte izquierda de la igualdad todos los términos que dependen de la renta:

$$Y - [c(1-t) - m]Y = A_0 - br$$

Ahora podemos sacar factor común el nivel de renta en la parte izquierda de la igualdad:

$$Y[1 - c(1-t) + m] = A_0 - br$$

Por último, despejamos la renta pasando el término entre corchetes dividiendo a la derecha de la igualdad:

$$Y = \underbrace{\frac{1}{1 - c(1-t) + m}}_{multiplicador:\ \alpha}(A_0 - br)$$

---

[4] Representamos la curva IS como una recta por simplicidad y por coherencia con el modelo matemático que subyace a este capítulo. Sin embargo, es necesario destacar que la IS no tiene por qué ser una recta.

Obtenemos de esta forma la expresión analítica de la curva IS, que recoge las combinaciones de renta y tipo de interés para las cuales el mercado de bienes y servicios está en equilibrio, y que en forma compacta se puede expresar así:

$$Y = \alpha(A_0 - br)$$

Una vez obtenida esta expresión de la curva IS, estamos en disposición de analizar su pendiente y posición.

La pendiente de la curva IS

La IS tiene pendiente negativa, puesto que, ante una reducción del tipo de interés, aumenta la inversión y, por tanto, la demanda agregada. Al aumentar la demanda agregada también aumenta la producción y la renta. Para obtener la pendiente de la IS de forma matemática, basta con calcular, a partir de la expresión analítica de la curva IS, la derivada del tipo de interés con respecto a la renta:

$$\left.\frac{dr}{dY}\right|_{IS} = \frac{1}{\left.\frac{dY}{dr}\right|_{IS}} = -\frac{1}{\alpha b} < 0$$

Podemos observar, por tanto, que variaciones en la sensibilidad de la inversión a cambios en el tipo de interés -*b*- o cambios en cualquiera de los componentes que se encuentran incluidos en el multiplicador α -propensión marginal a consumir, tipo impositivo, o propensión marginal a importar- modifican la pendiente de la IS.

La pendiente de la curva IS: casos extremos

Cuando el parámetro *b*, que mide la sensibilidad de la inversión a cambios en el tipo de interés, es próximo a cero, la inversión tiende a ser completamente autónoma, no dependiendo del tipo de interés. En este caso, la IS será completamente inelástica. Este caso es conocido con el nombre de *trampa de la inversión.* Note el lector que esta sería la IS resultante de la aplicación del aspa keynesiana, al no considerar el mercado de activos financieros.

$$\left.\frac{dr}{dY}\right|_{IS} = \frac{1}{\left.\frac{dY}{dr}\right|_{IS}} = -\frac{1}{\alpha b} \xrightarrow{b \to 0} \infty$$

Por el contrario, cuando el parámetro *b* es muy grande, la inversión es muy sensible a cambios en el tipo de interés. En este caso, la IS será muy elástica.

$$\left.\frac{dr}{dY}\right|_{IS} = \frac{1}{\left.\frac{dY}{dr}\right|_{IS}} = -\frac{1}{\alpha b} \xrightarrow{b \to \infty} 0$$

La figura 3.15 muestra la representación gráfica de la IS en los dos casos extremos considerados.

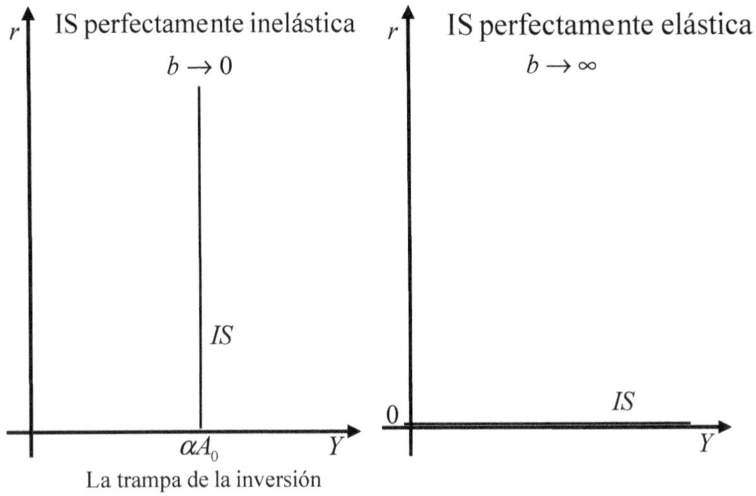

Figura 3.15: La curva IS. Casos extremos.

Desplazamientos de la curva IS

Dada la expresión matemática de la curva IS, podemos observar que si $Y = 0$, la ordenada en el origen es $\frac{A_0}{b}$. Por su parte, la abscisa en el origen, es decir, el valor de la renta cuando $r = 0$, es igual a αA_0. Por tanto, dada la pendiente, esto es, considerados fijos los factores que determinan la pendiente -α y b-, podemos decir que la posición de la IS está determinada por A_0. La línea IS se desplazará a la derecha, paralelamente, cuando aumente el valor de A_0, cosa que puede ocurrir como consecuencia del aumento de cualquiera de los factores incluidos en A_0. Se desplazará paralelamente a la izquierda cuando disminuya el valor de A_0. Por tanto, cambios en el consumo autónomo, en la inversión autónoma, en las transferencias, en el gasto público, en las exportaciones netas, afectarán a A_0 y por tanto desplazarán la IS paralelamente. La figura 3.16 de la página siguiente muestra estos desplazamientos.

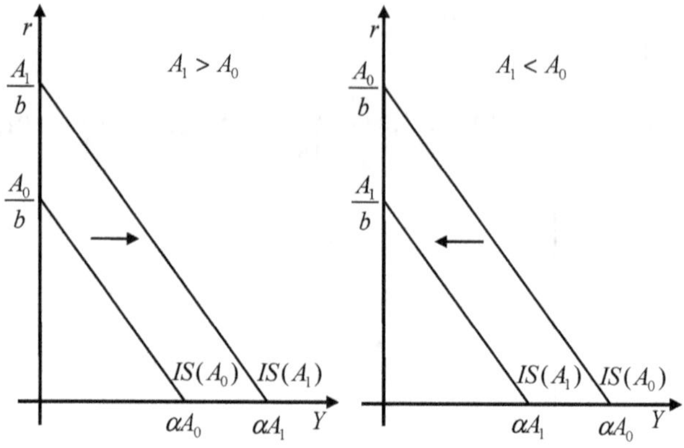

Figura 3.16: Desplazamientos de la curva IS.

3.4 El equilibrio en el mercado de activos financieros: la curva LM

Al obtener la curva IS estábamos interesados en obtener todas las posibles combinaciones de tipos de interés y niveles de renta para los cuales el mercado de bienes y servicios estaba en equilibrio. Parece lógico pues, que al tener ahora dos mercados: el de bienes y servicios y el de activos financieros, deseemos también encontrar todas las posibles combinaciones de niveles de renta y de tipos de interés para los cuales el mercado de activos, concretamente el de dinero, se encuentra en equilibrio. La curva LM va a representar el conjunto de combinaciones de tipos de interés y renta, para los cuales el mercado de dinero (y, por tanto, el de bonos) está en equilibrio.[5] Por tanto, la curva LM se puede representar como:$LM = \left\{(Y,r)/L = \frac{M}{P}\right\}$

3.4.1 Obtención gráfica de la curva LM

Para obtener de forma gráfica la curva LM, utilizamos los dos paneles de la figura 3.17. En el panel (a) representamos el mercado de dinero. Supongamos inicialmente que la renta es igual a Y_0. Para ese nivel de renta, el mercado de dinero se vacía si el tipo de interés es igual a r_0. Por tanto, el punto E_0 representa una combinación de renta y tipo de interés (Y_0, r_0) para la cual el mercado de dinero está en equilibrio. Esta combinación debe, por tanto, formar parte de la curva LM y por ello, es representada en el panel (b) de la figura 3.17. Supongamos a continuación que el nivel de renta aumenta, de forma que $Y_1 > Y_0$. Este aumento de la renta provoca un desplazamiento a la derecha de la demanda de saldos reales, lo que provoca que el tipo de interés

[5] La curva LM debe su nombre a las siglas de las palabras *liquidity* (liquidez) y *money* (dinero).

aumente hasta el nivel r_1 . El nuevo equilibrio E_1 nos da una nueva combinación de renta y tipo de interés (Y_1, r_1) que debe formar parte igualmente de la curva LM porque con esos valores el mercado de dinero se vacía. En consecuencia, representamos dicha combinación en el panel (b) de la figura 3.17. Si repitiéramos este ejercicio para todos posibles niveles de renta, obtendríamos la curva LM, curva que recoge todas las combinaciones de renta y tipo de interés que hacen que el mercado de dinero (y, por consiguiente, el de bonos) esté en equilibrio y que se muestra en el panel (b) de la figura 3.17 como una recta.[6]

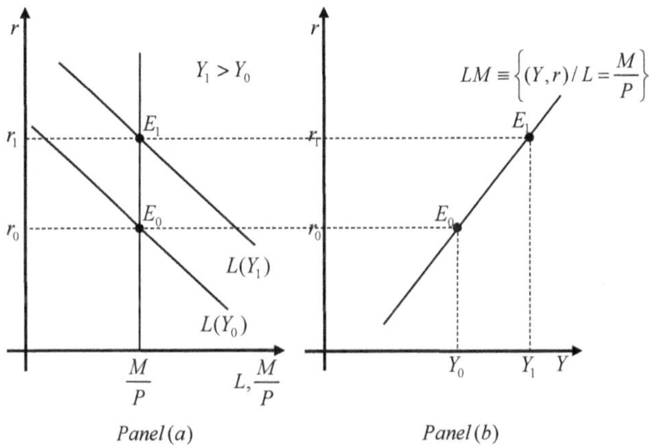

Figura 3.17: Obtención gráfica de la curva LM.

3.4.2 Obtención analítica de la curva LM

Si la curva LM es el conjunto de combinaciones tipo interés y renta (Y, r) para las cuales el mercado de dinero está en equilibrio, solo tendremos que aplicar la condición de equilibrio del mercado de dinero, para obtener la expresión analítica de la LM. Es decir, tan solo tenemos que igualar la demanda y la oferta de saldos reales:

$$\underbrace{\frac{M}{P}}_{\substack{\text{Oferta}\\ \text{de dinero}}} = \underbrace{L}_{\substack{\text{Demanda}\\ \text{de dinero}}} \quad \Rightarrow \quad \underbrace{\frac{M}{P}}_{\substack{\text{Oferta}\\ \text{de dinero}}} = \underbrace{kY - hr}_{\substack{\text{Demanda}\\ \text{de dinero}}}$$

Simplemente despejando el tipo de interés, obtenemos la expresión analítica de la curva LM:

---

[6] Representamos la curva LM como una recta por simplicidad y por coherencia con el modelo matemático que subyace a este capítulo. Sin embargo, es necesario destacar que la LM no tiene por qué ser una recta.

$$\frac{M}{P} = kY - hr \quad \Rightarrow \quad r = \frac{1}{h}\left(kY - \frac{M}{P}\right)$$

Donde observamos una relación directa entre la renta y el tipo de interés. Cuando aumenta la renta, aumenta la demanda de dinero y, por tanto, si la oferta monetaria no varía, el tipo de interés se incrementa debido al exceso de demanda en el mercado de dinero. Al igual que hicimos con la curva IS, una vez obtenida la expresión matemática de la curva LM, analizamos qué determina su pendiente y su posición.

La pendiente de la curva LM

Si en la expresión anterior de la curva LM calculamos la derivada del tipo de interés con respecto a la renta, obtenemos su pendiente:

$$\left.\frac{dr}{dY}\right|_{LM} = \frac{k}{h} > 0$$

Por tanto, cambios en la sensibilidad de la demanda de saldos reales a cambios en el tipo de interés -*h*- o cambios en la sensibilidad de la demanda de dinero a cambios en el nivel de renta -*k*- modifican la pendiente de la curva LM.

La pendiente de la curva LM: casos extremos

La LM será más plana, más elástica cuanto más próxima a cero esté la derivada, esto es, cuanto mayor sea la sensibilidad de la demanda de saldos reales a los tipos de interés (cuanto mayor sea *h*) o cuanto menor sea la sensibilidad de la demanda de saldos reales a cambios en la renta (cuanto menor sea *k*).

$$\left.\frac{dr}{dY}\right|_{LM} = \frac{k}{h} \xrightarrow{h\to\infty} 0$$

$$\left.\frac{dr}{dY}\right|_{LM} = \frac{k}{h} \xrightarrow{k\to 0} 0$$

Aunque en ambos casos la curva LM es completamente elástica, su representación gráfica es diferente. Para entender esta afirmación, vamos a calcular los cortes con los ejes de la curva LM. Dada su expresión analítica, podemos observar que si $Y = 0$, la ordenada en el origen de la curva LM es $-\frac{1}{h}\frac{M}{P}$. Por su parte, la abscisa en el origen, es decir, el valor de la renta cuando $r = 0$, es igual a $\frac{1}{k}\frac{M}{P}$. Así, cuando h tiende a infinito la curva LM coincide con el eje de abscisas (la *trampa de la liquidez*). Por su parte, cuando *k* tiende a cero, la LM es perfectamente elástica en $-\frac{1}{h}\frac{M}{P}$. En este caso, si la demanda de dinero no depende del nivel de renta, observamos que el tipo de interés es negativo. La figura 3.18 muestra estos dos casos en los que la LM es perfectamente elástica.

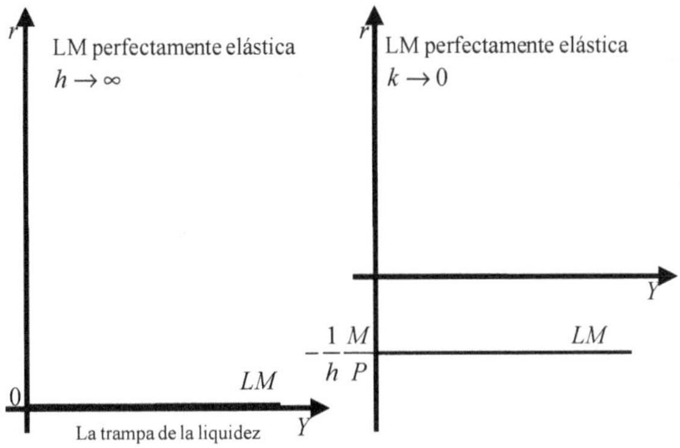

Figura 3.18: Curva LM perfectamente elástica.

Por otro lado, la pendiente de la LM será mayor y, por tanto, la curva LM es más inelástica cuanto más insensible sea la demanda de saldos reales a los tipos de interés (cuanto menor sea h), o cuanto más sensible sea la demanda de saldos reales a cambios en la renta (cuanto mayor sea k).

$$\left.\frac{dr}{dY}\right|_{LM} = \frac{k}{h} \xrightarrow{h \to 0} \infty$$
$$\left.\frac{dr}{dY}\right|_{LM} = \frac{k}{h} \xrightarrow{k \to \infty} \infty$$

La figura 3.19 a continuación muestra la representación gráfica de la LM en ambos casos. Podemos observar que cuando h tiende a cero la curva LM es perfectamente inelástica en $-\frac{1}{k}\frac{M}{P}$. Por su parte, cuando k tiende a infinito, la LM coincide con el eje de ordenadas.

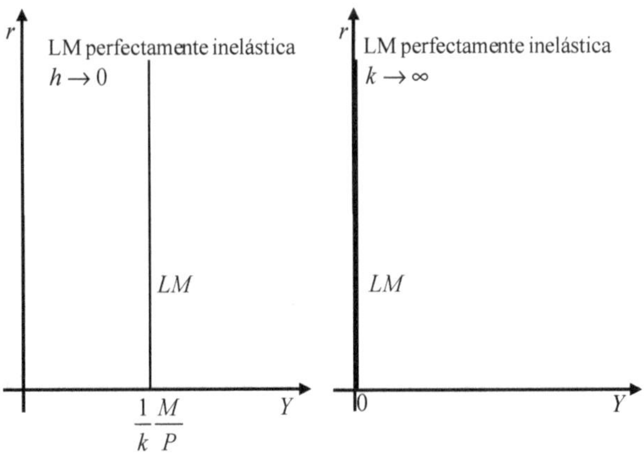

Figura 3.19: Curva LM perfectamente inelástica.

Desplazamientos de la curva LM

Al analizar los casos extremos de la pendiente de la LM, hemos calculado los cortes con los ejes. Así, sabemos que si $Y = 0$, la ordenada en el origen es $-\frac{1}{h}\frac{M}{P}$, mientras que la abscisa en el origen es $\frac{1}{k}\frac{M}{P}$. Por tanto, dada la pendiente, esto es, considerados fijos los factores que determinan la pendiente -k y h-, podemos decir que la posición de la LM está determinada por la oferta de dinero M. La línea LM se desplazará paralelamente a la derecha si existe una política monetaria expansiva, es decir, si aumenta M. Y se desplazará a la izquierda si disminuye M, es decir, si se lleva a cabo una política monetaria contractiva. El lector puede pensar que también cambios en el nivel de precios alterarán la oferta de saldos reales y, por tanto, también serán causa de desplazamientos de la LM. Está en lo cierto, lo que pasa es que por el momento hemos considerado que los precios son fijos en el modelo IS-LM. La extensión del modelo IS-LM al caso en el que los precios son flexibles se tratará en un capítulo posterior dedicado al modelo de oferta y demanda agregadas. La figura 3.20 muestra estos desplazamientos.

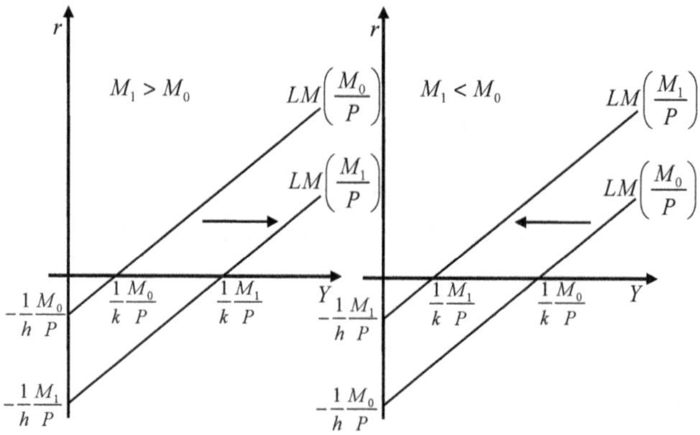

Figura 3.20: Desplazamientos de la curva LM.

3.5 El equilibrio conjunto de los mercados de bienes y servicios y activos financieros: el modelo IS-LM

Tras analizar por separado la curva de equilibrio del mercado de bienes y servicios –curva IS– y la curva de equilibrio del mercado de activos financieros –curva LM–- estamos en disposición de interrelacionar ambas curvas. Esto es sencillo, dado que ambas curvas están dispuestas en el mismo plano, el plano tipo de interés-renta. De la intersección de ambas curvas, surgirá una combinación de tipo de interés y renta para la cual el mercado de bienes y servicios estará en equilibrio –al pertenecer a la IS– y el mercado de activos financieros también estará en equilibrio –al pertenecer a la LM–. Por tanto, la combinación tipo de interés y renta para la cual IS y LM coinciden representa el equilibrio conjunto de todos los mercados existentes en la economía.

3.5.1 El equilibrio en el modelo IS-LM: análisis gráfico

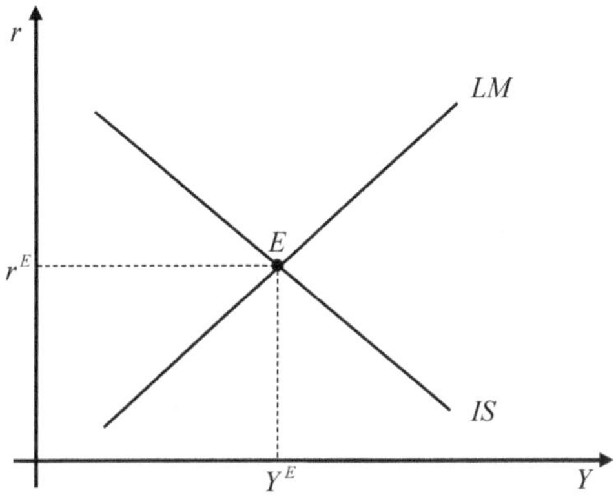

Figura 3.21: El equilibrio en el modelo IS-LM.

La figura 3.21 anterior muestra gráficamente el equilibrio IS-LM como la intersección de las curvas IS y LM.

3.5.2. Obtención analítica del equilibrio

Para hallar de forma analítica la intersección de la IS con la LM, tan solo tendremos que hallar la solución del sistema formado por las ecuaciones de ambas curvas.

$$\left.\begin{aligned} IS &\equiv Y = \alpha(A_0 - br) \\ LM &\equiv r = \frac{1}{h}\left(kY - \frac{M}{P}\right) \end{aligned}\right\}$$

Para resolver el sistema tan solo tenemos que sustituir la LM en la IS y tenemos:

$$Y = \alpha\left(A_0 - b\underbrace{\left[\frac{1}{h}\left(kY - \frac{M}{P}\right)\right]}_{r}\right)$$

Operando, obtenemos:

$$Y = \left(\alpha A_0 - \alpha b\underbrace{\left[\frac{1}{h}\left(kY - \frac{M}{P}\right)\right]}_{r}\right)$$

Podemos eliminar los paréntesis y corchetes:

$$Y = \alpha A_0 - \frac{\alpha bk}{h} Y + \frac{\alpha b}{h}\frac{M}{P}$$

A continuación, llevamos al lado izquierdo de la igualdad todos los términos que dependan del nivel de renta:

$$Y + \frac{\alpha bk}{h} Y = \alpha A_0 + \frac{\alpha b}{h}\frac{M}{P}$$

Ahora podemos sacar factor común la renta en el lado izquierdo de la igualdad:

$$Y\left(1 + \frac{\alpha bk}{h}\right) = \alpha A_0 + \frac{\alpha b}{h}\frac{M}{P}$$

Utilizando el común denominador, podemos sumar los términos del paréntesis:

$$Y\left(\frac{h + \alpha bk}{h}\right) = \alpha A_0 + \frac{\alpha b}{h}\frac{M}{P}$$

Por último, podemos despejar el nivel de renta de equilibrio, Y^E , simplemente pasando al lado derecho de la igualdad el término entre paréntesis y simplificando:

$$Y^E = \frac{h\alpha}{h + \alpha bk} A_0 + \frac{b\alpha}{h + \alpha bk}\frac{M}{P}$$

Para calcular el tipo de interés de equilibrio, basta con sustituir en la expresión de la LM el valor de la renta de equilibrio que acabamos de obtener:

$$r = \frac{1}{h}\left[k \underbrace{\left(\frac{h\alpha}{h + \alpha bk} A_0 + \frac{b\alpha}{h + \alpha bk}\frac{M}{P}\right)}_{Y^E} - \frac{M}{P}\right]$$

Operando, obtenemos lo siguiente:

$$r = \frac{k}{h}\frac{h\alpha}{h + \alpha bk} A_0 + \frac{1}{h}\left(k\frac{b\alpha}{h + \alpha bk} - 1\right)\frac{M}{P}$$

Y simplificando obtenemos la expresión del tipo de interés de equilibrio, r^E, que buscábamos:

$$r^E = \frac{k\alpha}{h + \alpha bk} A_0 - \frac{1}{h + \alpha bk}\frac{M}{P}$$

Por tanto, el equilibrio del modelo IS-LM se puede escribir como:

$$Y^E = \frac{h\alpha}{h + \alpha bk} A_0 + \frac{b\alpha}{h + \alpha bk}\frac{M}{P}$$

$$r^E = \frac{k\alpha}{h + \alpha bk} A_0 - \frac{1}{h + \alpha bk} \frac{M}{P}$$

3.5.3 Posiciones fuera de la IS y de la LM: situaciones en las que no existe equilibrio

A lo largo de la curva IS, la demanda agregada es igual a la oferta de bienes y servicios. Pero ¿qué ocurre en puntos situados a la derecha de la IS?, ¿y en puntos situados a la izquierda? Analicemos qué ocurre en puntos tales como el *A* y el *B* de la figura 3.22.

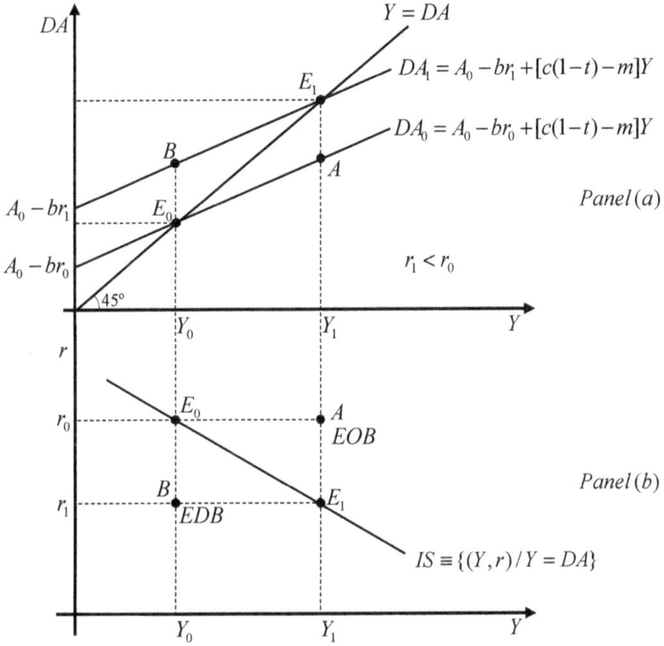

Figura 3.22: Posiciones fuera de la IS.

Centrémonos en el panel (a). En el punto *A*, la demanda agregada es inferior a la oferta (cuando la renta es Y_1, la demanda agregada correspondiente al tipo de interés r_0 está por debajo de la línea de 45º), existiendo por tanto un exceso de oferta de bienes y servicios (EOB). En el punto *B*, por contra, la demanda agregada supera a la oferta (cuando la renta es Y_0, la demanda agregada correspondiente al tipo de interés r_1 está por encima de la línea de 45º), existiendo un exceso de demanda de bienes y servicios (EDB). Por tanto, y como se puede observar en el panel (b), aquellas combinaciones de renta y tipo de interés situadas a la derecha de la IS son situaciones en las que existe un exceso de oferta de bienes y servicios, mientras las situadas a la izquierda la IS, son situaciones en las que existe un exceso de demanda de bienes y servicios.

Por otra parte, todas las combinaciones de tipos de interés y renta situadas sobre la LM son situaciones para las que tanto el mercado de dinero como el de bonos se encuentran en equilibrio (panel a). De forma análoga a como lo hemos hecho para el caso de la IS, podemos preguntarnos qué tipo de desequilibrio existe en puntos situados a la derecha y a la izquierda de la LM. Para ello, analizamos qué ocurre en puntos tales como el *C* y el *D* de la figura 3.23.

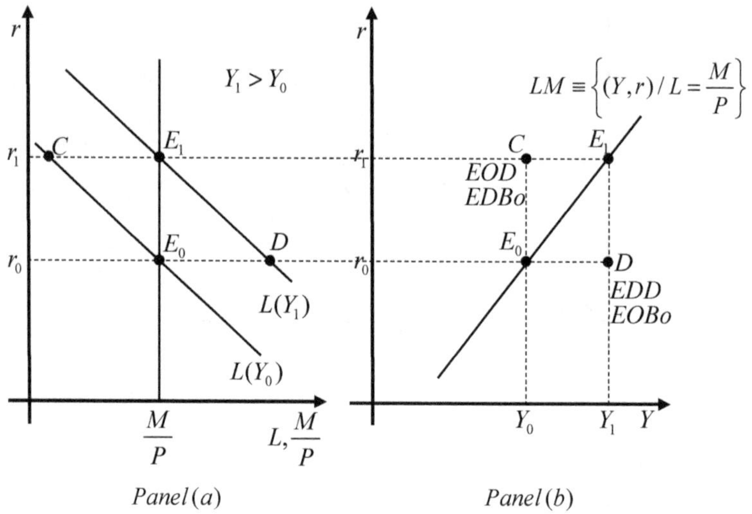

Figura 3.23: Posiciones fuera de la LM.

En puntos situados a la izquierda de la LM, como el punto *C* del panel (b) de la figura 3.23, la oferta de dinero es superior a la demanda de saldos reales (si el tipo de interés es r_1 y la renta es Y_0, la demanda de dinero es menor que la oferta). Existe pues un exceso de oferta de dinero (EOD) -y un exceso de demanda de bonos (EDBo)-, tal y como puede apreciarse en el panel (a). En el punto *D*, por contra, nos encontramos con un exceso de demanda de dinero (EDD) -y un exceso de oferta de bonos (EOBo)-. En conclusión, puntos situados a la derecha de la LM son puntos de exceso de demanda de saldos reales mientras que puntos situados a la izquierda la LM, son puntos de exceso de oferta. La figura 3.24 resume en un único gráfico la discusión anterior y muestra qué tipos de desequilibrio existen en los puntos situados fuera de la IS y de la LM.

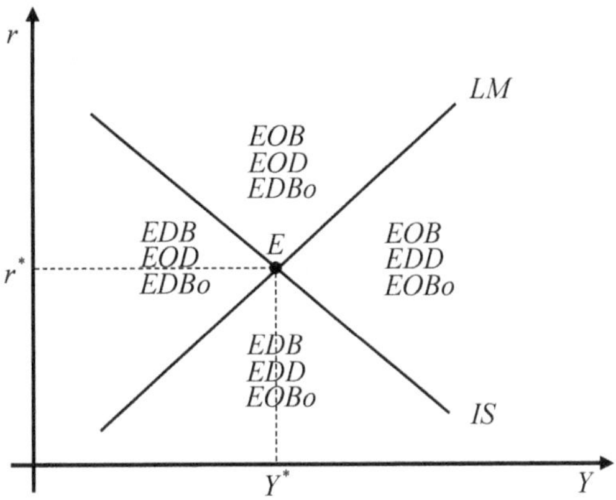

Figura 3.24: Posiciones fuera de la IS y de la LM.

3.6 Ejercicios de estática comparativa en el modelo IS-LM

En este apartado, vamos a realizar diferentes ejercicios de estática comparativa, a partir de un equilibrio inicial, determinado por la intersección de una curva IS con una LM. Es decir, cuando representamos un equilibrio, suponemos dados el valor de todos los componentes del gasto autónomo y el valor de la oferta monetaria. Nuestro objetivo es analizar cómo afectan los cambios en estos parámetros al equilibrio y, en su caso, analizar cuál es el nuevo equilibrio resultante. Hemos dividido los ejercicios en cinco tipos, con una doble finalidad: en primer lugar, por una cuestión pedagógica, ya que se pretende que el lector identifique si el cambio afecta a la IS o a la LM. Pero en segundo lugar y más importante, se pretende que el alumno distinga claramente entre los cambios provocados y aquellos que se deben a otros factores. Así, se presentan los efectos de un cambio en el consumo autónomo y en la inversión autónoma, como ejemplos de cambios en la conducta de los agentes que provocan cambios en el equilibrio macroeconómico. Frente a estos cambios, se encuentran los cambios que intencionadamente provocan las autoridades -el gobierno o la autoridad monetaria- para lograr algún objetivo relacionado con la renta –empleo– o con el tipo de interés. Como ya se ha mencionado con anterioridad en este manual, a estas medidas intencionadas se les llama políticas. La política fiscal y la política comercial pueden ser llevadas a cabo por el ejecutivo, quien puede modificar el nivel de gasto público, el tipo impositivo, las transferencias o llevar a cabo políticas comerciales –estableciendo aranceles, promocionando los bienes nacionales, etc.– que generen cambios en la IS. Por contra, la política monetaria es llevada a cabo por la autoridad monetaria –el Banco Central– quien alterando la cantidad de dinero en circulación puede alterar el nivel de renta y el tipo de interés de equilibrio.

3.6.1 Un aumento del consumo autónomo

Supongamos que la economía objeto de análisis se encuentra, dados sus niveles de gasto autónomo (A_0) y la oferta monetaria que establece el Banco Central $\left(\frac{M_0}{P}\right)$, en la situación de equilibrio inicial representada en la figura 3.25 por el punto E_0. En esa situación inicial, Y_0 y r_0 representan el nivel de renta y el tipo de interés de equilibrio, respectivamente. En ese punto, como ya hemos visto, tanto el mercado de bienes y servicios, como los mercados financieros están en equilibrio. Supongamos ahora que se ha producido un cambio en las pautas de consumo de los habitantes de este país que les lleva a consumir una mayor cantidad para cada nivel de renta. Es decir, suponga que aumenta el consumo autónomo, de forma que $C_1 = C_0 + dC_0$, siendo la variación $dC_0 > 0$. Este cambio en el consumo autónomo conlleva un aumento del componente autónomo del gasto A_0, que pasa a ser $A_1 = A_0 + dC_0$. Ya vimos al analizar la curva IS, que un aumento en el componente autónomo del gasto desplaza la curva IS paralelamente a la derecha. Si el tipo de interés no variase (y siguiese siendo igual a r_0), el desplazamiento de la IS nos llevaría a un punto como el K donde la renta habría aumentado hasta Y_K. Dicho punto está situado sobre la nueva curva IS, por lo que el mercado de bienes y servicios estaría en equilibrio. Sin embargo, el punto K está situado a la derecha de la LM, por lo que los mercados financieros no están en equilibrio. En particular, en el punto K existe un exceso de demanda de dinero (y un exceso de oferta de bonos) -piense que si ha aumentado la renta habrá aumentado la demanda de dinero, de forma que $L(Y_K, r_0) > \frac{M_0}{P}$-. El exceso de oferta de bonos hace que el precio del bono disminuya, lo que redundará en un aumento de los tipos de interés (recuerde una vez más que el tipo de interés es el cociente entre la rentabilidad del bono y su precio). Esta subida del tipo de interés provoca una disminución de la inversión productiva y, por tanto, también de la demanda agregada por lo que el nivel de renta se reducirá hasta llegar a un punto como E_1, en el que la nueva IS se corta con la LM y en el que, en consecuencia, existe un equilibrio simultáneo de los mercados de bienes y de activos financieros.

Es importante mencionar que realmente la economía nunca llega a alcanzar un punto como K, ya que el mercado de activos se ajusta –se equilibra– más rápidamente que el mercado de bienes y servicios. La razón es clara. En el mercado de bienes y servicios se tarda un tiempo considerable en que la oferta se ajuste a la demanda. Piense que existe un exceso de demanda. La decisión de los productores relativa a aumentar la producción necesitará de un cierto período de tiempo para que esa producción esté disponible. Como se aprecia en la figura, el efecto final del aumento en el consumo autónomo ha sido el paso a una nueva situación de equilibrio representada por el punto E_1. Por tanto, este cambio en los hábitos de consumo ha producido un aumento de la producción y por tanto de la renta y del empleo y un aumento de los tipos de interés.

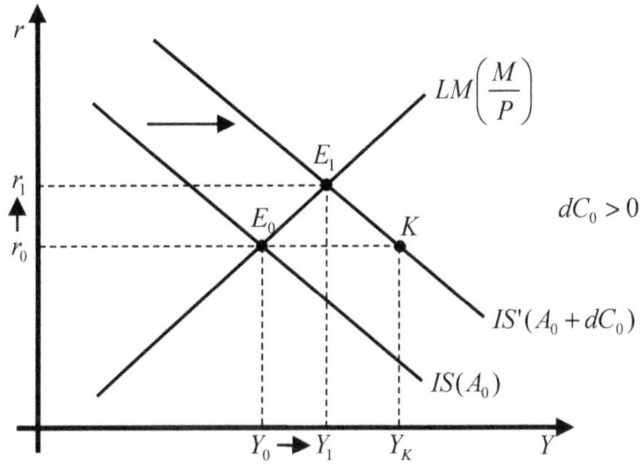

Figura 3.25: Efecto de un aumento del consumo autónomo.

Ahora bien, ¿cuál es la cuantía de estos aumentos en la producción y en los tipos de interés? Podemos cuantificar cuánto variará la renta (dY) y cuanto variará el tipo de interés (dr) al variar el consumo autónomo en una cuantía igual a dC_0. Para ello, partimos de las ecuaciones de la renta y el tipo de interés de equilibrio del modelo IS-LM y diferenciamos.

La renta de equilibrio es:

$$Y^E = \frac{h\alpha}{h + \alpha bk} A_0 + \frac{b\alpha}{h + \alpha bk} \frac{M}{P}$$

Si diferenciamos la expresión de la renta de equilibrio, se tiene:

$$dY = d\left(\frac{h\alpha}{h + \alpha bk}\right) A_0 + \frac{h\alpha}{h + \alpha bk} dA_0 + d\left(\frac{b\alpha}{h + \alpha bk}\right) \frac{M}{P} + \frac{b\alpha}{h + \alpha bk} d\left(\frac{M}{P}\right)$$

Dado que el único cambio que se ha producido es un aumento del consumo autónomo, incluido en el componente autónomo del gasto, A_0, el resto de diferenciales son cero. Por tanto:

$$dY = \frac{h\alpha}{h + \alpha bk} dA_0$$

Teniendo en cuenta que de todos los componentes de A_0 el único que ha variado es C_0, podemos escribir:

$$dY = \frac{h\alpha}{h + \alpha bk} dC_0 > 0 \text{ puesto que } dC_0 > 0$$

Por tanto, un aumento de 1 euro en el consumo autónomo aumenta la renta en $\frac{h\alpha}{h+\alpha bk}$.

Análogamente, podemos calcular cuánto varía el tipo de interés al variar el consumo autónomo. El tipo de interés de equilibrio es como sigue:

$$r^E = \frac{k\alpha}{h + \alpha bk} A_0 - \frac{1}{h + \alpha bk} \frac{M}{P}$$

Si diferenciamos la expresión del tipo de interés de equilibrio, tenemos:

$$dr = d\left(\frac{k\alpha}{h + \alpha bk}\right) A_0 + \frac{k\alpha}{h + \alpha bk} dA_0 - d\left(\frac{1}{h + \alpha bk}\right) \frac{M}{P} - \frac{1}{h + \alpha bk} d\left(\frac{M}{P}\right)$$

Al igual que antes, dado que el único cambio que se ha producido es un aumento del consumo autónomo, incluido en el componente autónomo del gasto, A_0, el resto de diferenciales son cero. Por tanto:

$$dr = \frac{k\alpha}{h + \alpha bk} dA_0$$

De nuevo, teniendo en cuenta que de todos los componentes de A_0 el único que ha variado es C_0, podemos escribir: $dr = \frac{k\alpha}{h+\alpha bk} dC_0 > 0$ puesto que $dC_0 > 0$

Por tanto, un aumento de 1 euro en el consumo autónomo aumenta el tipo de interés en $\frac{k\alpha}{h+\alpha bk}$.

Note que si en vez de aumentar, el consumo autónomo hubiese disminuido, el análisis matemático hubiese sido idéntico. La única diferencia estribaría en el signo de los diferenciales, puesto que, al disminuir el consumo autónomo, en este caso tendríamos que $dC_0 < 0$. En consecuencia, tanto la renta como el tipo de interés disminuirían.

3.6.2 Un aumento de la inversión autónoma

Partiendo de la situación de equilibrio inicial, E_0, supongamos ahora, que se produce un cambio político que genera un clima de confianza entre los inversores. Esto provoca que los inversores decidan invertir más para cada nivel de renta. Es decir, suponga que aumenta la inversión autónoma, de forma que $I_1 = I_0 + dI_0$, siendo la variación $dI_0 > 0$. Al igual que en el caso anterior, se produce un desplazamiento de la IS a la derecha, tal y como muestra la figura 3.26.

El análisis gráfico es muy parecido al del caso anteriormente analizado. El efecto final del aumento en la inversión autónoma ocasionado por un cambio favorable en las expectativas de inversión ha sido el paso a una nueva situación de equilibrio representada por el punto E_1. Por tanto, este cambio en los hábitos de inversión ha producido un aumento de la producción y, por tanto, de la renta y del empleo y un aumento de los tipos de interés.

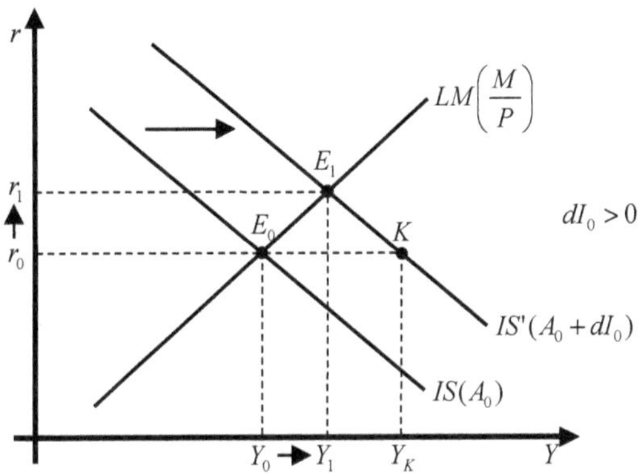

Figura 3.26: Efecto de un aumento de la inversión autónoma.

Igual que hicimos en el caso anterior, podemos calcular la magnitud de estos aumentos. Para ello, procedemos igual que en el caso anterior. Para cuantificar la variación de la renta (dY) y la variación del tipo de interés (dr) provocadas por una variación de la inversión autónoma igual a dI_0, basta con diferenciar las ecuaciones de la renta y del tipo de interés correspondientes al equilibrio IS-LM.

$$Y^E = \frac{h\alpha}{h + \alpha bk} A_0 + \frac{b\alpha}{h + \alpha bk} \frac{M}{P}$$

$$r^E = \frac{k\alpha}{h + \alpha bk} A_0 - \frac{1}{h + \alpha bk} \frac{M}{P}$$

Si diferenciamos la expresión de la renta de equilibrio, se tiene:

$$dY = d\left(\frac{h\alpha}{h + \alpha bk}\right) A_0 + \frac{h\alpha}{h + \alpha bk} dA_0 + d\left(\frac{b\alpha}{h + \alpha bk}\right)\frac{M}{P} + \frac{b\alpha}{h + \alpha bk} d\left(\frac{M}{P}\right)$$

Dado que el único cambio que se ha producido es un aumento de la inversión autónoma, incluido en el componente autónomo del gasto, A_0, el resto de diferenciales son cero. Por tanto:

$$dY = \frac{h\alpha}{h + \alpha bk} dA_0$$

Teniendo en cuenta que de todos los componentes de A_0 el único que ha variado es I_0, podemos escribir:

$$dY = \frac{h\alpha}{h + \alpha bk} dI_0 > 0 \text{ puesto que } dI_0 > 0$$

Por tanto, un aumento de 1 euro en la inversión autónoma genera un aumento de la renta de $\frac{h\alpha}{h+\alpha bk}$.

Análogamente, podemos calcular cuánto varía el tipo de interés al variar la inversión autónoma. Si diferenciamos la expresión del tipo de interés de equilibrio, tenemos:

$$dr = d\left(\frac{k\alpha}{h + \alpha bk}\right) A_0 + \frac{k\alpha}{h + \alpha bk} dA_0 - d\left(\frac{1}{h + \alpha bk}\right)\frac{M}{P} - \frac{1}{h + \alpha bk} d\left(\frac{M}{P}\right)$$

Dado que el único cambio que se ha producido es un aumento del consumo autónomo, incluido en el componente autónomo del gasto, A_0, el resto de diferenciales son cero. Por tanto:

$$dr = \frac{k\alpha}{h + \alpha bk} dA_0$$

Teniendo en cuenta que de todos los componentes de A_0 el único que ha variado es I_0, podemos escribir:

$$dr = \frac{k\alpha}{h + \alpha bk} dI_0 > 0 \text{ puesto que } dI_0 > 0$$

Por tanto, un aumento de 1 euro en la inversión autónoma genera un aumento del tipo de interés de $\frac{k\alpha}{h+\alpha bk}$.

3.6.3 La política fiscal

Analizamos ahora el efecto de un cambio intencionado de alguna de las variables que el ejecutivo tiene bajo su control –en particular, analizaremos el efecto de un aumento en el gasto público y un aumento de las transferencias–.[7] Recuerde que un aumento en el gasto público o un aumento de las transferencias son políticas fiscales activas o expansivas, puesto que su fin último es el aumento de la producción y el empleo. Gráficamente, el análisis es análogo al de los dos casos anteriores: como muestran las figuras 27 y 28, se

[7] Un tercer instrumento de la política fiscal sería el tipo impositivo. Una variación del tipo impositivo alteraría la pendiente de la curva IS. Una disminución del tipo impositivo, por ejemplo, disminuiría la pendiente de la curva IS, al aumentar el corte con el eje de abscisas. Esta política fiscal expansiva provocaría, al igual que veremos que provocará el aumento en el gasto público o de las transferencias, un aumento tanto de la renta como del tipo de interés.

produce un desplazamiento a la derecha de la curva IS, provocando un aumento de la renta y del tipo de interés.

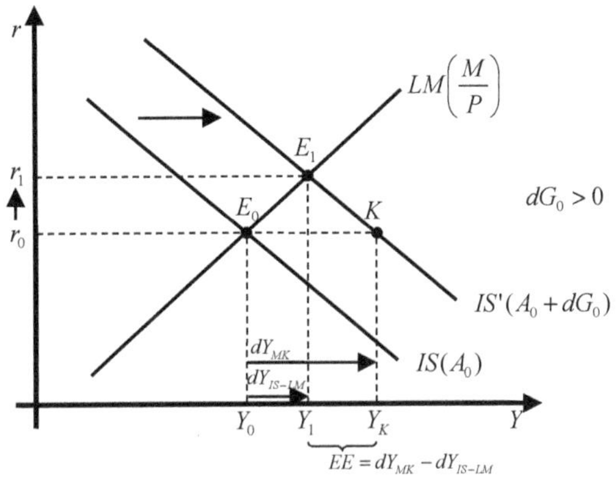

Figura 3.27: Efecto de un aumento del gasto público.

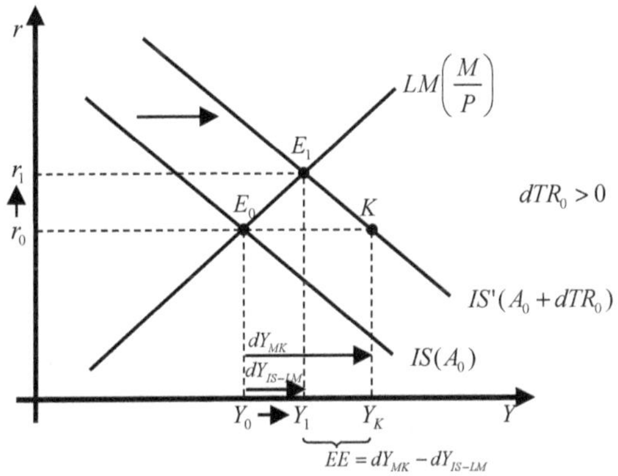

Figura 3.28: Efecto de un aumento de las transferencias.

Observe, como ambas políticas fiscales expansivas tienen un primer efecto expansivo sobre la renta que se ve parcial o totalmente compensado por el efecto negativo que sobre la renta tiene la disminución de la inversión privada provocada por la subida del tipo de interés. En otras palabras, el gasto público desplaza a la inversión privada. Se habla pues de un *efecto desplazamiento*, *efecto expulsión* o *crowding-out*. En términos gráficos hemos marcado dicho efecto expulsión como *EE*. Una vez hayamos cuantificado la variación de la renta y del tipo de interés, cuantificaremos igualmente dicho efecto expulsión.

Para cuantificar la variación de la renta (dY) y la variación del tipo de interés (dr) provocadas por alguno de estos dos casos de política fiscal, procedemos como lo hemos hecho en los casos anteriores. Partimos de la renta y el tipo de interés de equilibrio:

$$Y^E = \frac{h\alpha}{h + \alpha bk} A_0 + \frac{b\alpha}{h + \alpha bk} \frac{M}{P}$$
$$r^E = \frac{k\alpha}{h + \alpha bk} A_0 - \frac{1}{h + \alpha bk} \frac{M}{P}$$

En primer lugar, diferenciamos la expresión de la renta de equilibrio:

$$dY = d\left(\frac{h\alpha}{h + \alpha bk}\right) A_0 + \frac{h\alpha}{h + \alpha bk} dA_0 + d\left(\frac{b\alpha}{h + \alpha bk}\right) \frac{M}{P} + \frac{b\alpha}{h + \alpha bk} d\left(\frac{M}{P}\right)$$

Tanto si aumenta el gasto público, como si aumentan las transferencias, ambos están recogidos en el componente autónomo del gasto, A_0, siendo, por tanto, cero el resto de diferenciales. Por tanto:

$$dY = \frac{h\alpha}{h + \alpha bk} dA_0$$

Teniendo en cuenta la forma A_0, la variación de la renta será:

$dY = \frac{h\alpha}{h+\alpha bk} dG_0$ si la política fiscal consiste en un aumento del gasto público.

$dY = \frac{h\alpha}{h+\alpha bk} cdTR_0$ si la política fiscal consiste en un aumento de las transferencias.

Análogamente, podemos calcular cuánto varía el tipo de interés. Para ello, diferenciamos la expresión del tipo de interés de equilibrio:

$$dr = d\left(\frac{k\alpha}{h + \alpha bk}\right) A_0 + \frac{k\alpha}{h + \alpha bk} dA_0 - d\left(\frac{1}{h + \alpha bk}\right) \frac{M}{P} - \frac{1}{h + \alpha bk} d\left(\frac{M}{P}\right)$$

Dado que el único cambio que se ha producido está incluido en el componente autónomo del gasto, A_0, el resto de diferenciales son cero. Por tanto:

$$dr = \frac{k\alpha}{h + \alpha bk} dA_0$$

Teniendo en cuenta la forma A_0, la variación de la renta será:

$dr = \frac{k\alpha}{h+\alpha bk} dG_0$ si la política fiscal consiste en un aumento del gasto público.

$dr = \frac{k\alpha}{h+\alpha bk} cdTR_0$ si la política fiscal consiste en un aumento de las transferencias.

Como hemos apuntado antes, estamos también interesados en cuantificar el efecto expulsión (*EE*). Dicho efecto expulsión será igual a la diferencia entre lo que habría variado la renta si el tipo de interés se hubiese mantenido constante en el nivel r_0 (es decir, lo que habría variado la renta en el modelo keynesiano -dY_{MK}-, habría pasado de Y_0 a Y_K) y lo que efectivamente ha aumentado la renta dY_{IS-LM} al pasar desde Y_0 a Y_1. Es decir:

$$EE = dY_{MK} - dY_{IS-LM} = \underbrace{\alpha dA_0}_{dY_{MK}} - \underbrace{\frac{h\alpha}{h + \alpha bk} dA_0}_{dY_{IS-LM}}$$

Podemos simplificar esta expresión:

$$EE = \alpha dA_0 - \frac{h\alpha}{h + \alpha bk} dA_0 = \left(\alpha - \frac{h\alpha}{h + \alpha bk}\right) dA_0$$

$$= \left(\frac{\alpha(h + \alpha bk) - h\alpha}{h + \alpha bk}\right) dA_0 = \left(\frac{\alpha^2 bk}{h + \alpha bk}\right) dA_0$$

Por tanto, el efecto expulsión será: $EE = \left(\frac{\alpha^2 bk}{h+\alpha bk}\right) dG_0$ si la política fiscal consiste en un aumento del gasto público. $EE = \left(\frac{\alpha^2 bk}{h+\alpha bk}\right) cdTR_0$ si la política fiscal consiste en un aumento de las transferencias.

3.6.4 La política monetaria

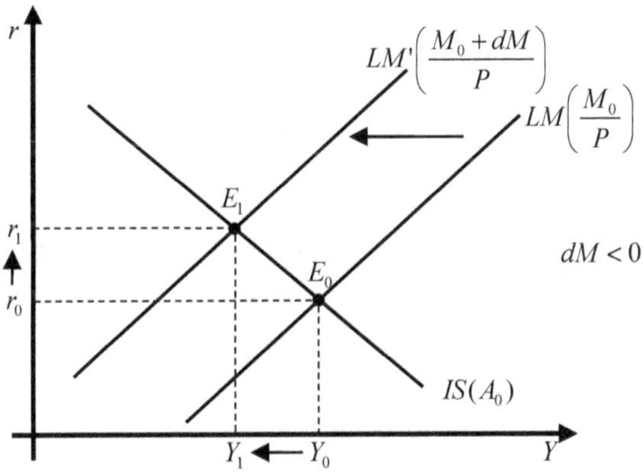

Figura 3.29: Efecto de una política monetaria contractiva.

En este caso, es la autoridad monetaria la que con su acción voluntaria intenta modificar el nivel de renta o los tipos de interés. Aunque dispone de otros instrumentos, supondremos que el Banco Central decide modificar la cantidad de dinero en circulación M. En particular, supongamos que el Banco Central decide disminuir la oferta monetaria de forma que $M_1 < M_0$. Esto es, estamos suponiendo que se lleva a cabo una política monetaria contractiva, $dM < 0$. Partiendo de la situación de equilibrio inicial, E_0, la acción del Banco Central desplaza la LM hacia la izquierda como muestra la figura 3.29, de forma que en el nuevo equilibrio E_1 han aumentado los tipos de interés y disminuido la renta.

Para cuantificar la magnitud de las variaciones en la renta y el tipo de interés, procedemos como en los casos anteriores. Partimos de las ecuaciones del equilibrio IS-LM:

$$Y^E = \frac{h\alpha}{h+\alpha bk}A_0 + \frac{b\alpha}{h+\alpha bk}\frac{M}{P}$$
$$r^E = \frac{k\alpha}{h+\alpha bk}A_0 - \frac{1}{h+\alpha bk}\frac{M}{P}$$

Si diferenciamos la expresión de la renta de equilibrio, se tiene:

$$dY = d\left(\frac{h\alpha}{h+\alpha bk}\right)A_0 + \frac{h\alpha}{h+\alpha bk}dA_0 + d\left(\frac{b\alpha}{h+\alpha bk}\right)\frac{M}{P} + \frac{b\alpha}{h+\alpha bk}d\left(\frac{M}{P}\right)$$

En este caso, la que está variando es la oferta monetaria nominal, M. Aplicando la regla de diferenciación de un cociente, podemos diferenciar la oferta monetaria real, $\frac{M}{P}$:

$$d\left(\frac{M}{P}\right) = \frac{dM\cdot P - M\cdot dP}{P^2} = \frac{dM}{P} - \frac{M}{P}\frac{dP}{P}$$

Dado que el único cambio que se ha producido es una disminución de la oferta monetaria M, el resto de las diferenciales son cero. Por tanto:

$$dY = \frac{b\alpha}{h+\alpha bk}\frac{dM}{P} < 0 \text{ puesto que } dM < 0$$

Análogamente, podemos calcular cuánto varía el tipo de interés al disminuir la oferta de dinero. Si diferenciamos la expresión del tipo de interés de equilibrio, tenemos:

$$dr = d\left(\frac{k\alpha}{h+\alpha bk}\right)A_0 + \frac{k\alpha}{h+\alpha bk}dA_0 - d\left(\frac{1}{h+\alpha bk}\right)\frac{M}{P} - \frac{1}{h+\alpha bk}d\left(\frac{M}{P}\right)$$

Igual que al calcular la variación de la renta, dado que el único cambio que se ha producido es una disminución de la oferta de dinero M, el resto de diferenciales son cero. Por tanto:

$$dr = -\frac{1}{h+\alpha bk}\frac{dM}{P} > 0 \text{ puesto que } dM < 0$$

3.6.5 La política comercial

Por último, suponemos que bien la autoridad monetaria –en caso de alterar el tipo de cambio- o bien el ejecutivo, desean alterar las condiciones de intercambio con otros países. Medidas tales como las promociones sobre el consumo de productos nacionales, el establecimiento de aranceles o las alteraciones del tipo de cambio oficial son instrumentos que podemos enmarcar en la denominada política comercial. Supongamos, por ejemplo, el efecto de una campaña de promoción de productos nacionales. Se pretende con esta medida que aumente el componente autónomo de las exportaciones netas. Por tanto, una medida de este tipo llevará a que la IS se desplace a la derecha. La figura 3.30 muestra el análisis gráfico de esta política comercial.

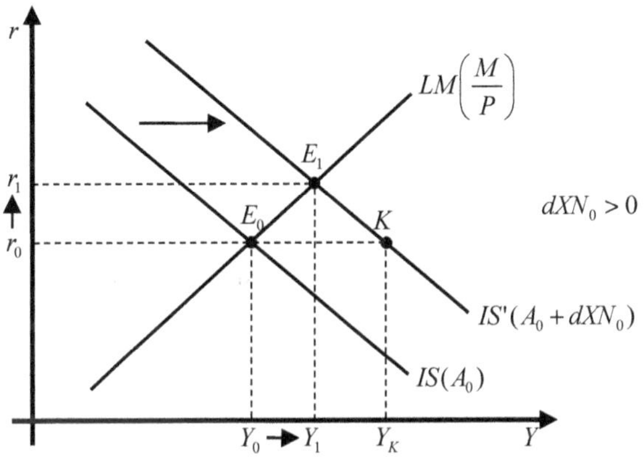

Figura 3.30: Efecto de un aumento de las exportaciones netas autónomas.

Para cuantificar la variación de la renta (dY) y la variación del tipo de interés (dr) al variar las exportaciones netas autónomas (dXN_0), procedemos como anteriormente. Partiendo de las ecuaciones del equilibrio IS-LM:

$$Y^E = \frac{h\alpha}{h+\alpha bk}A_0 + \frac{b\alpha}{h+\alpha bk}\frac{M}{P}$$
$$r^E = \frac{k\alpha}{h+\alpha bk}A_0 - \frac{1}{h+\alpha bk}\frac{M}{P}$$

Diferenciamos la expresión de la renta de equilibrio:

$$dY = d\left(\frac{h\alpha}{h+\alpha bk}\right)A_0 + \frac{h\alpha}{h+\alpha bk}dA_0 + d\left(\frac{b\alpha}{h+\alpha bk}\right)\frac{M}{P} + \frac{b\alpha}{h+\alpha bk}d\left(\frac{M}{P}\right)$$

Dado que el único cambio que se ha producido es un aumento de las exportaciones netas autónomas, término incluido en el componente autónomo del gasto, A_0, el resto de diferenciales son cero. Por tanto:

$$dY = \frac{h\alpha}{h+\alpha bk}dA_0$$

Teniendo en cuenta que de todos los componentes de A_0 el único que ha variado es XN_0, podemos escribir:

$$dY = \frac{h\alpha}{h + \alpha bk} dXN_0 > 0 \text{ puesto que } dXN_0 > 0$$

Análogamente, podemos calcular cuánto varía el tipo de interés al variar las exportaciones netas autónomas. Si diferenciamos la expresión del tipo de interés de equilibrio, tenemos:

$$dr = d\left(\frac{k\alpha}{h + \alpha bk}\right) A_0 + \frac{k\alpha}{h + \alpha bk} dA_0 - d\left(\frac{1}{h + \alpha bk}\right)\frac{M}{P} - \frac{1}{h + \alpha bk} d\left(\frac{M}{P}\right)$$

Dado que el único cambio que se ha producido es un aumento de las exportaciones netas autónomas, término incluido en el componente autónomo del gasto, A_0, el resto de diferenciales son cero. Por tanto:

$$dr = \frac{k\alpha}{h + \alpha bk} dA_0$$

Teniendo en cuenta que de todos los componentes de A_0 el único que ha variado es XN_0, podemos escribir:

$$dr = \frac{k\alpha}{h + \alpha bk} dXN_0 > 0 \text{ puesto que } dXN_0 > 0$$

Es decir, esta política comercial aumenta tanto la renta como el tipo de interés.

3.7 La combinación de las políticas fiscal y monetaria

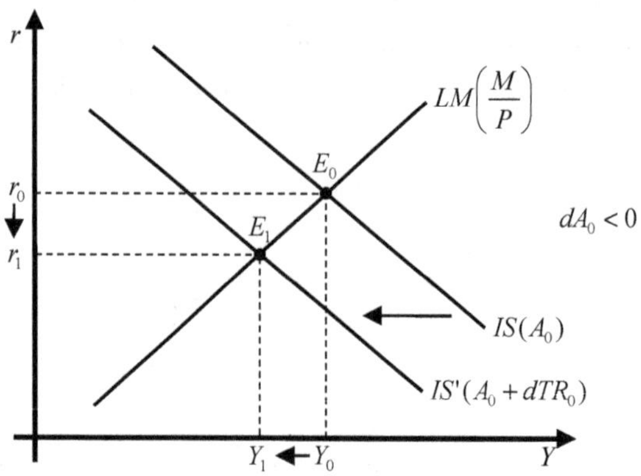

Figura 3.31: Efecto de una política fiscal contractiva.

En el apartado anterior, al analizar distintos ejercicios de estática comparativa, vimos el efecto aislado de las políticas monetaria y fiscal. Sin embargo, es necesario tener en cuenta que dichas políticas pueden *acomodarse* una a la otra para conseguir un objetivo determinado. Imaginemos que el ejecutivo llevase a cabo una política fiscal contractiva que disminuye el componente autónomo del gasto A_0. Sabemos que esta política fiscal desplazará la curva IS a la izquierda, haciendo que, tal y como muestra la figura 3.31, disminuya la renta y el tipo de interés.

Esto sería así si el Banco Central decidiese, en este contexto, no realizar política monetaria alguna. Sin embargo, pueden existir otras opciones. El Banco Central podría acomodar la política fiscal restrictiva, de forma que los tipos de interés no variasen. Para ello, debería acompañar esta política fiscal con una política monetaria también restrictiva, que desplazaría la LM hacia la izquierda, exactamente tal y como muestra la figura 3.32.

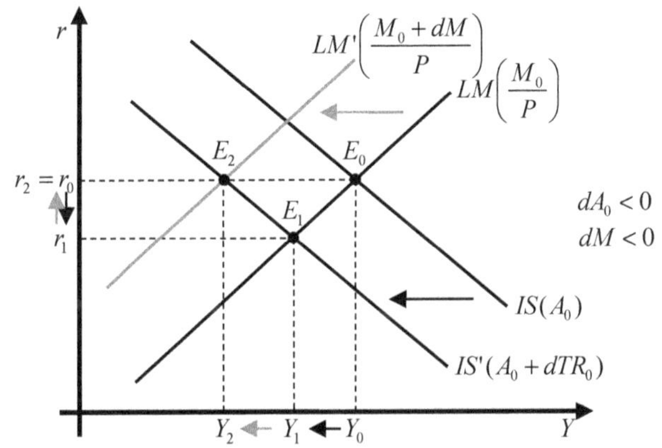

Figura 3.32: Política monetaria que acomoda la política fiscal para mantener los tipos de interés.

En términos analíticos, dada la variación en el componente autónomo del gasto, dA_0, si quisiésemos saber exactamente cuál es la variación necesaria de la oferta monetaria para conseguir que los tipos de interés no variasen, basta con diferenciar el tipo de interés de equilibrio, igualar a cero dicho diferencial y despejar dM en función de dA_0:

$$dr = d\left(\frac{k\alpha}{h+\alpha bk}\right)A_0 + \frac{k\alpha}{h+\alpha bk}dA_0 - d\left(\frac{1}{h+\alpha bk}\right)\frac{M}{P} - \frac{1}{h+\alpha bk}d\left(\frac{M}{P}\right)$$

En este caso, están variando tanto el componente autónomo del gasto como la oferta monetaria. Por tanto, podemos escribir:

$$dr = \frac{k\alpha}{h+\alpha bk}dA_0 - \frac{1}{h+\alpha bk}d\left(\frac{M}{P}\right)$$

Además, sabemos que $d\left(\frac{M}{P}\right) = \frac{dM\cdot P - M\cdot dP}{P^2} = \frac{dM}{P} - \frac{M}{P}\frac{dP}{P}$

Dado que el único cambio que se ha producido es una disminución de la oferta monetaria *M*, el resto de diferenciales son cero. Por lo que:

$$dr = \frac{k\alpha}{h+\alpha bk}dA_0 - \frac{1}{h+\alpha bk}\frac{dM}{P}$$

Ya estamos en disposición de igualar este diferencial del tipo de interés a cero y despejar la variación de la oferta nominal de dinero que queríamos conocer:

$$0 = \frac{k\alpha}{h+\alpha bk}dA_0 - \frac{1}{h+\alpha bk}\frac{dM}{P} \quad \Rightarrow \quad \frac{dM}{P} = k\alpha dA_0$$

Una vez calculada la cuantía exacta en la que tiene que variar la oferta de saldos reales para conseguir que los tipos de interés no varíen, podemos calcular cuánto variará la renta con esta combinación de políticas:

$$dY = \frac{h\alpha}{h+\alpha bk}dA_0 + \frac{b\alpha}{h+\alpha bk}\underbrace{\frac{dM}{P}}_{k\alpha dA_0} = \frac{h\alpha}{h+\alpha bk}dA_0 + \frac{b\alpha}{h+\alpha bk}k\alpha dA_0$$

Para simplificar, sacamos factor común $\frac{\alpha}{h+\alpha bk}dA_0$:

$$dY = \frac{\alpha}{h+\alpha bk}dA_0(h+\alpha bk) \quad \Rightarrow \quad dY = \alpha dA_0 < 0 \text{ puesto que } dA_0 < 0$$

Podemos comprobar que el resultado coincide con lo que habría variado la renta tras la política fiscal en el modelo keynesiano hidráulico. Piense que este es un resultado esperado, puesto que al hacer que el tipo de interés permanezca constante estamos implícitamente haciendo nulo el efecto expulsión.

Por otro lado, el Banco Central podría decidir acomodar la política fiscal de forma que se mantenga constante el nivel de renta. En este caso, la política monetaria que acompaña a la fiscal debería ser de signo contrario, esto es, en el caso que estamos analizando la autoridad monetaria debería llevar a cabo una política monetaria expansiva, tal y como muestra la figura 3.33 de la página siguiente.

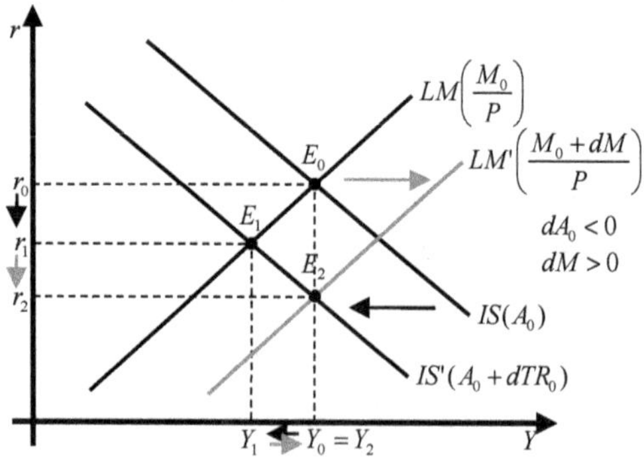

Figura 3.33: Política monetaria que acomoda la política fiscal para mantener el nivel de renta.

En términos analíticos, dada la variación en el componente autónomo del gasto, dA_0, si quisiésemos saber exactamente cuál es la variación necesaria de la oferta monetaria para conseguir que el nivel de renta no varíe, basta con diferenciar la renta de equilibrio, igualar a cero dicho diferencial y despejar dM en función de dA_0:

$$dY = d\left(\frac{h\alpha}{h+\alpha bk}\right)A_0 + \frac{h\alpha}{h+\alpha bk}dA_0 + d\left(\frac{b\alpha}{h+\alpha bk}\right)\frac{M}{P} + \frac{b\alpha}{h+\alpha bk}d\left(\frac{M}{P}\right)$$

En este caso, están variando tanto el componente autónomo del gasto (dA_0) como la oferta monetaria (dM). Además, sabiendo que, en este caso, $d\left(\frac{M}{P}\right) = \frac{dM}{P}$, podemos escribir:

$$dY = \frac{h\alpha}{h+\alpha bk}dA_0 + \frac{b\alpha}{h+\alpha bk}\frac{dM}{P}$$

Ya estamos en disposición de igualar este diferencial de la renta a cero y despejar la variación de la oferta nominal de dinero que queríamos conocer:

$$0 = \frac{h\alpha}{h+\alpha bk}dA_0 + \frac{b\alpha}{h+\alpha bk}\frac{dM}{P} \quad \Rightarrow \quad \frac{dM}{P} = -\frac{h}{b}dA_0$$

Una vez calculada la cuantía exacta en la que tiene que variar la oferta de saldos reales para conseguir que la renta no varíe, podemos calcular cuánto variará el tipo de interés con esta combinación de políticas:

$$dr = \frac{k\alpha}{h+\alpha bk}dA_0 - \frac{1}{h+\alpha bk}\underbrace{\frac{dM}{P}}_{-\frac{h}{b}dA_0} = \frac{k\alpha}{h+\alpha bk}dA_0 + \frac{1}{h+\alpha bk}\frac{h}{b}dA_0$$

Para simplificar, sacamos factor común $\frac{1}{h+\alpha bk}dA_0$:

$$dr = \frac{1}{h+\alpha bk}dA_0\left(k\alpha + \frac{h}{b}\right) \Rightarrow \frac{1}{h+\alpha bk}dA_0\left(\frac{bk\alpha + h}{b}\right) \Rightarrow dr = \frac{1}{b}dA_0$$
$$< 0 \text{ puesto que } dA_0 < 0$$

3.8 Sobre la efectividad de la política económica

Veamos ahora cómo las pendientes de las curvas IS y LM inciden sobre la efectividad o inefectividad de una determinada política. Por efectividad de una política entendemos el grado de acercamiento al objetivo pretendido. Por ejemplo, una política expansiva pretende que aumente la producción y el empleo. Si como consecuencia de una política expansiva, la producción no varía diremos que tal política es completamente inefectiva.

3.8.1 Política fiscal expansiva

En este apartado analizamos el efecto de una política fiscal expansiva (consistente en un aumento del gasto público o de las transferencias, de forma que provoca un aumento en A_0), bajo ciertos supuestos extremos sobre la forma de las curvas IS y LM. En particular, suponemos que aumenta el componente autónomo del gasto de forma que $A_1 > A_0$, por lo que $dA_0 = A_1 - A_0 > 0$. Por una cuestión pedagógica, analizamos todos los casos considerados siguiendo un esquema común. En primer lugar, identificamos qué curva, la IS o la LM, tiene una pendiente extrema. La otra curva será representada de la manera habitual. Esto será sencillo, dado que en apartados anteriores ya se han analizado los casos extremos de ambas curvas. Una vez identificada la situación de partida, podemos analizar gráficamente el efecto de la política fiscal expansiva que estamos considerando. Por último, comprobamos de forma analítica los resultados obtenidos gráficamente.

<u>Caso 1</u>: Demanda de inversión muy sensible a cambios en el tipo de interés $(b \to \infty)$

Como vimos al analizar la curva IS, si la demanda de dinero es muy sensible a cambios en el tipo de interés, la IS es completamente elástica:

$$\left.\frac{dr}{dY}\right|_{IS} = \frac{1}{\left.\frac{dY}{dr}\right|_{IS}} = -\frac{1}{\alpha b} \xrightarrow{b\to\infty} 0$$

Vimos, además, que en este caso la IS coincide con el eje de abscisas. Por tanto, el nivel de renta de equilibrio coincide con el corte con el eje de abscisas de la curva LM y el tipo de interés de equilibrio es cero. La figura 3.34 muestra en términos gráficos que, en este caso, la política fiscal es completamente inefectiva. La política fiscal no desplaza en este caso a la curva IS, puesto que independientemente del nivel de A_0, la ordenada en el origen de la IS es cero.

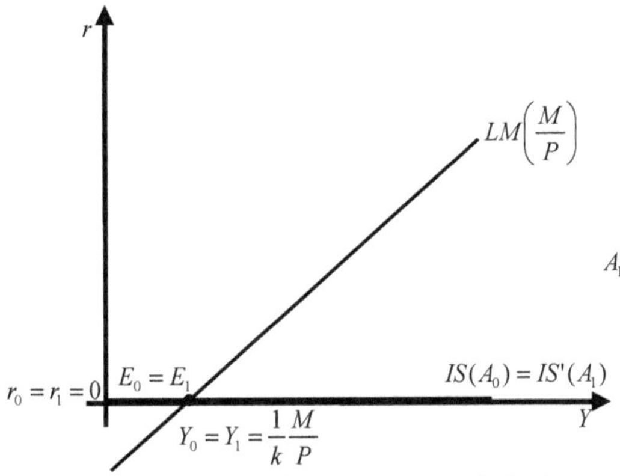

Figura 3.34: Efecto de una política fiscal expansiva cuando la demanda de inversión es muy sensible a cambios en el tipo de interés.

Analíticamente, el efecto sobre la renta y el tipo de interés se puede calcular igual que hicimos en los ejercicios de estática comparativa del apartado 3.6, pero teniendo en cuenta que ahora $b \to \infty$. Es decir, tenemos que:

$$dY = \frac{h\alpha}{h + \alpha bk} dA_0 \xrightarrow{b \to \infty} 0$$

$$dr = \frac{k\alpha}{h + \alpha bk} dA_0 \xrightarrow{b \to \infty} 0$$

Por tanto, en este caso y tal y como hemos visto en términos gráficos, una política fiscal expansiva no consigue aumentar la renta cuando la demanda de inversión es completamente sensible a los tipos de interés. Decimos, por tanto, que en este caso la *política fiscal es completamente inefectiva.*

Caso 2: Demanda de inversión insensible a cambios en el tipo de interés *(*$b \to 0$*)*

En este caso, opuesto al anterior, la IS es completamente inelástica:

$$\left.\frac{dr}{dY}\right|_{IS} = \frac{1}{\left.\frac{dY}{dr}\right|_{IS}} = -\frac{1}{\alpha b} \xrightarrow{b \to 0} \infty$$

Vimos, además, que cuando la demanda de inversión es insensible a cambios en el tipo de interés la IS es inelástica en αA_0. Por tanto, al aumentar el componente autónomo del gasto por la política fiscal, la IS se va a desplazar hacia la derecha. La figura 3.35 muestra en términos gráficos que, en este caso, la política fiscal es completamente efectiva, siendo el efecto expulsión nulo. Aunque el tipo de interés aumenta, la renta aumenta en este caso en la misma cuantía en la que habría aumentado en el modelo keynesiano. Piense que al suponer que $b \to 0$, implícitamente estamos suponiendo que la inversión es completamente exógena, mismo supuesto que hacíamos en el modelo keynesiano.

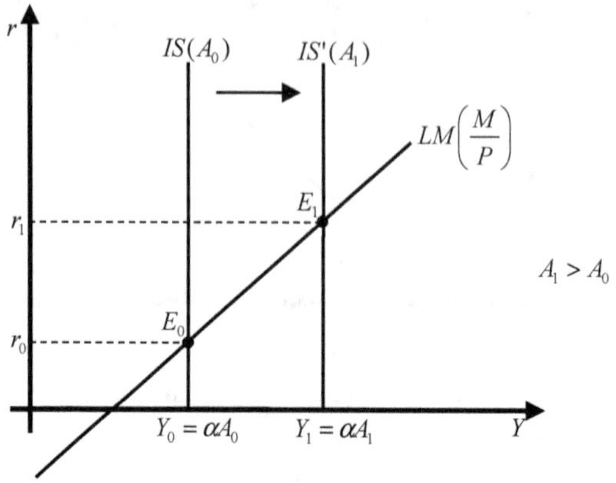

Figura 3.35: Efecto de una política fiscal expansiva cuando la demanda de inversión es insensible a cambios en el tipo de interés.

Analíticamente, el efecto sobre la renta y el tipo de interés se puede calcular igual que anteriormente, pero teniendo en cuenta que ahora $b \to 0$.

$$dY = \frac{h\alpha}{h + \alpha bk} dA_0 \xrightarrow{b \to 0} \alpha dA_0 > 0 \text{ puesto que } dA_0 > 0$$

$$dr = \frac{k\alpha}{h + \alpha bk} dA_0 \xrightarrow{b \to 0} \frac{k\alpha}{h} dA_0 > 0 \text{ puesto que } dA_0 > 0$$

Por tanto, en este caso y tal y como hemos visto en términos gráficos, la política fiscal es completamente efectiva y el efecto expulsión es nulo.

Comparando lo obtenido en los casos 1 y 2, podemos concluir que cuanto menor es la sensibilidad de la demanda de inversión a cambios en el tipo de interés, más efectiva es la política fiscal.

Caso 3: Demanda de saldos reales muy sensible a cambios en el tipo de interés ($h \to \infty$)

En este caso, la curva que tendrá una pendiente extrema es la LM. Al analizar la curva LM, vimos que cuando la demanda de dinero es muy sensible a cambios en el tipo de interés, esta curva es completamente elástica:

$$\left.\frac{dr}{dY}\right|_{LM} = \frac{k}{h} \xrightarrow{h \to \infty} 0$$

Vimos, además, que en este caso la LM coincide con el eje de abscisas. Por tanto, el nivel de renta de equilibrio coincide con el corte con el eje de abscisas de la curva IS y el tipo de interés de equilibrio es cero. La figura 3.36 muestra en términos gráficos que, en este caso, la política fiscal es completamente efectiva. El tipo de interés no varía y la renta aumenta en la misma cuantía en la que habría aumentado en el modelo keynesiano ante una política fiscal expansiva.

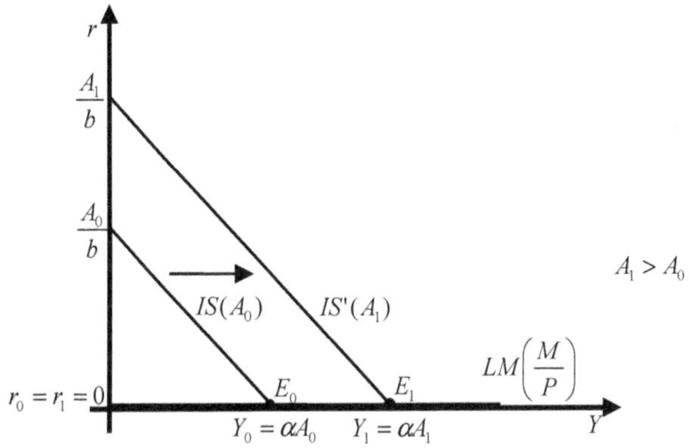

Figura 3.36: Efecto de una política fiscal expansiva cuando la demanda de saldos reales es muy sensible a cambios en el tipo de interés.

Analíticamente, el efecto sobre la renta y el tipo de interés se puede calcular igual que anteriormente, pero teniendo en cuenta que ahora $h \to \infty$.

$$dY = \frac{h\alpha}{h + \alpha bk} dA_0 \xrightarrow{h\to\infty} \frac{\infty}{\infty} dA_0$$

Resolvemos la indeterminación:

$$\lim_{h\to\infty} \frac{h\alpha}{h + \alpha bk} = \lim_{h\to\infty} \frac{\frac{h\alpha}{h}}{\frac{h + \alpha bk}{h}} = \lim_{h\to\infty} \frac{\alpha}{1 + \frac{\alpha bk}{h}} = \alpha$$

Por tanto, tenemos que:

$$dY = \alpha dA_0 > 0 \text{ puesto que } dA_0 > 0$$

Que como podemos observar, coincide con lo que aumentaría la renta tras una política fiscal expansiva en el modelo keynesiano básico.

Con respecto a la variación del tipo de interés:

$$dr = \frac{k\alpha}{h + \alpha bk} dA_0 \xrightarrow{h\to\infty} 0$$

Por tanto, podemos concluir que cuando la demanda de saldos reales es muy sensible a cambios en el tipo de interés, la política es *plenamente efectiva* y el *efecto expulsión* es *nulo*.

Caso 4: Demanda de saldos reales insensible a cambios en el tipo de interés ($h \rightarrow 0$)

En este caso, opuesto al anterior, la LM es completamente inelástica:

$$\left.\frac{dr}{dY}\right|_{LM} = \frac{k}{h} \xrightarrow{h \to 0} \infty$$

Sabemos, además, que cuando la demanda de dinero es insensible a cambios en el tipo de interés la LM es inelástica en $\frac{1}{k}\frac{M}{P}$. Al aumentar A_0, la IS se va a desplazar hacia la derecha, pero la renta, al ser la LM inelástica, no varía. La figura 3.37 muestra en términos gráficos que, en este caso, la política fiscal es completamente inefectiva.

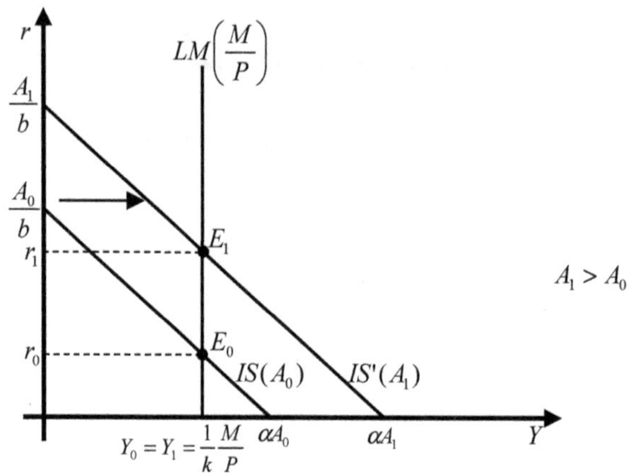

Figura 3.37: Efecto de una política fiscal expansiva cuando la demanda de saldos reales es insensible a cambios en el tipo de interés.

Analíticamente, el efecto sobre la renta y el tipo de interés se puede calcular igual que anteriormente, pero teniendo en cuenta que ahora $h \rightarrow 0$.

$$dY = \frac{h\alpha}{h + \alpha bk} dA_0 \xrightarrow{h \to 0} 0$$

Con respecto a la variación del tipo de interés:

$$dr = \frac{k\alpha}{h + \alpha bk} dA_0 \xrightarrow{h \to 0} \frac{1}{b} dA_0 > 0 \text{ puesto que } dA_0 > 0$$

Se confirma, por tanto, que tal y como hemos observado en términos gráficos, la renta permanece constante, mientras que los tipos de interés suben. Por tanto, decimos que en este caso la *política fiscal* es *inefectiva,* siendo en este caso el *efecto expulsión total* o *pleno.*

Comparando lo obtenido en los casos 3 y 4, podemos concluir que cuanto mayor es la sensibilidad de la demanda de saldos reales a cambios en el tipo de interés, más efectiva es la política fiscal.

Caso 5: Demanda de saldos reales muy sensible a cambios en la renta ($k \to \infty$)

Al analizar la LM, comprobamos que en este caso dicha curva es completamente inelástica:

$$\left.\frac{dr}{dY}\right|_{LM} = \frac{k}{h} \xrightarrow{k \to \infty} \infty$$

La LM coincide, bajo este supuesto, con el eje de ordenadas. Por tanto, el tipo de interés de equilibrio coincide con el corte con el eje de ordenadas de la curva IS y la renta de equilibrio es cero. La figura 3.38 muestra en términos gráficos que, en este caso, la política fiscal es completamente inefectiva.

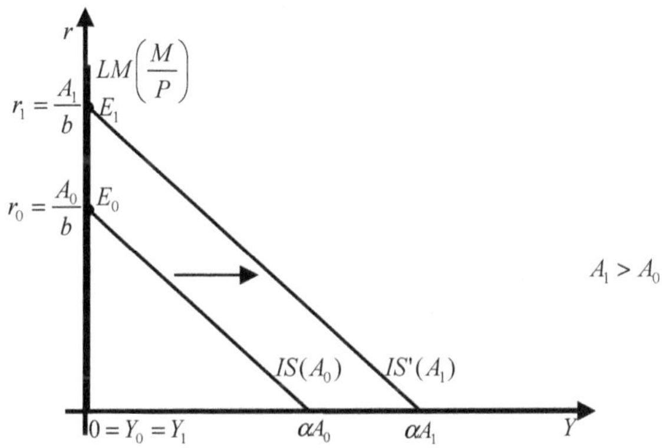

Figura 3.38: Efecto de una política fiscal expansiva cuando la demanda de saldos reales es muy sensible a cambios en la renta.

Analíticamente, el efecto sobre la renta y el tipo de interés se puede calcular igual que anteriormente, pero teniendo en cuenta que ahora $k \to \infty$.

$$dY = \frac{h\alpha}{h + \alpha bk} dA_0 \xrightarrow{k \to \infty} 0$$

Con respecto a la variación del tipo de interés:

$$dr = \frac{k\alpha}{h + \alpha bk} dA_0 \xrightarrow{k \to \infty} \frac{\infty}{\infty} dA_0$$

Para resolver la indeterminación:

$$\lim_{k \to \infty} = \frac{k\alpha}{h + \alpha bk} = \lim_{k \to \infty} \frac{\frac{k\alpha}{k}}{\frac{h + \alpha bk}{k}} = \lim_{k \to \infty} \frac{\alpha}{\frac{h}{k} + \alpha b} = \frac{1}{b}$$

Por tanto, tenemos que:

$$dr = \frac{1}{b} dA_0 > 0 \text{ puesto que } dA_0 > 0$$

Podemos observar que la renta permanece constante, mientras que los tipos de interés suben. Decimos, por tanto, que cuando la demanda de saldos reales es muy sensible a cambios en la renta, la *política fiscal* es *inefectiva*. El *efecto expulsión* es *total*.

Caso 6: Demanda de saldos reales insensible a cambios en la renta (k → 0)

En este caso, opuesto al anterior, la LM es completamente elástica:

$$\left.\frac{dr}{dY}\right|_{LM} = \frac{k}{h} \xrightarrow{k \to 0} 0$$

Al analizar la LM, comprobamos además que cuando la demanda de dinero es insensible a cambios en el nivel de renta, la LM es inelástica en $-\frac{1}{h}\frac{M}{P}$. La política fiscal desplaza la IS hacia la derecha, haciendo que aumente la renta. El tipo de interés, al ser la LM elástica, no varía.

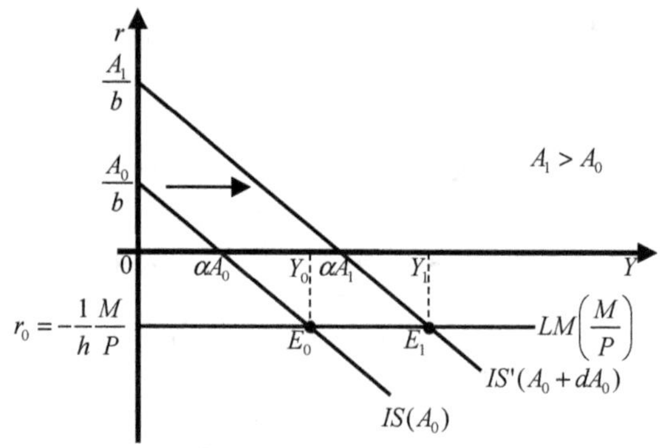

Figura 3.39: Efecto de una política fiscal expansiva cuando la demanda de saldos reales es insensible a cambios en la renta.

Analíticamente, el efecto sobre la renta y el tipo de interés se puede calcular igual que anteriormente, pero teniendo en cuenta que ahora $k \to 0$.

$$dY = \frac{h\alpha}{h + \alpha bk} dA_0 \xrightarrow{k \to 0} \alpha dA_0 > 0 \text{ puesto que } dA_0 > 0$$

Que como podemos observar, coincide con lo que aumentaría la renta tras una política fiscal expansiva en el modelo keynesiano básico.

Con respecto a la variación del tipo de interés:

$$dr = \frac{k\alpha}{h + \alpha bk} dA_0 \xrightarrow{k \to 0} 0$$

Por tanto, decimos que cuando la demanda de dinero es insensible a cambios en la renta, la *política fiscal* es *plenamente efectiva* y el *efecto expulsión* es *nulo.*

Si comparamos lo obtenido en los casos 5 y 6, podemos concluir que cuanto menor es la sensibilidad de la demanda de saldos reales a cambios en el tipo de interés, más efectiva es la política fiscal.

3.8.2. Política monetaria expansiva

En este apartado analizamos el efecto de una política monetaria expansiva, bajo ciertos supuestos extremos sobre la forma de las curvas IS y LM. En particular, suponemos que aumenta la cantidad nominal de dinero, de forma que $M_1 > M_0$, por lo que $dM = M_1 - M_0 > 0$. Al igual que hicimos en el caso de la política fiscal, analizamos todos los casos considerados siguiendo un esquema común. En primer lugar, identificamos qué curva, la IS o la LM, tiene una pendiente extrema. La otra curva, será representada de la manera habitual. Una vez identificada la situación de partida, podemos analizar gráficamente el efecto de la política monetaria expansiva que estamos considerando. Por último, comprobamos de forma analítica los resultados obtenidos gráficamente.

<u>Caso 1</u>: Demanda de inversión muy sensible a cambios en el tipo de interés $(b \to \infty)$

Como hemos visto, en este caso la IS es completamente elástica:

$$\left.\frac{dr}{dY}\right|_{IS} = \frac{1}{\left.\frac{dY}{dr}\right|_{IS}} = -\frac{1}{\alpha b} \xrightarrow{b \to \infty} 0$$

Además, sabemos que cuando la demanda de inversión es muy sensible a cambios en el tipo de interés la IS coincide con el eje de abscisas. Por tanto, el nivel de renta de equilibrio coincide con el corte con el eje de abscisas de la curva LM y el tipo de interés de equilibrio es cero. La figura 3.40 muestra en términos gráficos que, en este caso, la política monetaria desplaza la curva LM a la derecha, haciendo que la renta aumente. El tipo de interés no varía, al ser la IS perfectamente elástica.

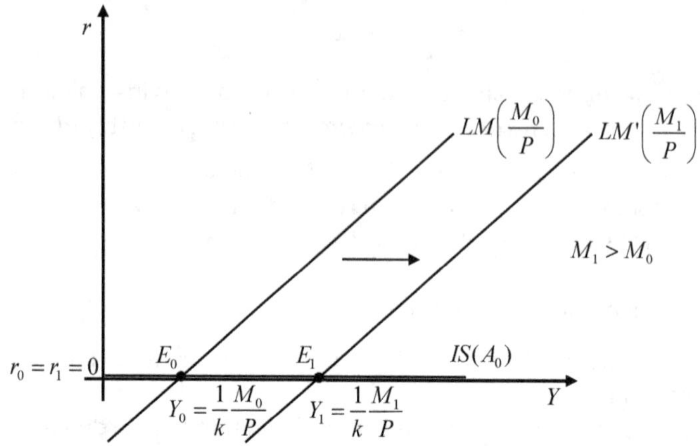

Figura 3.40: Efecto de una política monetaria expansiva cuando la demanda de inversión es muy sensible a cambios en el tipo de interés.

Analíticamente, el efecto sobre la renta y el tipo de interés se puede calcular igual que anteriormente, pero teniendo en cuenta que ahora $b \to \infty$.

$$dY = \frac{b\alpha}{h + \alpha bk}\frac{dM}{P} \xrightarrow{b\to\infty} \frac{\infty}{\infty}\frac{dM}{P}$$

Para resolver la indeterminación:

$$\lim_{b\to\infty} \frac{b\alpha}{h + \alpha bk} = \lim_{b\to\infty} \frac{\frac{b\alpha}{b}}{\frac{h + \alpha bk}{b}} = \lim_{b\to\infty} \frac{\alpha}{\frac{h}{b} + \alpha k} = \frac{1}{k}$$

Por tanto,

$$dY = \frac{1}{k}\frac{dM}{P} > 0 \text{ puesto que } dM > 0$$

Con respecto a la variación de los tipos de interés:

$$dr = -\frac{1}{h + \alpha bk}\frac{dM}{P} \xrightarrow{b\to\infty} 0$$

Por tanto, vemos que la renta aumenta, mientras los tipos de interés no varían. Diríamos pues que en este caso la *política monetaria* es *efectiva.*

<u>Caso 2:</u> Demanda de inversión insensible a cambios en el tipo de interés ($b \to 0$)

Como hemos visto, en este caso la IS es completamente inelástica:

$$\left.\frac{dr}{dY}\right|_{IS} = \frac{1}{\left.\frac{dY}{dr}\right|_{IS}} = -\frac{1}{\alpha b} \xrightarrow{b\to 0} \infty$$

Vimos, además, que cuando la demanda de inversión es insensible a cambios en el tipo de interés la IS es inelástica en αA_0. La política monetaria desplaza la LM a la derecha, pero al ser la IS inelástica, la renta no varía. Los tipos de interés, al aumentar la oferta monetaria, disminuyen. La figura 3.41 muestra en términos gráficos estos efectos.

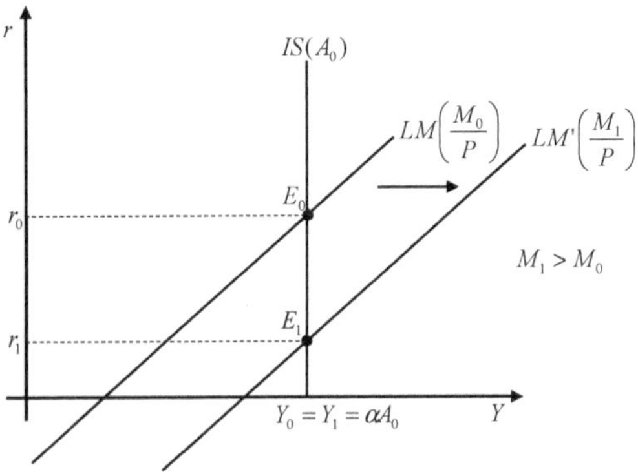

Figura 3.41: Efecto de una política monetaria expansiva cuando la demanda de inversión es insensible a cambios en el tipo de interés.

Analíticamente, el efecto sobre la renta y el tipo de interés se puede calcular igual que anteriormente, pero teniendo en cuenta que ahora $b \to 0$.

$$dY = \frac{b\alpha}{h + \alpha bk}\frac{dM}{P} \xrightarrow{b \to 0} 0$$

$$dr = -\frac{1}{h + \alpha bk}\frac{dM}{P} \xrightarrow{b \to 0} -\frac{1}{h}\frac{dM}{P} < 0 \text{ puesto que } dM > 0$$

Comprobamos, por tanto, que tal y como hemos visto en términos gráficos, la renta permanece constante, a pesar de que los tipos de interés disminuyen. Por tanto, en este caso la *política monetaria* es *inefectiva*. Recuerde al analizar la IS habíamos mencionado que este caso es conocido como *trampa de la inversión*. En este contexto, la política monetaria, aun alterando los tipos de interés, no logra influir en los niveles de inversión, haciendo por tanto que la política monetaria sea inefectiva. Comparando lo obtenido en los casos 1 y 2, podemos concluir que -en contraposición a lo obtenido al analizar la política fiscal- cuanto mayor es la sensibilidad de la demanda de inversión a cambios en el tipo de interés, más efectiva es la política monetaria.

Caso 3: Demanda de saldos reales muy sensible a cambios en el tipo de interés ($h \to \infty$)

Como hemos visto, en este caso la LM es completamente elástica:

$$\left.\frac{dr}{dY}\right|_{LM} = \frac{k}{h} \xrightarrow{h\to\infty} 0$$

Vimos, además, que en este caso la LM coincide con el eje de abscisas. Por tanto, el nivel de renta de equilibrio, coincide con el corte con el eje de abscisas de la curva IS y el tipo de interés de equilibrio es cero. La figura 3.42 muestra en términos gráficos que, en este caso, la política monetaria es completamente inefectiva.

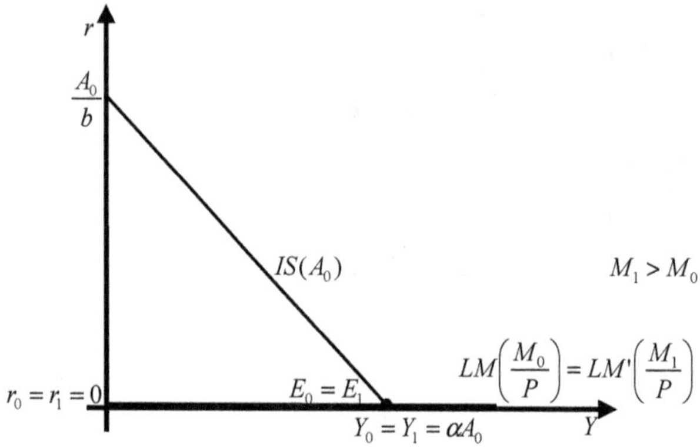

Figura 3.42: Efecto de una política monetaria expansiva cuando la demanda de saldos reales es muy sensible a cambios en el tipo de interés.

Analíticamente, el efecto sobre la renta y el tipo de interés se puede calcular igual que anteriormente, pero teniendo además en cuenta que ahora $h \to \infty$.

$$dY = \frac{b\alpha}{h + \alpha bk}\frac{dM}{P} \xrightarrow{h\to\infty} 0$$

$$dr = -\frac{1}{h + \alpha bk}\frac{dM}{P} \xrightarrow{h\to\infty} 0$$

Tal y como esperábamos, por nuestro análisis gráfico, podemos observar cómo ni la renta ni los tipos de interés cambian. Decimos, por tanto, que cuando la demanda de dinero es muy sensible a cambios en el tipo de interés, la *política monetaria* es *inefectiva.* Al analizar la demanda de dinero, mencionamos que este caso es conocido como la *trampa de la liquidez.* Observamos que ante esta situación la política monetaria no consigue alterar ni los tipos de interés ni la renta, siendo, por tanto, completamente inefectiva.

Caso 4: Demanda de saldos reales insensible a cambios en el tipo de interés ($h \to 0$)

Como hemos visto, en este caso la LM es completamente inelástica:

$$\left.\frac{dr}{dY}\right|_{LM}=\frac{k}{h}\xrightarrow{h\to 0}\infty$$

Sabemos, además, que cuando la demanda de dinero es insensible a cambios en el tipo de interés la LM es inelástica en $\frac{1}{k}\frac{M}{P}$. Al aumentar la cantidad nominal de dinero, la LM se va a desplazar hacia la derecha, lo que provocará una variación tanto en la renta como en los tipos de interés. La figura 3.43 muestra en términos gráficos estos efectos.

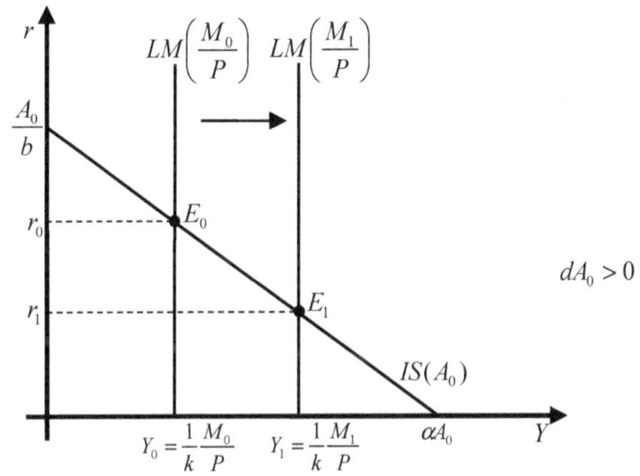

Figura 3.43: Efecto de una política monetaria expansiva cuando la demanda de saldos reales es insensible a cambios en el tipo de interés.

Analíticamente, el efecto sobre la renta y el tipo de interés se puede calcular igual que anteriormente, pero teniendo en cuenta que ahora $h \to 0$.

$$dY=\frac{b\alpha}{h+\alpha bk}\frac{dM}{P}\xrightarrow{h\to 0}\frac{1}{k}\frac{dM}{P}>0 \text{ puesto que } dM>0$$

$$dr=-\frac{1}{h+\alpha bk}\frac{dM}{P}\xrightarrow{h\to 0}-\frac{1}{\alpha bk}\frac{dM}{P}<0 \text{ puesto que } dM>0$$

Tal y como esperamos, podemos observar que la renta aumenta, mientras que los tipos de interés disminuyen. Decimos, por tanto, que en este caso la *política monetaria* es *efectiva.*

Comparando lo obtenido en los casos 3 y 4, podemos concluir que -contrario a lo obtenido cuando analizamos la política fiscal- cuanto menor es la sensibilidad de la demanda de saldos reales a cambios en el tipo de interés, más efectiva es la política monetaria.

Caso 5: Demanda de saldos reales muy sensible a cambios en la renta (k → ∞)

Como hemos visto, en este caso la LM es completamente inelástica:

$$\left.\frac{dr}{dY}\right|_{LM} = \frac{k}{h} \xrightarrow{k \to \infty} \infty$$

La LM coincide, bajo este supuesto, con el eje de ordenadas. Por tanto, el tipo de interés de equilibrio coincide con el corte con el eje de ordenadas de la curva IS y la renta de equilibrio es cero. La figura 3.44 muestra en términos gráficos que, en este caso, la política monetaria es completamente inefectiva.

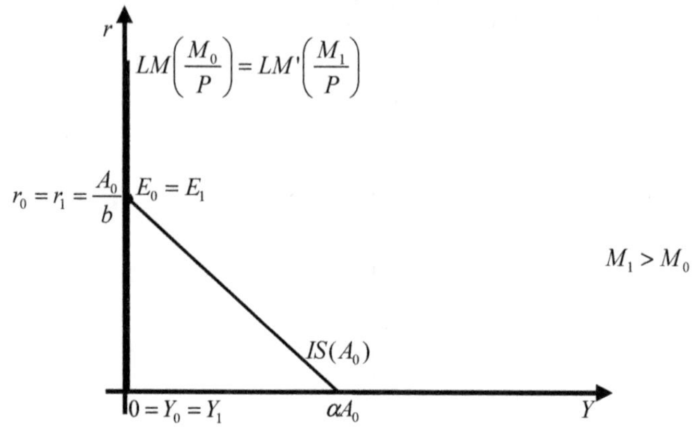

Figura 3.44: Efecto de una política monetaria expansiva cuando la demanda de saldos reales es muy sensible a cambios en la renta.

Analíticamente, el efecto sobre la renta y el tipo de interés se puede calcular igual que anteriormente, pero teniendo además en cuenta que ahora $k \to \infty$.

$$dY = \frac{b\alpha}{h + \alpha bk} \frac{dM}{P} \xrightarrow{k \to \infty} 0$$

$$dr = -\frac{1}{h + \alpha bk} \frac{dM}{P} \xrightarrow{k \to \infty} 0$$

Podemos observar que tanto la renta como los tipos de interés permanecen constantes, siendo, por tanto, la *política monetaria* en este caso una política *inefectiva.*

Caso 6: Demanda de saldos reales insensible a cambios en la renta ($k \to 0$)

Como hemos visto, en este caso la LM es completamente elástica:

$$\left.\frac{dr}{dY}\right|_{LM} = \frac{k}{h} \xrightarrow{k \to 0} 0$$

Comprobamos además que cuando la demanda de dinero es insensible a cambios en el nivel de renta, la LM es inelástica en $-\frac{1}{h}\frac{M}{P}$. La política monetaria desplaza la LM hacia la abajo, lo que provoca un aumento de la renta y una disminución del tipo de interés, que se hace aún más negativo. La figura 3.45 de la página siguiente muestra estas variaciones gráficamente.

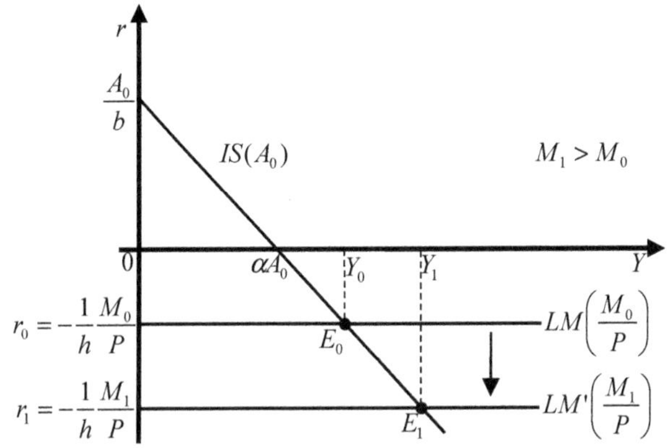

Figura 3.45: Efecto de una política monetaria expansiva cuando la demanda de saldos reales es insensible a cambios en la renta.

Analíticamente, el efecto sobre la renta y el tipo de interés se puede calcular igual que anteriormente, pero teniendo en cuenta que ahora $k \to 0$.

$$dY = \frac{b\alpha}{h + \alpha bk}\frac{dM}{P} \xrightarrow{k \to 0} \frac{b\alpha}{h}\frac{dM}{P} > 0 \text{ puesto que } dM > 0$$

$$dr = -\frac{1}{h + \alpha bk}\frac{dM}{P} \xrightarrow{k \to 0} -\frac{1}{h}\frac{dM}{P} < 0 \text{ puesto que } dM > 0$$

Por tanto, decimos que cuando la demanda de dinero es insensible a cambios en la renta, la *política monetaria* es *efectiva.*

Si comparamos lo obtenido en los casos 5 y 6, podemos concluir que -análogo a lo obtenido al analizar la política fiscal- cuanto menor es la sensibilidad de la demanda de saldos reales a cambios en el tipo de interés, más efectiva es la política monetaria.

Referencias

Hicks, J. R. (1937). Mr. Keynes and the "classics"; a suggested interpretation. *Econometrica*, 147-159. https://doi.org/10.2307/1907242

Capítulo cuatro
El modelo Mundell-Fleming

Emilio Congregado
Javier García-Clemente
Ana Rodríguez-Santiago

Resumen

Este capítulo aborda las relaciones internacionales de las economías abiertas, extendiendo el modelo anterior para dar entrada no solo al intercambio de bienes y servicios, sino también a los flujos de capital. En ese contexto, se analiza la balanza de pagos y el mercado de divisas, incluyendo la determinación del tipo de cambio, y se presenta el modelo Mundell-Fleming como una extensión del IS-LM en un marco de movilidad perfecta de capitales. Además, se realiza un análisis comparativo de los efectos de las políticas fiscal, monetaria y comercial, destacando la influencia del sistema de tipos de cambio en su efectividad. Finalmente, se enfatiza la importancia de considerar estos flujos y entender la importancia de las interrelaciones en la efectividad de las políticas económica en un mundo globalizado.

Palabras clave: Economías abiertas, balanza de pagos, tipo de cambio, mercado de divisas, movilidad de capital, modelo Mundell-Fleming, política fiscal, política monetaria, política comercial, coordinación internacional.

***

4.1 Introducción

Las economías se relacionan con el resto del mundo tanto a través del comercio de bienes y servicios, comercio internacional, como de los mercados financieros. De hecho, los inversores financieros pueden elegir entre activos financieros interiores y extranjeros, del mismo modo que los consumidores pueden elegir entre productos nacionales o importados. Estas relaciones con el exterior hacen que la política económica de un determinado país pueda tener efecto no solo en el país en el que se lleva a cabo, sino también en los países con los que se relaciona. Esto a su vez nos lleva a considerar la necesidad de coordinación internacional de las políticas en economías abiertas. Hasta el momento, al analizar el equilibrio de una economía abierta hemos considerado únicamente el intercambio de bienes y servicios con el exterior. Tras incorporar en el capítulo anterior los mercados financieros, extendemos el análisis para contemplar la posibilidad de que las economías importen y exporten capital.

Comenzamos analizando la balanza de pagos, concepto fundamental del análisis de las economías abiertas. A continuación, analizamos el mercado de divisas y la determinación del tipo de cambio. Posteriormente discutimos el supuesto de movilidad perfecta de capital e incluimos este supuesto en el modelo IS-LM en economías abiertas, lo que da lugar al llamado modelo *Mundell-Fleming.*[1] Cierra el capítulo un apartado que incluye una serie de ejercicios de estática comparativa donde analizamos el efecto de la política económica –fiscal, comercial y monetaria–, haciendo especial énfasis en el papel que desempeña el sistema de tipo de cambio en la efectividad de la política económica.

Antes de comenzar con el desarrollo del tema, consideramos de vital importancia destacar que al analizar las economías abiertas un mismo fenómeno puede ser analizado desde dos perspectivas diferentes. Para ilustrar esta afirmación, imaginemos por un momento que estamos analizando la relación entre España y Estados Unidos. Lo que son exportaciones para España son importaciones para Estados Unidos. Imagine que aumentan las exportaciones españolas a Estados Unidos, mientras bajan las exportaciones estadounidenses a España. Desde el punto de vista español, diríamos que están aumentando las exportaciones y disminuyendo las importaciones. Sin embargo, desde el punto de vista estadounidense diríamos que están disminuyendo las exportaciones y aumentando las importaciones. Pero el fenómeno es el mismo. Este hecho no nos debe llevar a confusión. Lo destacamos aquí simplemente para resaltar la importancia que, para una mejor comprensión del resto del capítulo, tiene saber siempre desde qué perspectiva nos estamos posicionando, para no dar lugar a cadenas de razonamientos equivocados.

[1] Este modelo tiene su origen en diversas contribuciones de Robert Mundell desarrolladas entre 1960 y 1964 y recopiladas posteriormente en su libro sobre Economía Internacional de 1968, *y en la* contribución de Fleming, de 1962, publicada en la serie de documentos de trabajo del Fondo Monetario Internacional.

4.2 La balanza de pagos

La *balanza de pagos* es el instrumento contable que registra las transacciones exteriores realizadas entre los residentes en un país y los del resto del mundo en un determinado periodo temporal. La balanza de pagos está estructurada en tres bloques: la balanza por *cuenta corriente*, la balanza por *cuenta de capital* y la balanza por *cuenta financiera*. Desde 1995 la balanza de pagos se elabora según las directrices metodológicas del Quinto Manual de Balanza de Pagos del Fondo Monetario Internacional (FMI). Para facilitar la comparación de lo expuesto en este apartado con el desarrollo de este tema en otros manuales basados en la metodología anterior, es necesario destacar que la actual balanza por cuenta financiera se corresponde con la anteriormente denominada balanza por cuenta de capital. Por su parte, las rúbricas de la actual balanza por cuenta de capital estaban incluidas en la balanza de transferencias, dentro de la balanza por cuenta corriente.[2]

Antes de entrar en el detalle de cada una de las cuentas que constituyen la balanza de pagos, conviene destacar algunos conceptos fundamentales para comprender el funcionamiento de este instrumento contable. En primer lugar,

---

[2] En 2014 se implanta de forma coordinada en la Unión Europea el Sexto Manual de Balanza de Pagos del FMI. El marco básico de la nueva edición coincide con el del Quinto Manual, de forma que se mantiene la estructura de las cuentas: corriente, de capital y financiera, así como sus componentes principales. El énfasis de esta actualización, por tanto, apunta a incrementar los vínculos y la consistencia con otros manuales y guías estadísticos, en particular, con el Sistema de Cuentas Nacionales 2008, además de incorporar nuevos fenómenos referidos a la globalización y la innovación financiera, entre otros ámbitos.

la balanza de pagos registra las transacciones entre los residentes de un país y los del resto del mundo, con independencia de su nacionalidad. El FMI considera que una unidad institucional es una unidad residente en un país cuando su centro de interés económico está localizado en el territorio económico del país. En la práctica, el concepto de *residencia* implica la permanencia en el país durante un año o más. En segundo lugar, el registro de las transacciones en la balanza de pagos sigue el *principio del devengo*. Es decir, en términos del FMI, deben registrarse con referencia al "momento en que se crea, transforma, intercambia, transfiere o extingue un valor económico". En consecuencia, las operaciones registradas no tienen por qué coincidir con la liquidación de los cobros o pagos correspondientes.

4.2.1 La balanza por cuenta corriente

La *balanza por cuenta corriente*, que recoge las transacciones internacionales que generan renta en el país considerado (o en el resto del mundo) o que afectan a los ingresos corrientes disponibles para el gasto de la economía en el periodo, se divide a su vez en cuatro subbalanzas: la balanza *comercial* o de *mercancías* -que recoge el valor de las exportaciones e importaciones de mercancías-; la balanza de *servicios* –que recoge las transacciones realizadas con productos intangibles, como turismo y viajes, transportes, comunicaciones, construcción, seguros, servicios financieros, servicios informáticos y de información, servicios prestados a las empresas, servicios personales, culturales y recreativos y servicios gubernamentales–; la balanza de *rentas* -que recoge las rentas tanto del trabajo como del capital;[3] y la balanza de *transferencias corrientes* –que recoge las transferencias unilaterales o sin contrapartida, como pueden ser las remesas de emigrantes o la ayuda al desarrollo–.[4]

---

[3] Las rentas del trabajo recogen la remuneración de los trabajadores fronterizos, estacionales y temporeros, incluidas las cotizaciones sociales e impuestos directos asociados a dichas remuneraciones. Por su parte, las rentas del capital se muestran con el mismo desglose por instrumentos que las correspondientes rúbricas de la cuenta financiera, contabilizándose la renta generada por cada uno de los activos y pasivos recogidos en dicha cuenta.

[4] La distinción entre transferencias corrientes y transferencias de capital es difícil tanto de instrumentar como de definir conceptualmente. Tanto es así que el Quinto Manual de Balanza de Pagos del FMI define las transferencias de capital, considerándose como transferencias corrientes, por exclusión, todas las demás. En este sentido, según el FMI, en primer lugar, una transferencia en especie es una transferencia de capital cuando entraña el traspaso de propiedad de un activo fijo o la condonación de un pasivo por parte de un acreedor sin que se reciba a cambio una contrapartida. En segundo lugar, una transferencia de efectivo es una transferencia de capital cuando está vinculada o condicionada a la adquisición o enajenación de un activo fijo -por

El cuadro 4.1 muestra la estructura de la balanza por cuenta corriente.

Cuadro 4.1. Estructura de la balanza por cuenta corriente.

Balanza por cuenta corriente			
	Ingresos (I)	Pagos (P)	Saldo (I-P)
Mercancías	Exportaciones (X_m)	Importaciones (Q_m)	X_m-Q_m (1)
Servicios	Exportaciones (X_s)	Importaciones (Q_s)	X_s-Q_s (2)
Rentas	Entradas (E_r)	Salidas (S_r)	E_r-S_r (3)
Transferencias corrientes	Entradas (E_t)	Salidas (S_t)	E_t-S_t (4)
Saldo de la balanza por cuenta corriente (SCC)			(1)+(2)+(3)+(4)

Las exportaciones de bienes y servicios y las entradas relacionadas con los movimientos de rentas y transferencias corrientes se anotan en la columna de ingresos. Por su parte, las importaciones de bienes y servicios y las salidas relacionadas con los movimientos de rentas y transferencias corrientes se anotan en la columna de pagos. El saldo de cada subbalanza se calcula como la diferencia entre la columna de ingresos y la de pagos, siendo el saldo de la balanza por cuenta corriente igual a la suma de los saldos de las cuatro subbalanzas. Si dicho saldo es negativo, es decir, si los pagos superan a los ingresos, decimos que existe un *déficit por cuenta corriente.* Si es positivo, esto es, si los ingresos son mayores que los pagos, estamos ante un *superávit de la balanza por cuenta corriente.* Por último, si es saldo de la balanza por cuenta corriente es nulo, estamos ante una balanza por cuenta corriente equilibrada, los ingresos coinciden exactamente con los pagos.

4.2.2 La balanza por cuenta de capital

Por su parte, la *balanza por cuenta de capital* recoge dos tipos de transacciones: las *transferencias de capital* y la *adquisición y enajenación de activos no financieros, no producidos.* Al referirnos a las transferencias corrientes ya

---

ejemplo, una donación para inversión- por una o ambas partes de la transacción. Una transferencia de capital debería provocar una variación de la misma magnitud en las tenencias de activos de una o ambas partes de la transacción. Como hemos mencionado, las transferencias corrientes comprenden todas las que no son transferencias de capital. Influyen directamente en el nivel de renta disponible y, por tanto, afectan al consumo de bienes o servicios, reduciendo las posibilidades de ingreso y consumo del donante en tanto se elevan las posibilidades de ingreso y consumo del beneficiario.

hemos mencionado las particularidades de las transferencias de capital. En términos cuantitativos, la partida más importante de esta rúbrica recoge los ingresos por transferencias de capital del sector de las Administraciones Públicas con la UE, entre los que destacan los correspondientes al Fondo Europeo de Desarrollo Regional (FEDER), al Fondo Europeo Agrícola de Desarrollo Regional (FEADER) y a los fondos de cohesión, destinados íntegramente, en el caso español, a mejoras estructurales en proyectos industriales y de medio ambiente. Por su parte, la rúbrica de adquisición y enajenación de activos no financieros, no producidos, registra transacciones relacionadas con activos tangibles que puedan utilizarse o necesitarse para la producción de bienes y servicios, pero que en sí no han sido producidos –tierra y recursos del subsuelo, por ejemplo–, y las transacciones relacionadas con activos intangibles no producidos –por ejemplo, patentes, derechos de autor, marcas registradas, concesiones y arrendamientos u otros contratos transferibles–.

El cuadro 4.2 muestra la estructura de la balanza por cuenta de capital, donde las anotaciones en las columnas de ingresos y pagos y el cálculo de los saldos se llevan a cabo de forma análoga a lo apuntado al analizar la cuenta corriente.

Cuadro 4.2. Estructura de la balanza por cuenta de capital.

Balanza por cuenta de capital			
	Ingresos (I)	Pagos (P)	Saldo (I-P)
Transferencias de capital	Entradas (E_k)	Salidas (S_k)	E_k-S_k (5)
Activos no financieros no producidos	Entradas (E_{nf})	Salidas (S_{nf})	E_{nf}-S_{nf} (6)
Saldo de la balanza por cuenta de capital (SCK)			(5)+(6)

4.2.3 La balanza por cuenta financiera

La *balanza por cuenta financiera* registra las transacciones de activos y pasivos con el exterior. Es decir, registra las transacciones que modifican la posición acreedora o deudora del país frente al resto del mundo. Está estructurada de manera que las operaciones del Banco de España tengan un tratamiento separado, contemplando una cuenta con las operaciones de los distintos sectores, excluido el Banco de España, y otra con las operaciones del Banco de España. La primera –denominada en el cuadro 3 *Total, excepto Banco de España*– se divide en cuatro balanzas, diferenciadas por el tipo de activos y pasivos en los que se materializan las operaciones correspondientes: inversiones directas, inversiones de cartera, otras inversiones y derivados financieros. En la partida de *inversiones directas* se incluyen las que reflejan un objetivo del inversor de obtener una rentabilidad permanente en la empresa en la que invierte, alcanzando un grado significativo de influencia en sus órganos de dirección. Las inversiones directas se dividen en acciones, otras formas de participación, beneficios reinvertidos, inversiones en inmuebles y financiación entre empresas relacionadas. La partida de *inversiones de cartera* registra las transacciones en valores negociables, excluidas las que, materializadas en acciones, cumplen los requisitos para su consideración como inversiones directas.[5] Se divide a su vez en tres componentes principales: acciones y fondos de inversión, bonos y obligaciones e instrumentos del mercado monetario. La rúbrica *otras inversiones* recoge, por exclusión, los activos y pasivos financieros, frente a no residentes, no contabilizados como inversiones directas o de cartera, derivados financieros o reservas.[6] Por último, la partida *derivados financieros* recoge todos los instrumentos de esta naturaleza que puedan valorarse porque exista un precio de mercado para el activo subyacente, independientemente de que se negocie o no en mercados organizados, e independientemente de cuál sea el activo subyacente.[7] Las tres primeras partidas –inversiones directas, inversiones de cartera y otras inversiones– ofrecen información separada de las operaciones relacionadas con los activos y pasivos. Sin embargo, los derivados financieros se contabilizan directamente como variación de pasivos menos variación de activos (ver cuadro 4.3 de la página siguiente).

Por su parte, la cuenta financiera del *Banco de España* registra las variaciones de sus activos y pasivos exteriores, desglosados entre la variación de las reservas, la variación de los activos del Banco de España frente al Eurosistema y la variación de sus otros activos y pasivos exteriores. Desde enero de 1999, las *reservas* de los países miembros de la Unión Económica y Monetaria (UEM) se definen como los activos líquidos en moneda extranjera que sus bancos centrales nacionales mantienen frente a residentes de países distintos de la

[5] No incluye los derivados financieros, aunque sean negociables.

[6] Fundamentalmente, está constituida por préstamos y depósitos, créditos comerciales con vencimiento superior a un año -concedidos directamente por el proveedor al comprador-, operaciones de leasing financiero sobre mercancías, y cesiones y adquisiciones temporales entre residentes y no residentes de valores, bien sea mediante operaciones repo, o a través de préstamos de valores con intercambio de efectivo.

[7] Incluye las opciones emitidas a la medida o en mercados organizados, los futuros financieros emitidos en mercados organizados o a la medida, los warrants, ya sean sobre acciones o sobre valores representativos de empréstitos, las compraventas de divisas a plazo, los acuerdos de tipos de interés futuro, las permutas financieras de moneda o de tipos de interés y cualquier otra permuta financiera o *swap*, sea sobre índices o sobre cualquier otra clase de activos.

UEM. No incluyen, por tanto, ningún tipo de activos en euros, ni los activos en moneda extranjera que se mantengan frente a residentes de países de la UEM.[8] Por su parte, los *activos netos del Banco de España frente al Eurosistema* recogen el saldo de los activos mantenidos por esta institución frente al conjunto formado por el Banco Central Europeo y los bancos centrales de los otros países de la UEM. Por último, la rúbrica *otros activos netos* recoge la variación neta de los otros pasivos y activos del Banco de España no incluidos en las dos rúbricas anteriores.[9]

Cuadro 4.3. Estructura de la balanza por cuenta financiera.

Balanza por cuenta financiera			
	Variación neta de pasivos (VNP)	Variación neta de activos (VNA)	Saldo (VNP-VNA)
Total, excepto Banco de España			
Inversiones directas	Del exterior en España (ID_X)	De España en el exterior (ID_E)	ID_X-ID_E (7)
Inversiones de cartera	Del exterior en España (IC_X)	De España en el exterior (IC_E)	IC_X-IC_E (8)
Otras inversiones	Préstamos obtenidos (OI_X)	Préstamos concedidos (OI_E)	OI_X-OI_E (9)
Derivados financieros	--	--	DF (10)
Banco de España			
Reservas	--	--	R (11)
Activos frente al Eurosistema	--	--	AE (12)
Otros activos netos	--	--	OAN (13)
Saldo de la balanza por cuenta financiera (SCF)			(7)+(8)+(9)+(10)+ +(11)+(12)+(13)

El signo con el cual se anota cada transacción en la balanza de pagos sigue una determinada convención contable. Así, al analizar la cuenta corriente y la

[8] Esta rúbrica sigue las directrices publicadas por el Fondo Monetario Internacional en el documento *Data Template on International Reserves and Foreign Currency Liquidity, Operational Guidelines.*

[9] Hasta la creación de la Unión Económica y Monetaria Europea, la variación de las reservas del Banco de España constituía la contrapartida del conjunto de las operaciones exteriores. Tras la creación de la Unión Monetaria, es la variación del saldo de la cuenta del Banco de España con el Eurosistema, en general, la principal contrapartida del conjunto de esas operaciones. Este hecho justifica la importancia de mostrar esta cuenta de forma separada en la balanza de pagos.

de capital avanzamos que las transacciones en dichas cuentas se registran como ingresos o como pagos según la óptica del residente. Así, una exportación de mercancías supone un ingreso, mientras una importación supone un pago. Por su parte, en la cuenta total, excepto Banco de España de la balanza por cuenta financiera, un aumento de los activos de un residente frente a un no residente (lo que supone un pago al exterior –una salida de fondos–) se anota con signo positivo en los activos. Así, se contabilizan con signo positivo en la variación neta de activos las inversiones que realiza el país en el extranjero, los préstamos concedidos al exterior y los depósitos netos realizados en el exterior; y con signo negativo las desinversiones y cancelaciones de préstamos y depósitos. A su vez, un aumento de los pasivos de un residente frente a un no residente (lo que supone un ingreso del exterior –una entrada de fondos–) se anota en los pasivos también con signo positivo. Así, se contabilizan con signo positivo en la variación neta de pasivos la inversión extranjera en el país, los préstamos concedidos a los residentes por parte de los no residentes y los depósitos abiertos por no residentes; y con signo negativo las desinversiones y cancelaciones de préstamos y depósitos. Por último, en la cuenta del Banco de España un saldo de signo negativo (positivo) supone un aumento (disminución) de los activos del Banco de España frente al exterior.

4.2.4 El saldo de la balanza de pagos

El saldo de la balanza de pagos (SBP) viene dado por la suma de los saldos de las balanzas por cuenta corriente, por cuenta de capital y por cuenta financiera. Siguiendo la notación utilizada en los cuadros 4.1 a 4.3, podemos expresar dicho saldo como sigue:

$$SBP = SCC + SCK + SCF$$

La balanza de pagos sigue el método contable de la *partida doble*. Así, todas las transacciones se anotan dos veces -en dos cuentas diferentes-, dando lugar o bien a dos anotaciones del mismo signo, pero en distintas columnas; o bien a dos anotaciones en una misma columna, pero con signos diferentes. Para facilitar la comprensión de este método contable, vamos a utilizar un ejemplo sencillo. Vamos a considerar qué anotaciones implicaría desde el punto de vista de la balanza de pagos española la adquisición por parte de un residente español de una moto japonesa. Supongamos que el residente español consigue aplazar el pago. Ya hemos mencionado que la balanza de pagos española se construye desde la óptica del residente español. Por tanto, el residente español realiza una importación –que se anotará con signo positivo en la columna de pagos de la subbalanza de mercancías de la cuenta corriente (aumentando Q_m)–. Al tratarse de un pago aplazado, el residente español recibe un préstamo del exterior –que se anotará con signo positivo en la columna de variación neta de pasivos de la rúbrica otras inversiones de la cuenta financiera (aumentando OI_x)–. Cuando el residente español devuelva el préstamo, el pago del principal se anotará con signo negativo en la columna de variación neta de pasivos de la rúbrica otras inversiones de la cuenta financiera (disminuyendo OI_x) –está desapareciendo un préstamo–. Además, se anotará con signo positivo en la rúbrica correspondiente a la variación de reservas (aumentando *R*) -se está cancelando una deuda con pérdida de divisas-. Por su parte, el pago de intereses se anotará con signo positivo en la columna de pagos de la subbalanza de rentas de la cuenta corriente (aumentando S_r) –el pago de intereses supone una renta de capital que se genera a favor de un residente extranjero– y se anota con signo positivo en la variación de reservas (aumentando *R*) –puesto que su pago supone una disminución de reservas). El cuadro 4.4 a continuación muestra cómo sería la balanza de pagos en el supuesto de que la transacción descrita fuese la única que se llevase a cabo, siendo *M* el importe de la moto e I el importe de los intereses pagados.

Cuadro 4.4. Anotaciones en la balanza de pagos: ejemplo.

Balanza por cuenta corriente			
	Ingresos (I)	Pagos (P)	Saldo (I-P)
Mercancías	0	+M	-M
Servicios	0	0	0
Rentas	0	+I	-I
Transferencias corrientes	0	0	0
Saldo de la balanza por cuenta corriente (SCC)			-M-I
Balanza por cuenta de capital			
	Ingresos (I)	Pagos (P)	Saldo (I-P)
Transferencias de capital	0	0	0
Activos no financieros no producidos	0	0	0
Saldo de la balanza por cuenta de capital (SCK)			0
Balanza por cuenta financiera			
	Variación neta de pasivos (VNP)	Variación neta de activos (VNA)	Saldo (VNP-VNA)
Total, excepto Banco de España			
Inversiones directas	0	0	0
Inversiones de cartera	0	0	0
Otras inversiones	+M-M	0	0
Derivados financieros	--	--	0
Banco de España			
Reservas	--	--	+M+I
Activos frente al Eurosistema	--	--	0
Otros activos netos	--	--	0
Saldo de la balanza por cuenta financiera (SCF)			+M+I
Saldo de la balanza de pagos (SBP)=SCC+SCK+SCF			0

Por definición y debido al principio contable de la partida doble, la balanza de pagos se encuentra siempre equilibrada, es decir, su saldo es siempre nulo - la suma del haber o ingresos (variación de pasivos) es igual a la suma del debe o pagos (variación de activos)-. Por tanto, tendríamos que:

$$SBP = SCC + SCK + SCF = 0$$

Sin embargo, la imposibilidad de capturar información exacta del total de transacciones que se realizan entre una determinada economía y el resto del mundo añade a la balanza de pagos una rúbrica adicional denominada *errores y omisiones* que hasta ahora no hemos considerado y que garantiza el equilibrio contable. Es calculada como la diferencia entre el total de ingresos y el total de pagos, y se deriva de pérdidas de información y errores. No se trata, por tanto, de una rúbrica ni de la cuenta corriente, ni de la cuenta de capital, ni de la cuenta financiera. Se registra, de forma separada, como un saldo. Un signo positivo de la rúbrica de errores y omisiones supone una infravaloración de los ingresos de cuenta corriente y de capital, una infravaloración de los pasivos de la cuenta financiera, una sobrevaloración de los pagos de cuenta corriente y de capital, una sobrevaloración de los activos de la cuenta financiera o cualquier combinación de las anteriores circunstancias. Tomando en consideración esta partida de errores y omisiones (*EEOO*), el saldo de la balanza de pagos sería:

$$SBP = SCC + SCK + SCF + EEOO = 0$$

Durante el resto del capítulo vamos a considerar que la rúbrica de errores y omisiones es despreciable, por lo que asumimos que la suma de los saldos de las balanzas por cuenta corriente, de capital y financiera es igual a cero. Sin embargo, la existencia de equilibrio contable no implica necesariamente equilibrio económico. Es decir, que la balanza de pagos esté siempre equilibrada no quiere decir que las cuentas con el exterior lo estén. De hecho, suelen existir desequilibrios en las distintas cuentas que integran la balanza de pagos. Para interpretar de forma correcta la posición de un país con el resto del mundo se analiza la denominada *balanza básica*, suma de las balanzas por cuenta corriente y de capital. Esta balanza básica mide la *capacidad o necesidad de financiación* del país, es decir, constituye un indicador de la posición acreedora o deudora del país frente al resto del mundo en el periodo. Puesto que el saldo de la balanza de pagos es nulo por definición, el saldo de la balanza básica es igual al saldo de la balanza por cuenta financiera con signo contrario. Así, un déficit en la balanza básica -saldo negativo- implica que el país tiene necesidad de financiación -el saldo de la balanza financiera es positivo-. En ese caso, está empeorando la posición acreedora-deudora del país, que está recibiendo un préstamo neto del resto del mundo. A su vez, un superávit en la balanza básica –saldo positivo– representa que el país tiene capacidad de financiación –el saldo de la balanza financiera es negativo–, de forma que está mejorando la posición acreedora-deudora del país considerado, que está concediendo un préstamo neto al resto del mundo.

4.3 Los mercados de divisas y los tipos de cambio

Los agentes económicos de un determinado país utilizan su propia moneda para adquirir bienes y servicios o realizar inversiones en el interior del país. Cuando intercambian bienes y servicios con otros países cuya moneda es diferente o cuando se realizan inversiones en el exterior se hace necesario establecer una relación entre las monedas respectivas. Esta relación se establece en el *mercado de cambios* o *mercado de divisas.* Como en cualquier mercado, en el mercado de divisas confluyen la oferta y la demanda de divisas y se estable al precio al que se intercambian las mismas, el tipo de cambio. El *tipo de cambio* es, por tanto, el precio de una moneda expresado en términos de otra. A partir de ahora en este tema, el tipo de cambio será el precio de la divisa (moneda extranjera), expresado en moneda nacional.[10] Al igual que los precios de los demás bienes y servicios se establecen mediante la interacción de compradores y vendedores, los tipos de cambio vienen determinados por la interacción de los particulares, de las empresas y de las instituciones financieras, que compran y venden divisas con el fin de poder realizar pagos internacionales.

Para comprender mejor el funcionamiento de los mercados de divisas y como se establece el tipo de cambio, analizamos a continuación la demanda de divisas y la oferta de divisas, siendo el tipo de cambio de equilibrio aquel para el que la oferta y la demanda de divisas coinciden. La *demanda de divisas* depende de las importaciones de bienes y servicios, de las exportaciones de capital y de la intervención del Banco Central. Para analizar cómo afecta el tipo de cambio a la demanda de divisas, supongamos que esta baja. Si el tipo de cambio baja –lo que, dada nuestra definición anterior del tipo de cambio, implicaría que la moneda nacional se aprecia o se revaloriza en términos de moneda extranjera o divisa– a los consumidores nacionales les resultarán más baratas las mercancías extranjeras. Por tanto, aumentará la demanda de mercancías extranjeras. Es decir, aumentarán las importaciones, por lo que harán falta más divisas para pagar esas importaciones. En general, se puede afirmar que la demanda de divisas para importaciones depende de la demanda de mercancías importadas y esta es una función decreciente del tipo de cambio, ya que, si el tipo de cambio baja, se demandarán más mercancías importadas y harán falta más divisas para

[10] Si nos centramos en las relaciones económicas entre España y EEUU, desde la perspectiva española, el tipo de cambio será el precio de un dólar expresado en euros (cantidad de euros que se necesitan para comprar un dólar). Si nos centráramos en la perspectiva estadounidense, el tipo de cambio sería el precio del euro expresado en dólares (cantidad de dólares que se necesitan para comprar un euro).

importarlas, mientras que, si el tipo de cambio aumenta, se demandarán menos mercancías importadas y harán falta menos divisas para importarlas. Este argumento presentado para los importadores nacionales de mercancías puede ser aplicado de forma análoga a los importadores de servicios –turistas nacionales en el extranjero, por ejemplo– y a los exportadores de capital –inversores nacionales en el extranjero–. En resumen, la demanda de divisas es una función decreciente del tipo de cambio.

Siguiendo la línea argumental anterior, es fácil comprender que la *oferta de divisas*, por su parte, depende de las exportaciones de bienes y servicios, de las importaciones de capital y de la intervención del Banco Central, siendo por tanto una función creciente del tipo de cambio. Como ya se ha avanzado, el tipo de cambio o precio de equilibrio se determina en el mercado de divisas, como en cualquier mercado, mediante la intersección de las curvas de demanda y oferta de divisas.

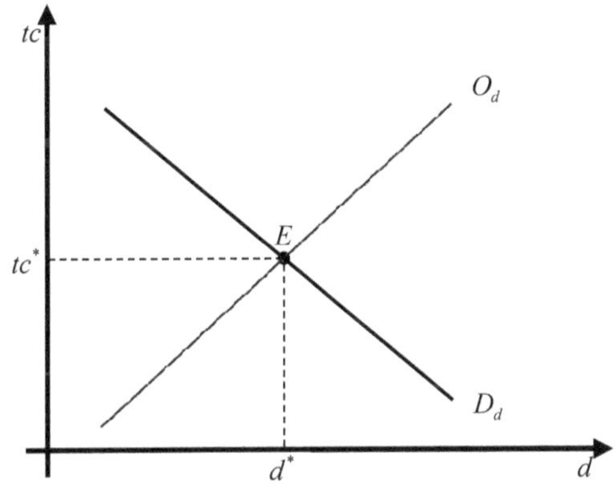

Figura 4.1: El mercado de divisas.

La figura 4.1 a continuación resume de forma gráfica todo lo anterior y muestra la función de demanda de divisas D_d, la función de oferta de divisas O_d, así como el tipo de cambio de equilibrio tc^E y la cantidad de divisas intercambiada en dicho equilibrio d^E.

Para entender mejor este equilibrio y comprobar que su funcionamiento es análogo al de cualquier mercado, vamos a continuación a realizar dos ejercicios de estática comparativa, para analizar el efecto de un cambio en la demanda o en la oferta de divisas sobre el tipo de cambio y la cantidad de divisas intercambiadas en el mercado. Comenzamos suponiendo que se produce un aumento de las importaciones de bienes y servicios o un incremento de las exportaciones de capital, lo que en definitiva supone un *aumento de la demanda de divisas*. Este cambio desplaza la demanda de divisas hacia la derecha, tal y como muestra la figura 4.2, haciendo que el equilibrio del mercado pase de E_0 a E_1. Observamos, por tanto, que este aumento de la demanda de divisas provoca un aumento del tipo de cambio (una apreciación de la divisa y, por tanto, una depreciación de la moneda nacional) y de la cantidad de divisas intercambiada en el equilibrio. Este efecto es, como ya hemos recalcado, similar a lo que se obtiene ante el aumento de la demanda de cualquier bien: aumenta tanto el precio como la cantidad intercambiada. Alternativamente, si hubiese tenido lugar un desplazamiento hacia la izquierda de la curva de demanda de divisas provocado por una disminución de las importaciones de bienes y servicios o de las exportaciones de capital, el tipo de cambio habría disminuido (la divisa se habría depreciado mientras que la moneda nacional se hubiese apreciado), reduciéndose también la cantidad de divisas intercambiada en el equilibrio.

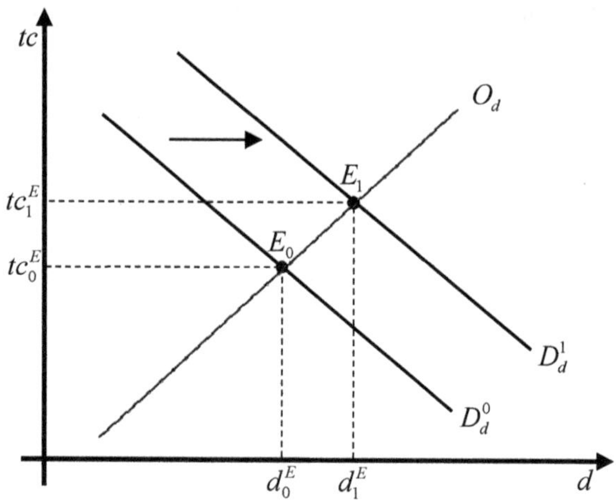

Figura 4.2: Efecto de un aumento de la demanda de divisas.

Supongamos ahora que se produce un *aumento de la oferta de divisas* motivado por un aumento de las exportaciones de bienes y servicios o por un incremento de las importaciones de capital. Como muestra la figura 4.3, ante este aumento de la oferta de divisas, la curva de oferta de divisas se desplaza hacia la derecha, desplazando el equilibrio de E_0 a E_1. Este desplazamiento provoca una caída del tipo de cambio (depreciación de la divisa y apreciación de la moneda nacional), mientras aumenta la cantidad de divisas intercambiada en el mercado. De forma análoga, si hubiese disminuido la oferta de divisas, debido a una disminución de las exportaciones de bienes y servicios o las importaciones de capital, se produciría un desplazamiento hacia la izquierda de la curva de oferta de divisas, que hubiese provocado una subida del tipo de cambio y una disminución de la cantidad de divisas intercambiada en el mercado.

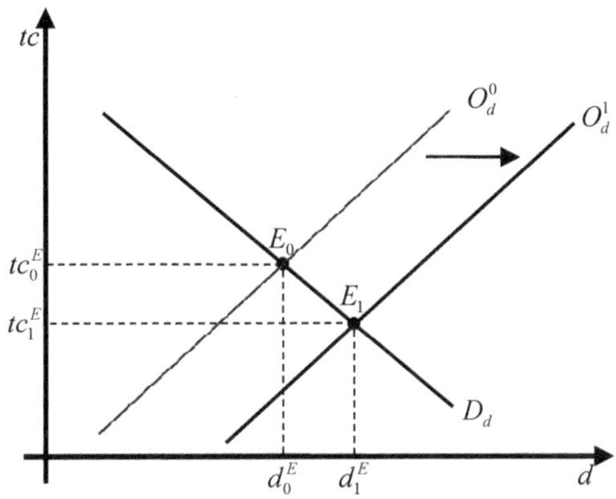

Figura 4.3: Efecto de un aumento de la oferta de divisas.

4.3.1 Sistemas de tipo de cambio

Hasta el momento, al analizar la determinación del tipo de cambio hemos supuesto que este es el resultado del libre juego de la oferta y la demanda de divisas. Este tipo de esquema de determinación del tipo de cambio se corresponde con un sistema de tipo de cambio flexible. Existen, sin embargo, otros tipos de sistema de tipo de cambio que también merecen atención. Vemos a continuación los rasgos característicos de los sistemas de tipo de cambio flexible, fijo y semifijo.

En un *sistema de tipos de cambio flexibles*, son los mercados de divisas los que fijan el valor de una moneda en términos de otra, de forma completamente libre, esto es, sin intervención alguna por parte de las autoridades monetarias. En otras palabras, cuando el sistema de tipo de cambio es flexible, este se determina libremente y fluctúa sometido únicamente a las fuerzas de la oferta y la demanda. Esta situación se conoce como *fluctuación limpia*. En este caso, y como ya hemos avanzado, cuando sube el tipo de cambio de equilibrio decimos que la moneda nacional sufre una *depreciación* (siendo la contrapartida una apreciación de la divisa).[11] Por contra, cuando en este tipo de régimen cambiario se produce una disminución del tipo de cambio de equilibrio, decimos que tiene lugar una *apreciación* de la moneda nacional (y, por consiguiente, una depreciación de la divisa).

Por su parte, en un *sistema de tipos de cambio fijos*, el mercado de divisas es un mercado intervenido. La autoridad monetaria, es decir, el Banco Central,

[11] Recuerde que hemos definido el tipo de cambio como el precio de la divisa, expresado en moneda nacional. O lo que es lo mismo, el tipo de cambio nos da información acerca de la cantidad de moneda nacional necesaria para comprar una unidad de divisa.

establece un valor fijo del tipo de cambio e interviene en el mercado de divisas para mantener el tipo de cambio en dicho nivel. Para comprender mejor el funcionamiento de este sistema cambiario, vamos a suponer que la autoridad monetaria ha fijado el tipo de cambio fijo a un nivel tc_f que es inferior al tipo de cambio de equilibrio tc^E, tal y como muestra la figura 4.4.

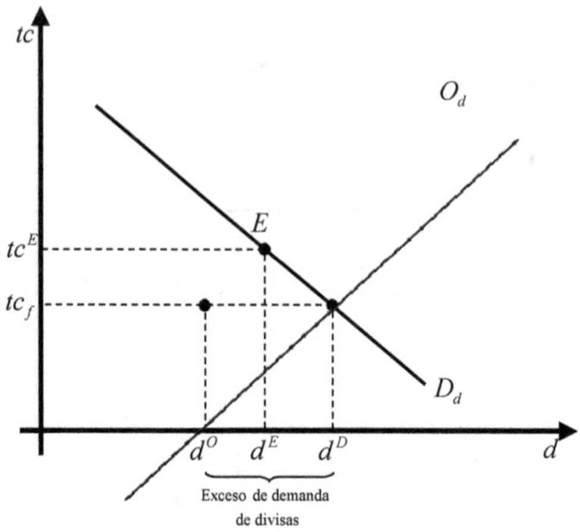

Figura 4.4: Exceso de demanda de divisas provocado por un tipo de cambio fijo inferior al tipo de cambio de equilibrio.

Al tipo de cambio fijo tc_f, la cantidad demandada de divisas d^D es superior a la cantidad ofertada de divisas d^O. Si el tipo de cambio pudiese fluctuar libremente, este *exceso de demanda de divisas* provocaría que el tipo de cambio aumentase hasta tc^E (puesto que hay un exceso de demanda de divisas, el precio de la divisa tendería a subir). Pero el Banco Central se ha comprometido a mantener el tipo de cambio en el nivel marcado por tc_f. Por tanto, tiene que intervenir vendiendo divisa a cambio de moneda nacional, para cubrir la diferencia que al tipo de cambio fijado existe entre la oferta y la demanda de divisas. En términos gráficos, esta intervención del Banco Central hace que la oferta de divisas se desplace hasta de derecha tal y como muestra la figura 4.5 de la página siguiente. Este desplazamiento hace que el nuevo tipo de cambio de equilibrio coincida con el tipo de cambio fijado por la autoridad monetaria.

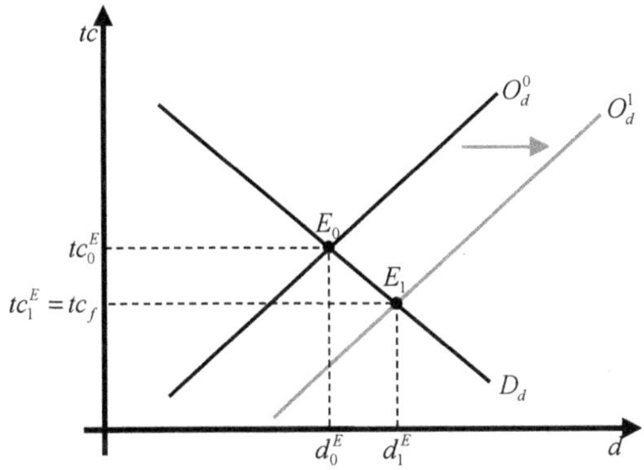

Figura 4.5: Intervención del Banco Central para mantener el tipo de cambio fijo ante un exceso de demanda de divisas.

De forma análoga, analizamos a continuación qué pasaría en el mercado de divisas si el tipo de cambio fijado por el Banco Central es superior al tipo de cambio de equilibrio. Como podemos observar en la figura 4.6, estaríamos en este caso ante un *exceso de oferta de divisas.*

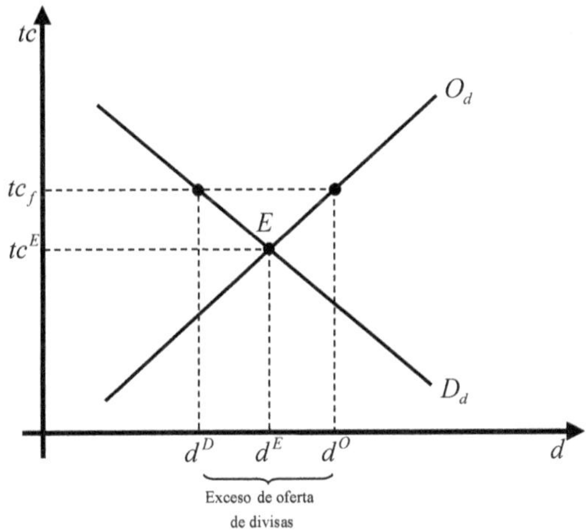

Figura 4.6: Exceso de oferta de divisas provocado por un tipo de cambio fijo superior al tipo de cambio de equilibrio.

En este caso, para mantener constante la paridad, el Banco Central tendrá que comprar divisas a cambio de moneda nacional para compensar el exceso de oferta de divisas, lo que provoca un desplazamiento a la derecha de la demanda de divisas que, tal y como muestra la figura 4.7, consigue que el nuevo tipo de interés de equilibrio coincida con el tipo de cambio fijado por la autoridad monetaria.

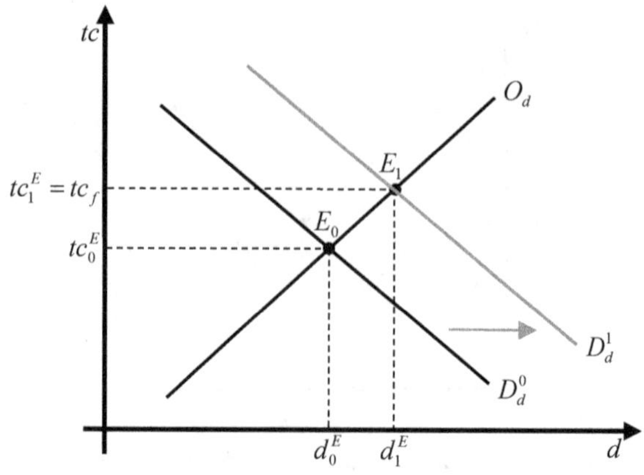

Figura 4.7: Intervención del Banco Central para mantener el tipo de cambio fijo ante un exceso de oferta de divisas.

Como acabamos de argumentar, las autoridades monetarias de los países que optan por este sistema de tipo de cambio intervienen siempre que sea necesario para mantener el tipo de cambio fijo. Sin embargo, ello no nos debe inducir a pensar que en este tipo de sistema cambiario nunca varía el tipo de cambio. Simplemente es que varía en pocas ocasiones, es raro que los tipos de cambio se modifiquen. Pero sí pueden cambiar y, de hecho, se utilizan términos específicos para referirse a los cambios que experimentan los tipos de cambio fijos y distinguirlos de las variaciones casi permanentes que sufren los tipos de cambio flexibles. Así, cuando se reduce el tipo de cambio en un sistema de tipo de cambio fijo decimos que estamos ante una *revaluación* de la moneda nacional (y, por tanto, ante una devaluación de la divisa), en lugar de ante una apreciación de la moneda nacional (y depreciación de la divisa). Por su parte, en este contexto de tipo de cambio fijo, para referirse a una subida del tipo de cambio se utiliza el término *devaluación* de la moneda nacional (y revaluación de la divisa, por consiguiente), en vez de depreciación de la moneda nacional (y apreciación de la divisa).[12]

Al analizar el sistema de tipo de cambio flexible, señalamos que dicho sistema se corresponde con una fluctuación limpia del tipo de cambio. Sin embargo, es frecuente que las autoridades monetarias de países que en teoría funcionan

[12] Note que los términos apreciación y revaluación hacen ambos referencia a un aumento de valor de la moneda. Se utiliza el primer término cuando el sistema de tipo de cambio es flexible, reservando el segundo término para el sistema de tipo de cambio fijo. Análogamente, tanto el término depreciación -utilizado ante tipos de cambios flexibles-, como el término devaluación -utilizado ante tipos de cambio fijos- hacen referencia a una disminución del valor de la moneda.

con un sistema de tipo de cambio flexible intervengan en el mercado - comprando y vendiendo divisas según convenga- para evitar fluctuaciones bruscas en los tipos de cambio. Hablaríamos en ese caso de *fluctuación dirigida* o *fluctuación sucia*. En línea con este tipo de intervención, un *sistema de tipo de cambio semifijo* permite que el tipo de cambio varíe según las condiciones del mercado, siempre y cuando no se rebasen unos límites establecidos. Hablaríamos en este caso de un *sistema de tipo de cambio fijo con bandas de fluctuación*. Siempre que el tipo de cambio esté comprendido en un determinado intervalo, se deja fluctuar libremente. Si las condiciones del mercado llevasen al tipo de cambio a salir de la banda, el Banco Central intervendría de forma análoga a lo analizado en el sistema de tipo de cambio fijo, devolviendo el tipo de cambio a la banda de fluctuación.

4.3.2 Tipo de cambio nominal y tipo de cambio real

El *tipo de cambio nominal* se corresponde con el concepto de precio relativo entre las monedas de dos países que hemos considerado hasta ahora y se define como el número de unidades de la moneda nacional que pueden obtenerse por una unidad de moneda extranjera (divisa). Es decir, como ya hemos mencionado en el tema, es el precio de la divisa o moneda extranjera, expresado en moneda nacional. El tipo de cambio nominal responde, por ejemplo, a la pregunta ¿cuántos euros se necesitan para comprar un dólar? Por su parte, el *tipo de cambio real* se corresponde con la noción de precio relativo de los bienes de dos países. Muestra la relación a la que pueden cambiarse los bienes o servicios de un país por los bienes o servicios de otro país. El tipo de cambio real responde, por ejemplo, a la pregunta, ¿cuántos pantalones europeos se necesitan para comprar un pantalón estadounidense? Podemos definir el tipo de cambio real R en función del tipo de cambio nominal tc, del nivel de precios nacional P y del nivel de precios extranjero P^* como sigue:

$$R = \frac{tc \cdot P^*}{P}$$

Para entender mejor qué información nos da el tipo de cambio real, debemos centrarnos un momento en la expresión anterior. Puesto que el nivel de precios extranjero P^* está expresado en divisas, mientras que el tipo de cambio nominal tc está expresado en moneda nacional/divisa, el numerador de la expresión del tipo de cambio real expresa los precios extranjeros medidos en moneda nacional. Por su parte, el denominador -el nivel de precios nacional P - expresa los precios nacionales medidos en moneda nacional. Por tanto, el tipo de cambio real expresa los precios extranjeros en relación con los interiores, constituyendo, por tanto, un indicador de la competitividad de un país. Así, una subida del tipo de cambio real (apreciación real de la divisa y depreciación real de la moneda nacional) conlleva una mejora de la competitividad de los productos nacionales con respecto a los del extranjero -en términos relativos, los bienes extranjeros son más caros que los nacionales-. Este cambio en el nivel de competitividad relativa de los productos nacionales y extranjeros tiene un impacto directo en las exportaciones netas de ambos países. Si la moneda nacional se aprecia, al país le resultará más difícil exportar, puesto que esa apreciación implica que en términos relativos los bienes nacionales son más caros para los extranjeros. Como contrapartida, la divisa se habrá depreciado, lo que hace que las importaciones sean más atractivas, puesto que los bienes extranjeros se han abaratado en términos relativos. En definitiva, una apreciación de la moneda nacional lleva consigo una disminución de las exportaciones netas, lo que disminuirá la demanda agregada y la renta. Por su parte, una depreciación de la moneda nacional implica, en términos relativos, un abaratamiento de los productos nacionales, lo que hace que aumenten las exportaciones y disminuyan las importaciones, provocando, en consecuencia, un aumento de las exportaciones netas, de la demanda agregada y de la renta.[13]

Para finalizar este apartado, note que el tipo de cambio real depende del tipo de cambio nominal y de los niveles de precios nacionales y extranjeros. Como en este capítulo seguimos asumiendo que nos encontramos en un contexto de precios estables, cambios en el tipo de cambio nominal se traducen de forma directa en cambios en el tipo de cambio real. Por tanto, una subida del tipo de cambio nominal (apreciación de la divisa y depreciación de la moneda nacional) provoca una disminución de la competitividad de los productos extranjeros frente a los nacionales, lo que aumenta las exportaciones netas nacionales. Por su parte, una disminución del tipo de cambio nominal (depreciación de la divisa y apreciación de la moneda nacional) provoca una mejora de la competitividad de los productos extranjeros frente a los nacionales, lo que hace disminuir las exportaciones netas nacionales.

---

[13] Estamos asumiendo que se cumple la *condición de Marshall-Lerner*, que indica que una disminución (aumento) del tipo de cambio real empeorará (mejorará) el saldo de la balanza comercial si la suma de las elasticidades de las exportaciones y las importaciones con respecto al tipo de cambio real, expresadas en valor absoluto, es mayor que la unidad. Es decir, según esta condición, las exportaciones netas dependerán positivamente del tipo de cambio real sólo si la respuesta de las cantidades exportadas e importadas ante una variación del tipo de cambio real es lo suficientemente grande para contrarrestar el cambio que se produce en el valor de la cantidad inicial de importaciones al modificarse el tipo de cambio real. Como hemos avanzado, en este capítulo asumimos que se cumple dicha condición.

4.4 El saldo de la balanza de pagos y la movilidad de capital

Aunque en los capítulos anteriores hemos considerado el caso de una economía abierta, hasta el momento, los intercambios de una economía con el exterior se han circunscrito al intercambio de bienes y servicios. Ahora, en cambio, extendemos el análisis para considerar que las economías pueden, además, importar y exportar capital financiero. Para simplificar el análisis, vamos a suponer que no existe movilidad de factores -por lo que no consideramos la balanza de rentas-, que no hay transferencias corrientes, ni de capital, con el exterior -por lo que tampoco consideramos ni la balanza de transferencias corrientes, ni la balanza de capital-. Es decir, enlazando con lo analizado en el apartado 5.2, en esta modelización la balanza de pagos se reduce a la suma de la balanza por cuenta corriente -que con los supuestos anteriores coincide con las balanzas comerciales y de servicios y que, por tanto, es lo que venimos denominando exportaciones netas- más la balanza financiera. En este contexto, podemos escribir el saldo de la balanza de pagos como la suma del saldo de las exportaciones netas -XN- y el saldo de la cuenta financiera -SCF-:

$$SBP = XN(Y, Y^{*}, R) + SCF(r - r^{*})$$

En línea con lo que analizamos en el modelo keynesiano al incorporar las exportaciones netas, en la expresión anterior, hemos hecho depender las exportaciones netas de la renta nacional Y –puesto que la renta nacional aumenta el nivel de importaciones– y de la renta extranjera Y^{*} –porque la renta nacional aumenta el volumen de exportaciones–. Además, extendemos el análisis para incluir el tipo de cambio real como determinante del saldo de las exportaciones netas, tal y como hemos analizado en el apartado anterior. Por su parte, hemos hecho depender los flujos financieros con el exterior, recogidos en el saldo de la cuenta financiera, del diferencial entre el tipo de interés nacional y extranjero $(r - r^{*})$. Si el tipo de interés nacional supera al extranjero $(r > r^{*})$ se producirá una entrada de capitales en nuestro país. Por contra, si el tipo de interés extranjero es superior al tipo de interés nacional $(r < r^{*})$ se producirá una salida de capitales. Nos encontraremos ante una situación de equilibrio externo si $SBP = 0$.[14]

[14] En el apartado dedicado al estudio de la balanza de pagos hemos mencionado que por definición la balanza de pagos está siempre equilibrada en términos contables. Aquí nos referimos al equilibrio económico, es decir, en el saldo de la cuenta financiera estamos incluyendo tan sólo las transacciones autónomas, no las acomodantes. Es decir, estaríamos excluyendo del saldo de la cuenta financiera el saldo de la cuenta del Banco de España, que es el equivalente a la rúbrica de variación de reservas antes de la constitución de la Unión Monetaria Europea.

Observe como ahora, un país con déficit por cuenta corriente -$XN < 0$- puede compensarlo mediante el establecimiento de un tipo de interés lo suficientemente elevado. ¿Cómo podemos representar la ecuación de equilibrio externo -$SBP = 0$- en el plano de tipos de interés y renta nacionales? Como estamos interesados en representar la ecuación de equilibrio externo en el plano de tipos de interés y renta nacionales, la renta extranjera, el tipo de interés extranjero y el tipo de cambio real son considerados parámetros exógenos al modelo, es decir, como constantes dadas. La figura 4.8 muestra la ecuación de equilibrio externo. Como queremos representar la condición $SBP = 0$, podemos pensar en que el punto inicial A, es un punto de equilibrio externo, esto es, una combinación de tipo de interés y renta para la cual la balanza de pagos está equilibrada –siempre suponiendo constantes los valores de la renta extranjera Y^*, del tipo de interés extranjero r^* y del tipo de cambio real R –. Si a partir de este punto, aumentásemos el tipo de interés, aumentaría el diferencial $r - r^*$, por lo que se produciría una entrada de capitales en nuestro país. Como en el punto inicial A el saldo de la balanza de pagos era cero, ahora que el flujo de capital es positivo, el saldo de la balanza de pagos también será positivo. Volvamos a suponer que nos encontramos en el punto A. Si a partir de este punto nos desplazáramos hacia la derecha, es decir, si aumentara la renta nacional, aumentarían las importaciones, por lo que aumentaría el déficit comercial. Como inicialmente, en A, estábamos en equilibrio, ahora estaremos en un punto de saldo de la balanza de pagos menor que cero. Si puntos a la derecha de A son combinaciones de renta y tipo de interés para los cuales la balanza de pagos presenta déficit ($SBP < 0$) y puntos por encima de A son combinaciones de renta y tipo de interés para los cuales la balanza de pagos tiene superávit ($SBP > 0$), el resto de combinaciones renta y tipo de interés (Y, r) para las cuales el saldo de la balanza de pagos está equilibrado deben estar en sentido nordeste-suroeste a partir de A. De aquí se deduce que la ecuación de equilibrio externo debe tener pendiente positiva, como muestra la figura 4.8 siguiente.

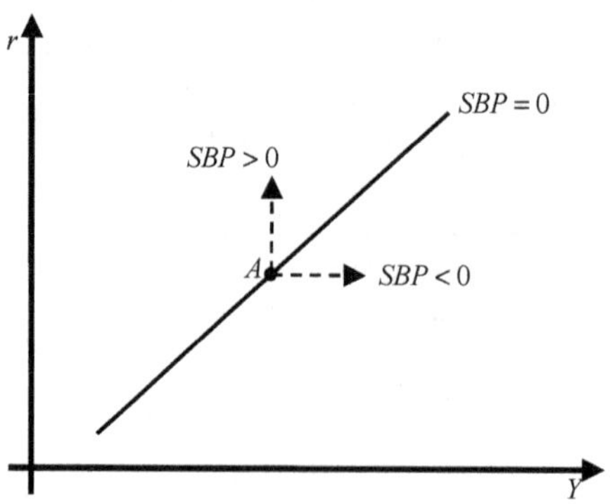

Figura 4.8: La línea de equilibrio externo.

Ahora bien, ¿de qué factores dependerá que la recta anterior tenga mayor o menor pendiente? Para dar forma analítica a la ecuación equilibrio externo conviene retomar las ecuaciones de exportaciones e importaciones que consideramos al estudiar el modelo keynesiano, para extenderlas incluyendo el tipo de cambio real R como determinante. Podemos escribir la función de importaciones como sigue:

$$Q = Q_0 + mY - aR \quad \text{con} \quad 0 < m < 1$$

Donde recogemos que las importaciones dependen positivamente del nivel de renta nacional y negativamente del tipo de cambio real. Por su parte, la función de exportaciones depende positivamente de la renta extranjera y del tipo de cambio real, de forma que podemos expresarla como sigue:

$$X = X_0 + xY^* + qR \quad \text{con} \quad 0 < x < 1$$

Por otro lado, podemos expresar el saldo de la balanza por cuenta financiera como sigue:

$$SCF = \rho(r - r^*)$$

Donde el parámetro $\rho > 0$ mide la sensibilidad de los flujos de capital a las diferencias entre el tipo de interés nacional y extranjero. Por tanto, el saldo de la balanza de pagos puede expresarse como:

$$SBP = \underbrace{\underbrace{X_0 + xY^* + qR}_{X} - \underbrace{(Q_0 + mY - aR)}_{M}}_{XN} + \underbrace{\rho(r - r^*)}_{SCF}$$

Reordenando términos y agrupando en SBP_0 todos los componentes del saldo de la balanza de pagos que no dependen de la renta o del tipo de interés nacional, podemos escribir:

$$SBP = \underbrace{X_0 - Q_0 + xY^* + (q + a)R}_{SBP_0} - mY + \rho(r - r^*)$$

Es decir:

$$SBP = SBP_0 - mY + \rho(r - r^*)$$

Una vez que tenemos una expresión analítica del saldo de la balanza de pagos, podemos calcular la pendiente de la recta de equilibrio externo, $SBP = 0$.

$$\left.\frac{dr}{dY}\right|_{SBP=0} = \frac{m}{\rho}$$

Recordemos que m es la propensión marginal a importar, mientras que ρ mide la sensibilidad de los flujos de capital a las diferencias entre el tipo de interés nacional y extranjero. Por tanto, cuanto menor sea la propensión marginal a importar sobre la renta y mayor la sensibilidad de los flujos de capital al diferencial de tipos, más elástica será la curva de equilibrio externo.

En el caso extremo, en que la ecuación $SBP = 0$ es perfectamente elástica, tenemos la llamada *movilidad perfecta de capital*, esto es, aquel caso en el que una diferencia infinitamente pequeña entre los tipos de interés origine una entrada o salida masiva de capitales. Observe que en este caso, el parámetro ρ tiende a infinito. En este caso, la ecuación de equilibrio externo se representaría como muestra la figura 4.9.

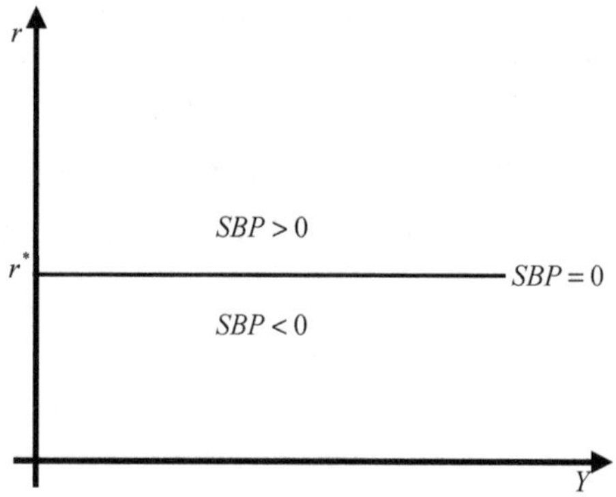

Figura 4.9: La línea de equilibrio externo con movilidad perfecta de capital.

Aceptando movilidad perfecta de capital, en el sentido de que los inversores pueden comprar activos rápidamente en el país que deseen con unos bajos costes de transacción y en una cantidad ilimitada, si el tipo de interés nacional es superior al tipo de interés extranjero el capital entraría en nuestro país a una tasa ilimitada. Por otro lado, si el tipo de interés nacional fuera inferior al tipo de interés extranjero, tendría lugar una salida ilimitada de capital. Por tanto, únicamente podemos garantizar el equilibrio externo cuando el tipo de interés nacional sea igual al tipo de interés extranjero. Así pues, con movilidad perfecta de capital, la línea de $SBP = 0$ es una línea horizontal al nivel del tipo de interés extranjero. Los puntos por encima de esta línea indican un superávit en la balanza de pagos, mientras que los puntos por debajo de la línea suponen que hay déficit en la balanza de pagos.

4.5 El modelo IS-LM en economías abiertas con flujos de capital: Modelo Mundell-Fleming

En este apartado ampliamos el análisis del modelo IS-LM que estudiamos en el capítulo anterior para considerar la existencia de flujos de capital con el exterior. El llamado *modelo Mundell-Fleming* es un modelo de determinación simultánea de la renta y el tipo de interés de una *economía pequeña* y abierta al comercio internacional, que supone la existencia de *precios fijos, movilidad perfecta de capitales* y que los activos locales y del resto del mundo son sustitutos perfectos.[15]

En este contexto, este modelo supone un doble equilibrio: equilibrio interno –situación en la que la curva IS coincide con la curva LM– y equilibrio externo –situación en la que el saldo de la balanza de pagos está equilibrado–. La figura 4.10 nos muestra gráficamente una situación en la que existe este doble equilibrio.

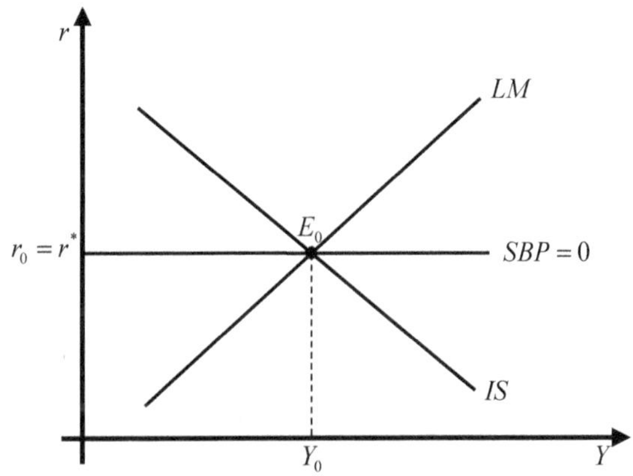

Figura 4.10: Equilibrio interno y externo.

Entender bien esta situación de doble equilibrio es crucial para facilitar la comprensión del resto del capítulo, por lo que merece la pena detenerse un momento. La economía se sitúa en el punto E_0 porque en ese punto coinciden su curva IS y su curva LM. Dicha intersección determina que la renta y el tipo de interés de equilibrio son Y_0 y r_0, valores para los cuales la economía se encuentra en una situación de equilibrio interno. Por su parte, sabemos que la línea de equilibrio externo se sitúa al nivel del tipo de interés extranjero r^*. Todos los puntos pertenecientes a la línea de $SBP = 0$ representan situaciones de equilibrio externo. En este caso, el tipo de interés extranjero coincide con el tipo de interés nacional ($r_0 = r^*$). Es decir, el punto en el que se sitúa la economía, punto E_0, existe también equilibrio externo. A continuación, analizamos dos situaciones en las que existe equilibrio interno, pero no equilibrio externo. En

[15] Como ya hemos comentado el modelo fue desarrollado por Robert Mundell y Marcus Fleming en la década de los 60, antes de la adopción de un sistema de tipo de cambio flexible. Investigaciones posteriores han refinado el análisis, pero la formulación inicial sigue prácticamente intacta y consideramos que es un instrumento útil para entender el funcionamiento de la política económica cuando el capital es muy móvil.

particular, la figura 4.11 muestra una economía en la que existe equilibrio interno pero el saldo de la balanza de pagos es deficitario.

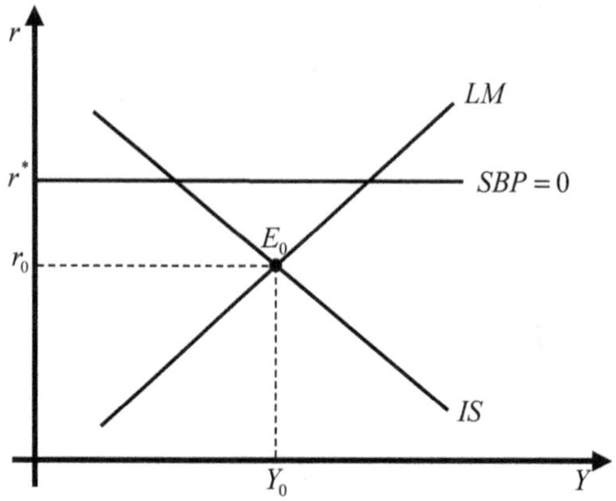

Figura 4.11: Equilibrio interno y déficit externo.

En este caso, al igual que en el anterior, la economía se sitúa en el punto en el que coinciden su curva IS y su curva LM (punto E_0), siendo Y_0 y r_0 los valores de la renta y el tipo de interés para los cuales la economía se encuentra en una situación de equilibrio interno. De nuevo, la posición de la línea de $SBP = 0$ la determina nivel del tipo de interés extranjero r^*. Para que existiese equilibrio externo, el tipo de interés nacional debería coincidir con el extranjero. Pero en este caso, tenemos que el tipo de interés extranjero es mayor que el tipo de interés nacional ($r_0 < r^*$), por lo que no estamos en situación de equilibrio externo. El punto en el que se sitúa la economía, punto E_0, está situado por debajo de la línea de equilibrio externo, por lo que se trata de un punto en el que existe déficit externo.

En este contexto, puesto que $r_0 < r^*$ y existe movilidad perfecta de capitales, habría una salida masiva de capitales en busca del rendimiento más alto que le ofrece el resto del mundo. Este movimiento de capitales provoca que haya un exceso de demanda de divisas y un exceso de oferta de moneda nacional. Piense que una salida de capitales implica que residentes nacionales quieren invertir sus capitales en el resto del mundo. Para ello, deben cambiar la moneda nacional por la divisa del país en el que le ofrecen un rendimiento mayor. Estas tensiones en los mercados de divisas tendrán un efecto u otro, dependiendo del sistema de tipo de cambio. Aprovechamos aquí para destacar que, en este modelo, el sistema de tipo de cambio tiene un papel fundamental en la evaluación del impacto de la política económica, como veremos en el apartado siguiente. Siguiendo con el razonamiento anterior, vamos a suponer inicialmente, que el sistema de tipo de cambio fuese flexible. En este contexto, si el tipo de cambio se deja fluctuar libremente, la divisa se apreciará (puesto que existe un exceso de demanda de divisas), mientras que la moneda nacional se depreciará (puesto que existe un exceso de oferta de moneda nacional). Usando la convención que hemos utilizado en todo el capítulo, estamos diciendo que el tipo de cambio (precio de la divisa expresado en moneda nacional) aumenta.

Esta depreciación de la moneda nacional provoca que los productos nacionales ganen competitividad frente a los extranjeros, lo que hace que las exportaciones netas aumenten (al aumentar el volumen de exportaciones y disminuir el de importaciones). En términos gráficos, este aumento de las exportaciones netas provoca un desplazamiento de la curva IS a la derecha. Pero ¿hasta dónde se desplaza la IS? Pues se desplazará justamente hasta que el nuevo tipo de interés de equilibrio coincida con el tipo de interés del resto del mundo, lo que garantiza el equilibrio externo. La figura 4.12 a continuación muestra el ajuste desde una situación de déficit externo (punto E_0) hacia una situación de equilibrio externo (punto E_1) cuando el tipo de cambio es flexible.

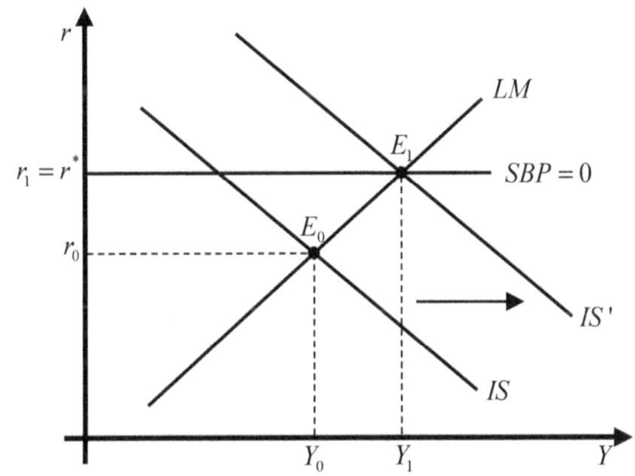

Figura 4.12: Equilibrio interno y déficit externo. Ajuste hacia el equilibrio externo con tipo de cambio flexible.

Por el contrario, si el sistema de tipo de cambio fuese fijo, puesto que las autoridades monetarias se han comprometido en este caso a mantener el tipo de cambio constante, ya no decimos que la divisa se aprecia, mientras la moneda nacional se deprecia. Decimos que existe una *tendencia* a que eso suceda, puesto que existe un exceso de demanda de divisas y un exceso de oferta de moneda nacional. Esa tendencia no se hace realmente efectiva, porque el Banco Central interviene para impedir que el tipo de cambio se modifique. Ahora bien, ¿cómo interviene? Tiene que eliminar las tensiones del mercado de divisas que están presionando, en este caso, para que el tipo de cambio suba. Recordemos que en el caso que estamos considerando, los residentes nacionales demandan divisas a cambio de moneda nacional. Pues bien, la autoridad monetaria venderá divisas a cambio de moneda nacional, de forma que se elimine el exceso de demanda de divisas y el exceso de oferta de moneda nacional que presionaba al alza el tipo de cambio. Pero al hacer esto, está alterando la oferta monetaria del país. En particular, está disminuyendo la cantidad de moneda nacional en el mercado, lo que se traduce en un desplazamiento a la izquierda de la curva LM. Al igual que en el caso anterior, este desplazamiento de la LM nos lleva justamente a un nuevo equilibrio en el que el tipo de interés coincide con el tipo de interés del resto del mundo, restableciendo la condición que garantiza el equilibrio externo. La figura 4.13 muestra el ajuste desde una situación de déficit externo (punto E_0) hacia una situación de equilibrio externo (punto E_1) cuando el tipo de cambio es fijo.

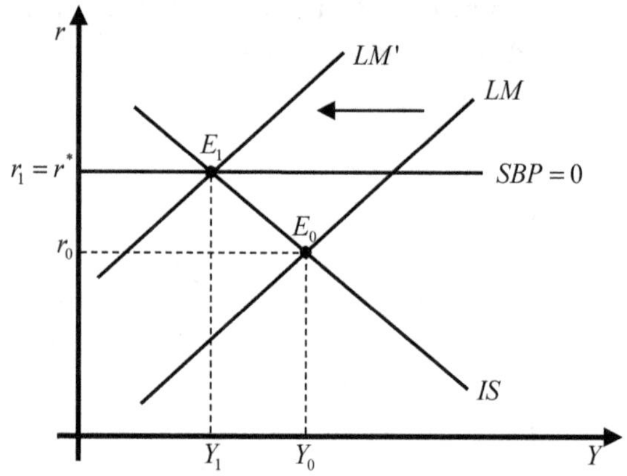

Figura 4.13: Equilibrio interno y déficit externo. Ajuste hacia el equilibrio externo con tipo de cambio fijo.

A continuación, reproducimos el análisis anterior, pero partiendo inicialmente de una situación de superávit externo, tal y como muestra la figura 4.14 de la página siguiente.

Al igual que en los casos analizados anteriormente, la economía se sitúa en el punto en el que coinciden su curva IS y su curva LM (punto E_0), siendo Y_0 y r_0 los valores de la renta y el tipo de interés para los cuales la economía se encuentra en una situación de equilibrio interno. Sabemos que la posición de la línea de $SBP = 0$ la determina nivel del tipo de interés extranjero r^* y que para que existiese equilibrio externo, el tipo de interés nacional debería coincidir con el extranjero. Pero en este caso, tenemos que el tipo de interés extranjero es menor que el tipo de interés nacional ($r_0 > r^*$), por lo que no estamos en situación de equilibrio externo. El punto en el que se sitúa la economía, punto E_0, está situado por encima de la línea de equilibrio externo, por lo que se trata de un punto en el que existe superávit externo.

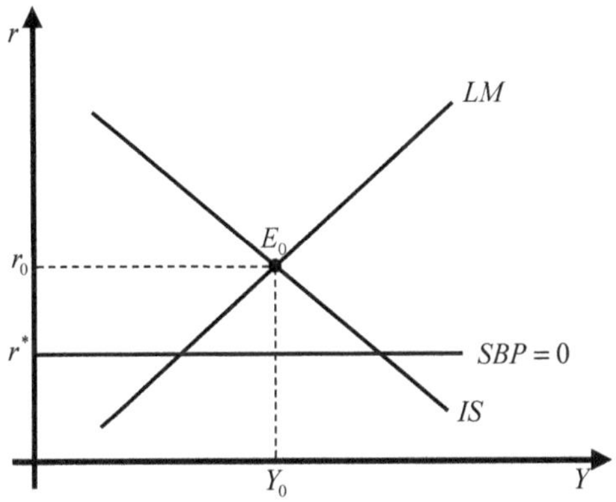

Figura 4.14: Equilibrio interno y superávit externo.

En este contexto, puesto que $r_0 > r^*$ y existe movilidad perfecta de capitales, habría una entrada masiva de capitales procedentes desde el resto del mundo y en busca del rendimiento más alto que le ofrece el país considerado. Este movimiento de capitales provoca que haya un exceso de demanda de moneda nacional y un exceso de oferta de divisas. Tenga en cuenta que estamos en el caso opuesto al considerado anteriormente y que, por tanto, una entrada de capitales implica que los no residentes quieren invertir sus capitales en el país que estamos considerando. Para ello, deben cambiar la divisa que poseen por la moneda nacional. Hasta este punto, el análisis es independiente del sistema de tipo de cambio. A partir de este momento es necesario precisar ante qué sistema de tipo de cambio nos encontramos. Comenzamos suponiendo que el tipo de cambio fuese flexible. En este contexto, si el tipo de cambio se deja fluctuar libremente, la moneda nacional se apreciará (puesto que existe un exceso de demanda de moneda nacional), mientras que la divisa se depreciará (puesto que existe un exceso de oferta de divisas). Es decir, el tipo de cambio (precio de la divisa expresado en moneda nacional) disminuye. Esta apreciación de la moneda nacional provoca que los productos nacionales pierdan competitividad frente a los extranjeros, lo que hace que las exportaciones netas disminuyen (al disminuir el volumen de exportaciones y aumentar el de importaciones). En términos gráficos, esta disminución de las exportaciones netas provoca un desplazamiento de la curva IS a la izquierda hasta conseguir que el nuevo tipo de interés de equilibrio coincida con el tipo de interés del resto del mundo, garantizando el equilibrio externo. La figura 4.15 muestra el ajuste desde una situación de déficit externo (punto E_0) hacia una situación de equilibrio externo (punto E_1) cuando el tipo de cambio es flexible.

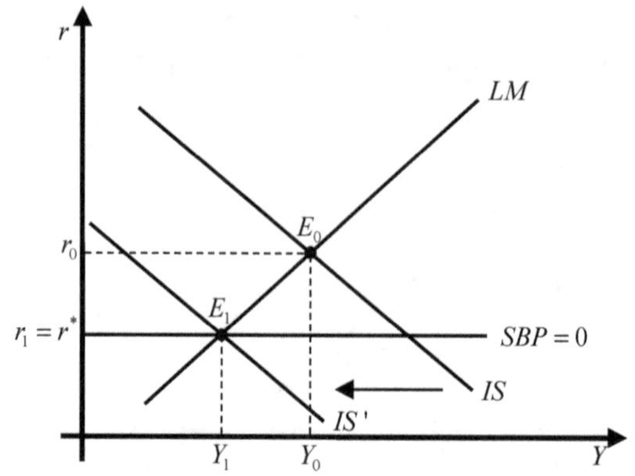

Figura 4.15: Equilibrio interno y superávit externo. Ajuste hacia el equilibrio externo con tipo de cambio flexible.

Por su parte, si el sistema de tipo de cambio fuese fijo, habría una *tendencia* a que el tipo de cambio disminuya -al existir un exceso de oferta de divisas y un exceso de demanda de moneda nacional-. Sin embargo, la tendencia no se hace efectiva, porque el Banco Central interviene para impedir que el tipo de cambio se modifique. En este caso, para eliminar las tensiones del mercado de divisas que están presionando para que el tipo de cambio baje, la autoridad monetaria debe vender moneda nacional (de la que hay un exceso de demanda) a cambio de divisas (de las que hay un exceso de oferta). De esta manera, está aumentando la oferta monetaria del país considerado, lo que desplaza la curva LM a la derecha hasta alcanzar un nuevo equilibrio en el que, tal y como muestra la figura 4.16 a continuación, el tipo de interés coincide con el tipo de interés del resto del mundo, restableciendo la condición que garantiza el equilibrio externo.

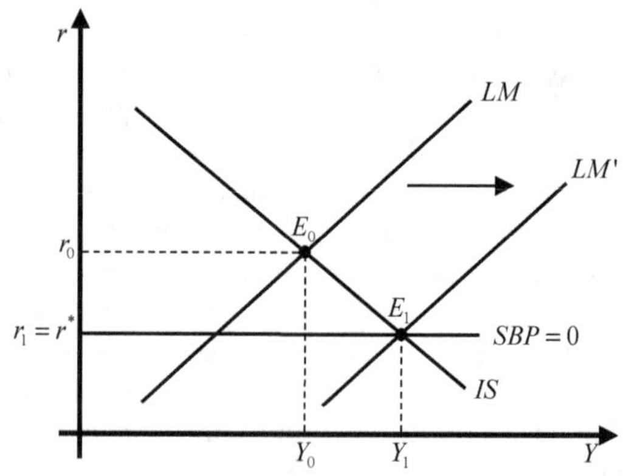

Figura 4.16: Equilibrio interno y superávit externo. Ajuste hacia el equilibrio externo con tipo de cambio fijo.

En resumen, en el contexto del Modelo Mundell-Fleming, diremos que la economía alcanza un equilibrio cuando se encuentra en una situación de equilibrio interno y externo. Una vez hemos analizado cómo se alcanza este equilibrio partiendo de distintas situaciones de desequilibrio externo y dependiendo del sistema de tipo de cambio, el siguiente epígrafe analiza los efectos de la política económica en este marco, haciendo especial énfasis en la efectividad de las distintas políticas en función del sistema de tipo de cambio considerado.

4.6 La política económica en el modelo Mundell-Fleming

Como hemos avanzado, en este apartado vamos a analizar la efectividad de la política económica -centrándonos fundamentalmente en las políticas fiscal y monetaria- en el contexto del modelo Mundell-Fleming, es decir, suponiendo que existe movilidad perfecta de capital, y considerando la influencia que tiene sobre dicha efectividad el sistema de tipo de cambio que exista. Para ello, en todos los ejercicios de estática comparativa que mostramos a continuación partimos de una situación inicial de equilibrio interno y externo. El cambio planteado modifica esta situación inicial, llevando a la economía a una situación de desequilibrio externo. Tal y como hemos visto en el apartado anterior, el ajuste desde una situación de desequilibrio externo hasta alcanzar de nuevo el equilibrio externo, depende crucialmente del sistema de tipo de cambio. Si es fijo, el ajuste se produce vía LM, mientras que, si es flexible, el ajuste se opera vía IS. Comenzamos analizando las políticas fiscal y monetaria ante un sistema de tipo de cambio fijo. A continuación, estudiamos dichas políticas en un contexto de tipo de cambio flexible. Por último, terminamos el apartado analizando el impacto de una alteración del tipo de interés extranjero o del resto del mundo, en función del sistema de tipo de cambio.

4.6.1 La política fiscal en un sistema de tipo de cambio fijo

Para analizar los efectos de la política fiscal en una economía con un sistema de tipos de cambio fijos y movilidad perfecta de capital supongamos, por ejemplo, que se lleva a cabo una política fiscal expansiva. Así, supongamos que partiendo de una situación inicial de equilibrio interno y externo se produce un aumento del gasto público, lo que provoca un desplazamiento a la derecha de la curva IS, tal y como muestra la figura 4.17.[16]

[16] Note como el análisis posterior que presentamos sería idéntico si este desplazamiento a la derecha de la curva IS estuviese causado por cualquier tipo de política fiscal expansiva, por políticas comerciales que provoquen un aumento de las exportaciones netas o por aumentos en cualquiera de los componentes autónomos del gasto.

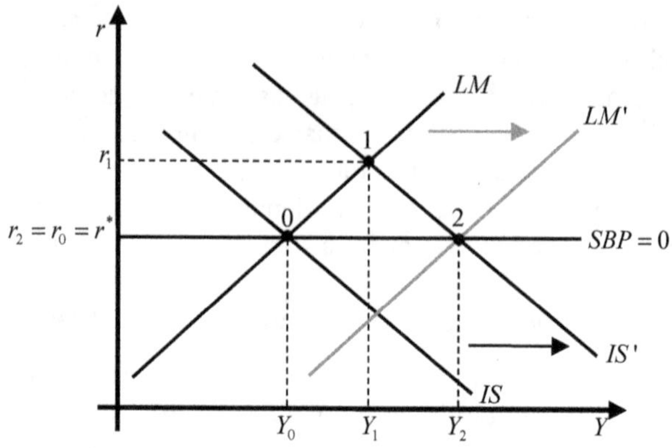

Figura 4.17: Efecto de una política fiscal expansiva en un sistema de tipo de cambio fijo.

Ante este desplazamiento a la derecha de la IS, pasamos desde el punto de equilibrio inicial 0 a un punto como el 1. En este nuevo punto de equilibrio interno -$IS' = LM$ - no estamos, en cambio, ante una situación de equilibrio externo. En el punto 1, el saldo de la balanza de pagos es positivo, puesto que al ser el tipo de interés r_1 mayor que el del resto del mundo, $r_1 > r^*$ se produce una entrada masiva de capitales. Así, la demanda de divisas será inferior a la oferta de divisas, debido a que los inversores extranjeros desean tener moneda nacional para acometer las inversiones que componen la entrada de capitales anterior. Este exceso de oferta de divisas (cuya contrapartida es un exceso de demanda de moneda nacional) provocará una tendencia a la apreciación de la moneda nacional y una tendencia a la depreciación de la divisa. Sin embargo, como ya sabemos, dicha apreciación de la monada nacional (y depreciación de la divisa) no se lleva a cabo debido a que la autoridad monetaria, de acuerdo con su objetivo de mantenimiento del tipo de cambio (recuerde que estamos ante un sistema de tipos de cambio fijos), debe intervenir sobre el mercado de divisas para que el tipo de cambio no varíe. Para ello, el Banco Central (BC) compra divisa a cambio de moneda nacional. Al sacar más moneda nacional al mercado, aumenta la oferta monetaria, lo que desplaza la curva LM hacia la derecha, hasta el punto 2, que es un punto de equilibrio interno -$IS' = LM'$ y externo -$r_2 > r^*$-. Recalquemos la secuencia de cambios con ayuda de la siguiente cadena de razonamientos:

$$\text{En } 0 \begin{cases} \text{Equilibrio interno:} IS = LM \\ \text{Equilibrio externo:} SBP = 0 \end{cases}; \quad \uparrow G \rightarrow \vec{IS} \rightarrow \begin{cases} \uparrow r \\ \uparrow Y \end{cases} \rightarrow \text{En } 1 \; r_1 > r^*$$

$$\rightarrow SBP > 0 \rightarrow$$

$$\rightarrow \text{EODivisas} \rightarrow \text{tendencia} \downarrow tc$$
$$\rightarrow \text{interviene BC} \begin{cases} \text{Compra divisa} \\ \text{Vende moneda nacional} \end{cases} \rightarrow \uparrow M \rightarrow$$
$$\rightarrow \overrightarrow{LM} \rightarrow \begin{cases} \uparrow Y \\ \downarrow r \text{ hasta que } r_2 = r^* \end{cases}$$

Observamos que el efecto final de la política fiscal expansiva -paso del punto 0 al 2- es un aumento del nivel de renta, manteniéndose constante el tipo de interés. Por tanto, cualquier política o cambio que nos desplace la IS a la derecha será, en el marco de un sistema de tipos de cambio fijos, *plenamente efectiva* en el sentido de que consigue que aumente la producción sin variar los tipos de interés.

4.6.2 La política monetaria en un sistema de tipo de cambio fijo

La figura 4.18 muestra el efecto de una política monetaria expansiva en el marco de un sistema de tipos de cambio fijos.

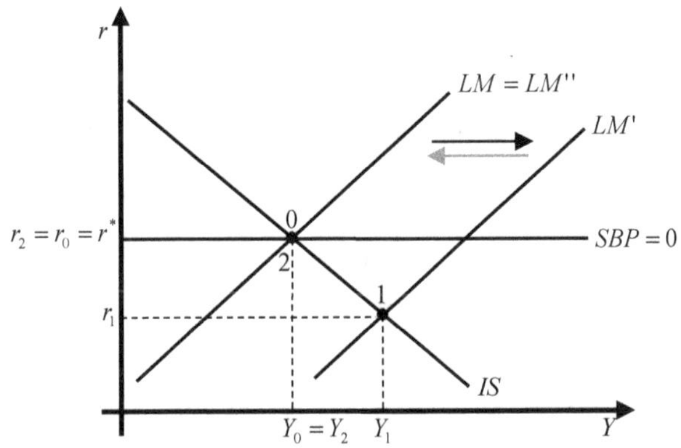

Figura 4.18: Efecto de una política monetaria expansiva en un sistema de tipo de cambio fijo.

Como en el caso anterior, partimos de una situación inicial de equilibrio interno y externo, representada en el punto 0. La política monetaria expansiva, que provoca un aumento de la oferta monetaria *M*, desplaza la curva LM hacia la derecha, lo que sitúa la economía en un punto como el 1. En este punto, el tipo de interés r_1 está por debajo del tipo de interés extranjero, $r_1 < r^*$, por lo que se producirá una salida masiva de capitales que generará que el saldo de la balanza de pagos sea negativo (note que el punto 1 está por debajo de la línea de equilibrio externo). Este déficit lleva aparejado una tendencia a la depreciación de la moneda nacional frente a la divisa. Esta tendencia no se transforma en una depreciación efectiva, puesto que, al estar en un sistema de tipos de cambio fijos, la autoridad monetaria debe intervenir, para evitar la depreciación. Para ello compra moneda nacional a cambio de divisa, por lo que disminuye la cantidad de moneda nacional en el mercado, esto es, la oferta monetaria. Esta disminución de la oferta monetaria llevará a la LM de vuelta a la situación inicial. Resumimos de nuevo los razonamientos empleados:

$$\text{En } 0 \begin{cases} \text{Equilibrio interno: } IS = LM \\ \text{Equilibrio externo: } SBP = 0 \end{cases}; \quad \uparrow M \rightarrow \overrightarrow{LM} \rightarrow \begin{cases} \downarrow r \\ \uparrow Y \end{cases} \rightarrow \text{En 1 } r_1 < r^*$$

$$\rightarrow SBP < 0 \rightarrow$$

$$\rightarrow \text{EDDivisas} \rightarrow \text{tendencia} \uparrow tc$$

$$\rightarrow \text{interviene BC} \begin{cases} \text{Compra moneda nacional} \\ \text{Vende divisa} \end{cases} \rightarrow \downarrow M \rightarrow$$

$$\rightarrow \overleftarrow{LM} \rightarrow \begin{cases} \downarrow Y \\ \uparrow r \text{ hasta que } r_2 = r^* \end{cases}$$

Por tanto, la política monetaria en una economía abierta con un sistema de tipos de cambio fijo es *completamente inefectiva*, no tiene efectos reales, no afecta al output -los puntos 0 y 2 coinciden-.

4.6.3 La política fiscal en un sistema de tipo de cambio flexible

Al igual que en el apartado 4.6.1 anterior, supongamos que partiendo de una situación inicial de equilibrio interno y externo se lleva a cabo una política fiscal expansiva, consistente en un aumento del gasto público. La diferencia con respecto al apartado citado en el sistema de tipos de cambio considerado, que ahora es flexible. Tal y como muestra la figura 4.19, esta política fiscal expansiva desplaza la IS a la derecha.

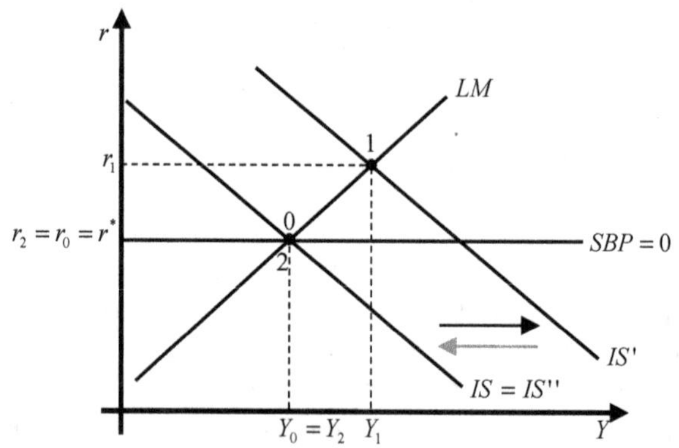

Figura 4.19: Efecto de una política fiscal expansiva en un sistema de tipo de cambio flexible.

El aumento del gasto público hace que la economía se desplace desde el punto 0 de equilibrio inicial hasta un punto intermedio como el 1. En este nuevo punto de equilibrio interno -$IS' = LM$ - no estamos, en cambio, ante una situación de equilibrio externo. En el punto 1, el saldo de la balanza de pagos es positivo, puesto que al ser $r_1 > r^*$ se produce una entrada masiva de capitales. Existe, por tanto, un exceso de oferta de divisas (cuya contrapartida es un exceso de demanda de moneda nacional) que provocará una apreciación de la moneda nacional y una depreciación de la divisa (es decir, el tipo de cambio disminuye). Esta apreciación de la moneda nacional disminuye la competitividad de los productos nacionales frente a los extranjeros, lo que disminuye las exportaciones y aumenta las importaciones. Esta disminución de las exportaciones netas contraerá la IS de forma que volveremos al nivel de renta inicial. Recalquemos la secuencia de cambios con ayuda de la siguiente cadena de razonamientos:

$$\text{En } 0 \begin{cases}\text{Equilibrio interno: } IS = LM \\ \text{Equilibrio externo: } SBP = 0\end{cases}; \quad \uparrow G \to \overrightarrow{IS} \to \begin{cases}\uparrow r \\ \uparrow Y\end{cases} \to \text{En } 1\ r_1 > r^*$$

$$\to SBP > 0 \to$$

$$\to \text{EODivisas} \to \downarrow tc \to \begin{cases}\downarrow X \\ \uparrow Q\end{cases} \to \downarrow XN \to \overleftarrow{IS} \to \begin{cases}\downarrow Y \\ \downarrow r\end{cases} \text{hasta que } r_2 = r^*$$

Comprobamos que, con tipo de cambio flexible, la política fiscal es *completamente inefectiva.*

4.6.4 La política monetaria en un sistema de tipo de cambio flexible

La figura 4.20 muestra el efecto de una política monetaria expansiva en el marco de un sistema de tipo de cambio flexible.

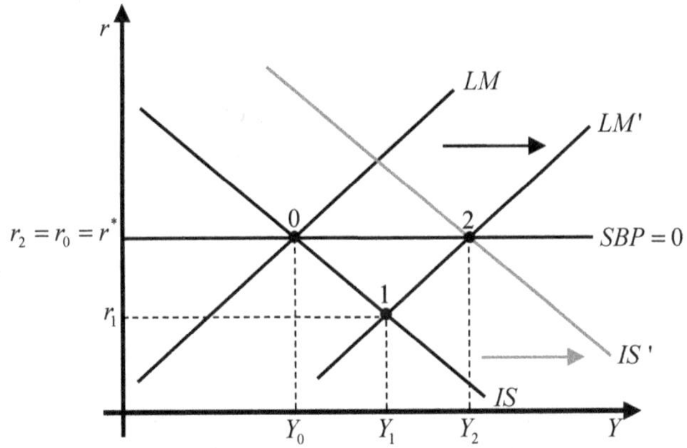

Figura 4.20: Efecto de una política monetaria expansiva en un sistema de tipo de cambio flexible.

El efecto inicial de la política monetaria expansiva es el paso desde el punto de equilibrio inicial 0 a un punto intermedio como el 1. En este punto, el tipo de interés r_1 está por debajo del tipo de interés extranjero, $r_1 < r^*$, por lo que se producirá una salida masiva de capitales que generará que el saldo de la balanza de pagos sea negativo (note que el punto 1 está por debajo de la línea de equilibrio externo). Este déficit lleva aparejado una depreciación de la moneda nacional frente a la divisa. Esta depreciación provoca un aumento de las exportaciones netas y por tanto un desplazamiento a la derecha de la IS, hasta alcanzar un nuevo equilibrio interno y externo en el punto 2. Resumimos de nuevo los razonamientos empleados:

$$\text{En } 0 \begin{cases} \text{Equilibrio interno: } IS = LM \\ \text{Equilibrio externo: } SBP = 0 \end{cases}; \quad \uparrow M \rightarrow \overrightarrow{LM} \rightarrow \begin{cases} \downarrow r \\ \uparrow Y \end{cases} \rightarrow \text{En } 1 \; r_1 < r^*$$

$$\rightarrow SBP < 0 \rightarrow$$

$$\rightarrow \text{EDDivisas} \rightarrow \uparrow tc \rightarrow \begin{cases} \uparrow X \\ \downarrow Q \end{cases} \rightarrow \uparrow XN \rightarrow \overrightarrow{IS} \rightarrow \begin{cases} \uparrow Y \\ \uparrow r \end{cases} \text{hasta que } r_2 = r^*$$

Observamos que el efecto final de la política monetaria expansiva -paso del punto 0 al 2- es un aumento del nivel de renta, manteniéndose constante el tipo de interés. Por tanto, la política monetaria, en el marco de un sistema de tipo de cambio flexible, es *plenamente efectiva* en el sentido de que consigue que aumente la producción sin variar los tipos de interés.

4.6.5 Efecto de una variación del tipo de interés del resto del mundo

Los cuatro ejercicios de estática comparativa que hemos analizado hasta el momento suponen analizar el efecto de una determinada política sobre la renta y el tipo de interés del país que lleva a cabo dicha política. Sin embargo, también podemos analizar el efecto de una política implantada en un determinado país sobre la renta y el tipo de interés de otro país con el que está relacionado económicamente. En este sentido, cambios en la política económica del resto del mundo se traducen en cambios en el tipo de interés extranjero r^*, que como sabemos, es el que determina la posición de la línea de equilibrio externo. Partiendo de una situación inicial de equilibrio interno y externo, vamos a suponer que el tipo de interés extranjero aumenta (por ejemplo, porque en el resto del mundo se está llevando a cabo una política fiscal expansiva o una política monetaria contractiva), de forma que $r^{**} > r^*$. Esto provoca que la línea de equilibrio externo se desplace de forma ascendente, como muestran las figuras 21 y 22. Este desplazamiento hace que el punto 0, que inicialmente era de equilibrio externo, pase a ser un punto de déficit externo. La razón es que, al aumentar el tipo de interés extranjero, el tipo de interés que sigue teniendo la economía que estamos analizando, r_0, está por debajo del nuevo tipo de interés del resto del mundo, $r_0 < r^{**}$. Ya sabemos que esta diferencia entre tipos de interés provoca, puesto que existe movilidad perfecta de capitales, una salida masiva de capitales en busca del mayor tipo de interés extranjero. Esto hace que haya un exceso de demanda de divisas (acompañado de un exceso de oferta de moneda nacional).

Si el tipo de cambio es fijo (figura 4.21), esto provoca una tendencia a que el tipo de cambio suba (tendencia a la apreciación de la divisa y tendencia a la depreciación de la moneda nacional). El Banco Central interviene para evitar que el tipo de cambio se modifique. Para ello, compra moneda nacional a cambio de divisas, lo que disminuye la oferta monetaria nacional. Por tanto, se produce un desplazamiento a la izquierda de la LM hasta que el nuevo tipo de interés de equilibrio se iguala al nuevo tipo de interés extranjero, $r_1 = r^{**}$, de forma que en el punto 1 estamos de nuevo ante una situación de equilibrio interno y externo.

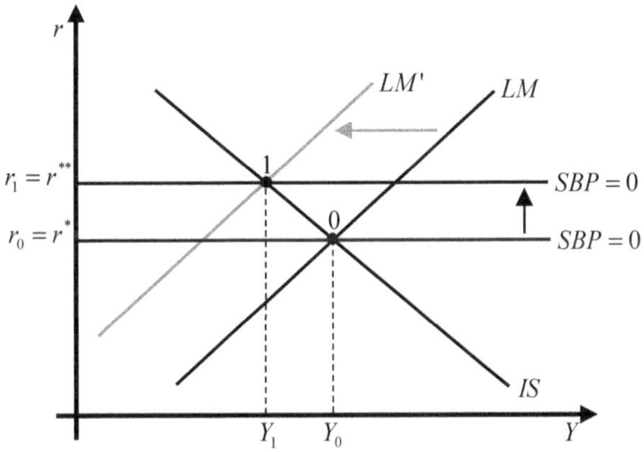

Figura 4.21: Efecto de una subida del tipo de interés del resto del mundo en un sistema de tipo de cambio fijo.

A continuación, resumimos los argumentos utilizados:

$$\text{En } 0 \begin{cases} \text{Equilibrio interno: } IS = LM \\ \text{Equilibrio externo: } SBP = 0 \end{cases}; \quad \uparrow r^{**} \rightarrow r_0 < r^{**} \rightarrow SBP < 0 \rightarrow$$

$$\rightarrow \text{EDDivisas} \rightarrow$$

$$\rightarrow \text{tendencia} \uparrow tc \rightarrow \text{interviene BC} \begin{cases} \text{Compra moneda nacional} \\ \text{Vende divisa} \end{cases} \rightarrow \downarrow M$$

$$\rightarrow \overleftarrow{LM} \rightarrow$$

$$\rightarrow \begin{cases} \downarrow Y \\ \uparrow r \text{ hasta que } r_1 = r^{**} \end{cases}$$

Vemos, por tanto, que en el contexto de un sistema de tipo de cambio fijo, un aumento del tipo de interés del resto del mundo provoca un aumento del tipo de interés nacional, así como una disminución del nivel de renta.

Por su parte, si el tipo de cambio es flexible (figura 4.22 de la página siguiente), el exceso de demanda de divisas (acompañado de un exceso de oferta de moneda nacional) provocado por la salida masiva de capitales se traduce en una apreciación de la divisa y una depreciación de la moneda nacional (el tipo de cambio se deja fluctuar libremente, por lo que responde a las tensiones en los mercados de divisas). Esta depreciación de la moneda nacional provoca un aumento de las exportaciones netas y, por tanto, un desplazamiento a la derecha de la IS hasta que el nuevo tipo de interés de equilibrio se iguala al nuevo tipo de interés extranjero, $r_1 = r^{**}$, de forma que en el punto 1 estamos de nuevo ante una situación de equilibrio interno y externo.

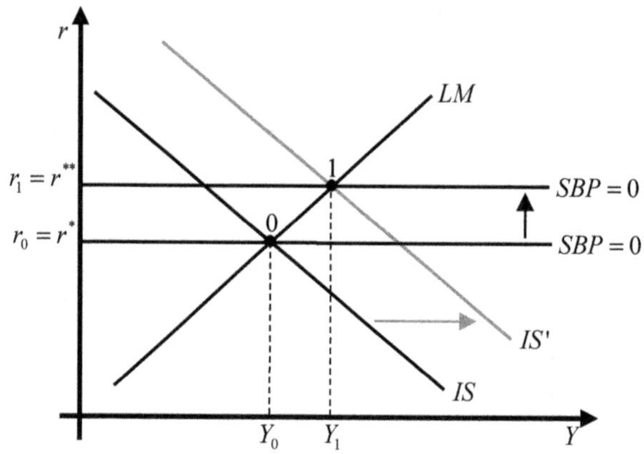

Figura 4.22: Efecto de una subida del tipo de interés del resto del mundo en un sistema de tipo de cambio flexible.

Resumimos de nuevo los razonamientos empleados:

$$\text{En } 0 \begin{cases} \text{Equilibrio interno: } IS = LM \\ \text{Equilibrio externo: } SBP = 0 \end{cases}; \quad \uparrow r^{**} \rightarrow \ r_0 < r^{**} \rightarrow SBP < 0 \rightarrow$$

$$\rightarrow \text{EDDivisas} \rightarrow$$

$$\rightarrow \uparrow tc \rightarrow \begin{cases} \uparrow X \\ \downarrow Q \end{cases} \rightarrow \uparrow XN \rightarrow \vec{IS} \rightarrow \begin{cases} \uparrow Y \\ \uparrow r \text{ hasta que } r_1 = r^{**} \end{cases}$$

En este caso, observamos que, en el contexto de un sistema de tipo de cambio flexible, un aumento del tipo de interés del resto del mundo provoca un aumento del tipo de interés nacional, así como un aumento del nivel de renta.

Referencias

Fleming, M. (1962). Domestic financial policies under fixed and under floating exchange rates, *IMF Staff Papers*, 9, 369-379. https://doi.org/10.2307/3866091

Mundell, R. (1968). *International Economics*, Macmillan, New York.

Capítulo cinco

El modelo de oferta agregada y demanda agregada

Javier García-Clemente
Concepción Román
Inmaculada Vílchez

Resumen

Este capítulo aborda la incorporación del nivel de precios y su variación, esto es la inflación/deflación, en el modelo IS-LM y la oferta agregada. Se explica cómo, al relajar el supuesto de precios fijos, se obtiene la curva de demanda agregada, que refleja el nivel de producción de equilibrio ante diferentes niveles de precios. También se desarrolla la curva de oferta agregada que, en conjunción con la demanda agregada, nos permitirá analizar los efectos de diferentes perturbaciones sobre la dinámica de los precios y la producción. Primero se incorpora un modelo simple en el que solo la oferta agregada es dinámica, mientras que la demanda solo se mueve ante shocks. Este modelo nos servirá para familiarizarnos con el análisis de modelos dinámicos y para entender las diferencias entre los efectos a corto y a largo plazo, entre los efectos a corto y el estado estacionario de la economía. Este modelo se extiende a un marco en el que la demanda agregada es también dinámica, y nos permite entender las dinámicas de ajuste de la tasa de inflación y de la producción hacia el equilibrio de pleno empleo, a la vez que analizar los efectos de las políticas de demanda y oferta. Aunque se describen los modelos con ecuaciones en diferencias de primer orden, su resolución se hace, de forma intencionada, con análisis gráfico combinado con métodos numéricos en las clases prácticas.

Palabras clave: Inflación, demanda agregada, oferta agregada, modelos dinámicos, mercado de trabajo, pleno empleo, políticas económicas, dinámica de transición, estanflación, expectativas de inflación.

***

5.1 Introducción

En los capítulos anteriores hemos analizado un modelo de determinación de la renta –y de los tipos de interés, en el caso del IS-LM– a corto plazo, bajo el supuesto de **precios constantes**. Es decir, cualquiera de las conclusiones obtenidas en los temas anteriores hay que relativizarlas –no serían válidas– si la economía objeto de análisis sufre de procesos inflacionistas o deflacionistas. Dado que la inflación es uno de los grandes problemas macroeconómicos que sufren las economías, ha llegado el momento de incorporar el nivel de precios y su variación –la tasa de inflación– en nuestros modelos de análisis.

Lo hacemos en base al *modelo de oferta agregada y demanda agregada*, cuya similitud con el funcionamiento de un mercado microeconómico facilita el análisis. Asimilamos, en este caso, el funcionamiento la economía al de un único mercado en el que se intercambia un bien –la renta nacional, que está formada por todos los bienes de la economía– a un precio que viene dado por el nivel general de precios. El siguiente esquema muestra cómo llegamos a dicho modelo, además de resumir las principales relaciones que hemos desarrollado hasta el momento.

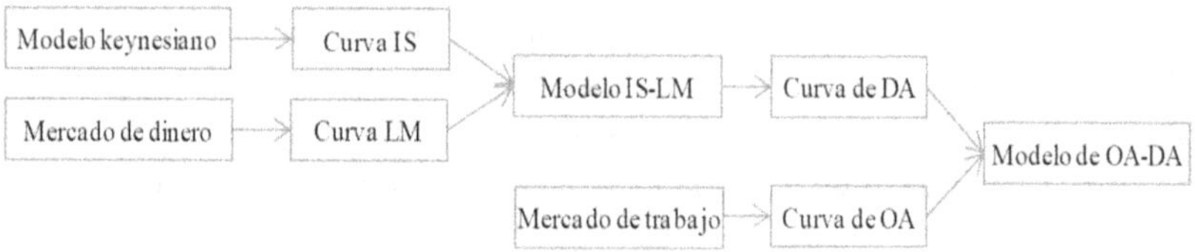

Así, tomando el modelo IS-LM como punto de partida, procedemos a relajar el supuesto de precios fijos, dejando que estos puedan fluctuar libremente, de manera que el nivel de precios constituye una nueva variable de nuestro modelo. En base a este modelo obtenemos la *curva de demanda agregada* (DA) –que no debe ser confundida con la demanda agregada, de carácter contable, que hemos utilizado hasta ahora–. Dicha demanda agregada nos indica, para cada nivel de precios cuál es el nivel de producción de equilibrio, es decir, el nivel de producción para el cual tanto el mercado de dinero, como el de bienes y servicios están simultáneamente en equilibrio. Al obtenerse a partir del modelo IS-LM, cualquier perturbación o política que altere las curvas IS o LM, también modifica la curva de demanda agregada.

Una vez hayamos obtenido la curva de demanda agregada, nos centraremos en obtener, en base al mercado de trabajo, la *curva de oferta agregada* (OA). En este caso es importante mencionar que la teoría de la oferta agregada es una de las áreas de la Macroeconomía en la que existe menos consenso entre las diferentes escuelas. Así, comenzamos planteando la función de oferta agregada en dos supuestos extremos: el caso clásico –que asume que el mercado de trabajo está siempre en equilibrio con pleno empleo de la población activa– y el caso keynesiano –que asume que los salarios y los precios son rígidos–. A partir de ahí, utilizamos la curva de Phillips -relación empírica entre la tasa de variación de los salarios y el nivel de desempleo- para desarrollar una curva de oferta agregada con pendiente positiva que concilia los dos enfoques anteriores.

Una vez obtenidas las curvas de demanda y oferta agregadas, analizamos el funcionamiento del esquema de oferta agregada y demanda agregada, haciendo especial énfasis en la transición al pleno empleo desde situaciones iniciales de desempleo o sobreempleo. Además, vemos el efecto de la política económica en base a este modelo, distinguiendo entre políticas de demanda –fiscal, comercial y monetaria– y de oferta –educativa, laboral, etc.–. Mientras que las políticas de oferta solo tienen efectos a corto plazo -salvo en el caso de que consigan afectar a la producción de pleno empleo–, las políticas de demanda tienen efecto tanto a corto como a largo plazo. En esta primera versión del modelo, la demanda agregada será estática (solo se desplaza ante perturbaciones o shocks exógenos), mientras que la oferta será dinámica, en tanto en cuanto, se irá desplazando hasta alcanzar el estado estacionario o equilibrio a largo plazo. Como podrá apreciar, formalmente la dinámica se introduce a través de una ecuación en diferencias.

Una vez que conocemos el funcionamiento del modelo de oferta agregada y demanda agregada, ampliamos el análisis para incorporar las *expectativas de inflación*, y hacer que la demanda agregada también sea dinámica. A este modelo lo denominaremos modelo de *oferta agregada y demanda agregada dinámico*. Este modelo más avanzado nos permite analizar la dinámica de la tasa de inflación y del output, dando cabida al fenómeno de la *estanflación* –inflación con estancamiento económico–, que no era contemplado en el modelo de oferta agregada y demanda agregada, para el que existe una disyuntiva entre desempleo e inflación. Tras analizar la dinámica de transición hacia el estado estacionario de la economía, ilustramos el funcionamiento del modelo ante una perturbación negativa de oferta y ante un cambio en la tasa de crecimiento monetario.

Por último, el capítulo finaliza con una breve mención a otros enfoques de la oferta agregada, en los que con explicaciones alternativas a la curva de Phillips también se trata de argumentar por qué una variación imprevista en el nivel de precios lleva aparejada una fluctuación del output agregado.

Esquema del capítulo	
5.1. Introducción 5.2. Del modelo IS-LM a la demanda agregada 5.2.1. Obtención gráfica de la curva de demanda agregada 5.2.2. Obtención analítica de la curva de demanda agregada 5.2.3. Las políticas de demanda: desplazamientos de la curva de demanda agregada 5.3. Del mercado de factores a la oferta agregada 5.3.1. La función de producción agregada 5.3.2. La regla de fijación de precios 5.3.3. La curva de Phillips 5.3.4. La oferta agregada 5.3.5. Las perturbaciones de oferta: desplazamientos de la curva de oferta agregada 5.4. El esquema de oferta agregada y demanda agregada 5.4.1. La dinámica en ausencia de perturbaciones	5.4.2. Políticas de demanda vs. políticas de oferta 5.4.3. La pendiente de la oferta agregada y la efectividad de la política económica 5.5. El esquema de oferta agregada y demanda agregada dinámico 5.5.1. La oferta agregada dinámica 5.5.2. La demanda agregada dinámica 5.5.3. El equilibrio a largo plazo 5.5.4. La dinámica en ausencia de perturbaciones 5.5.5. El efecto de una perturbación de oferta 5.5.6. El efecto de un cambio permanente en la tasa de crecimiento monetario 5.6. Otros enfoques de la curva de oferta agregada 5.6.1. El modelo de las percepciones erróneas de los trabajadores 5.6.2. Las expectativas racionales y la información imperfecta: la oferta agregada de Lucas

5.2 Del modelo IS-LM a la demanda agregada

La curva de *demanda agregada* (*DA*) es el conjunto de las combinaciones de niveles de precios (*P*) y niveles de producción (*Y*) para los cuales los mercados de activos financieros y de bienes y servicios están simultáneamente en equilibrio. Es decir, para cualquier nivel de precios esta relación ha de indicarnos cuál es el nivel de producción con el que la economía tiene sus dos mercados simultáneamente en equilibrio. Recuerde que dicho equilibrio simultáneo se alcanza en el equilibrio *IS-LM*. Por tanto, podemos escribir que la demanda agregada representa el conjunto de pares (*Y*, *P*) para los cuales se cumple que *IS*=*LM*. Es decir,

$$DA = \{(Y, P)\ /\ IS = LM\}$$

5.2.1 Obtención gráfica de la curva de demanda agregada

Como hemos mencionado, la curva de demanda agregada representa, para cada nivel de precios, cuál es el nivel de producción en el que tanto los mercados de bienes y servicios como el de activos se encuentran simultáneamente en equilibrio. En la figura 5.1 a continuación mostramos cómo se obtiene gráficamente dicha curva a partir del modelo *IS-LM*.

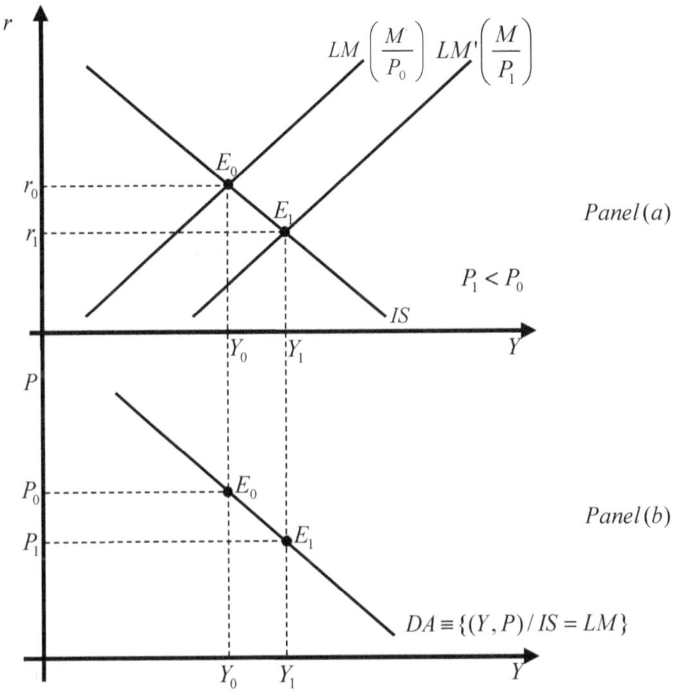

Figura 5.1: Obtención gráfica de la curva de demanda agregada.

En el panel (a) representamos el modelo *IS-LM* y en el panel (b) representamos la curva de demanda agregada *DA*. Comenzamos situándonos en el panel (a). Sabemos que la posición de la IS depende de la política fiscal y comercial, mientras que la de la LM depende de la política monetaria. Sabemos, además, que la LM depende de la cantidad nominal de dinero M y del nivel de precios, que hasta ahora hemos considerado constante. Supongamos inicialmente que el nivel de precios es P_0, el tipo de interés de equilibrio y el nivel de equilibrio de la renta son los que determina el punto E_0. Es decir, el par (Y_0, P_0), al ser una combinación de renta y nivel de precios para la cual los mercados de bienes y servicios y de activos financieros están en equilibrio, formará parte de la curva de demanda agregada *DA*. Por lo tanto, representamos dicho par (Y_0, P_0) en el panel (b) de la figura 5.1.

Suponemos ahora que el nivel de precios –que hasta ahora se ha mantenido fijo– disminuye, de manera que $P_1 < P_0$. Al disminuir el nivel de precios, aumentará la cantidad real de dinero en circulación, $\frac{M}{P_1} > \frac{M}{P_0}$, lo que hace que la *LM* se desplace a la derecha en el panel (a) de la figura 5.1. Este desplazamiento origina un nuevo equilibrio E_1 en el modelo *IS-LM*. Podemos observar que al disminuir el nivel de precios $(P_1 < P_0)$, la renta de equilibrio aumenta $(Y_1 > Y_0)$. El nuevo par (Y_1, P_1) constituye asimismo una combinación de renta y nivel de precios que vacía tanto el mercado de bienes y servicios, como el de activos financieros y forma parte, por tanto, de la curva de demanda agregada. En consecuencia, representamos dicha combinación en el panel (b) de la figura 5.1. Si repitiéramos este ejercicio para todos los valores posibles del nivel de precios, obtendríamos la curva de demanda agregada *DA*, curva que recoge todas las combinaciones de renta y nivel de precios que hacen que los mercados de bienes y servicios y activos financieros estén en equilibrio y que se muestra en el panel (b) de la figura 5.1 como una recta.[1] Como observará, la demanda agregada tiene pendiente negativa, lo que refleja el hecho de que cuanto menor es el nivel de precios, mayor es la cantidad de saldos reales y, por tanto, mayor el nivel de gasto y de producción de equilibrio.

5.2.2 Obtención analítica de la curva de demanda agregada

La curva de demanda agregada ha sido definida como:

$$DA = \{(Y, P) \ / \ IS = LM\}$$

Recuerde que la renta de equilibrio del modelo *IS-LM* venía dada por la siguiente expresión:

$$Y = \frac{h\alpha}{h + \alpha bk} A_0 + \frac{b\alpha}{h + \alpha bk} \frac{M}{P_0}$$

Donde el nivel de precios era una constante.

Si ahora consideramos el nivel de precios como una variable *P*, tenemos la expresión analítica de la demanda agregada:

---

[1] Representamos la curva de demanda agregada como una recta por simplicidad. Sin embargo, es necesario destacar que la demanda agregada debería ser trazada como una hipérbola, tal y como comprobaremos al calcular su pendiente.

$$Y = \underbrace{\frac{h\alpha}{h + \alpha bk}}_{\gamma} A_0 + \underbrace{\frac{b\alpha}{h + \alpha bk}}_{\beta} \frac{M}{P} \Rightarrow Y = \gamma A_0 + \beta \frac{M}{P}$$

En base a esta expresión podemos ahora comprobar lo que ya hemos adelantado acerca de la pendiente de la demanda agregada.

La pendiente de la curva de demanda agregada

La pendiente de la demanda agregada refleja el grado en que una variación de los precios altera el nivel de renta de equilibrio. Para calcularla, comenzamos diferenciando la expresión de la demanda agregada, suponiendo que los parámetros de los multiplicadores de política monetaria y fiscal se mantienen constantes. En ese caso, tenemos que:

$$dY = \gamma dA_0 + \beta d\left(\frac{M}{P}\right)$$

A continuación, utilizamos la regla de diferenciación de un cociente para diferenciar la oferta monetaria real:

$$dY = \gamma dA_0 + \beta \frac{dM \cdot P - M \cdot dP}{P^2}$$

Simplificando y reordenando términos en el segundo sumando, tenemos que:

$$dY = \gamma dA_0 + \beta \left(\frac{dM}{P} - \frac{M}{P}\frac{dP}{P}\right)$$

Si suponemos que no están variando ni el componente autónomo del gasto A_0, ni la oferta nominal de dinero M, tenemos que:

$$dY = \beta \left(-\frac{M}{P}\frac{dP}{P}\right)$$

De donde, si pasamos dP a la izquierda de la expresión, obtenemos lo siguiente:

$$\frac{dY}{dP} = \beta \left(-\frac{M}{P}\frac{1}{P}\right)$$

O lo que es lo mismo:

$$\frac{dP}{dY} = -\frac{1}{\beta}\frac{P^2}{M} < 0$$

Teniendo en cuenta la forma en que hemos representado la curva de demanda agregada (el nivel de renta en el eje de abscisas y el nivel de precios en el eje de ordenadas) esta expresión nos da la pendiente que buscamos. Por tanto, comprobamos que la pendiente es negativa y que depende del multiplicador de política monetaria, β , de la cantidad nominal de dinero y del nivel de precios.[2] Recordando que $\beta = \frac{b\alpha}{h+\alpha bk}$, por lo que $\frac{1}{\beta} = \frac{h+\alpha bk}{b\alpha}$, podemos afirmar que la curva de demanda agregada será más plana, (i) cuanto menor sea la sensibilidad de la demanda de dinero a cambios en el tipo de interés -*h*-; (ii) cuanto menor sea la sensibilidad de la demanda de dinero a cambios en la renta -*k*-; (iii) cuanto mayor sea el multiplicador -α-; (iv) cuanto mayor sea la sensibilidad de la demanda de inversión a cambios en el tipo de interés -*b*-.

5.2.3 Las políticas de demanda: desplazamientos de la curva de demanda agregada

En este apartado analizamos los factores que determinan la posición de la curva de demanda agregada, haciendo especial énfasis en las medidas de política económica que afectan a la demanda agregada –*políticas de demanda*–. Teniendo en cuenta que hemos obtenido la demanda agregada a partir del modelo *IS-LM*, es fácil concluir que los factores que determinan la posición de la demanda agregada son los mismos factores que determinan la posición de las curvas *IS* y *LM*. Tal y como veremos a continuación, cualquier cambio que desplaza la curva *IS* hacia la derecha (izquierda), también va a desplazar la curva de demanda agregada hacia la derecha (izquierda). De forma análoga, cualquier modificación que desplace la curva *LM* hacia la derecha (izquierda), desplaza la curva de demanda agregada hacia la derecha (izquierda). Por tanto, las políticas fiscal y comercial –que afectan a la curva *IS*– son políticas de demanda. De la misma forma, la política monetaria –que afectaba a la curva *LM*– también es una política de demanda. Vemos el efecto de estas políticas sobre la demanda agregada.

Efecto de una política fiscal o comercial sobre la demanda agregada

Vamos a partir de una situación como la de la figura 5.1, para analizar el efecto de una política fiscal o comercial expansiva sobre la curva de demanda agregada. Como sabemos, los equilibrios iniciales E_0 y E_1 representan situaciones en las que los mercados de bienes y servicios y de activos financieros están en equilibrio, para dos valores diferentes del nivel de precios, P_0 y P_1. Sabemos, además, que una política fiscal o comercial expansiva implica un desplazamiento de la *IS* a la derecha, tal y como muestra el panel (a) de la figura 5.2 de la página siguiente.

[2] Comprobamos ahora que, tal y como avanzábamos, la curva de demanda agregada debería ser trazada como una hipérbola, puesto que a medida que disminuye el nivel de precios, la curva se hace más plana. Sin embargo, como ya hemos mencionado, durante este capítulo la representamos como una recta por simplicidad.

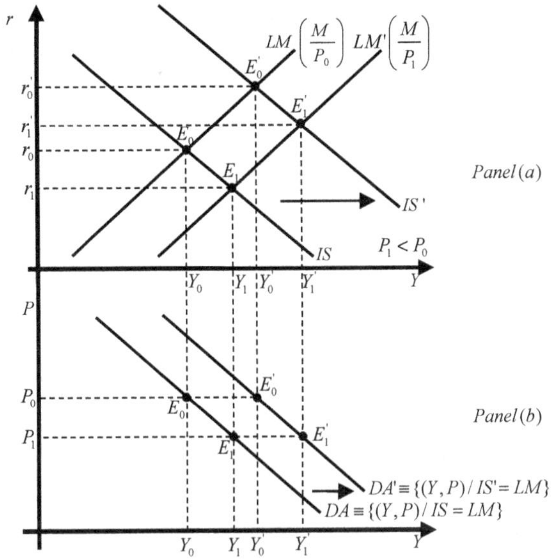

Figura 5.2: Efecto de una política fiscal o comercial sobre la demanda agregada.

Este desplazamiento de la curva IS hace que el equilibrio que se alcanza cuando el nivel de precios es P_0 pase a ser E_0', mientras que el equilibrio que se alcanza cuando el nivel de precios es P_1 pasa a ser E_1'. Si representamos las nuevas combinaciones de renta y nivel de precios de equilibrio -(Y_0', P_0) y (Y_1', P_1)- en el panel (b) de la figura 5.2 anterior, observamos que la curva de demanda agregada se desplaza a la derecha, como consecuencia de la política fiscal o comercial expansiva que se ha llevado a cabo. Es decir, para cada nivel de precios, este tipo de política expansiva aumenta la renta, desplazando a la derecha la curva de demanda agregada. En resumen y como ya habíamos adelantado, cualquier cambio que desplace la curva *IS*, desplaza la curva de demanda agregada en el mismo sentido.

Efecto de una política monetaria sobre la demanda agregada

Al igual que hemos hecho en el caso anterior, vamos a partir de una situación como la de la figura 5.1, para analizar en este caso el efecto de una política monetaria expansiva sobre la curva de demanda agregada. Para simplificar el gráfico y que sea más comprensible, en esta ocasión vamos a representar un único equilibrio inicial E_0, correspondiente al nivel de precios P_0. Suponemos ahora que se lleva a cabo una política monetaria expansiva, de forma que $M_1 > M_0$. Este aumento de la cantidad nominal de dinero implica, cualquiera que sea el nivel de precios, una mayor cantidad real de dinero. Como se aprecia en el panel (a) de la figura 5.3, se produce un desplazamiento a la derecha de la curva *LM*.

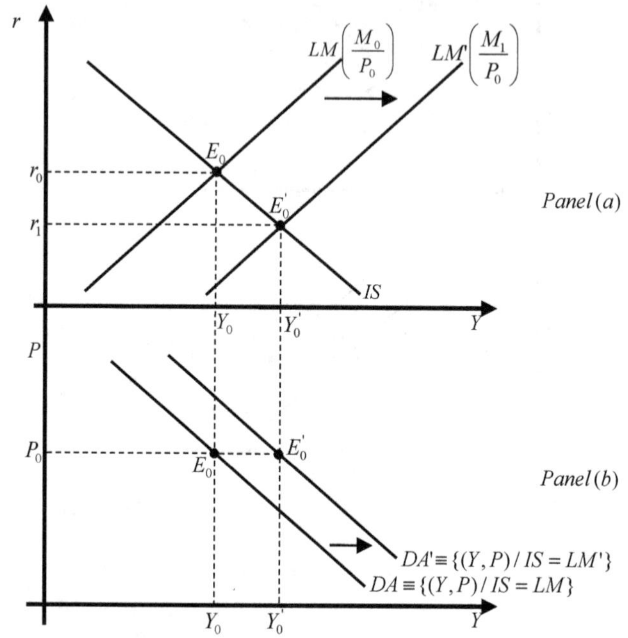

Figura 5.3: Efecto de una política monetaria sobre la demanda agregada.

Este desplazamiento de la curva *LM* hace que el equilibrio que se alcanza cuando el nivel de precios es P_0 pase a ser E_0'. Por tanto, si representamos la nueva combinación de renta y nivel de precios de equilibrio -(Y_0', P_0)- en el panel (b) de la figura 5.3, comprobamos que la política monetaria expansiva anterior, desplaza la curva de demanda agregada a la derecha. Es decir, al igual que en el caso anterior, este tipo de política expansiva aumenta la renta de equilibrio -para cada nivel de precios-, desplazando a la derecha la curva de demanda agregada. En resumen y como ya habíamos adelantado, cualquier cambio que desplace la curva *LM*, desplaza la curva de demanda agregada en el mismo sentido.

5.3 Del mercado de factores a la oferta agregada

La curva de *oferta agregada* (*OA*) relaciona el comportamiento de los precios y la producción. En particular, nos da información acerca de la cantidad de producción que las empresas están dispuestas a ofrecer a cada nivel de precios. Dicha cantidad depende tanto del precio que reciben las empresas por sus productos, como del precio que tienen que pagar por los factores de producción, en particular, por el precio que tienen que pagar por el factor trabajo. Por ello, decimos que la oferta agregada es reflejo de la situación de los mercados de factores, en general, y del mercado de trabajo en particular. Antes de desarrollar una función de oferta con pendiente positiva, vamos a analizar dos casos extremos: la oferta agregada keynesiana y la oferta agregada clásica.

La *oferta agregada keynesiana* es, tal y como muestra la figura 5.4, completamente horizontal.

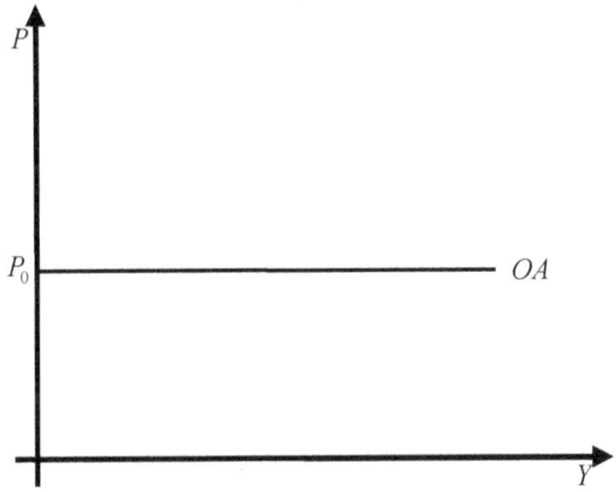

Figura 5.4: La oferta agregada keynesiana.

En este caso, las empresas ofrecen la cantidad de producción que se demanda al nivel de precios vigente P_0. El supuesto que hay detrás de esta curva de oferta agregada keynesiana es que los salarios -y, por consiguiente, los precios- son rígidos. En este contexto, la existencia de desempleo hace que las empresas puedan obtener tanta cantidad de factor trabajo como necesiten al salario vigente, haciendo que el coste de producción unitario no varíe al variar la cantidad de producto. En consecuencia, las empresas están dispuestas a ofrecer la cantidad que se demande al nivel de precios existente.

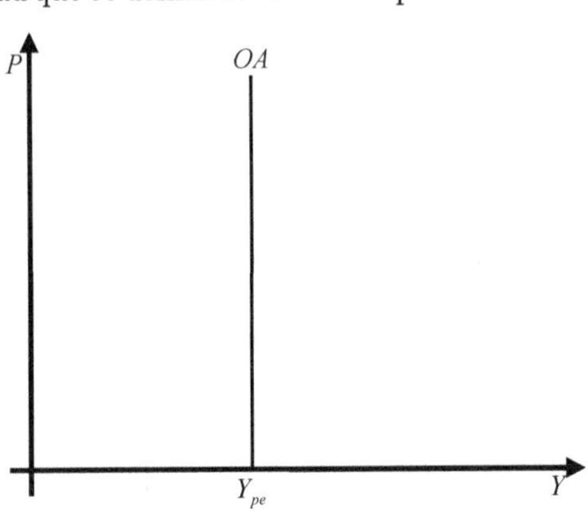

Figura 5.5: La oferta agregada clásica.

En el extremo opuesto, la *oferta agregada clásica* es vertical en el nivel de producción correspondiente al pleno empleo de la población activa Y_{pe}, tal y como muestra la figura 5.5. Es decir, las empresas producen siempre Y_{pe}, independientemente del nivel de precios. La idea que subyace a esta curva de oferta agregada clásica es que los salarios -y, por tanto, los precios- son completamente flexibles, de forma que el mercado de trabajo está siempre en equilibrio con pleno empleo de la población activa.

En resumen, estas dos situaciones suponen los casos extremos, donde la curva de oferta keynesiana asume que los salarios no se ajustan, mientras que la curva de oferta clásica supone que los salarios son completamente flexibles, garantizando siempre la existencia de equilibrio en el mercado de trabajo. En la realidad puede que no se den ninguno de estos supuestos o más bien, que se den ambos. Es decir, el supuesto keynesiano puede ser razonable a muy corto plazo, mientras que el clásico es factible a largo plazo. Por su parte, a medio plazo, los salarios pueden ajustarse, aunque no perfectamente. Es decir, la realidad nos dice que los precios ni son totalmente rígidos ni totalmente flexibles. Más bien se ajustan lentamente, puesto que normalmente a corto plazo los salarios se establecen a través de negociaciones entre organizaciones empresariales y sindicatos, en vez de corresponderse con los niveles de equilibrio del mercado de trabajo. En dichos procesos de negociación colectiva se tiene en cuenta a la hora de determinar los salarios nominales, entre otros factores, la inflación prevista a corto plazo. Así, el hecho de que los salarios sean fijados en procesos de negociación colectiva, en vez de a partir del estricto equilibrio en el mercado de trabajo, suele mencionarse como la causa de que la curva de oferta agregada tenga pendiente positiva. El resto del apartado desarrolla una función de oferta agregada que tiene pendiente positiva, encontrándose, por tanto, entre ambos casos extremos y permitiendo conciliar ambos enfoques.

Como ya hemos avanzado, buscamos una relación entre el nivel de precios y la producción. Para obtener dicha formulación, vamos a dar cuatro pasos: (i) en primer lugar vamos a relacionar producción y empleo, a través de la función de producción agregada; (ii) a continuación analizamos la regla de fijación de precios de las empresas, que relaciona precios con costes de producción; (iii) en tercer lugar analizamos la relación entre los salarios y el desempleo a través de la curva de Phillips; (iv) y por último, combinando los tres pasos anteriores obtendremos la función de oferta agregada que estamos buscando.

5.3.1 La función de producción agregada

La *función de producción agregada* es una descripción de la relación entre los inputs y el output agregado. Vamos a suponer una sencilla función de producción en la que el único factor productivo empleado es el factor trabajo y en la que la producción es proporcional a la cantidad de trabajo utilizada.[3] Es decir, podemos escribir la función de producción agregada como sigue:

$$Y = a \cdot L$$

donde Y es la cantidad de producto obtenido con L unidades de factor trabajo. El parámetro a –cociente entre la producción obtenida y la cantidad de factor trabajo empleada– es una medida de la *productividad del trabajo*, al darnos información acerca de la cantidad de producto obtenida por cada unidad de trabajo.

5.3.2 La regla de fijación de precios

El segundo paso en la formulación de la oferta agregada pasa por establecer una relación entre los costes de producción y los precios. Para ello, suponemos que los precios se basan en el coste laboral de producción. En base a nuestra función de producción agregada, cada unidad de trabajo produce a unidades de producto:

$$Y = aL \;\Rightarrow\; a = \frac{Y}{L}$$

Si invertimos dicha expresión, tenemos que:

$$\frac{1}{a} = \frac{L}{Y}$$

Es decir, que $\frac{1}{a}$ es la cantidad de trabajo que lleva incorporada cada unidad de producto. Si multiplicamos dicha cantidad por el coste de una unidad de trabajo, w, obtenemos que el coste laboral unitario es igual a $\frac{w}{a}$.

Una vez hemos calculado el coste laboral unitario, suponemos que las empresas fijan los precios aplicando un *margen* –surplus o mark-up– z, sobre los costes laborales unitarios, de forma que la regla de fijación de precios del periodo t queda determinada por la siguiente expresión:[4]

$$P_t = (1 + z)\frac{w_t}{a}$$

[3] La extensión a la consideración de factores productivos adicionales es directa. Asumimos, sin embargo, el trabajo como único factor productivo por simplicidad.

[4] Puede considerarse que el margen z sobre los costes laborales incluye el coste de otros factores productivos como el capital y las materias primas.

5.3.3 La curva de Phillips

Una vez establecidas las relaciones entre producción y empleo y entre precios y salarios, el siguiente paso es establecer una ley de fijación de los salarios. En este sentido, nos basamos en la *curva de Phillips*, relación empírica obtenida por A.W. Phillips al analizar el comportamiento de los salarios en el Reino Unido.[5] Su principal hallazgo pasaba por destacar la existencia de una relación inversa entre la tasa de desempleo y la tasa de crecimiento de los salarios.[6] Así, cuanto mayor es la tasa de desempleo menor es la tasa de crecimiento de los salarios. Esta idea se puede expresar con la ayuda de la siguiente expresión:

$$\frac{w_t - w_{t-1}}{w_{t-1}} = -\varepsilon(u_t - u_{pe})$$

Donde $\frac{w_t - w_{t-1}}{w_{t-1}}$ mide la tasa de crecimiento de los salarios; $(u_t - u_{pe})$ es la desviación de la tasa de desempleo u_t con respecto a la tasa natural de desempleo u_{pe}; y ε es un parámetro positivo que mide la sensibilidad de los salarios al desempleo.[7]

En esta expresión se nos indica que la tasa de crecimiento de los salarios es negativa cuando la tasa de desempleo es mayor que la tasa natural de desempleo. Podemos reescribir la curva de Phillips para facilitar su interpretación. Para ello, el salario del periodo *t*-1 que está dividiendo en la parte izquierda de la igualdad, lo pasamos a la derecha, multiplicando:

$$\frac{w_t - w_{t-1}}{w_{t-1}} = -\varepsilon(u_t - u_{pe}) \Rightarrow w_t - w_{t-1} = -w_{t-1}\varepsilon(u_t - u_{pe})$$

A continuación, el salario del periodo *t*-1 que está restando en la parte izquierda de la igualdad podemos pasarlo a la derecha, sumando:

$$w_t = w_{t-1} - w_{t-1}\varepsilon(u_t - u_{pe})$$

Por último, podemos sacar factor común el salario del periodo *t*-1 en la parte derecha de la igualdad:

$$w_t = w_{t-1}[1 - \varepsilon(u_t - u_{pe})]$$

---

[5] A.W. Phillips, 1958, The relation between unemployment and the rate of change of money wages in the United Kingdom, 1861-1957, *Economica*, 25, 283-299.

[6] Dicha relación fue observada también por Lipsey (1960) y Samuelson y Solow (1960), siendo bautizada como Curva de Phillips por estos últimos autores.

[7] La tasa natural de desempleo u_{pe} es la tasa de desempleo a largo plazo, es decir, aquella compatible con el pleno empleo de la población activa. Es denominada también NAIRU, siglas en inglés de la expresión tasa de desempleo no aceleradora de la inflación (*non-accelerating inflation* rate *of unemployment*).

En esta expresión, además de quedar de manifiesto la relación de compromiso entre el crecimiento de los salarios y el desempleo, se nos indica que los salarios de un período son iguales a los del período anterior más -o menos- una fracción que depende de la relación entre la tasa de desempleo y la tasa natural de desempleo. Cuando la tasa de desempleo es mayor que la tasa natural de desempleo, $u_t - u_{pe} > 0$, el salario disminuye, y viceversa.

A continuación, transformamos la expresión anterior de la curva de Phillips en una relación entre los salarios y el nivel de empleo. Para ello, utilizamos la definición de tasa de desempleo. Sabemos que la tasa de desempleo es la proporción de población activa que carece de empleo. Es decir, la tasa de desempleo del periodo *t* es:

$$u_t = \frac{L_{pe} - L_t}{L_{pe}}$$

Donde L_{pe} es la población activa de pleno empleo y L_t es la cantidad de empleo correspondiente al periodo *t*. Por tanto, la tasa de desempleo es el número de parados $\left(L_{pe} - L_t\right)$ como porcentaje de la población activa.[8] Si Sustituimos la tasa de desempleo en la curva de Phillips, tenemos que:

$$w_t = w_{t-1}\left[1 - \varepsilon\left(\underbrace{\frac{L_{pe} - L_t}{L_{pe}}}_{u_t} - \underbrace{\frac{L_{pe} - L_t}{L_{pe}}}_{u_{pe}=0}\right)\right] \quad \Rightarrow \quad w_t$$

$$= w_{t-1}\left[1 - \varepsilon\left(\frac{L_{pe} - L_t}{L_{pe}}\right)\right]$$

Si cambiamos el signo de lo que está entre paréntesis, se tiene que:

$$w_t = w_{t-1}\left[1 + \varepsilon\left(\frac{L_t - L_{pe}}{L_{pe}}\right)\right]$$

Observamos en esta expresión que el salario del periodo *t* es igual al del periodo anterior, pero ajustado para tener en cuenta el nivel de empleo. Si

---

[8] De forma teórica, por tanto, la tasa de desempleo de pleno empleo o tasa natural será igual a cero. Sin embargo, sabemos que aun cuando la economía se encuentra en una situación de pleno empleo, existe un desempleo friccional -desempleo temporal en el periodo de transición entre un empleo y otro-. Para conciliar ambos hechos, basta con interpretar la expresión que hemos utilizado para definir la tasa de desempleo de forma implícita en relación con la tasa natural de desempleo. Así, si u_t es positivo (negativo) decimos que la tasa efectiva de desempleo es superior (inferior) a la tasa natural de desempleo.

estamos en una situación de pleno empleo, el salario permanece constante. Si existe desempleo $(L_t - L_{pe} < 0)$, el salario disminuye, mientras que si existe sobreempleo $(L_t - L_{pe} > 0)$, el salario aumenta, dependiendo la cuantía de las variaciones del parámetro ε. Esta expresión de la curva de Phillips pone de manifiesto que los salarios son rígidos a cambios en el nivel de empleo, en otras palabras, el ajuste no es instantáneo por lo que no siempre nos encontremos en situación de pleno empleo.

5.3.4 La oferta agregada

Para obtener la curva de oferta agregada vamos a combinar la función de producción, la regla de fijación de precios y la curva de Phillips. Comenzamos sustituyendo la curva de Phillips en la regla de fijación de precios:

$$\left.\begin{aligned} P_t &= (1+z)\frac{w_t}{a} \\ w_t &= w_{t-1}\left[1+\varepsilon\left(\frac{L_t - L_{pe}}{L_{pe}}\right)\right] \end{aligned}\right\} \Rightarrow P_t = (1+z)\frac{w_{t-1}\left[1+\varepsilon\left(\frac{L_t - L_{pe}}{L_{pe}}\right)\right]}{a}$$

Reordenando términos y teniendo en cuenta que la regla de fijación de precios implica que $P_{t-1} = (1+z)\frac{w_{t-1}}{a}$, podemos simplificar la expresión anterior como sigue:

$$P_t = \underbrace{(1+z)\frac{w_{t-1}}{a}}_{P_{t-1}}\left[1+\varepsilon\left(\frac{L_t - L_{pe}}{L_{pe}}\right)\right] \Rightarrow P_t = P_{t-1}\left[1+\varepsilon\left(\frac{L_t - L_{pe}}{L_{pe}}\right)\right]$$

Finalmente, para obtener la relación entre el nivel de precios y la producción, tan solo nos basta con pasar el empleo a producción, haciendo uso de la función de producción agregada. Como $Y = aL$, se tiene que $L = \frac{Y}{a}$. Por tanto, podemos escribir lo siguiente:

$$P_t = P_{t-1}\left[1+\varepsilon\left(\frac{\frac{Y_t}{a} - \frac{Y_{pe}}{a}}{\frac{Y_{pe}}{a}}\right)\right]$$

Simplificando y reordenando términos, tenemos que:

$$P_t = P_{t-1}\left[1+\frac{\varepsilon}{Y_{pe}}(Y_t - Y_{pe})\right]$$

Por último, llamando λ al cociente $\frac{\varepsilon}{Y_{pe}}$, tenemos la expresión de la oferta agregada que buscábamos:

$$P_t = P_{t-1}\left[1 + \lambda\left(Y_t - Y_{pe}\right)\right]$$

Esta expresión es la curva de oferta agregada nos da una relación dinámica entre los precios y el output. Debe tener en cuenta que el carácter dinámico de la expresión viene dado por la existencia de la variable explicada retardada un período como variable explicativa de la misma. La oferta agregada nos indica la evolución de los precios agregados en función de la evolución del output. Así, si el nivel de producción es inferior al nivel de producción potencial o de pleno empleo, quiere decir que existe desempleo, por lo que el salario, con más o menos rapidez, dependiendo de la importancia de las rigideces, se irá ajustando a la baja. Esta bajada de los salarios se traduce, *ceteris paribus*, en una reducción de los costes unitarios y por tanto en una reducción de los precios. En resumen:

$$\text{Si } Y_t < Y_{pe}, \text{entonces tenemos que } P_t = P_{t-1}\left[1 + \lambda\left(\underbrace{Y_t - Y_{pe}}_{<0}\right)\right] \Rightarrow P_t < P_{t-1}$$

Observamos pues que la relación entre precios y producción es directa o positiva, producción y precios se mueven en la misma dirección. Reforcemos esta última afirmación. Si existe sobreempleo, el nivel de producción es superior al de pleno empleo. Se produce una presión al alza sobre los salarios. Este aumento de los salarios es percibido por los productores como un aumento de los costes salariales unitarios, aumento de costes que los productores repercutirán de inmediato a precios. Por ello el nivel de precios del período siguiente aumentará, generándose un proceso inflacionista:

$$\text{Si } Y_t > Y_{pe}, \text{entonces tenemos que } P_t = P_{t-1}\left[1 + \lambda\left(\underbrace{Y_t - Y_{pe}}_{>0}\right)\right] \Rightarrow P_t > P_{t-1}$$

Una forma alternativa de comprobar que relación entre precios y producción es directa es calcular la pendiente de la curva de oferta agregada y comprobar que es positiva:

$$\frac{dP_t}{dY_t} = \lambda P_{t-1} > 0$$

Una vez que hemos calculado la pendiente de la curva de oferta agregada, vamos a representarla gráficamente en el plano de interés –con la producción en el eje de abscisas y el nivel de precios en el eje de ordenadas–. Para ello, vamos a proceder de forma algo distinta a lo que estamos acostumbrados. Sabemos que la oferta agregada que hemos obtenido es una recta con pendiente positiva, por lo que nos bastará con representar un punto. En vez de representar los cortes con los ejes, vamos a representar el corte con una línea de referencia, con la línea vertical al nivel de la producción de pleno empleo. Así, cuando el nivel de producción es el de pleno empleo, el nivel de precios ha de ser el nivel de precios del período anterior. Suponga que queremos representar la función de oferta agregada del período 1:

$$P_1 = P_0\left[1 + \lambda\left(Y_1 - Y_{pe}\right)\right]$$

Podemos comprobar que si $Y_1 = Y_{pe}$, entonces $P_1 = P_0$. Por tanto, el par $(Y_1, P_1) = \left(Y_{pe}, P_0\right)$ es el punto de la oferta agregada de este período que corta con la línea de pleno empleo. La figura 5.6 a continuación muestra dicha oferta agregada, donde destacamos el punto *A*, combinación de renta y nivel de precios que nos marca la posición de la oferta agregada del periodo 1.

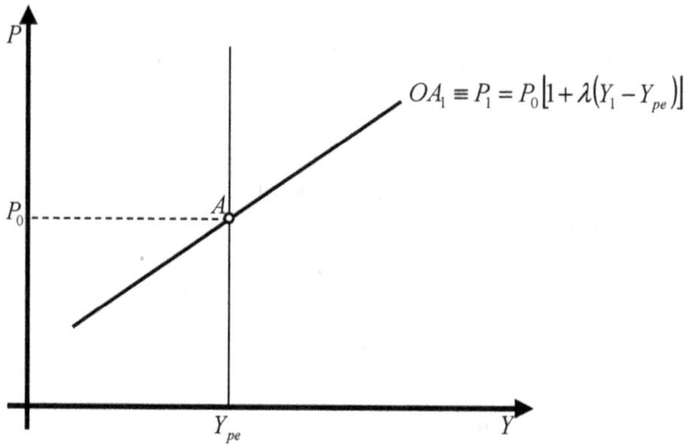

Figura 5.6: La oferta agregada.

Una característica esencial de esta función es que presenta un comportamiento dinámico. Realmente, se trata de una ecuación en diferencias, en la que el nivel de precios depende de su primer retardo, del valor que tomó el nivel de precios en el período anterior. Esto es, esta ecuación se desplaza siempre y cuando el nivel de producción de un período no coincida con el de pleno empleo. Tan solo en el caso en el que la producción de un período coincida con la de pleno empleo, los precios de un período coincidirán con los del anterior. Sin embargo, si el nivel de producción de un período no coincide con el del anterior, los precios serán los del precedente, más o menos una parte de la brecha existente entre el nivel de producción y el de pleno empleo. Volveremos sobre esta cuestión al tratar del modelo de oferta agregada y demanda agregada dinámico. Así pues, una primera característica de la oferta agregada es que esta se desplaza período tras período, incluso en ausencia de perturbaciones –políticas o cambios exógenos–.

5.3.5 Las perturbaciones de oferta: desplazamientos de la curva de oferta agregada

Al igual que hicimos al analizar la curva de demanda agregada, en este apartado mencionamos qué perturbaciones o shocks desplazan la oferta agregada. Ya hemos visto que la oferta agregada tiene un carácter dinámico que hace que se desplace siempre que la producción no haya alcanzado el nivel de pleno empleo. Pero, además, la oferta agregada puede desplazarse por otros motivos. En general, los cambios positivos –aquellos que reducen los costes de producción desplazando la oferta agregada hacia la derecha– son denominados shocks o perturbaciones positivas de oferta. Por su parte, los cambios negativos, que generan aumentos en los costes productivos desplazando la oferta agregada a la izquierda, son denominados shocks o perturbaciones negativas de oferta. Entre las perturbaciones negativas podemos mencionar, por ejemplo, un aumento del precio de las materias primas, que desplazaría la oferta a la izquierda. Entre las perturbaciones positivas, podemos destacar, por ejemplo, un aumento de la productividad del trabajo -a-, que llevaría consigo un desplazamiento de la oferta agregada a la derecha. Al igual que en los temas anteriores, si la perturbación que provoca un desplazamiento de la oferta responde a una acción deliberada del sector público, decimos que estamos ante una política, en este caso, ante una política de oferta (en contraposición a las políticas de demanda, que como sabemos incluyen las políticas fiscal, comercial y monetaria y afectan a la demanda agregada). Entre este tipo de políticas de oferta se incluyen las políticas educativas –que pretenden aumentar la productividad del trabajo–, de innovación, las reformas laborales destinadas a disminuir los costes laborales, etc. A modo de resumen, podemos concluir destacando que todas aquellas perturbaciones que impliquen una mejora para el empresario suponen un desplazamiento a la derecha de la curva de oferta agregada, mientras todo lo que lleve consigo un empeoramiento para el empresario implica un desplazamiento a la izquierda de la oferta agregada.

5.4 El esquema de oferta agregada y demanda agregada

En este apartado analizamos conjuntamente la oferta agregada y la demanda agregada analizadas en los apartados anteriores, en el denominado *modelo de oferta agregada y demanda agregada* (OA-DA). Este modelo nos va a permitir describir la evolución de los precios y la producción (empleo) en una economía, así como ayudarnos a entender el porqué de la persistencia del desempleo, y matizar los resultados que hasta ahora hemos obtenido en relación con la efectividad de las políticas económicas.

Recordemos las expresiones analíticas de la demanda y de la oferta agregadas:

$$DA \equiv Y = \gamma A_0 + \beta \frac{M}{P}$$

$$OA_t \equiv P_t = P_{t-1}\left[1 + \lambda\left(Y_t - Y_{pe}\right)\right]$$

La diferencia fundamental entre ambas expresiones, como ya hemos ido avanzando, estriba en el hecho de que, mientras la oferta agregada presenta un comportamiento dinámico, la demanda agregada es estática. Pero esto no quiere decir que la demanda agregada no se pueda desplazar. De hecho, se desplazará siempre que haya algún tipo de política o perturbación que le afecte. Pero en ausencia de perturbaciones, la demanda agregada permanece estática, a diferencia de la oferta agregada, que se desplazará siempre que la producción no coincida con el nivel de pleno empleo, aun en ausencia de perturbaciones.

En el resto del apartado describimos cómo funciona este esquema de oferta agregada y demanda agregada. Comenzamos analizando la dinámica del modelo en ausencia de perturbación, para después analizar el efecto de la política económica sobre la producción y los precios con base a este modelo.

5.4.1 La dinámica en ausencia de perturbaciones

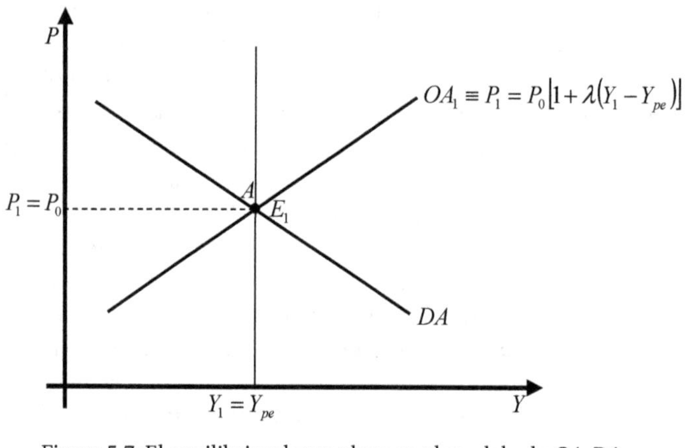

Figura 5.7: El equilibrio a largo plazo en el modelo de *OA-DA*.

En cada periodo, la intersección de la demanda agregada y la oferta agregada nos da la combinación de renta y nivel de precios de equilibrio. La figura 5.7 anterior completa la figura 5.6 añadiendo la función de demanda agregada. En este caso, hemos hecho coincidir el equilibrio del periodo 1 –punto E_1 en el que se cortan la oferta agregada del periodo 1 y la demanda agregada– con el punto *A*, que nos marca por donde pasa la oferta agregada del periodo 1. Es decir, en este caso y tal y como muestra la figura 5.7, la renta de equilibrio del periodo 1 coincide con la producción de pleno empleo, $Y_1 = Y_{pe}$, mientras que el nivel de precios permanece constante en el nivel del periodo anterior, $P_1 = P_0$. En este caso, decimos que se ha alcanzado la situación de largo plazo de la economía. El nivel de precios permanece constante y se ha alcanzado el pleno empleo. Esta es una situación estable, de la que la economía no se moverá si no hay alguna perturbación.

Una vez que conocemos cuál sería la situación de equilibrio a largo plazo de este modelo, vamos a analizar cómo alcanzaría la economía dicha situación, partiendo inicialmente de una situación de desempleo o de sobreempleo. Empezamos suponiendo que en el periodo 1 la economía se encuentra en una situación de desempleo, tal y como muestra la figura 5.8.

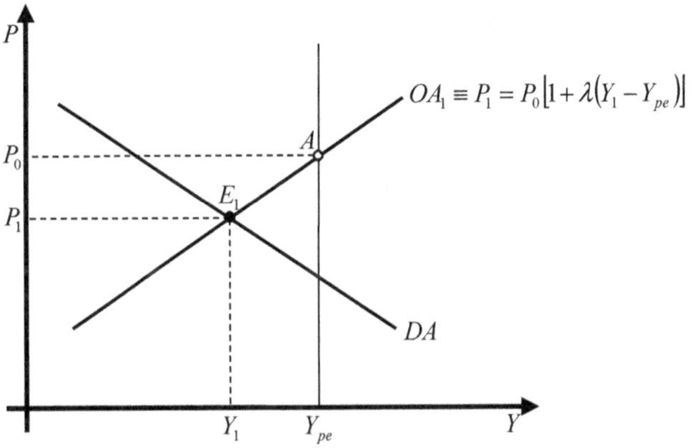

Figura 5.8: El modelo de *OA-DA*. Situación inicial de desempleo.

En este caso, el equilibrio del periodo 1 -punto E_1 en el que se cortan la oferta agregada del periodo 1 y la demanda agregada- no coincide con en el punto *A*, que nos marcaba por donde pasa la oferta agregada del periodo 1. Es decir, en este caso y tal y como podemos observar en la figura 5.8, la renta de equilibrio del periodo 1 no coincide con la producción de pleno empleo. En particular, tenemos que $Y_1 < Y_{pe}$, es decir, como ya hemos mencionado, existe desempleo. Esto hace que el nivel de precios sea inferior al nivel de precios del periodo anterior, $P_1 < P_0$. A su vez, esta modificación del nivel de precios hace que la oferta agregada se desplace, dando lugar a una nueva oferta agregada, la correspondiente al periodo 2.

Para entender mejor el desplazamiento de la oferta agregada, es conveniente fijarse en la expresión analítica de la oferta agregada del periodo 2:

$$OA_2 \equiv P_2 = P_1[1 + \lambda(Y_2 - Y_{pe})]$$

Al igual que hicimos al estudiar la oferta agregada, para representar esta oferta agregada del periodo 2, buscamos el corte con la línea de pleno empleo.

Observando la expresión anterior, comprobamos que si $Y_2 = Y_{pe}$, entonces $P_2 = P_1$. Por tanto, el par $(Y_2, P_2) = (Y_{pe}, P_1)$ que representamos en la figura 5.9 como el punto *B*, es el punto de la oferta agregada del período 2 que corta con la línea de pleno empleo. Es decir, para saber por dónde debe pasar la oferta agregada del periodo 2, proyectamos el nivel de precios del periodo 1 sobre la línea vertical correspondiente al pleno empleo. Representamos dicho desplazamiento en la figura 5.9.[9]

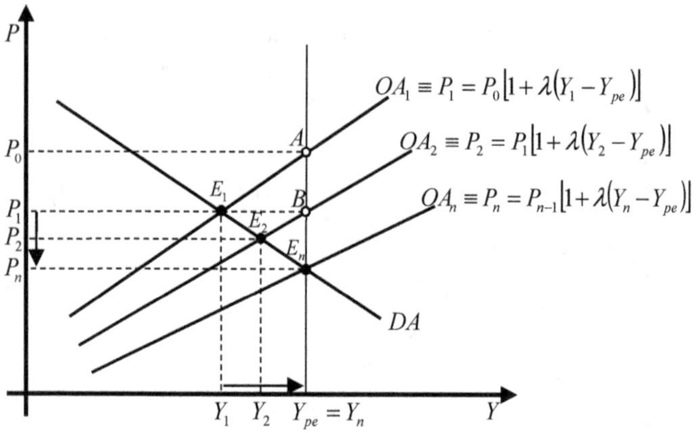

Figura 5.9: El ajuste hacia el pleno empleo partiendo de una situación inicial de desempleo.

El punto E_2 representa la combinación de renta y nivel de precios de equilibrio del periodo 2. En este punto la economía aún no ha alcanzado el pleno empleo $(Y_2 < Y_{pe})$, por lo que seguiría el ajuste de forma análoga a lo analizado. Al no coincidir la producción con el nivel de pleno empleo, el nivel de precios no coincide con el del periodo anterior y, en consecuencia, la oferta agregada se desplazará de nuevo, dando lugar a un nuevo equilibrio que acercaría la economía a la renta de pleno empleo, disminuyendo el nivel de precios.[10] El ajuste continuaría hasta que en un determinado periodo, *n*, la oferta agregada corta a la demanda agregada en el nivel de producción de pleno empleo, tal y como muestra la figura 5.9, siendo P_n el nivel de precios que tendrá la economía a largo plazo. Vemos, por tanto, que la situación de equilibrio a largo plazo la determina el corte de la demanda agregada con la

---

[9] Recuerde que la pendiente de la oferta agregada era $\frac{dP_t}{dY_t} = \lambda P_{t-1} > 0$. Por tanto, a medida que el nivel de precios va disminuyendo, la oferta agregada se va haciendo más plana.

[10] No representamos gráficamente la oferta agregada del periodo 3 ni el equilibrio correspondiente, para que la figura 5.9 pueda ser visualizada correctamente.

línea de pleno empleo. La oferta agregada, por su parte, se irá ajustando hasta alcanzar dicha situación de pleno empleo.

En resumen, partiendo de la situación inicial en la que existe desempleo, cabe esperar que en los períodos subsiguientes los salarios caigan paulatinamente, lo que originará período tras período, desplazamientos de la oferta agregada hacia la derecha hasta que, *n* períodos más tarde, se alcance el pleno empleo.

De forma análoga a lo expuesto anteriormente, las figuras 5.10 y 5.11 a continuación muestran el análisis de la dinámica del modelo en ausencia de perturbaciones, partiendo esta vez de una situación inicial de sobreempleo. Los razonamientos son análogos, la única diferencia es que, en este caso, para alcanzar el pleno empleo, la economía entrará en una fase de disminución de la producción y aumento de los precios, tal y como muestra la figura 5.11.

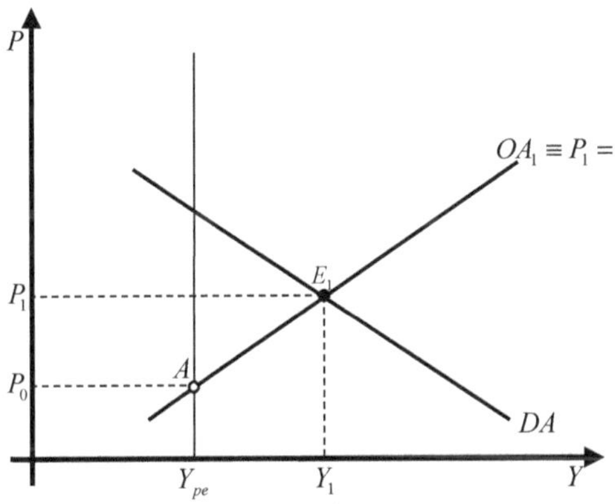

Figura 5.10: El modelo de *OA-DA*. Situación inicial de sobreempleo.

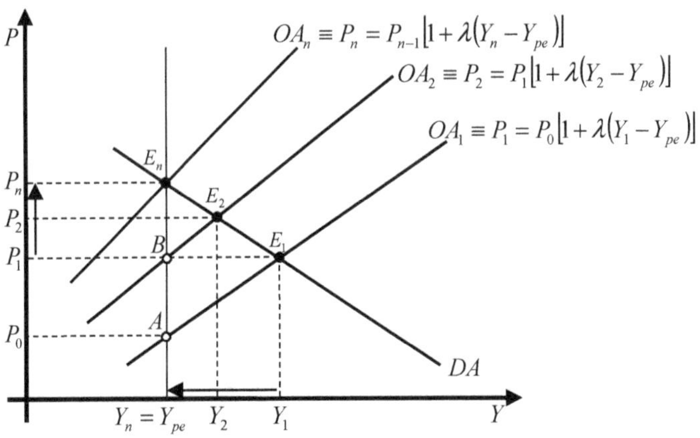

Figura 5.11: Ajuste hacia el pleno empleo partiendo de una situación inicial de sobreempleo.

5.4.2 Políticas de demanda vs. políticas de oferta

Para concluir con nuestro análisis, veamos a modo de ejemplo, el funcionamiento del modelo ante shocks de oferta o de demanda. Como advertiremos, la principal diferencia es que las políticas de demanda afectan a los fundamentos de la economía -valores de renta y nivel de precios que alcanza la economía a largo plazo-, mientras que las políticas de oferta solo alteran los fundamentos si consiguen a su vez modificar la producción potencial o de pleno empleo –modificando, por ejemplo, la productividad del trabajo–.

Efecto de una política de demanda expansiva: el corto y el largo plazo

Partimos de una situación inicial de desempleo que queda caracterizado por la intersección de la oferta y demanda agregadas iniciales, como muestra la figura 5.12. En este contexto, suponemos que se lleva a cabo una política de demanda expansiva. Entre este tipo de política podríamos incluir un aumento del gasto público o de las transferencias, una política monetaria expansiva o una política comercial también expansiva. En cualquiera de estos casos, dicha actuación conlleva un desplazamiento de la demanda agregada a la derecha, tal y como se aprecia en la figura 5.13. Para precisar el análisis, vamos a suponer que la política ha consistido en un aumento de la oferta monetaria, de forma que $M' > M$. De manera instantánea, a corto plazo, el efecto expansivo de esta política se traduce en un aumento del output, $Y_1' > Y_1$, y de los precios, $P_1' > P_1$. Sin embargo, el equilibrio posterior a la perturbación, representado en la figura 5.13 como E_1' no es el equilibrio a largo plazo de la economía, puesto que la producción no ha alcanzado su nivel de pleno empleo, $Y_1' < Y_{pe}$.

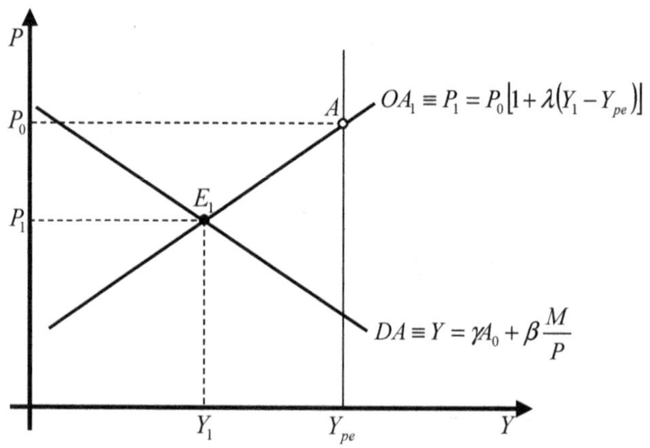

Figura 5.12: La situación inicial.

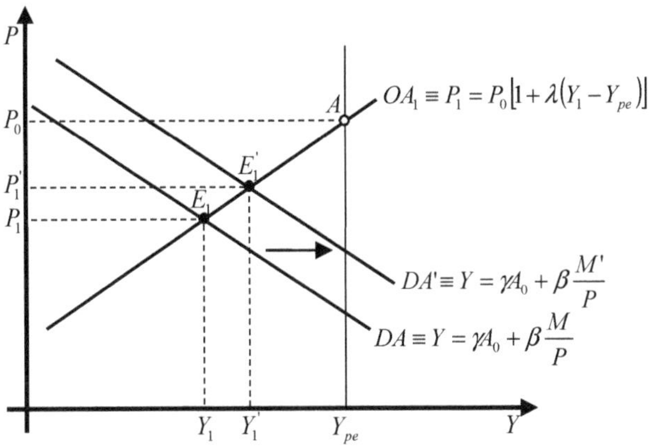

Figura 5.13: El efecto a corto plazo.

A partir de este punto E_1', el análisis se correspondería con lo mencionado al analizar la dinámica del modelo en ausencia de perturbación, pero partiendo del equilibrio E_1' en el que se sitúa la economía tras la política monetaria, en vez de partir del equilibrio inicial E_1. Sabemos que, al encontrarnos en una situación de desempleo, período tras período, la oferta agregada se irá desplazando a la derecha entrando en un proceso de aumento del output y reducción del desempleo y de reducción paulatina de precios, hasta que n períodos más tarde, en el largo plazo, la oferta agregada del período n, se corte con la nueva demanda agregada DA' en el nivel de pleno empleo de la producción. Vamos a explicar el primer desplazamiento de la oferta agregada. El resto, hasta llegar al periodo n se omiten por simplicidad. Como ya hemos mencionado, partimos del punto E_1'. Como la producción aún no ha alcanzado su nivel de pleno empleo, la oferta agregada se desplazará. La nueva oferta agregada será la siguiente:

$$OA_2 \equiv P_2 = P_1'[1 + \lambda(Y_2 - Y_{pe})]$$

Donde la única particularidad es que el nivel de precios del periodo 1 que tomamos es el correspondiente al equilibrio tras la perturbación P_1'. Para representar esta nueva oferta agregada, buscamos como sabemos el corte con la línea de pleno empleo. Observando la expresión anterior, comprobamos que si $Y_2 = Y_{pe}$, entonces $P_2 = P_1'$. Por tanto, el par $(Y_2, P_2) = (Y_{pe}, P_1')$ es el punto de la oferta agregada del período 2 que corta con la línea de pleno empleo, marcado en la figura 5.14 como punto B, y por donde trazamos la oferta agregada del periodo 2. El punto E_2 -intersección de DA' y OA_2 representa la combinación de renta y nivel de precios de equilibrio del periodo 2.[11] En este punto la economía aún no ha alcanzado el pleno empleo $\left(Y_2' < Y_{pe}\right)$, por lo que seguiría el ajuste de forma análoga a lo analizado hasta alcanzar el pleno empleo en el periodo *n*.

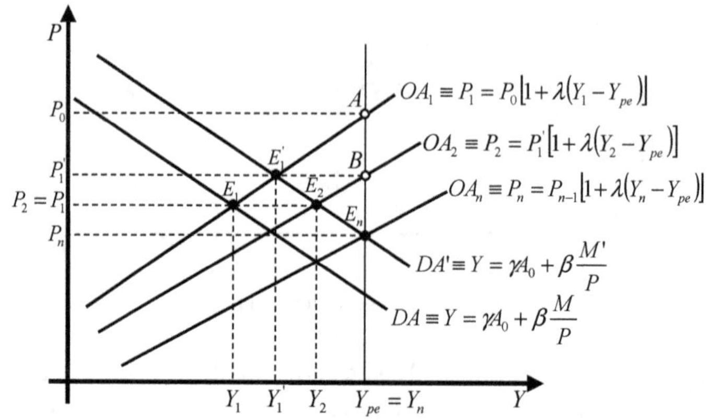

Figura 5.14: La transición al pleno empleo.

Observe que, a largo plazo, al igual que en el caso de no hacer política, el modelo predice que se alcanzará el pleno empleo. No obstante, el largo plazo se alcanza con unos peores fundamentos, ya que el nivel de precios de largo plazo en este caso en el que se realiza política expansiva es más elevado que el nivel que se obtenía cuando no se interviene con política económica. La figura 5.15 a continuación representa de forma simplificada el efecto a largo plazo de la política. Puesto que sabemos que el punto al que llega la economía a largo plazo viene dado por el corte de la demanda agregada con la línea de pleno empleo, dicha figura representa el equilibrio a largo plazo que se habría alcanzado si no se hubiese llevado a cabo la política expansiva -punto E_n- y lo compara con la situación a la que llega la economía a largo plazo tras la aplicación de la política -punto E_n'-. Podemos comprobar como efectivamente en ambos casos se alcanza el pleno empleo, $Y_n = Y_n' = Y_{pe}$, mientras que el nivel de precios ha aumentado con la política expansiva, $P_n < P_n'$. Decimos en este caso, que los fundamentos de la economía han empeorado, puesto que a largo plazo se alcanza el mismo nivel de renta, pero con unos precios más altos.

[11] Observe que en este caso particular que estamos analizando se cumple que $P_2 = P_1$. Es simplemente una coincidencia, pero esta condición no tiene que darse necesariamente.

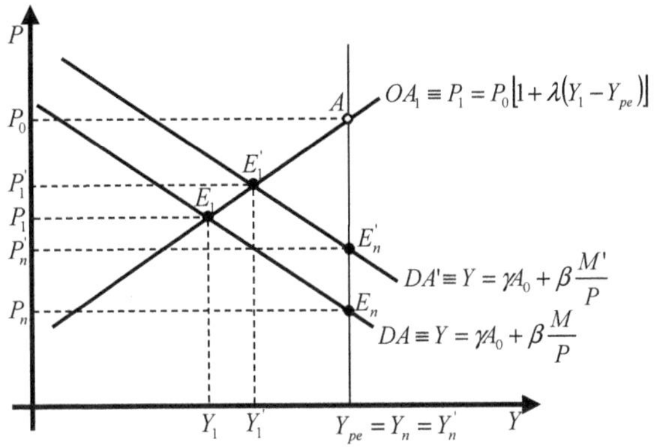

Figura 5.15: El efecto a largo plazo.

Efecto de una perturbación positiva de oferta.

Partimos de nuevo de una situación inicial de desempleo como la representada en la figura 5.12. Suponemos ahora que tiene lugar una perturbación positiva de oferta que no altera la producción de pleno empleo. Por ejemplo, podemos suponer que disminuye el precio de las materias primas o que se eliminan las indemnizaciones por despido. Esta perturbación conlleva un desplazamiento de la oferta agregada a la derecha tal y como muestra la figura 5.16 a continuación. De manera instantánea, a corto plazo, el efecto de este shock de oferta es el de un aumento del output y una reducción de los precios. De aquí en adelante, y período tras período, la oferta agregada se irá desplazando a la derecha entrando en un proceso de aumento del output, reducción del desempleo y reducción paulatina de precios, hasta que *n* períodos más tarde, en el largo plazo, la oferta agregada del período *n*, se corte con la demanda agregada para el nivel de producción de pleno empleo. La figura 5.17 a continuación muestra el ajuste.

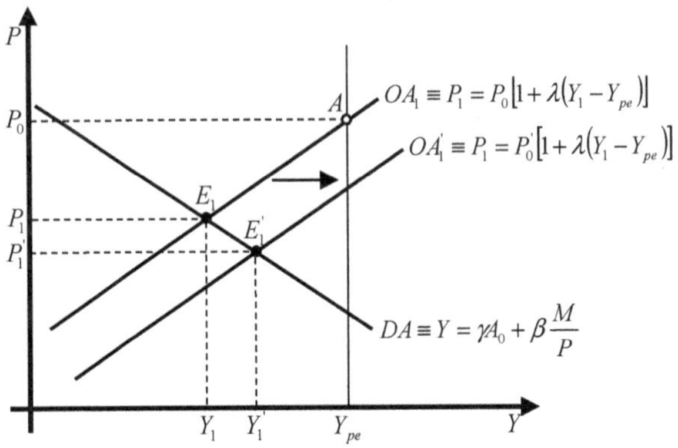

Figura 5.16: El efecto a corto plazo.

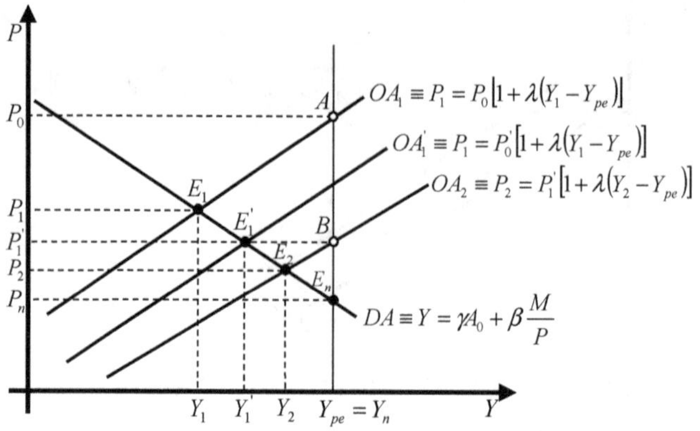

Figura 5.17: La transición al pleno empleo.

En este caso, puesto que no ha cambiado ni la demanda agregada ni la producción de pleno empleo –que como sabemos son los que determinan los niveles de producción y precios de largo plazo– decimos que la economía alcanza a largo plazo los mismos fundamentos que si no hubiese habido perturbación. Aunque no existe un efecto a largo plazo, el proceso de reducción del desempleo se acelera gracias a este shock positivo de oferta.

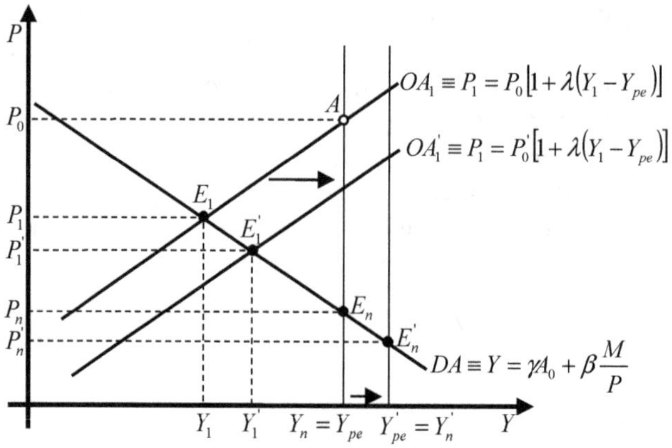

Figura 5.18: El efecto a corto y a largo plazo de un aumento de la productividad del trabajo.

Para acabar este apartado, es necesario mencionar que ciertas perturbaciones de oferta alteran, además de la oferta agregada, la producción de pleno empleo. Un ejemplo de este tipo sería el aumento de la productividad del trabajo, *a*. En este caso, estaríamos ante una perturbación de oferta que sí altera los fundamentos de la economía, como podemos comprobar en la figura 5.18 a continuación. Por simplicidad, hemos omitido los desplazamientos de la oferta agregada que llevarían a la economía desde el punto E_1' hasta el pleno empleo.

Queremos destacar el efecto a corto plazo, que coincide con lo analizado en el caso de la perturbación de oferta anterior en la que no se modifica la producción de pleno empleo, y el efecto a largo plazo. Si la productividad no hubiese aumentado, la economía llegaría a largo plazo al punto E_n. Sin embargo, al aumentar la productividad, el equilibrio a largo plazo se alcanza en el punto E_n'. Vemos, por tanto, que el aumento de la productividad mejora los fundamentos: a largo plazo se alcanza una mayor producción, $Y_n < Y_n'$, con un nivel de precios más bajo, $P_n > P_n'$.

5.4.3 La pendiente de la oferta agregada y la efectividad de la política económica

Terminamos este apartado reflexionando sobre el impacto de la pendiente de la oferta agregada sobre la efectividad de la política económica, en particular, de la política de demanda. Recuerde que la pendiente de la oferta agregada era $\frac{dP_t}{dY_t} = \lambda P_{t-1}$, siendo λ un parámetro que nos indica, en última instancia, la velocidad de ajuste entre los precios y el output gap, vía salarios. En lo que estamos ahora interesados es en ver si la pendiente de la oferta agregada tiene implicaciones o no sobre la efectividad o inefectividad de la política económica, de forma análoga al análisis realizado en el modelo IS-LM. Ahora, la política monetaria, fiscal o comercial, son todas ellas políticas de demanda, afectan a la demanda agregada, por lo que no tiene sentido distinguir entre las mismas. Supongamos que la curva de oferta agregada fuera completamente elástica, completamente plana ($\lambda = 0$). En este caso, una política de demanda solo se refleja en el output y el empleo sin tener efecto sobre los precios como muestra la figura 5.19.

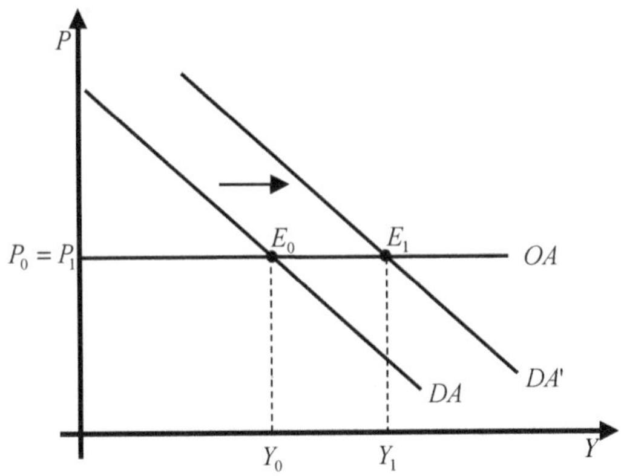

Figura 5.19: Efecto de una política de demanda con función de oferta keynesiana.

Como ya habíamos adelantado, este es el llamado caso keynesiano, que se corresponde con el modelo IS-LM en el que los precios estaban dados, eran rígidos. Esta concepción del mundo nos debería llevar a ser activistas, a pensar en la efectividad de la política económica como política de estabilización.

En el extremo opuesto, se encuentra el caso clásico, donde como sabemos, la curva de oferta es completamente rígida, ya que se supone que los mercados se ajustan automáticamente -vaciado continuo de los mercados- y que, por tanto, siempre nos encontramos en el pleno empleo. En este caso, como podemos ver en la figura 5.20, la política de demanda es completamente inefectiva y tan solo consigue aumentar los precios.

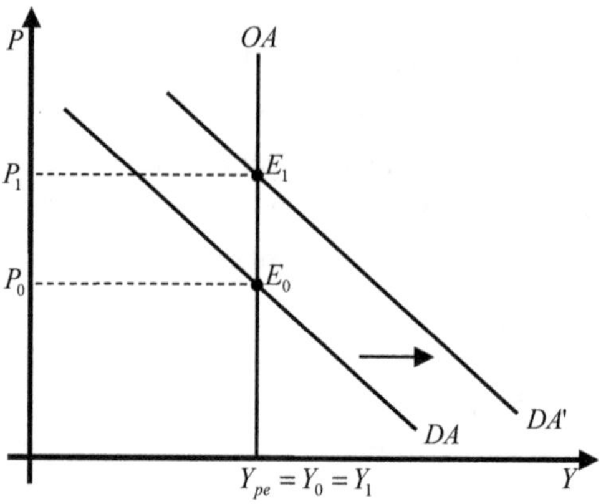

Figura 5.20: Efecto de una política de demanda con función de oferta clásica.

En suma, cuanto más flexibles son los salarios y los precios, menor es la efectividad de la política de demanda.

5.5 El esquema de oferta agregada y demanda agregada dinámico

La curva de Phillips en la que se basa la oferta agregada que hemos considerado hasta el momento, implica una disyuntiva entre el desempleo y la inflación. Sin embargo, el fenómeno de la *estanflación* -elevado desempleo y elevada inflación- de los años 70 puso en cuestión la validez de dicha relación empírica. Precisamente algunos años antes, Friedman[12] y Phelps[13] propusieron incluir en la curva de Phillips original las expectativas sobre la inflación, dando lugar a lo que se ha denominado curva de Phillips modificada. Esta enmienda de Friedman y Phelps, principal contribución de la escuela monetarista a la teoría del desempleo y la inflación, la curva de Phillips puede explicar el fenómeno de la estanflación si, aunque haya desempleo, las expectativas de inflación de los agentes sean suficientemente altas. En este apartado utilizamos esta

[12] Friedman (1968).

[13] Phelps (1967).

enmienda y transformamos el esquema de oferta agregada y demanda agregada en un modelo dinámico que nos permite analizar la evolución de la tasa de inflación y de la producción. Comenzamos transformando la oferta agregada analizada con anterioridad en una relación output-inflación, para a continuación obtener la demanda agregada dinámica.

5.5.1 La oferta agregada dinámica

Partimos de la expresión analítica de la oferta agregada que hemos venido considerando:

$$OA_t \equiv P_t = P_{t-1}\left[1 + \lambda\left(Y_t - Y_{pe}\right)\right]$$

Recuerde que queremos transformar esta expresión para que en vez de aparecer los precios aparezcan tasas de inflación. Para ello, es conveniente recordar que la tasa de inflación entre el período *t* y *t*-1, que llamamos π_t, se puede expresar como sigue:

$$\pi_t = \frac{P_t - P_{t-1}}{P_{t-1}}$$

Si en la expresión de la oferta agregada eliminamos los corchetes tenemos que:

$$P_t = P_{t-1} + P_{t-1}\lambda\left(Y_t - Y_{pe}\right)$$

Pasando a la izquierda de la igualdad el primer miembro de la parte izquierda podemos escribir que:

$$P_t - P_{t-1} = P_{t-1}\lambda\left(Y_t - Y_{pe}\right)$$

Si pasamos a la izquierda el nivel de precios del periodo *t*-1 que aparece en la parte derecha de la igualdad obtenemos lo siguiente:

$$\underbrace{\frac{P_t - P_{t-1}}{P_{t-1}}}_{\pi_t} = \lambda\left(Y_t - Y_{pe}\right)$$

Donde ya podemos observar la relación entre la tasa de inflación y la producción:

$$\pi_t = \lambda\left(Y_t - Y_{pe}\right)$$

Esta expresión de la oferta agregada nos dice que la tasa de inflación es positiva cuando la producción está por encima del nivel de pleno empleo. A continuación, ampliamos esta expresión para incorporar las expectativas de los agentes sobre la inflación π^e como un determinante adicional en el lado de la oferta. La intuición que hay detrás de la incorporación de la inflación esperada en la oferta agregada es la siguiente. Por una parte, teniendo en cuenta que a los trabajadores les interesa el salario real y no el nominal, en la negociación salarial demandarán que al margen del nivel de desempleo también se tenga en cuenta la inflación esperada. Por otra parte, las empresas podrán pagar unos salarios nominales más altos si el precio que reciben por su producto sube. Si esperan que el nivel de precios suba, estarán dispuestos a aumentar el salario, lo que a la postre hará subir el nivel de precios. Teniendo en cuenta estos razonamientos, parece oportuno añadir la inflación esperada a la curva de oferta agregada como sigue:

$$\pi_t = \pi^e + \lambda(Y_t - Y_{pe})$$

Obtenemos así la denominada *curva de oferta agregada dinámica* o con expectativas. Con la incorporación de la inflación esperada, podemos ahora comprobar que la inflación puede ser positiva incluso cuando el desempleo es elevado, si las expectativas de inflación son suficientemente altas.[14]

Para terminar este apartado, necesitamos hacer un *supuesto sobre la inflación esperada*. En este sentido, existen dos grandes enfoques sobre las expectativas de inflación. El primero establece que las expectativas son *adaptativas*, esto es, se basan en el comportamiento pasado de la tasa de inflación. Dentro de este enfoque, el supuesto más sencillo sería considerar que la inflación esperada coincide exactamente con la tasa de inflación del periodo anterior. Es decir, ante este sencillo supuesto tendríamos que $\pi^e = \pi_{t-1}$. Por su parte, el otro gran enfoque establece que las expectativas son *racionales*, lo que implica que los agentes no cometen errores sistemáticos cuando forman sus expectativas. Es decir, en este caso los agentes utilizarían toda la información existente sobre la conducta futura del nivel de precios para formar sus expectativas de inflación, corrigiendo cualquier tipo de error, de forma que en promedio las expectativas son correctas. El inconveniente de este enfoque es que las expectativas racionales no se pueden modelizar de forma tan sencilla como las expectativas adaptativas. Durante el resto del apartado vamos a suponer que la inflación esperada coincide con la inflación del periodo anterior, por lo que la curva de oferta agregada dinámica (*OAD*) que utilizamos es la siguiente:

$$OAD_t \equiv \pi_t = \pi_{t-1} + \lambda(Y_t - Y_{pe})$$

Esta curva de oferta agregada dinámica funciona de forma análoga a como lo hace la curva de oferta agregada que hemos utilizado en los apartados anteriores. Podemos comprobar de nuevo que tiene un carácter dinámico y

---

[14] Esta es la función de oferta agregada que se deriva de la curva de Phillips ampliada con la enmienda de Friedman y Phelps mencionada al comienzo de este apartado.

que se irá desplazando siempre que la producción no haya alcanzado su nivel de pleno empleo. Podemos comprobar asimismo que tiene pendiente positiva:[15]

$$\frac{d\pi_t}{dY_t} = \lambda > 0$$

Y si queremos representarla, podemos hacer como al representar la oferta agregada, buscar el punto de corte con el nivel de producción de pleno empleo. Si $Y_t = Y_{pe}$, entonces $\pi_t = \pi_{t-1}$. De esta forma, sabemos que la curva de oferta agregada corta a la línea de pleno empleo en el par (Y_{pe}, π_{t-1}) -representado en la figura 5.21 como *A*-.

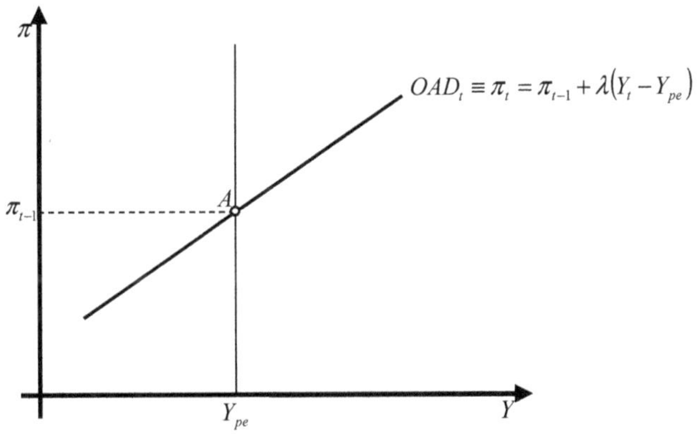

Figura 5.21: La oferta agregada dinámica.

5.5.2 La demanda agregada dinámica

En este apartado, partimos de la función de demanda agregada que hemos venido utilizando y que solo se desplazaba ante perturbaciones de demanda, para obtener una relación dinámica entre la tasa de inflación y el nivel de producto. Recuerde la expresión de la demanda agregada que obtuvimos a partir del modelo IS-LM:

$$Y = \gamma A_0 + \beta \frac{M}{P}$$

Diferenciando esta expresión de la demanda agregada, suponiendo que los parámetros de los multiplicadores de política monetaria y fiscal se mantienen constantes, tenemos que:

[15] Observe que en este caso la pendiente de la oferta agregada no depende de la tasa de inflación, por lo que los sucesivos desplazamientos de la función de oferta agregada serán representados como desplazamientos paralelos.

$$dY = \gamma dA_0 + \beta d\left(\frac{M}{P}\right)$$

A continuación, utilizamos la regla de diferenciación de un cociente para diferenciar la oferta monetaria real:

$$dY = \gamma dA_0 + \beta \frac{dM \cdot P - M \cdot dP}{P^2}$$

Simplificando y reordenando términos en el segundo sumando, tenemos que:

$$dY = \gamma dA_0 + \beta \left(\frac{dM}{P} - \frac{M}{P}\frac{dP}{P}\right)$$

Si multiplicamos y dividimos entre la oferta monetaria nominal M en el primer término del paréntesis tenemos que:

$$dY = \gamma dA_0 + \beta \left(\frac{dM}{P}\frac{M}{M} - \frac{M}{P}\frac{dP}{P}\right)$$

Ahora podemos sacar factor común la oferta monetaria en el segundo término de la parte derecha de la igualdad:

$$dY = \gamma dA_0 + \beta \frac{M}{P}\left(\frac{dM}{M} - \frac{dP}{P}\right)$$

Donde $\frac{dP}{P}$ es la tasa de crecimiento del nivel de precios, es decir, la tasa de inflación π_t. Por su parte, $\frac{dM}{M}$ es la tasa de crecimiento de la cantidad nominal de dinero, tasa de crecimiento monetario que denotamos por *m*. Finalmente, sabemos que dY es la diferencia entre el nivel de producción de un periodo y el nivel del periodo anterior, es decir, $Y_t - Y_{t-1}$. Por tanto, tenemos que:

$$\underbrace{dY}_{Y_t - Y_{t-1}} = \gamma dA_0 + \beta \frac{M}{P}\left(\underbrace{\frac{dM}{M}}_{m} - \underbrace{\frac{dP}{P}}_{\pi_t}\right)$$

Por último, pasando el nivel de producción del periodo t-1 a la derecha, obtenemos la expresión de la *demanda agregada dinámica* (*DAD*) que estábamos buscando:

$$DAD_t \equiv Y_t = Y_{t-1} + \gamma dA_0 + \beta \frac{M}{P}(m - \pi_t)$$

Así pues, observamos que la variación de la demanda agregada está determinada por la política fiscal y por la tasa de variación de los saldos reales (tasa de crecimiento monetario menos tasa de inflación). Observamos además que, en ausencia de variaciones en el componente autónomo del gasto, $dA_0 = 0$, la renta permanecerá constante, $Y_t = Y_{t-1}$, solo si la tasa de inflación coincide con la tasa de crecimiento monetario, $\pi_t = m$. Por tanto, la tasa de crecimiento monetario se convierte en la referencia para la tasa de inflación, de forma que, a largo plazo, la tasa de variación del nivel de precios coincidirá con la tasa de crecimiento de la cantidad nominal de dinero. Tanto es así, que al igual que la línea de pleno empleo se utiliza como referencia para representar la curva de oferta agregada dinámica, la tasa de crecimiento monetario se utiliza como referencia para representar la curva de demanda agregada dinámica, tal y como muestra la figura 5.22 a continuación. Así, el par (Y_{t-1}, m) -representado en la figura 5.22 como a- es el punto de corte de la demanda agregada con la línea que marca la tasa de crecimiento monetario.

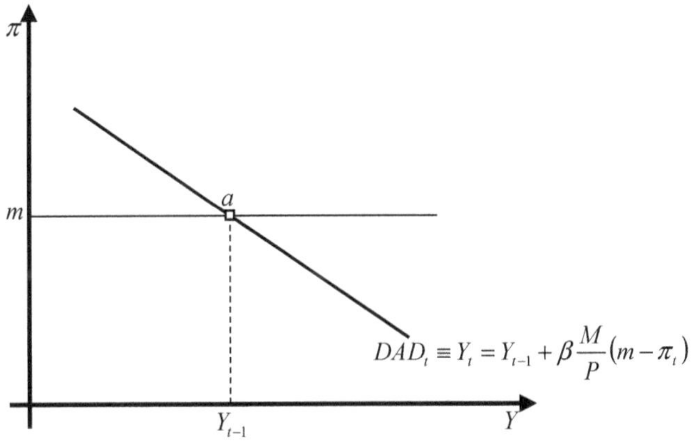

Figura 5.22: La demanda agregada dinámica en ausencia de perturbaciones.

De forma análoga a cómo se desplaza la oferta agregada dinámica, la demanda agregada dinámica se desplazará siempre que la tasa de inflación no coincida con la tasa de crecimiento monetario, tal y como veremos en los apartados siguientes.

5.5.3 El equilibrio a largo plazo

Una vez obtenidas las versiones dinámicas de las curvas de oferta y demanda agregadas, estamos en disposición de analizar el funcionamiento del esquema dinámico. Antes de ello, vamos a retomar las expresiones de la oferta agregada dinámica y de la demanda agregada dinámica, para analizar el equilibrio a largo plazo. En los apartados anteriores ya hemos avanzado que la producción de pleno empleo y la tasa de crecimiento monetario constituyen los valores estacionarios, los valores de largo plazo, de la producción y de la tasa de inflación, respectivamente. Estos valores, Y_{pe} y m, son lo que denominamos los *fundamentos de la economía*, los valores de la producción y de la tasa de inflación hacia los que tiende la economía a largo plazo. Para entender mejor esta afirmación, recuerde que el largo plazo o estado estacionario es aquella situación de la economía que se alcanza cuando las variables dejan de variar, cuando se estabilizan. Así, si en el momento *t*-1 una economía hubiese alcanzado el estado estacionario, el valor de las variables debe ser el mismo en *t*. Supongamos por un momento que la economía ha alcanzado el estado estacionario. En ese caso, debería cumplirse que $Y_t = Y_{t-1}$ y que $\pi_t = \pi_{t-1}$. Nos fijamos a continuación en lo que implicaría este hecho en las curvas de oferta agregada dinámica y demanda agregada dinámica (suponiendo que no existe ningún tipo de perturbación, por lo que $dA_0 = 0$). En la expresión de la demanda agregada dinámica, comprobamos que, en este caso, la tasa de inflación coincide con la tasa de crecimiento monetario:

$$DAD_t \equiv Y_t = Y_{t-1} + \gamma \underbrace{dA_0}_{=0} + \beta \frac{M}{P}(m - \pi_t) \underset{\substack{\uparrow \\ Y_t = Y_{t-1}}}{\Rightarrow} \pi_t = m$$

Por su parte, la expresión de la oferta agregada dinámica nos confirma que, si se ha alcanzado el estado estacionario, la producción coincide con la de pleno empleo:

$$OAD_t \equiv \pi_t = \pi_{t-1} + \lambda\left(Y_t - Y_{pe}\right) \underset{\substack{\uparrow \\ \pi_t = \pi_{t-1}}}{\Rightarrow} Y_t = Y_{pe}$$

Por tanto, comprobamos que se alcanza el largo plazo cuando $Y_t = Y_{pe}$ y $\pi_t = m$. La figura 5.23 muestra una situación en la que la economía se encuentra en el estado estacionario. En el periodo representado, periodo 1, la oferta agregada dinámica y la demanda agregada dinámica se cortan justo en el par $\left(Y_{pe}, m\right)$, por lo que la economía se quedará estacionaria en dicha situación, salvo que haya alguna perturbación que altere la oferta agregada dinámica, la demanda agregada dinámica, la producción de pleno empleo o la tasa de crecimiento monetario.

Una vez hemos analizado la situación a la que llegará la economía a largo plazo, nos centramos en analizar la dinámica del modelo en ausencia de perturbaciones, lo que nos indicará como a partir de cualquier situación diferente de la de largo plazo (esto es, fuera del estado estacionario), la propia dinámica del modelo llevará a que la economía atravesará por diferentes combinaciones de inflación y output hasta alcanzar, finalmente, una situación de estado estacionario como la representada en la figura 5.23 de la página siguiente.

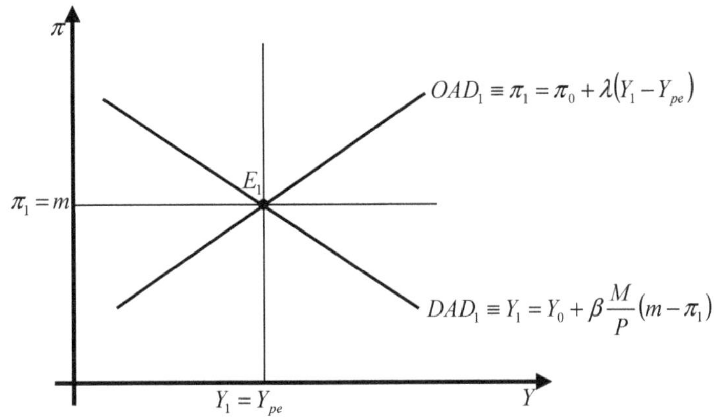

Figura 5.23: El equilibrio a largo plazo en el modelo de *OAD-DAD.*

5.5.4 La dinámica en ausencia de perturbaciones

En este apartado analizamos la dinámica del output y de la inflación en ausencia de perturbaciones. Volvamos a fijarnos en las expresiones de la oferta y de la demanda agregada dinámicas:

$$DAD_t \equiv Y_t = Y_{t-1} + \gamma \underbrace{dA_0}_{=0} + \beta \frac{M}{P}(m - \pi_t)$$

$$OAD_t \equiv \pi_t = \pi_{t-1} + \lambda(Y_t - Y_{pe})$$

Observando la expresión de la demanda agregada dinámica, vemos que, si el nivel de inflación es mayor que la tasa de crecimiento monetario, la producción disminuirá, mientras que si la tasa de inflación está por debajo de la tasa de crecimiento monetario, la producción aumentará. Resumimos esta información en la figura 5.24, de forma que en los cuadrantes *I* y *IV* -situados por encima de la línea de crecimiento monetario- la dinámica de la producción es señalada con una flecha horizontal dirigida hacia la izquierda para destacar que la producción disminuye en esos casos. Por su parte, en los cuadrantes *II* y *III* –para los cuales el nivel de inflación es menor que la tasa de crecimiento monetario– señalamos con una flecha horizontal dirigida hacia la derecha para señalar que, en esas situaciones, el output estaría aumentando.

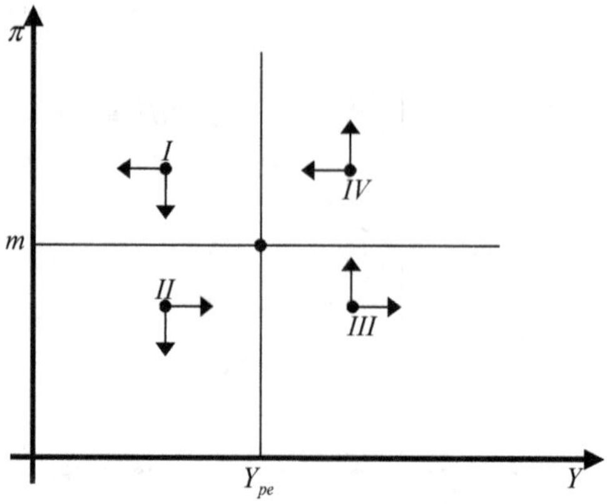

Figura 5.24: La dinámica de la inflación y el output en el modelo de *OAD-DAD.*

De forma análoga, si nos fijamos en la expresión de la oferta agregada dinámica, observamos que si la producción es menor que la producción potencial o de pleno empleo -si existe desempleo-, la tasa de inflación disminuirá, mientras que si la producción es mayor que el nivel de pleno empleo –si existe sobreempleo–, la tasa de inflación aumentará. En consecuencia, en los cuadrantes *I* y *II* de la figura 5.24, en los que la producción está por debajo del nivel de pleno empleo, señalamos con una flecha vertical dirigida hacia abajo que la tasa de inflación disminuye en presencia de desempleo. Por su parte, en los cuadrantes *III* y *IV*, para los que la producción está por encima del nivel de pleno empleo, dicha flecha vertical está orientada hacia arriba, para destacar que la tasa de inflación aumenta en presencia de sobreempleo.

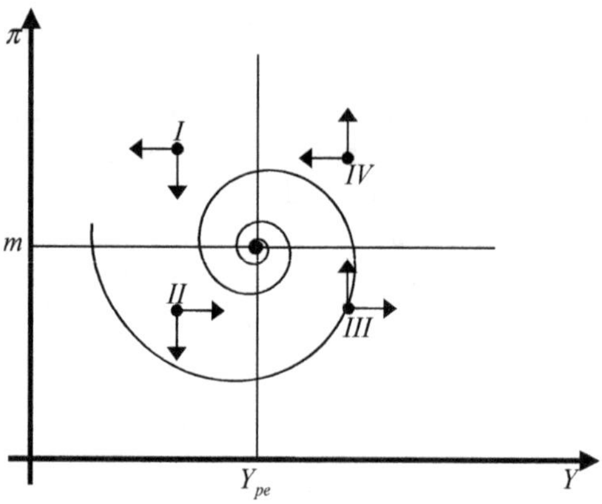

Figura 5.25: La dinámica de la inflación y el output partiendo de una situación inicial de desempleo e inflación superior a la tasa de crecimiento monetario.

Así, dicha figura nos da una idea de cuál será la senda de aproximación al equilibrio a largo plazo, dependiendo de cuál sea la situación inicial. A modo de ilustración, la figura 5.25 muestra la dinámica de la producción y de la inflación partiendo de una situación inicial en la que existe desempleo y la tasa de inflación es mayor a la tasa de crecimiento monetario (cuadrante *I*).

Si transformamos la figura anterior en dos figuras en las que representamos la evolución temporal de ambas variables, observamos que hasta alcanzar sus valores de largo plazo, la economía oscila en torno a dichos valores, como muestran las figuras 26 y 27 a continuación.

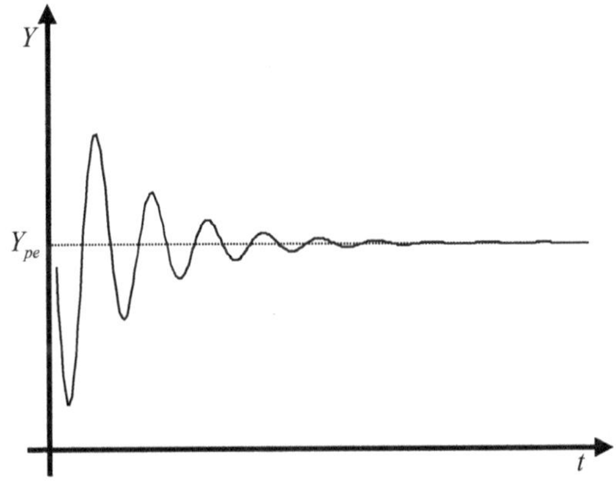

Figura 5.26: Evolución temporal del output.

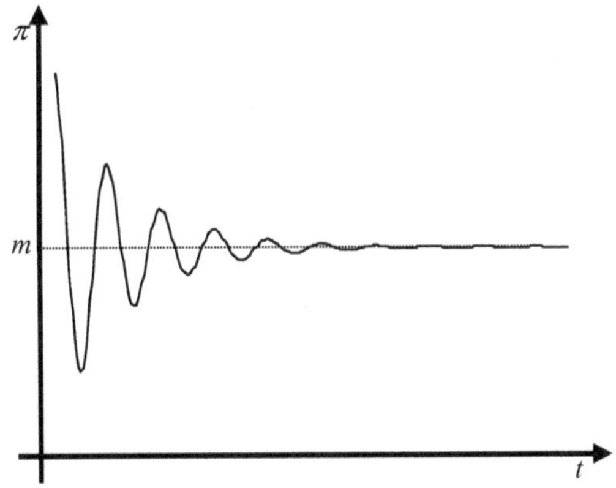

Figura 5.27: Evolución temporal de la tasa de inflación.

A continuación, completamos el análisis anterior con la obtención de la senda anterior de aproximación al equilibrio a largo plazo a partir de los equilibrios entre la oferta agregada dinámica y la demanda agregada dinámica periodo a periodo. Al igual que en el modelo de oferta agregada y demanda agregada, en cada periodo, la intersección de la demanda agregada dinámica y la oferta agregada dinámica nos da la combinación de renta y tasa de inflación de equilibrio. Vamos a comenzar representando el equilibrio del periodo 1, suponiendo de nuevo que se trata de una situación inicial de desempleo e inflación superior al nivel de inflación de largo plazo. Es decir, la intersección de la oferta agregada dinámica y de la demanda agregada dinámica se encuentra en lo que hemos denominado cuadrante *I*, tal y como muestra la figura 5.28.

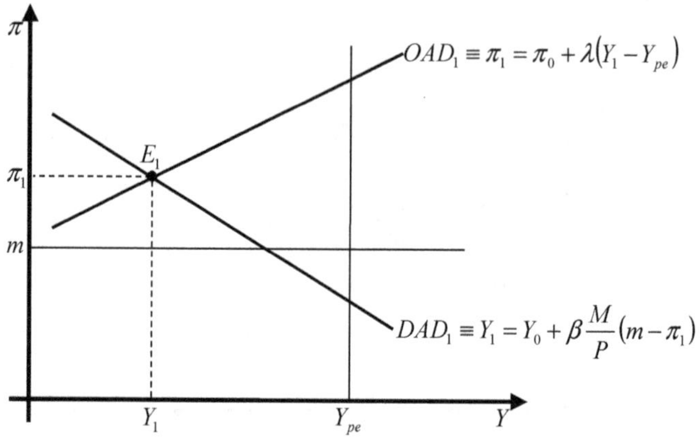

Figura 5.28: Modelo de *OAD-DAD*. Situación inicial de desempleo y tasa de inflación superior a la tasa de crecimiento monetario.

El punto de equilibrio del periodo 1 E_1 no es estable, puesto que ni la producción coincide con su nivel de pleno empleo, ni la tasa de inflación coincide con la de largo plazo. Siempre que la producción no coincida con la de pleno empleo, el nivel de inflación variará y, por tanto, la curva de oferta agregada dinámica se desplazará. Por su parte, siempre que la tasa de inflación no coincida con la tasa de crecimiento monetario, el nivel de output variará, lo que lleva consigo un desplazamiento de la demanda agregada dinámica. En el caso que estamos analizando, por tanto, se desplazarán tanto la oferta agregada dinámica, como la demanda agregada dinámica. Las ecuaciones que describen el estado de la economía en el periodo 2 vienen dadas por las siguientes expresiones:

$$OAD_2 \equiv \pi_2 = \pi_1 + \lambda(Y_2 - Y_{pe})$$

$$DAD_2 \equiv Y_2 = Y_1 + \beta \frac{M}{P}(m - \pi_2)$$

Si queremos saber por dónde han de pasar exactamente estas nuevas curvas, podemos hacer los siguientes razonamientos. Si la producción del periodo 2 coincidiese con el nivel de pleno empleo, $Y_1 = Y_{pe}$, la curva de oferta agregada dinámica del periodo 2 nos dice que la tasa de inflación debería ser igual a la del periodo anterior, $\pi_2 = \pi_1$. Por tanto, la curva de oferta agregada dinámica del periodo 2 pasa por el punto blanco denotado en la figura 5.29 como *A*. Por su parte, si la tasa de inflación del periodo 2 coincide con la tasa de crecimiento monetario, $\pi_2 = m$, según la función de demanda agregada dinámica y en ausencia de perturbaciones, el nivel de producción debe coincidir con el del periodo 1, $Y_2 = Y_1$. Esto quiere decir que la demanda agregada dinámica del periodo 2 debe pasar por el cuadrado blanco denotado en la figura 5.29 como *a*.

Las nuevas curvas de oferta agregada y demanda agregada dinámicas del período 2 determinan un nuevo equilibrio para la economía, representado por el punto E_2.

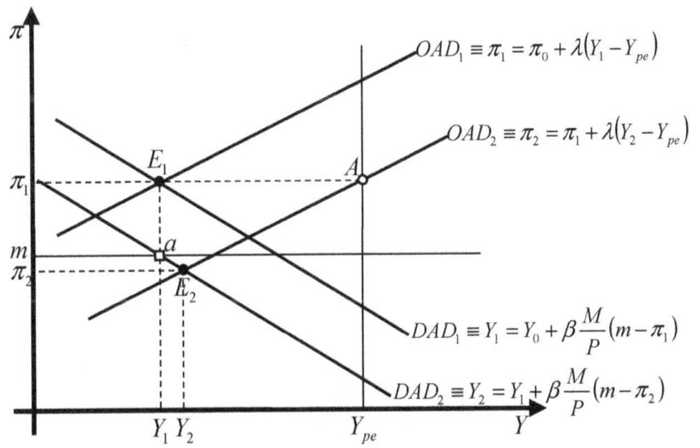

Figura 5.29: La dinámica de transición al estado estacionario. Periodo 2.

El equilibrio del periodo 2 tampoco es estable, puesto que ni la producción coincide con su nivel de pleno empleo, ni la tasa de inflación coincide con la tasa de crecimiento monetario. La figura 5.30 muestra los desplazamientos de las curvas de oferta agregada dinámica y demanda agregada dinámica, así como el equilibrio del periodo 3, denotado por E_3. Volvemos a recalcar cuál es el procedimiento seguido para representar la oferta agregada dinámica y la demanda agregada dinámica del periodo 3. Es conveniente para ello recordar las expresiones matemáticas de ambas curvas:

$$OAD_3 \equiv \pi_3 = \pi_2 + \lambda(Y_3 - Y_{pe})$$

$$DAD_3 \equiv Y_3 = Y_2 + \beta \frac{M}{P}(m - \pi_3)$$

Observamos de nuevo que, si la producción del periodo 3 coincidiese con el nivel de pleno empleo, $Y_3 = Y_{pe}$, la curva de oferta agregada dinámica del periodo 3 nos dice que la tasa de inflación debería ser igual a la del periodo anterior, $\pi_3 = \pi_2$. Por tanto, la curva de oferta agregada dinámica del periodo 3 pasa por el punto blanco denotado en la figura 5.30 como *B*. Por su parte, si la tasa de inflación del periodo 3 coincide con la tasa de crecimiento monetario, $\pi_3 = m$, según la función de demanda agregada dinámica y en ausencia de perturbaciones, el nivel de producción debe coincidir con el del periodo 2, $Y_3 = Y_2$. Esto quiere decir que la demanda agregada dinámica del periodo 3 debe pasar por el cuadrado blanco denotado en la figura 5.30 como *b*. Como regla práctica, observe que para saber por dónde pasa la oferta agregada dinámica de un periodo *t*, basta con proyectar el punto de equilibrio E_{t-1} sobre la línea de pleno empleo. Asimismo, para saber por dónde pasa la demanda agregada dinámica del periodo *t*, basta con proyectar el punto de equilibrio E_{t-1} sobre la línea horizontal trazada a la altura de la tasa de crecimiento monetario.

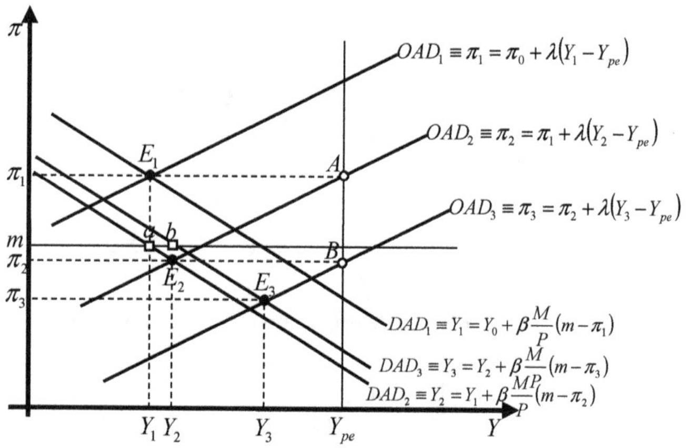

Figura 5.30: La dinámica de transición al estado estacionario. Periodo 3.

El punto de equilibrio del periodo 3 sigue sin ser estable. Repetiríamos el proceso explicado con anterioridad para obtener las curvas y el equilibrio correspondientes al periodo 4, tal y como muestra la figura 5.31. En este caso particular, la demanda agregada del periodo 4 coincide con la demanda agregada del periodo 1. Note el lector que se trata de una simple casualidad y que este no tiene por qué ser el caso. Asimismo, el punto de equilibrio E_4

coincide con el punto C, punto que determina por dónde se traza la oferta agregada dinámica del periodo 4.

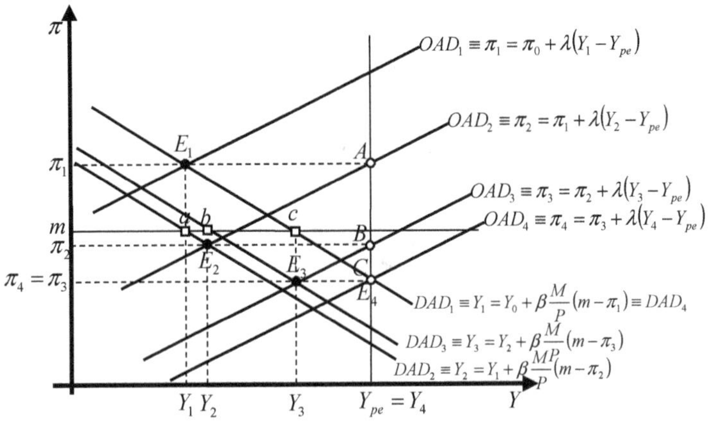

Figura 5.31: La dinámica de transición al estado estacionario. Periodo 4.

En el periodo 4 la economía alcanza el nivel de producción de pleno empleo, por lo que la oferta agregada en este caso no se desplaza. En la figura 5.32 hemos destacado este hecho indicando que la oferta agregada del periodo 5 coincide con la del periodo 4. Sin embargo, puesto que la inflación no coincide con la tasa de crecimiento monetario, la demanda agregada sí se desplaza, tal y como muestra la figura 5.32. La intersección de la oferta agregada dinámica y de la demanda agregada dinámica del periodo nos da el equilibrio E_5, que como se puede observar sería una situación de sobreempleo e inflación menor que la tasa de crecimiento monetario. En la figura 5.32 hemos unido con trazo gris los distintos puntos de equilibrio para comprobar que la dinámica del modelo marca una senda análoga a la descrita en la figura 5.25.

El proceso de ajuste continuaría hasta que, en un determinado periodo, n, las curvas de oferta agregada dinámica y demanda agregada dinámica se corten de tal forma que la producción coincida con el nivel de pleno empleo y la tasa de inflación coincida con la tasa de crecimiento monetario, como muestra la figura 5.23. Es decir, el proceso continuaría hasta alcanzar el estado estacionario de la economía, determinado por la producción de pleno empleo y la tasa de crecimiento monetario.

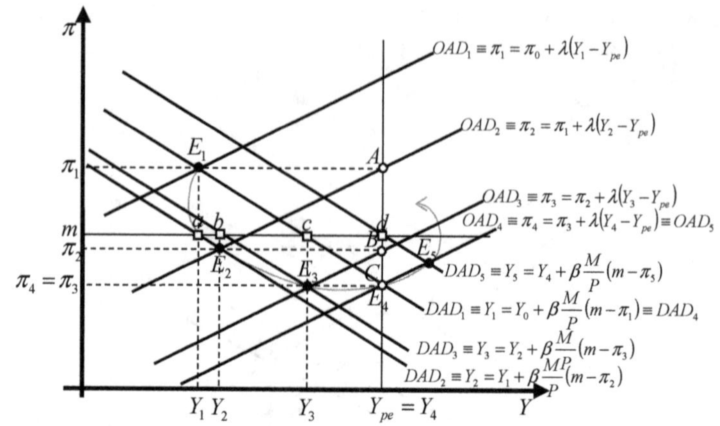

Figura 5.32: La dinámica de transición al estado estacionario. Periodo 5.

Para finalizar, hay que aclarar que la única variante existente entre la dinámica evolutiva del caso mostrado en el apartado anterior y el de otro en el que pusiéramos en juego algún tipo de política o perturbación es que antes de comenzar a hacer el análisis, la demanda agregada dinámica -en el caso de tratarse de perturbaciones de demanda- o la oferta agregada dinámica -en el caso de tratarse de perturbaciones de oferta- se desplazarían para tener en cuenta dicha perturbación. A partir del punto posterior al shock, el análisis es similar al realizado en el apartado anterior en ausencia de perturbaciones. En este punto es importante destacar también que cuando la política de demanda es una política monetaria, además de desplazarse la demanda agregada dinámica, se desplaza la tasa de crecimiento monetario. Igualmente, cuando se trata de algún tipo de perturbación de oferta que modifica la producción potencial -por ejemplo, un aumento de la productividad del trabajo-, además de desplazarse la oferta agregada dinámica, se desplaza la línea de pleno empleo. A modo de ilustración, el resto del apartado presenta dos perturbaciones, una de oferta y otra de demanda.

5.5.5 El efecto de una perturbación de oferta

En este apartado analizamos la dinámica de transición del output y de la tasa de inflación ante un shock negativo de oferta generado por la subida de los precios energéticos, para un país que parte de una situación inicial de desempleo y que tiene una tasa de inflación superior a la de largo plazo. Esta situación inicial sería análoga a la representada en la figura 5.28. Teniendo en cuenta que el componente autónomo del gasto no varía, el sistema en el momento inicial 1 queda caracterizado por las siguientes ecuaciones:

$$\pi_1 = \pi_0 + \lambda(Y_1 - Y_{pe})$$

$$Y_1 = Y_0 + \beta \frac{M}{P}(m - \pi_1)$$

Una subida de los precios energéticos aumenta los costes de producción, desplazando la oferta agregada a la izquierda tal y como muestra la figura 5.33 a continuación, donde ya podemos comprobar el efecto a corto plazo de esta perturbación negativa de oferta: contracción del output y aumento de la tasa de inflación.

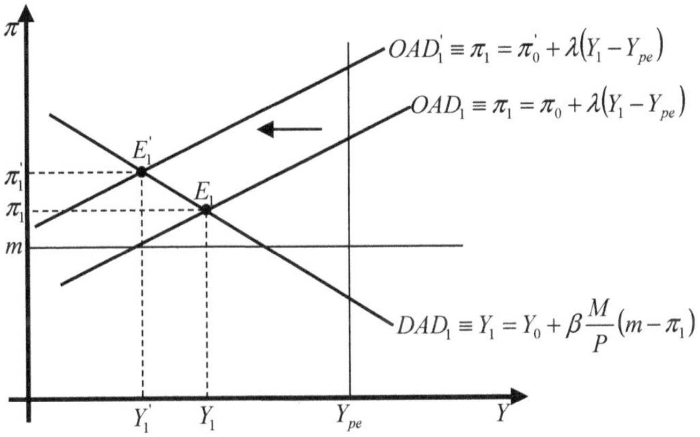

Figura 5.33: El efecto a corto plazo.

A partir del punto de equilibrio posterior al shock, E_1', y en ausencia de cualquier otra perturbación o política, la economía empezaría a ajustarse hasta llegar a su estado estacionario, tal y como hemos analizado en el apartado anterior. La única particularidad en este caso reside en que la senda comienza en el punto E_1', en vez de en el punto E_1. La figura 5.34 a continuación muestra los primeros 2 periodos tras la perturbación –puntos E_2 y E_3–, siendo los razonamientos necesarios para dibujar esta figura completamente análogos a los realizados en el apartado anterior.

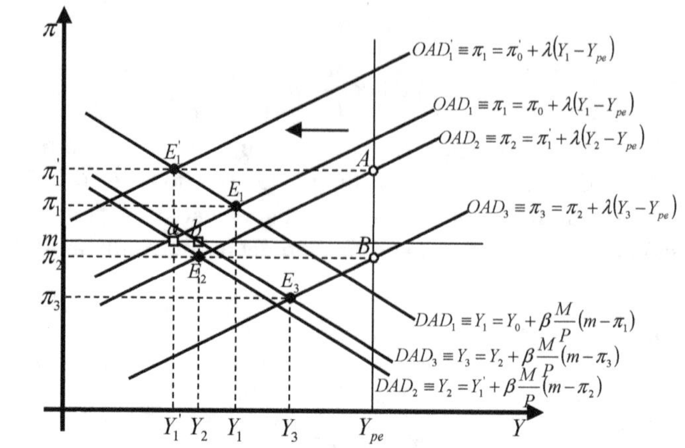

Figura 5.34: La transición hacia el estado estacionario.

Para finalizar, la figura 5.35 muestra la situación a la que llegaría la economía a largo plazo, obviando por simplicidad los periodos intermedios.

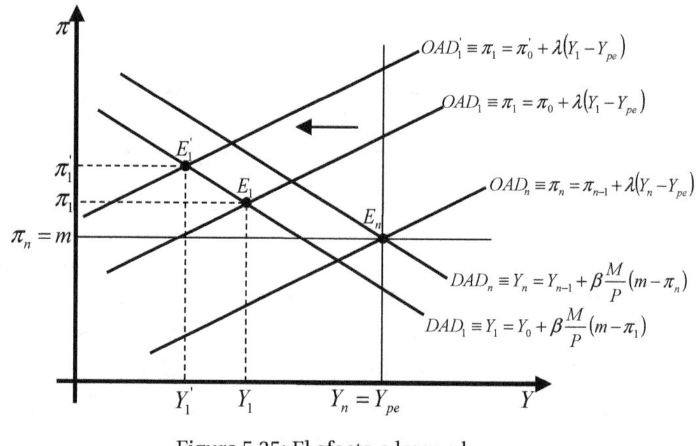

Figura 5.35: El efecto a largo plazo.

Sabemos que, en un determinado periodo, *n*, la economía alcanzará su estado estacionario, de forma que la producción alcanza su nivel de pleno empleo y la tasa de inflación coincide con la tasa de crecimiento monetario. Lo que queremos destacar en este caso es tanto partiendo del punto E_1 –en caso de que no se hubiese producido perturbación alguna–, como partiendo del punto E_1' –n caso de que sí se produzca la perturbación negativa de oferta–, la economía alcanzará el estado estacionario marcado con el punto E_n. Es decir, en este caso los fundamentos de la economía no varían. Para que varíen los fundamentos de la economía, los valores que alcanza a largo plazo, tienen que variar la producción potencial o la tasa de crecimiento monetario. En caso contrario, la economía alcanzará el mismo punto a largo plazo, independientemente de la perturbación. Lo que sí podemos observar en el caso que estamos analizando, es que tras la perturbación el tiempo de ajuste necesario para alcanzar el estado estacionario será mayor que si no se hubiese producido este shock negativo de oferta.

5.5.6 El efecto de un cambio permanente en la tasa de crecimiento monetario

Partiendo de una situación inicial de equilibrio a largo plazo, analizamos ahora la dinámica de transición del output y de la tasa de inflación ante un aumento de la tasa de crecimiento monetario de tal manera que $m' > m$. Es decir, se trata de una política monetaria expansiva que tiene un carácter permanente en vez de transitorio. La situación inicial sería análoga a la representada en la figura 5.23. Teniendo en cuenta que el componente autónomo del gasto no varía, el sistema en el momento inicial 1 queda caracterizado por las siguientes ecuaciones:

$$\pi_1 = \pi_0 + \lambda(Y_1 - Y_{pe})$$

$$Y_1 = Y_0 + \beta \frac{M}{P}(m - \pi_1)$$

Una política monetaria expansiva permanente desplaza la demanda agregada a la derecha, además de subir la línea auxiliar dibujada al nivel de la tasa de crecimiento monetario, tal y como muestra la figura 5.36 a continuación, donde ya podemos comprobar el efecto a corto plazo de esta política de demanda: aumento del output y de la tasa de inflación.

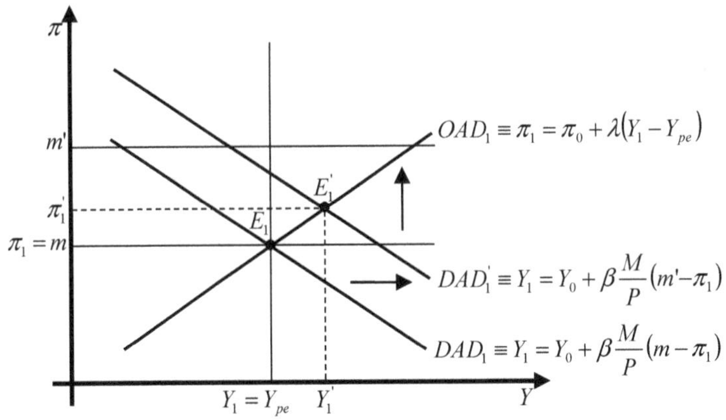

Figura 5.36: El efecto a corto plazo.

A partir del punto de equilibrio posterior al shock, E_1', y en ausencia de cualquier otra perturbación o política, la economía empezaría a ajustarse hasta llegar a su estado estacionario, tal y como ya hemos analizado con anterioridad. La única particularidad en este caso reside en que la senda comienza en el punto E_1', en vez de en el punto E_1 y que la tasa de crecimiento monetario –que marca la referencia para la tasa de inflación a largo plazo– es m' en vez de m. La figura 5.37 a continuación muestra los primeros 2 periodos tras la perturbación –puntos E_2 y E_3–, siendo los razonamientos necesarios para dibujar esta figura completamente análogos a los realizados en los apartados anteriores, con la única salvedad, como ya hemos apuntado, de que la tasa de crecimiento monetario, tras la política monetaria expansiva es m'.

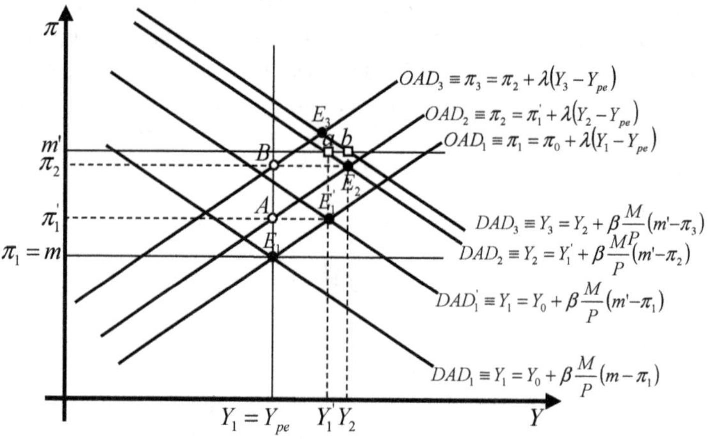

Figura 5.37: La transición hacia el estado estacionario.

Comparando, por tanto, las dos situaciones de equilibrio a largo plazo representadas por los puntos E_n (estado estacionario con política) y E_1 (estado estacionario sin política), observamos que los fundamentos de la economía –los valores del output y de la tasa de inflación a largo plazo– empeoran: se alcanza en ambos casos el nivel de output de pleno empleo, pero la tasa de inflación es mayor en el equilibrio a largo plazo tras la política monetaria. El aumento de la tasa de crecimiento monetario de forma permanente se traduce en un aumento de la misma cuantía en la tasa de inflación a largo plazo.

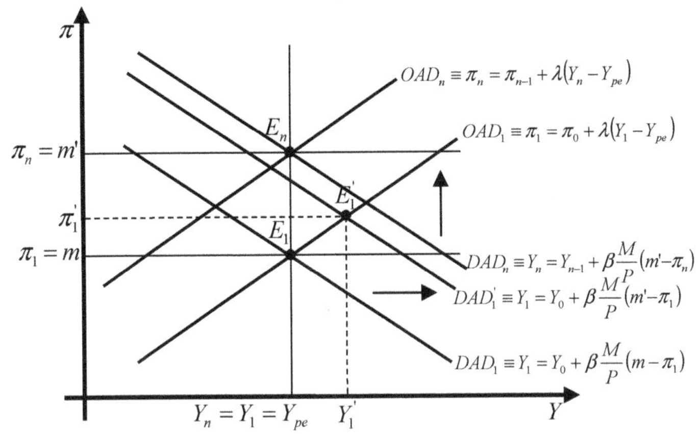

Figura 5.38: El efecto a largo plazo.

5.6 Otros enfoques de la curva de oferta agregada

La curva de oferta agregada con pendiente positiva que hemos utilizado hasta ahora en este capítulo ha sido derivada a partir de la curva de Phillips. Sin embargo, existen otros enfoques que nos llevan también a una curva de oferta agregada con pendiente positiva a corto plazo y que mencionamos en este apartado para concluir el capítulo. En todos ellos, alguna fricción hace que nos alejemos de la situación clásica y que, por tanto, la curva de oferta agregada no sea vertical, sino creciente. Aunque los dos modelos que presentamos a continuación utilizan una explicación diferente, ambos intentan argumentar por qué una variación imprevista en el nivel de precios lleva aparejada una fluctuación del output agregado.

5.6.1 El modelo de las percepciones erróneas de los trabajadores

En primer lugar, el *modelo de las percepciones erróneas de los trabajadores*, desarrollado por Friedman y Phelps, considera que cuando los salarios nominales suben simplemente porque han subido los precios, los trabajadores piensan de forma errónea que su salario real ha aumentado, estando, por tanto, dispuestos a aumentar su oferta de trabajo. Es decir, los trabajadores tienen ilusión monetaria –confunden de forma temporal salarios nominales y reales-. En consecuencia, aumentos en el salario nominal llevan aparejados una subida del nivel de output a corto plazo y, por tanto, una disminución del nivel de desempleo hasta que los trabajadores perciben que el aumento del salario nominal se ha debido simplemente a la subida del nivel de precios.

En esencia, supone una función de demanda de trabajo que depende del salario real:

$$L_d = L_d\left(\frac{W}{P}\right)$$

Y una función de oferta de trabajo que depende del salario real esperado:

$$L_s = L_s\left(\frac{W}{P^e}\right)$$

El equilibrio del mercado de trabajo viene marcado por la intersección entre dichas curvas de oferta y demanda de trabajo.

El salario real esperado puede reescribirse como sigue:

$$\frac{W}{P^e} = \frac{W}{P}\frac{P}{P^e}$$

Donde el término $\frac{P}{P^e}$ representa las percepciones erróneas de los consumidores. Si el nivel de pecios sube y los trabajadores no se dan cuenta, P^e no variará y, por tanto, el término $\frac{P}{P^e}$ aumentará, desplazando la función de oferta de trabajo a la derecha, lo que reduce el salario real y aumenta el nivel de empleo a corto plazo.

Aunque se trata de un modelo clásico, la existencia de una imperfección en el mercado de trabajo (confusión de salarios nominales y reales por parte de los trabajadores) da lugar a una oferta agregada creciente a corto plazo en línea con la obtenida a partir de la curva de Phillips.

5.6.2 Las expectativas racionales y la información imperfecta: la oferta agregada de Lucas

En este apartado planteamos la llamada *oferta agregada de Lucas*, basada en un contexto clásico -precios flexibles y competencia perfecta en todos los mercados- en el que existe información imperfecta y las expectativas de los agentes son racionales.[16] Ya hemos avanzado que las expectativas racionales -en base a las cuales los agentes utilizan toda la información disponible al formar sus expectativas, de forma que no cometen errores sistemáticos- suponen un avance teórico con respecto a las expectativas adaptativas que hemos utilizado en el apartado anterior. En este contexto, si la información fuese perfecta, las expectativas nunca serían erróneas, de forma que el nivel de precios esperado tanto por empresas como por trabajadores coincidiría con el nivel de precios, permaneciendo el mercado de trabajo en equilibrio con pleno empleo tal y como preconizan los clásicos. Sin embargo, si la información fuese imperfecta, la situación cambia.

[16] Lucas (1973).

Suponemos que la información es asimétrica en el sentido de que las empresas poseen más información que los trabajadores. Asimismo, suponemos que sube el nivel de precios, hecho que conocen las empresas, pero no los trabajadores, de forma que el nivel de precios esperado por los trabajadores es menor que el nivel de precios efectivo $P^e < P$. En este caso, las empresas, que sí conocen el nivel de precios efectivo, aumentarán su demanda de trabajo, lo que aumenta el salario nominal. Los trabajadores, por su parte, observan que el salario nominal que se les ofrece ha subido. Como no tienen información sobre la subida de precios, piensan que el salario real es más alto y, por tanto, están dispuestos a aumentar la cantidad de trabajo que ofrecen. La asimetría en la información hace que las empresas sepan que el salario real ha disminuido, mientras que los trabajadores creen que el salario real ha aumentado. Esta asimetría es la que hace que el aumento en el nivel de precios eleve el nivel de empleo y, por tanto, la producción.

La cantidad de producción que estarán dispuestas a ofrecer las empresas será mayor cuanto mayor sea el cociente entre el nivel efectivo de precios y el nivel esperado de precios $\frac{P}{P^e}$. En cualquier caso, el supuesto de expectativas racionales hace que la función de oferta agregada sea creciente solo a corto plazo. Como ya hemos avanzado, bajo este supuesto los trabajadores aprenden, lo que los lleva a no cometer errores sistemáticos, de forma que en promedio la expectativa es correcta a largo plazo.

De esta forma, incluso en el marco de un modelo clásico, la existencia de información imperfecta y las expectativas racionales generan una función de oferta creciente a corto plazo como la analizada en el apartado anterior.

Referencias

Friedman, M. (1968). The role of monetary policy. *American Economic Review, 58*, 1-17.

Lipsey, R. (1960). The relation between unemployment and the rate of change of Money wage rates in the United Kingdom, 1862-1957: a further analysis. *Economica, 27*, 1-31. https://doi.org/10.2307/2551424

Lucas, R. E. (1973). Some international evidence on output-inflation tradeoffs. *American Economic Review, 63*, 326-334.

Phelps, E. (1967). Phillips curves, expectations of inflation, and optimal unemployment over time. *Economica, 34*, 254-281. https://doi.org/10.2307/2552025

Phillips, A. W. (1958). The relation between unemployment and the rate of change of money wages in the United Kingdom, 1861-1957. *Economica, 25*, 283-299. https://doi.org/10.1111/j.1468-0335.1958.tb00003.x

Samuelson, P. A., & Solow, R. M. (1960). Analytical aspects of anti-inflation policy. *American Economic Review, Papers and Proceedings*, 177-194.

PARTE II: LA TEORÍA DEL CRECIMIENTO ECONÓMICO

Capítulo seis
La teoría neoclásica del crecimiento

Ana Rodríguez-Santiago
Concepción Román
Nicola Rubino

Resumen

Este capítulo sirve de introducción a la problemática del crecimiento económico, comenzando por el análisis de sus hechos estilizados, esto es a la existencia de grandes diferencias en niveles de renta y tasas de crecimiento entre países a lo largo del tiempo. Tras describir a qué ha de aspirar un modelo de crecimiento y qué elementos debe contener, se describe en detalle el llamado, modelo de Solow-Swan, cuyas proposiciones han sido consideradas, durante mucho tiempo como los pilares sobre los que articular una estrategia de crecimiento. Se discute también su predicción de convergencia y la ambigüedad de las contrastaciones empíricas de sus predicciones se convirtió en el germen de un profundo debate en el ámbito de la teoría del crecimiento, en el que se han cuestionado algunos de sus supuestos básicos a la vez que el modelo se ha ido ampliando para dar entrada a otros potenciales determinantes del crecimiento.

Palabras clave: Crecimiento económico, desigualdad, modelo de Solow-Swan, progreso tecnológico, capital humano, modelos endógenos, convergencia.

***

6.1 Introducción

Un modelo que aspira a explicar el fenómeno del crecimiento económico debe proporcionar mecanismos que expliquen las regularidades empíricas observadas en las experiencias de crecimiento observadas por países y regiones.

En 2017, la República Centroafricana era el país más pobre del mundo según los datos del Banco Mundial[1]. Concretamente, su PIB per cápita (expresado en

[1] *World Development Indicators.*

paridad de poder de compra era 176 veces inferior al de Qatar, representando tan solo un 0,56% de este).

Además, el rango de variación en las trayectorias de crecimiento de los distintos países es amplio. Así, durante el período 1990-2017, China, Guinea Ecuatorial o Myanmar, habían experimentado un crecimiento de su PIB per cápita con tasas anuales superiores al 5%. La República Centroafricana, Burundi o la República del Congo, en el extremo opuesto, eran más pobres en 2017 de lo que lo eran en 1990.

Es justamente, la explicación de estas diferencias entre países, tanto en niveles de renta como en tasas de crecimiento, las que intenta explicar la teoría del crecimiento económico.

Sobre la base de esta aproximación inicial, convendremos que conocer las causas de la riqueza de las naciones y conocer cuáles son los elementos que componen la receta para que las economías menos desarrolladas alcancen a las más desarrolladas, es un problema crucial, al que deben dar respuesta los economistas.

Cuadro 6.1. PIB per cápita (expresado en paridad de poder de compra), año 2017.

#	País	PIB pc	#	País	PIB pc
1	Qatar	116.932	178	Afganistán	1.796
3	Luxemburgo	94.278	179	Chad	1.768
4	Singapur	85.535	180	Etiopía	1.730
6	Irlanda	67.335	181	Uganda	1.698
9	Noruega	64.800	182	Burkina Faso	1.696
13	Estados Unidos	54.225	183	Haití	1.653
17	Países Bajos	48.473	184	Guinea-Bissau	1.549
18	Suecia	46.949	185	Gambia	1.544
19	Dinamarca	46.683	186	Togo	1.512
21	Austria	45.437	187	Madagascar	1.416
22	Alemania	45.229	188	Sierra Leona	1.391
24	Canadá	44.018	189	Liberia	1.168
26	Bélgica	42.659	190	Mozambique	1.136
28	Reino Unido	39.753	191	Malawi	1.095
30	Francia	38.606	192	Níger	926
37	Italia	35.220	193	República del Congo	808
38	**España**	**34.272**	194	Burundi	668
47	Portugal	27.937	195	República Centroafricana	661

Fuente: Banco Mundial. World Development Indicators.

Este es el objetivo de este bloque de temas dedicado a la teoría del crecimiento. En particular, este capítulo y el siguiente tratan de adentrar al lector en la teoría del crecimiento, en el estudio de sus modelos y en el análisis de su "validez" a la luz de su capacidad para soportar la contrastación de sus proposiciones con la evidencia empírica, esto es la compatibilidad de sus predicciones con las trayectorias de crecimiento observadas por países y regiones. Así pues, se trata de revisar cuáles son las proposiciones y corolarios de política económica que aporta dicha literatura, para comprender el fenómeno del crecimiento, entender las causas de las diferencias observadas entre países y regiones y proponer medidas de política económica que ayuden a los países a definir estrategias de crecimiento orientadas a mejorar su situación relativa.

Sin embargo, cabe advertir desde el comienzo, que se trata esta de un área sometida a un alto grado de controversia, en la que modelos alternativos ofrecen diferentes explicaciones acerca del fenómeno del crecimiento y sobre todo hacen predicciones opuestas sobre cuál es el resultado de la aplicación de las llamadas recetas del crecimiento.

A la exposición del estado actual de la literatura, teórica y empírica, acerca del crecimiento económico, dedicamos este tema y el siguiente. Este primer capítulo aborda dos cuestiones bien distintas. La primera, el hacer un rápido recorrido, con datos y cálculos sencillos, por las experiencias de crecimiento de las diferentes economías (y grupos de economías), en un intento de encontrar ciertas regularidades empíricas, ciertos hechos estilizados del crecimiento, que posteriormente deberían ser compatibles con las predicciones que se deriven de cualquier modelo teóricos que aspire a explicar el fenómeno del crecimiento. Llevada a cabo esta tarea, la segunda parte del capítulo se dedica al análisis del modelo más tradicional, también llamado modelo de crecimiento neoclásico (Solow, 1956; Swan, 1956), modelo de Solow-Swan o más comúnmente como modelo de Solow.

En este modelo y sobre la base de una función de producción agregada en la que los productos marginales de los factores son decrecientes, la simple introducción de una ley dinámica de acumulación del capital es suficiente para formular la dinámica de la producción per cápita y para caracterizar el estado estacionario de la economía. De las proposiciones del modelo, el fomento del ahorro y el control de natalidad, se convierten en una receta con final feliz, gracias a la predicción de convergencia, según la cual las economías menos desarrolladas terminarán por alcanzar a las más desarrolladas. Como veremos, las predicciones de este modelo eran compatibles con las experiencias de crecimiento observadas por las economías durante la década de los 60, de forma que buena parte de la literatura de crecimiento a partir de entonces se dedicará a contrastar la validez de las proposiciones del modelo de Solow, sobre la base de la evidencia empírica.

Los primeros trabajos de carácter empírico abordaron esta tarea de una forma intuitiva. Se trataba de estimar la contribución relativa de los diferentes factores productivos a la variación del output, contando con los datos observables sobre la participación de los factores en la renta nacional como referente a la hora de comprobar qué parte del crecimiento de la producción se podía atribuir al crecimiento de cada uno de los factores. Esta forma de proceder es conocida en la literatura como el enfoque de la *Contabilidad del Crecimiento.* Los primeros trabajos empíricos siguieron esta aproximación, y pusieron de manifiesto como la acumulación de los factores incluidos en el modelo básico de crecimiento neoclásico –el trabajo y el capital– tan solo eran capaces de explicar una mínima parte de la variación de la producción. Así pues, los resultados apuntaban a que había otras formas de acumulación que podían jugar un papel importante en el crecimiento. Un candidato natural era el "conocimiento técnico". Haciendo uso de este argumento, Solow atribuyó al cambio tecnológico las diferencias entre las tasas de crecimiento observadas y las generadas por las tasas de crecimiento de los factores. Como podrá suponer, y por propia construcción esta interpretación del residuo generó controversia, ya que su elevado valor puede estar causado por el hecho de que el residuo, en realidad, se transforma en un cajón de sastre de factores omitidos –como podrían ser el cambio técnico o el capital humano, entre otros– y de mediciones imperfectas del capital y del trabajo.

Todas estas consideraciones marcaron la evolución posterior de la teoría del crecimiento. Así, la investigación posterior al trabajo de Solow comenzó por explorar la hipótesis de que el crecimiento de la productividad "no explicado" habría de deberse a la acumulación de factores omitidos. Los dos candidatos obvios –el aumento en la calidad del factor trabajo generado por la inversión en capital humano y la acumulación de conocimientos como resultado de la investigación y la experiencia- se incorporarán al modelo neoclásico sin cuestionarse los supuestos básicos del modelo de Solow, extensiones estas que conforman los contenidos del segundo de los temas de este bloque dedicado a la teoría del crecimiento.

Sin embargo, desde mediados de los ochenta, a partir de la aportación de Romer (1986), y sobre todo en los 90, una nueva generación de modelos cuestiona el modelo de crecimiento neoclásico desde una doble vertiente: i) desde el punto de vista teórico, porque el modelo de crecimiento neoclásico era incapaz de explicar los determinantes del progreso tecnológico, factor que, en el modelo neoclásico ampliado, se convertía en el factor más importante para entender la evolución de las economías a largo plazo, pero que era un factor exógeno al modelo; ii) desde el punto de vista empírico, las proposiciones que se derivan del modelo de crecimiento neoclásico no encajaban con la persistencia de las disparidades en los niveles y tasas de crecimiento de la renta per cápita entre países pobres y ricos.

Así, la endogeneización del progreso tecnológico y la obtención de proposiciones más realistas, más ajustadas a las experiencias de crecimiento observadas, marcan la evolución de la literatura reciente al que dedicamos el tercer y último capítulo que dedicamos al análisis de la teoría del crecimiento (capítulo 8).

Aunque estos modelos suelen compartir, desde el punto de vista formal, la microfundamentación, es decir la derivación de estos a partir de la conducta de agentes representativos, no es este su elemento característico, en tanto en cuanto ya existían modelos de este tipo en la tradición de los modelos neoclásicos. El modelo de Ramsey-Cass-Koopmans[2], es un ejemplo ello: se trata de un modelo de crecimiento neoclásico en el que se endogeneiza la tasa de ahorro, pero que no es un modelo de crecimiento endógeno.

Desde el punto de vista de las implicaciones, la principal aportación de los modelos de crecimiento endógeno es que sus proposiciones son compatibles con la posibilidad de que los países no converjan a la vez que permite que la política pueda alterar la tasa de crecimiento de forma permanente, logrando *efectos tasa* y no solo de *nivel* como predice el modelo neoclásico.

La aparición de estos modelos provocó una reacción de corte neoclásico que intentaba demostrar la validez de las proposiciones del modelo neoclásico y su utilidad como modelo interpretativo del crecimiento. Como habrá adivinado, la forma de resolver este tipo de controversias entre modelos alternativos no es otra que a través de la contrastación empírica de las proposiciones básicas de los diferentes modelos. Es así como el *análisis empírico de la convergencia* se transformó en la forma de discriminar entre los modelos de crecimiento endógeno y los modelos de corte neoclásico, a cuyo análisis dedicamos buena parte del tercer capítulo de este bloque de temas dedicados al crecimiento. Finalmente, el bloque concluye con el análisis de la llamada "trampa de la pobreza", en un intento de terminar conectando los problemas de crecimiento y distribución de la renta, crecimiento y desigualdad.

Esquema del capítulo	
6.1. Introducción 6.2. Los hechos estilizados del crecimiento 6.3. Los modelos de crecimiento 6.3.1. La función de producción agregada	6.4.3. Caracterización del estado estacionario 6.4.4. Ejercicios de estática comparativa en el modelo básico de Solow

[2] Este modelo, desarrollado originariamente por Frank P. Ramsey, un precoz matemático que murió con 26 años, fue extendido y desarrollado por David Cass y Tjalling Koopmans in 1965 Al modelo se le conoce como modelo de Ramsey-Cass-Koopmans.

6.2 Los hechos estilizados del crecimiento

Cuando se comienza a abordar el estudio de un fenómeno económico suele resultar una buena estrategia comenzar por el análisis de ciertas regularidades empíricas observadas en los datos, de ciertos hechos estilizados. Kaldor (1961) fue uno de los primeros autores en estudiar las regularidades empíricas que debía explicar un modelo de crecimiento:

1. Se puede observar una tendencia sostenida de crecimiento del *output* por trabajador.
2. También existe una tendencia sostenida de crecimiento del stock de capital por trabajador.
3. Junto a las anteriores, existe una tendencia a la estabilización de la tasa de retorno del capital, al menos en las economías desarrolladas.
4. La ratio capital-producto es estable.
5. La participación de las rentas de trabajo y capital en la renta nacional permanece más o menos constante.
6. Hay diferencias apreciables entre las tasas de crecimiento de la productividad entre países.

Una visión más actual de los hechos estilizados del crecimiento añadiría y matizaría algunas de las regularidades encontradas por Kaldor (1961). Así:

1. Las diferencias sostenidas en las tasas de crecimiento tienen un gran impacto sobre el nivel de vida.
2. Existen amplias diferencias tanto en los niveles de renta per cápita como en las tasas de crecimiento.
3. La distribución del PIB per cápita entre países es bastante estable. Aunque es bastante estable, existe cierta tendencia de los países ricos a "converger". Si analizamos los países más pobres y ricos en 1990 y los comparamos con los que ocupaban estas posiciones en 2017, podemos observar una cierta estabilidad en las posiciones, una cierta persistencia.
4. Aunque hay persistencia, también existen "milagros" y "desastres" del crecimiento.
5. El crecimiento es más volátil en los países pobres que en los ricos.
6. Hay evidencia de que:
    a. la ratio inversión/PIB,
    b. el capital humano,

c. la inestabilidad política,
d. la protección de los derechos de propiedad, y,
e. el grado de desarrollo financiero,

están correlacionados con el crecimiento.

7. La relación inversión/PIB tiende a crecer con el desarrollo, excepto en Estados Unidos.

Así pues, un modelo que aspire a explicar el proceso de crecimiento económico debe explicar:

- ¿Por qué existen grandes diferencias en las tasas de crecimiento entre países?;
- ¿Por qué estas diferencias son persistentes?, y,
- ¿Cuáles son los motores del crecimiento en el conjunto de los países?

En el cuadro 6.2 se presentan las tasas de crecimiento medio para el período 1990-2017 para una muestra de países, a partir de datos procedentes del Banco Mundial.

Cuadro 6.2. PIB per cápita (expresado en paridad de poder de compra), tasas de crecimiento medio 1960-2017.

País	**PIB pc 1990**	**PIB pc 2017**	**Tasa crecimiento medio 1990-2017**	**Años necesarios para duplicar la renta**
Países ricos				
Luxemburgo	57.618	94.278	1,96%	35,7
Noruega	42.814	64.800	1,56%	44,8
Estados Unidos	37.062	54.225	1,41%	49,5
Países pobres				
Níger	895	926	0,03%	2310,8
Camerún	3.020	3.383	0,14%	495,5
Guinea-Bissau	1.574	1.549	0,14%	495,5
Milagros del crecimiento				
Myanmar	743	5.612	7,59%	9,5
Guinea Ecuatorial	1.000	22.214	14,44%	5,1
China	1.526	15.309	8,70%	8,3
Desastres del crecimiento				
Republica centroafricana	925	661	-0,97%	-71,1
Burundi	1031	668	-1,44%	-47,8
República del Congo	1386	808	-2,07%	-33,1

Fuente: Banco Mundial, World Development Indicators.

¿Por qué es importante el estudio del crecimiento económico?

En la prensa económica, en el discurso de los políticos e incluso para los ciudadanos en general, la idea sobre la marcha de la economía, suele estar dominada por una perspectiva de corto plazo –especialmente en períodos de crisis–, centrada en el análisis de los ciclos económicos, de las fluctuaciones interanuales de la tasa de crecimiento.

Si le preguntáramos a alguien acerca de si estaría dispuesto a pagar (entendido en el sentido de reducir su nivel de consumo) para eliminar las fluctuaciones de la actividad económica o para que a largo plazo seamos más ricos, la respuesta quizá fuera que bastante poco o nada. Sin embargo, en los modelos de crecimiento el agente representativo está dispuesto a renunciar a consumo presente para lograr un aumento permanente en la tasa de crecimiento de la economía.

Por otra parte, ciertas políticas pueden tener unos efectos favorables y duraderos sobre el crecimiento económico a largo plazo. Sin embargo, el renunciar a consumo presente hoy no tiene por qué implicar, necesariamente, una mejora en el bienestar.

Sin embargo, si miramos con una perspectiva temporal más amplia, si observamos estas tasas de crecimiento durante décadas, observaríamos la tendencia a largo plazo de la economía, el crecimiento sostenido de la producción con el paso del tiempo.

Los economistas, en todas las épocas, siempre han tenido el análisis de la determinación de la producción a largo plazo en su agenda de investigación. El explicar porque una economía es más rica que otra o por qué una economía crece a un ritmo más rápido que otra, ha sido siempre y es, un tema central del Análisis Económico.

Sin embargo, no es menos cierto que el interés por el análisis del crecimiento frente al ciclo, es cíclico. Así, en períodos de recesión parece que los economistas se preocupan por indagar acerca de los fenómenos de corto plazo, por el análisis de los ciclos relegando el análisis del crecimiento a un segundo plano. Esto es precisamente lo que sucede durante los años 70 y hasta mediados de los ochenta, en los que el predominio del análisis de los ciclos económicos copaba prácticamente los trabajos relacionados con la evolución de la producción e incluso el desarrollo de las técnicas econométricas de análisis, necesarias para contrastar las teorías.

Sin embargo, a mediados de los años ochenta se conjugan una serie de elementos que suponen un resurgir del análisis del crecimiento económico como tema central en el análisis económico. De esta forma, el análisis del crecimiento económico se convierte en uno de los tópicos más intensamente explorados durante la segunda parte de los ochenta y durante la década de los noventa.

6.3 Los modelos de crecimiento

Si queremos construir un modelo para entender el proceso de crecimiento, el punto de partida natural es la formulación de una función de producción agregada, esto es una relación funcional, más o menos compleja, entre los factores productivos y el output agregado. En general, este tipo de funciones reflejan el que los aumentos de la producción tienen su origen en aumentos en las cantidades de factores o en la introducción de mejoras tecnológicas, que permiten producir más con una misma dotación de factores.

El segundo elemento clave en un modelo de crecimiento es la formulación de una ecuación o ecuaciones que describan la dinámica –la evolución del sistema- en nuestro caso, leyes que describan el proceso de acumulación de aquellos factores que, por su propia naturaleza sean acumulables. Así, pues en un modelo de crecimiento básico en el que tan solo incluyamos dos factores, uno acumulable y otro que no lo sea, tan solo necesitaremos: una *función de producción agregada*, sobre la cual introduciremos todos aquellos supuestos que estimemos necesarios, y una *ley dinámica de acumulación del factor o factores reproducibles.*

A lo largo de este capítulo y del siguiente iremos presentando una serie de modelos en una especie de secuencia histórica en la que los modelos iniciales, en la medida en que no son capaces de explicar satisfactoriamente los hechos del crecimiento, son sustituidos y/o ampliados por otros que son el resultado de reformulaciones de modelos ya existentes o en los que se incorporan nuevos elementos explicativos, nuevos motores del crecimiento no incorporados hasta entonces.

6.3.1 La función de producción agregada

Si recordamos, la forma de representar la relación entre factores productivos y la producción en microeconomía pasaba por la utilización de una relación funcional representativa de la tecnología de la empresa, esto es, de la forma en la que los factores productivos se combinan para obtener una determinada cantidad de producto. Normalmente, las funciones de producción que utilizábamos tenían dos argumentos, trabajo y capital, y un único output.

El concepto de función de producción agregada tiene la misma interpretación, salvo que ahora los argumentos hacen referencia a los stocks de factores productivos en una determinada economía y el output es ahora de carácter agregado, la producción agregada de la economía.

Como veremos, encontraremos especificaciones en las que todos los factores productivos se reducen al stock de capital y al trabajo, y otras en las que el capital humano o la tecnología, se incorporan a la función de producción. Normalmente, nos referiremos a estas funciones de producción agregadas, con el calificativo de "ampliadas".

En lo que respecta a la forma funcional específica, la literatura de crecimiento suele utilizar especificaciones de la familia Cobb-Douglas, con diferentes supuestos acerca de los rendimientos. Como veremos, la importancia de estos supuestos se transforma en crucial, a la luz de las diferentes proposiciones que se derivarán a partir de los mismos.

6.3.2 Factores acumulables

Atendiendo al carácter reproducible o no de los factores productivos, los argumentos de la función de producción pueden clasificarse en dos tipos: factores acumulables y factores no acumulables. El capital físico forma claramente parte del primer tipo mientras que el trabajo no lo es, ya que una hora de trabajo no utilizada se pierde irremediablemente.

6.3.3 Leyes de acumulación

Si conocemos las leyes que describen el movimiento o trayectoria de los factores que determinan el output agregado, en el tiempo, también conoceremos de forma inmediata, la evolución del output, objetivo principal de la teoría del crecimiento. Por ello, los modelos de crecimiento han de formular leyes de acumulación, es decir leyes de evolución de los factores incluidos en la función de producción.

La ley de acumulación del capital resulta simple en el marco de una economía cerrada en la que el ahorro es igual a la inversión. En este marco, la inversión neta en capital físico no es más que la diferencia entre la inversión bruta –una fracción constante del output- menos la depreciación del stock de capital existente en el período. Esta forma de proceder, también se aplica a la acumulación de capital humano, aunque existen formas más sofisticadas de formulación de estas leyes de acumulación para otros factores.

6.4 El modelo neoclásico básico: el modelo de Solow

El modelo básico de Solow (1956),[3] está construido alrededor de dos ecuaciones: una **función de producción agregada**, punto de partida de cualquier modelo de crecimiento, y una ecuación que describe el **proceso de acumulación del capital**, único factor reproducible en esta formulación del modelo. Imaginemos un mundo en el que tan solo existen dos factores y un bien homogéneo. La función de producción agregada de una economía describe la relación existente entre los factores productivos – el stock de capital (K) y el trabajo (L)- y la producción agregada de la economía (Y): $Y = F(K, L)$

[3] Nos referiremos al modelo neoclásico de crecimiento como modelo de Solow, aunque Swan (1956) independientemente, construye otro modelo que llega a conclusiones similares. Por ello, son numerosos los manuales que se refieren al modelo de crecimiento neoclásico como el modelo de Solow-Swan.

6.4.1 Supuestos

Con respecto a la función de producción estableceremos los siguientes supuestos:

i) *Las productividades marginales de ambos factores son positivas y decrecientes. Es decir, dado el trabajo, el capital tiene rendimientos decrecientes y dado el capital, el trabajo tiene rendimientos decrecientes.*

$$PMa_L = \frac{\partial F}{\partial L} > 0 \qquad \frac{\partial PMa_L}{\partial L} = \frac{\partial\left(\frac{\partial F}{\partial L}\right)}{\partial L} < 0$$

$$PMa_K = \frac{\partial F}{\partial K} > 0 \qquad \frac{\partial PMa_K}{\partial K} = \frac{\partial\left(\frac{\partial F}{\partial K}\right)}{\partial K} < 0$$

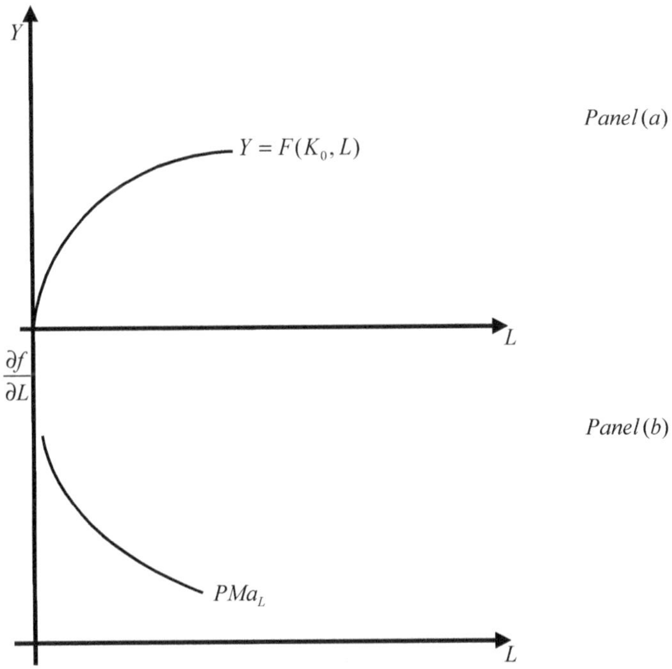

Figura 6.1: Una función de producción con productividades marginales positivas y decrecientes respecto a sus argumentos. El lector puede representar, de la misma forma, la función de producción y el producto marginal de K, dado un determinado nivel de L.

ii) *La función de producción es homogénea y lineal, es decir, presenta rendimientos constantes a escala:*

$$F(\lambda K, \lambda L) = \lambda F(K, L)$$

En otros términos, si multiplicamos los factores por una determinada proporción o escala, λ, la producción aumenta en esa misma proporción – rendimientos constantes a escala.

iii) *Los mercados de factores son competitivos, por lo que cada factor se remunera según su productividad marginal.*

Recordando la teoría de la demanda de factores productivos, las cantidades de factores demandadas por una empresa se derivaban del problema de maximización de beneficios. De acuerdo con la función de producción empleada, las variables de elección del problema son las cantidades demandadas de los factores, K y L. Así, suponiendo un precio unitario para el bien producido, el problema de maximización de beneficios, en un contexto competitivo, consiste en hallar la solución del problema:

$$\underset{(K,L)}{Max} F(K,L) - rK - wL$$

donde r y w, son, respectivamente, las remuneraciones unitarias del capital y el trabajo. Aplicando las condiciones necesarias de optimización del problema se tiene que:

$$\frac{\partial F}{\partial K} - r = 0 \Rightarrow r = PMa_K$$
$$\frac{\partial F}{\partial L} - w = 0 \Rightarrow w = PMa_L$$

expresiones que indican que los factores, en mercados competitivos, se retribuyen según su productividad marginal.

En términos agregados, la retribución total del factor trabajo será el producto del salario por la cantidad de factor trabajo – w·L–. Por analogía, la retribución total del factor capital es r·K. De esta forma la retribución total de los factores será:

$$wL + rK$$

Como la retribución de los factores ha de coincidir con su productividad marginal, la expresión anterior puede reescribirse como:

$$wL + rK = PMa_L L + PMa_K K$$

Si recordamos el teorema de Euler, y más concretamente su aplicación a una función de producción homogénea y lineal, obteníamos la ley de agotamiento del producto, esto es:

$$F(K,L) = PMa_L L + PMa_K K$$

es decir, con rendimientos a escala constantes y mercados de factores competitivos, la producción se agota con el pago a los factores. En otros términos, la producción es igual a la renta.

iv) *La productividad marginal del capital por trabajador es nula si y solo sí el capital por trabajador es nulo.*

La función de producción en forma intensiva

Bajo estos supuestos, pasemos a expresar la función de producción agregada en forma intensiva, esto es, en términos del output y capital por trabajador. Si denotamos por y al output por trabajador $y = \frac{Y}{L}$ y por k, al capital por trabajador $k = \frac{K}{L}$, la función de producción en forma intensiva se puede obtener, haciendo uso de la propiedad de homogeneidad lineal de la función de producción agregada. Así, si la función de producción agregada es homogénea y lineal, se tiene que cumplir que:

$$F(\lambda K, \lambda L) = \lambda F(K, L) = \lambda Y$$

Si consideramos un valor de $\lambda = \frac{1}{L}$, podemos escribir: $F\left(\frac{1}{L}K, \frac{1}{L}L\right) = \frac{1}{L}F(K, L) = \frac{1}{L}Y$, de donde:

$$F\left(\frac{K}{L}, 1\right) = \frac{Y}{L}$$

Al haber fijado el valor del segundo argumento de la función de producción, ahora ya no tenemos una función de R^2 en R, sino una función de R en R. Por tanto, podemos escribir que:

$$f\left(\frac{K}{L}\right) = \frac{Y}{L}$$

expresión que, en términos de output y capital por trabajador, es la función de producción en forma intensiva, por trabajador o per cápita:

$$y = f(k)$$

La relación entre estas dos variables se representa en la siguiente ilustración a través de una curva con pendiente positiva. Cuando aumenta el capital por unidad de trabajo, también lo hace la producción por unidad de trabajo. Pero como consecuencia de los rendimientos decrecientes del capital, los aumentos de k generan incrementos cada vez menores de y.

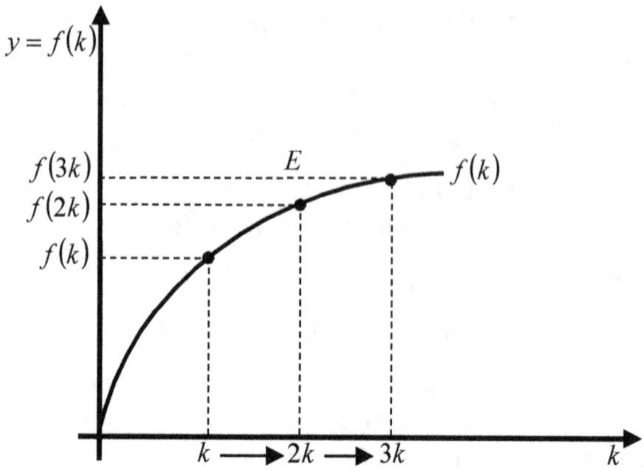

Figura 6.2: Una función de producción agregada en forma intensiva, creciente a tasa decreciente.

v) *La productividad marginal del capital es positiva y decreciente, siendo muy elevada al principio y muy pequeña al final.*[4]

En términos matemáticos:

$$f'(k) > 0$$
$$f''(k) < 0$$
$$\lim_{k \to 0} f'(k) = \infty$$
$$\lim_{k \to \infty} f'(k) = 0$$

6.4.2 El equilibrio a largo plazo

Una vez establecidos los supuestos de partida sobre la función de producción agregada y sus argumentos, para formular un modelo de crecimiento, necesitamos una ley dinámica de acumulación de los factores de producción acumulables –en nuestro caso del capital–.

Para ello, nos basta suponer que la inversión neta, que denotaremos con la variación absoluta del stock de capital, *dK*, es la inversión bruta menos la depreciación. Si nos encontramos ante una economía cerrada y sin sector público, el ahorro bruto ha de ser igual a la inversión bruta.[5]

---

[4] Estas son las llamadas condiciones de Inada, que garantizan la existencia del estado estacionario. Más adelante se volverá sobre esta cuestión.

[5] En una economía cerrada y sin sector público la demanda agregada simplemente será la suma del consumo e inversión privada: $Y = C + I$. Como la producción es igual a la renta e igual al gasto, y la renta solo puede destinarse al consumo y al ahorro ($Y = C + S$)podemos escribir que: $C + I = C + S$. Por lo que el ahorro ha de ser igual a la inversión bruta $S = I$.

Por tanto, si suponemos que el ahorro representa una fracción constante *s*, - $0 < s < 1$ del output total y que el capital se deprecia a una tasa constante δ, podemos escribir que:

$$dK = sY - \delta K$$

Si expresamos la ley dinámica de acumulación del capital, en términos de output y capital por trabajador o unidad de trabajo, nos bastará con dividir toda la expresión entre *L*:

$$\frac{dK}{L} = s\frac{Y}{L} - \delta\frac{K}{L} \Rightarrow \frac{dK}{L} = sy - \delta k$$

Reordenando términos:

$$dK\frac{1}{L} = sy - \delta k$$

Si multiplicamos y dividimos por K, el primer miembro:

$$\frac{dK}{K}\frac{K}{L} = sy - \delta k \Rightarrow \frac{dK}{K} = s\frac{y}{k} - \delta$$

Restando $\frac{dL}{L}$ en los dos miembros:

$$\underbrace{\frac{dK}{K} - \frac{dL}{L}}_{\frac{dk}{k}} = s\frac{y}{k} - \delta - \frac{dL}{L}$$

Si suponemos que la tasa de crecimiento de la población ocupada es exógena, constante e igual a *n*, podemos escribir que la tasa de variación del capital por trabajador es igual a una fracción constante, *s*, del output por trabajador, menos la inversión necesaria por ocupado para mantener constante el output por trabajador $(\delta + n)k$ –observe que tanto la depreciación como el crecimiento de la fuerza laboral tienden a reducir el capital por ocupado en la economía–.

$$\frac{dk}{k} = s\frac{y}{k} - (\delta + n)$$

Esta expresión de la ley dinámica de acumulación del stock de capital, en términos per cápita, también es habitual expresarla en términos de variación absoluta del stock de capital por trabajador –*dk*–:

$$\frac{dk}{k} = s\frac{y}{k} - (\delta + n) \Rightarrow dk = sy - (\delta + n)k$$

Esta ecuación describe toda la dinámica del modelo de *Solow*, y establece que la variación del stock de capital por unidad de trabajo es la diferencia entre dos términos. El primero de ellos –*sy*– es la *inversión efectiva por unidad de trabajo*, mientras que el segundo término –$(\delta + n)k$–, es la *inversión de sostenimiento por unidad de trabajo*, es decir, el volumen de inversión necesario para mantener *k*, en el mismo nivel, es decir para cubrir la depreciación y dotar con capital a los nuevos entrantes al mercado de trabajo.

Es decir, hay dos razones por las que necesitamos una inversión positiva para que *k*, no disminuya: *i)* porque el capital se deprecia con el uso término δk, y *ii)* porque la cantidad de trabajo crece a la tasa *n*, de forma que si invertimos tan solo δk, cubriríamos la depreciación, pero la inversión no sería suficiente para dotar de capital a las nuevas incorporaciones a la fuerza laboral.

Representemos gráficamente la ecuación anterior. Para ello, en el eje de abscisas vamos a representar el stock de capital por trabajador, mientras que, en el eje de ordenadas, vamos a representar, la inversión de sostenimiento, el PIB por trabajador y la inversión efectiva o bruta por trabajador.

Dados n y δ, constantes, la inversión de sostenimiento, que denotaremos por *Is*, es

$$Is = (n + \delta)k$$

Que es una recta con pendiente positiva que pasa por el origen de coordenadas. Observe en este sentido que la pendiente es positiva:

$$\frac{dIs}{dk} = (n + \delta) > 0$$

Dada la función de producción en términos per cápita *–y=f(k)–*, la inversión efectiva o curva de ahorro bruto, se situará por debajo de la función de producción, ya que *s*, es un parámetro con recorrido entre 0 y 1.

$$sy = sf(k) \ con \ 0 \leq s \leq 1$$

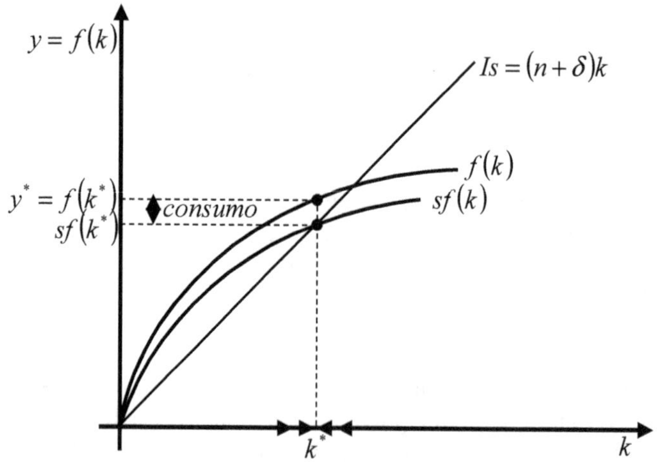

Figura 6.3: Diagrama de Solow: Determinación del stock de capital por unidad de trabajo cuando la inversión efectiva es igual a la inversión de sostenimiento (ahorro bruto).

Cuando la inversión efectiva, es igual a la inversión de sostenimiento, el stock de capital por trabajador es constante. Matemáticamente:

$$\text{Si} \quad sy = (n + \delta)k \Rightarrow dk = 0$$

Esto ocurre, para aquel nivel de capital por trabajador para el que la línea de inversión efectiva –*sf(k)* – se intersecta con la línea de inversión de sostenimiento –$(n + \delta)k$–, es decir, cuando $k = k^*$.

$$sf(k^*) = (n + \delta)k^* \Rightarrow \ dk = 0$$

Este es el nivel de stock de capital por trabajador correspondiente al estado estacionario de la economía. A este nivel de capital por trabajador, le corresponde el nivel de output por trabajador correspondiente al estado estacionario, como se puede obtener sin más que sustituir en la función de producción:

$$y^* = f(k^*).$$

Observe igualmente que, el consumo por trabajador en el estado estacionario se determina por la diferencia entre la producción per cápita –y^*– y la inversión por trabajador en el estado estacionario –sy^*–.

¿Qué ocurre, en cambio, cuando la inversión efectiva es superior a la inversión de sostenimiento? Volviendo a la ecuación que describe la evolución del stock de capital por trabajador, se tiene que:

$$sy > (n + \delta)k \Rightarrow dk > 0$$

Observe que esto ocurre para niveles de k inferiores a los del estado estacionario, $k < k^*$. En la figura 6.5, el punto k_0, cumple esta condición:

$$sf(k_0) > (n + \delta)k_0 \Rightarrow dk > 0$$

Análogamente, si la inversión efectiva es menor a la de sostenimiento, el capital por trabajador disminuye:

$$sy < (n + \delta)k \Rightarrow dk < 0$$

Esta situación se producirá para niveles de k inferiores a los del estado estacionario $k > k^*$. En la figura 6.4 de la página siguiente, el punto k_1, cumple esta condición:

$$sf(k_1) < (n + \delta)k_1 \Rightarrow dk < 0$$

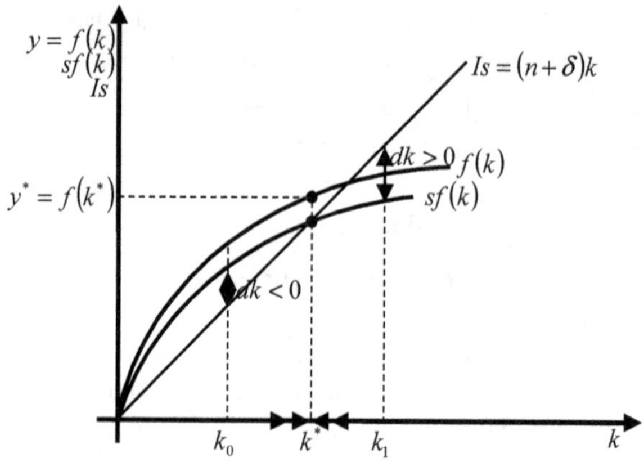

Figura 6.4: Transición hacia el estado estacionario.

Una vez analizado el estado estacionario, detengámonos a analizar a qué tasas crecen el resto de las variables en el modelo de Solow.

Recordemos que en el estado estacionario el capital por trabajador no varía, por lo que su tasa de crecimiento es cero. Por tanto:

$$dk = 0 \Rightarrow 0 = \frac{dk}{k} = s\frac{y}{k} - (\delta + n) \Rightarrow s\frac{y}{k} = (n + \delta)$$

De igual forma, si k es constante, y también ha de serlo:

$y = f(k) \Rightarrow dy = f'(k)dk$

Es decir, como $dk = 0 \Rightarrow dy = 0$.

6.4.3 Caracterización del estado estacionario

En este punto, puede resultar oportuno realizar algunas precisiones y consideraciones adicionales:

Que $dk = 0$, no implica que el stock de capital no varíe $dK = 0$, ni que su tasa de crecimiento tampoco lo haga $\frac{dK}{K} = 0$. Como recordará $\frac{dk}{k} = \frac{dK}{K} - \frac{dL}{L} = \frac{dK}{K} - n$. Por tanto, el hecho de que $\frac{dk}{k} = 0$ solo implica que $\frac{dk}{k} = 0 = \frac{dK}{K} - n \Rightarrow \frac{dK}{K} = n$. Es decir, en el estado estacionario el stock de capital no tiene por qué ser constante.

Haciendo un razonamiento análogo al anterior, la tasa de crecimiento del PIB no tiene por qué ser nula. Crecerá a una tasa igual a la tasa de crecimiento poblacional.

$$\frac{dy}{y} = \frac{dY}{Y} - \frac{dL}{L} \Rightarrow \frac{dY}{Y} = n$$

Si utilizamos una función Cobb-Douglas del tipo $Y = K^{\alpha}L^{1-\alpha}$, la función en términos de output por trabajador queda como:

$$\frac{Y}{L} = \frac{K^{\alpha}L^{1-\alpha}}{L} \Rightarrow y = \left(\frac{K}{L}\right)^{\alpha}\left(\frac{L}{L}\right)^{1-\alpha} \Rightarrow y = k^{\alpha}$$

Utilizando esta función, para hallar los valores del stock de capital y del output por unidad de trabajo, tendríamos:

$$dk = 0 \Rightarrow 0 = \frac{dk}{k} = s\frac{y}{k} - (\delta + n) \Rightarrow s\frac{y}{k} = (n + \delta) \Rightarrow s\frac{k^{\alpha}}{k} = (n + \delta)$$

$$\Rightarrow k^{*} = \left(\frac{s}{n + \delta}\right)^{\frac{1}{1-\alpha}}$$

Sustituyendo en la función de producción, el output por trabajador correspondiente al estado estacionario sería:

$$y = k^{\alpha} \Rightarrow y^{*} = (k^{*})^{\alpha} = \left(\frac{s}{n + \delta}\right)^{\frac{\alpha}{1-\alpha}}$$

Observe la importancia de estos dos últimos resultados:

Los países que tienen más altas tasas de ahorro tendrán más capital por trabajador y más output por trabajador, ya que la tasa de ahorro determina el nivel de producción y el capital por trabajador a largo plazo.

$$\uparrow y^{*} = \left(\frac{\uparrow s}{n + \delta}\right)^{\frac{\alpha}{1-\alpha}}$$

$$\uparrow k^{*} = \left(\frac{\uparrow s}{n + \delta}\right)^{\frac{1}{1-\alpha}}$$

Los países que tienen mayores tasas de crecimiento poblacional, por el contrario, tenderán a ser más pobres según el modelo de Solow.

6.4.4 Ejercicios de estática comparativa en el modelo básico de Solow

Una vez analizado el estado estacionario, comprobemos qué le ocurre al equilibrio del modelo, en respuesta a cambios en los parámetros, n, δ y s. Se trata pues, de averiguar cuáles son los efectos de un shock sobre una economía que parte de una situación de estado estacionario.

Así pues, supongamos que una economía ha alcanzado su estado estacionario, pero que, debido, por ejemplo, al efecto de la inmigración ve como la tasa de crecimiento poblacional se eleva desde n_0 a n_1. Como podemos comprobar el cambio de este parámetro habrá cambiado la inversión de sostenimiento, que pasa de ser $Is^0 = (n_0 + \delta)k$, en el momento inicial, a $Is' = (n_1 + \delta)k$, tras el aumento de la tasa de crecimiento poblacional. Inicialmente, en el estado estacionario se verifica que:

$$sy^* = (n_0 + \delta)k^* \Rightarrow dk = 0$$

Por su parte, tras el aumento exógeno de la tasa de crecimiento poblacional, tendremos que:

$$sy^* < (n_1 + \delta)k^* \Rightarrow dk < 0$$

Para recobrar el equilibrio, el capital por trabajador ha de reducirse y con él la producción por trabajador. Así, en el nuevo estado estacionario:

$$sy^{**} = (n_1 + \delta)k^{**} \Rightarrow dk = 0$$

donde $k^{**} < k^*; y^{**} < y^*$

Es decir, tras un aumento de la tasa de crecimiento poblacional, la inversión por trabajador ya no es suficiente para mantener constante la ratio capital-trabajo, por lo que esta comienza a descender hasta el punto en el que se alcanza un nuevo estado estacionario, cosa que ocurre para el nivel del stock de capital por trabajador, k^{**}. En este nuevo punto el capital por trabajador es más pequeño, por lo que la economía habrá perdido capacidad productiva, y se habrá empobrecido.

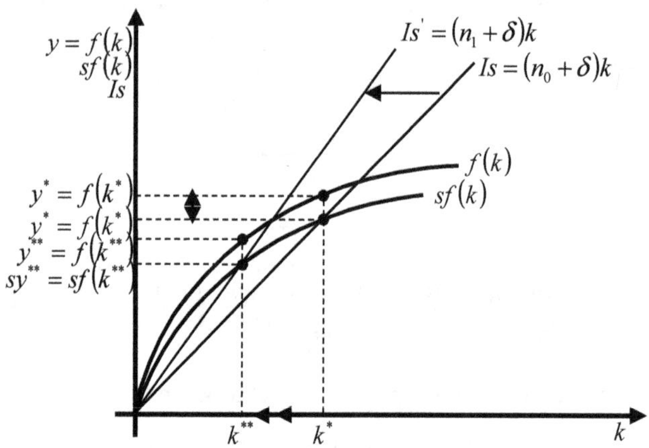

Figura 6.5: Un aumento en la tasa de crecimiento poblacional.

Gráficamente, el aumento en el parámetro n, hace que la inversión de sostenimiento gire a la izquierda recuerde que la pendiente de esta recta depende positivamente de n, de forma que la nueva intersección entre la ecuación de ahorro y la inversión de sostenimiento se produce para un nivel de capital por trabajador inferior a la inicial. Observe igualmente, que, como consecuencia, se habrá reducido el output y el consumo por trabajador, correspondientes a este nuevo estado estacionario.

Analicemos ahora el efecto de una economía que ha alcanzado el valor del estado estacionario de la producción por trabajador, en la que, gracias a una modificación en la conducta de los consumidores se ha producido un aumento permanente de la tasa de inversión, de forma que la tasa de ahorro pasa de s_0 a s_1. Ahora, a diferencia del ejercicio de estática comparativa anterior, la inversión de sostenimiento permanece inalterada mientras que la curva de ahorro se desplaza hacia arriba. Dada la ecuación que caracteriza el estado estacionario inicial:

$$s_0 y^* = (n + \delta)k^* \Rightarrow dk = 0$$

podemos comprobar que, al aumentar la tasa de ahorro *s*, el ahorro bruto por trabajador es mayor que la inversión de sostenimiento $-s_1 y^* > (n + \delta)k^* \Rightarrow dk > 0$ –, por lo que, para recobrar la igualdad, debe crecer el stock de capital por trabajador y, por consiguiente, el output por trabajador. El nuevo estado estacionario es ahora k^{**}, es decir aquel valor del stock de capital por trabajador para el que se verifica que:

$$s_1 y^{**} = (n + \delta)k^{**} \Rightarrow dk = 0, \text{de forma que } k^{**} > k^*; y^{**} > y^*$$

Es decir, tras un aumento de la tasa de ahorro, la inversión por trabajador supera la necesaria para mantener constante la ratio capital-trabajo. *En el nuevo estado estacionario el capital por trabajador es más grande, por lo que la economía se habrá hecho más próspera.*

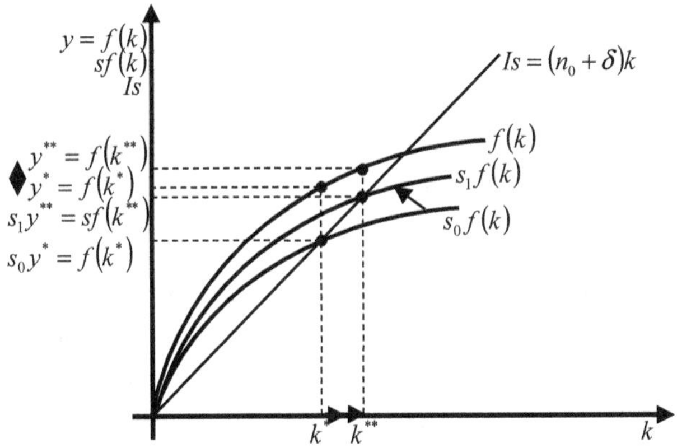

Figura 6.6: Un aumento sostenido en la tasa de ahorro.

Gráficamente, y como se puede comprobar en la figura 6.6, el aumento en la tasa de ahorro *s*, hace que la curva de ahorro se desplace hacia arriba, de forma que la nueva intersección entre la ecuación de ahorro y la inversión de sostenimiento se produce ahora para un nivel de capital por trabajador superior a la inicial. Observe igualmente que, como consecuencia, habrán aumentado tanto el output como el consumo por trabajador, correspondientes a este nuevo estado estacionario.

6.4.5 El consumo y el stock de capital de la regla de oro

Acabamos de analizar, qué le ocurre al stock de capital, a la producción y al ahorro por trabajador cuando cambia la tasa de ahorro, pero no hemos disco nada acerca del efecto sobre el consumo per cápita. Si denotamos por *C*, al consumo agregado de la economía, podemos convenir en denotar por c al consumo por unidad de trabajo efectivo, es decir a la ratio $c = C/L$. Como bien es sabido, este consumo por unidad de trabajo efectivo ha de ser igual a la diferencia entre la renta y el ahorro, por unidad de trabajo efectivo:

$$c = y - sy = f(k) - sf(k) = (1 - s)f(k)$$

De esta forma, convendrá el lector que, al crecer la tasa de ahorro, ha de disminuir el consumo per cápita, *c*. Sin embargo, al aumentar el ahorro, el capital por unidad de trabajo efectivo aumentará y la producción también lo hará, por lo que *c*, volverá a crecer de nuevo, hasta el nivel del nuevo estado estacionario $c^{**} = (1 - s_1)f(k^{**})$.

Para ilustrar la anterior idea, hagamos uso del resultado obtenido cuando la función de producción de la economía era del tipo Cobb-Douglas. Así, recuerde que el stock de capital por trabajador en el estado estacionario era:

$$k^* = \left(\frac{s}{\delta + n}\right)^{\frac{1}{1-\alpha}}$$

Expresión de la que se puede deducir de manera directa que el stock de capital *per cápita* depende: *i)* positivamente de la tasa de ahorro, y *ii)* negativamente, del resto de parámetros del modelo:

$$k^* = k\left(\underset{+}{s}, \underset{-}{n}, \underset{-}{\delta}\right)$$

Por tanto, y como en el estado estacionario o senda de crecimiento equilibrado, $(n + \delta)k^* = sf(k^*)$; y como $c^* = y^* - sy^*$el consumo per cápita ha de ser:

$$c^* = f(k^*) - sf(k^*) = f(k^*) - (n + \delta)k^*,$$

Intentemos hallar el máximo valor posible del consumo por unidad de trabajo efectivo, cuando la economía se halla en una senda de crecimiento equilibrado. Matemáticamente, se trataría de conocer el nivel de capital por unidad de trabajo efectivo, *k*, que maximiza *c*, cuando la economía se halla en una senda de crecimiento equilibrado, es decir, cuando cumple la condición de estado estacionario.

Tomando la definición del consumo per cápita como función objetivo, este problema puede ser formulado como:

$$\underset{k}{Max} f(k) - (n + \delta)k$$

La condición de primer orden indica que:

$$f'(k) - (n + \delta) = 0 \Rightarrow f'(k) = n + \delta$$

Es decir, el stock de capital para el cual el consumo será máximo en una tasa de crecimiento equilibrado será aquel para el cual la pendiente de la función de producción coincida con la pendiente de la inversión de sostenimiento.

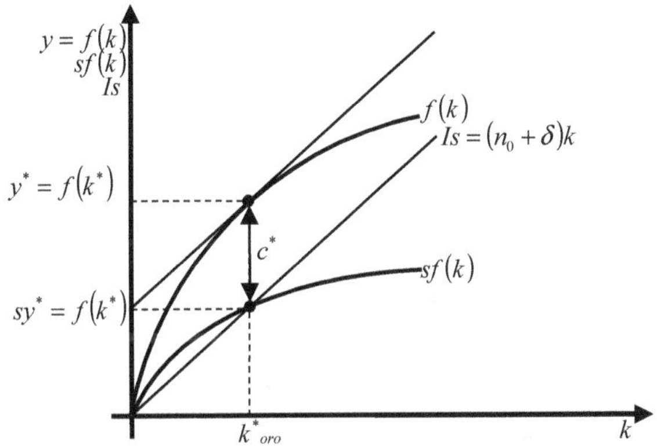

Figura 6.7: El stock de capital per cápita correspondiente a la regla de oro.

Si calculamos la tasa de ahorro en la senda de crecimiento equilibrado, se tiene que:

$$sf(k^*) = (n + \delta)k^*$$

Por lo que una economía que cuenta con la tasa de ahorro y el stock de capital, correspondientes a la regla de oro, el consumo por unidad de trabajo efectivo se mantendrá perpetuamente, tanto para la generación presente como para las futuras en ese nivel.

$$s^*_{oro} = \frac{(n + \delta)k^*_{oro}}{f(k^*_{oro})}$$

Es decir, si la generación actual ahorra lo suficiente, puede proporcionar a las generaciones futuras, el stock de capital que les permita mantener el mismo nivel de consumo por unidad de trabajo efectivo que habían tenido las generaciones anteriores. Por este motivo a este nivel de capital por unidad de trabajo efectivo se le denomina de la regla de oro, en consonancia con la *regla de oro* que debería gobernar las relaciones entre las distintas generaciones.

En la figura 6.8, la economía parte de un nivel de capital por unidad de trabajo k^*que implica una desigualdad entre $f'(k^*) > (n + \delta)$ por lo que no se está maximizando el consumo por unidad de trabajo efectivo correspondiente a la senda de crecimiento equilibrado. Supongamos que un aumento de la tasa de ahorro desplaza la curva de ahorro –inversión efectiva– y conduce a un aumento del consumo en la nueva senda de crecimiento equilibrado. Sin embargo, para aumentar el consumo futuro la generación presente ha de reducir su consumo. Por tanto, cuando el stock de capital es inferior al de la regla de oro existe un conflicto entre generaciones, ya que para que las generaciones futuras aumenten su consumo, la generación actual debe reducir su nivel de vida, es decir, reducir sus niveles de consumo.

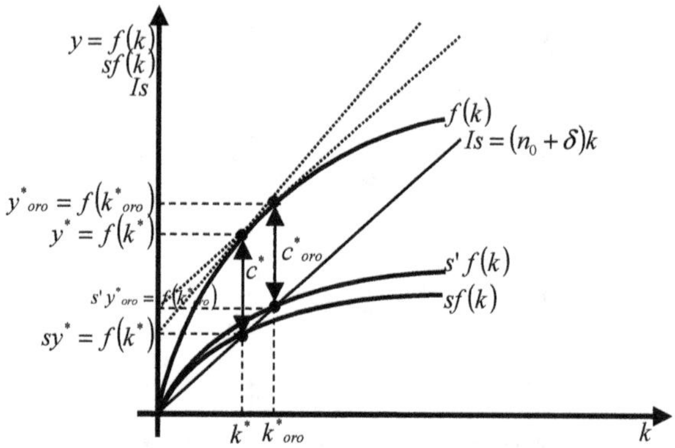

Figura 6.8: Conflictos intergeneracionales.

En la figura 6.9, tenemos una situación un tanto especial en la que $f'(k^*) < (n + \delta)$. En este caso, una reducción de la tasa de ahorro sería conveniente para todas las generaciones. La generación actual elevaría su consumo de forma inmediata y las futuras también se beneficiarían porque el nivel de consumo por unidad de trabajo efectivo de largo plazo en la nueva senda de crecimiento equilibrado sería más elevado que el nivel de consumo que disfrutarían en caso de no reducirse la tasa de ahorro.

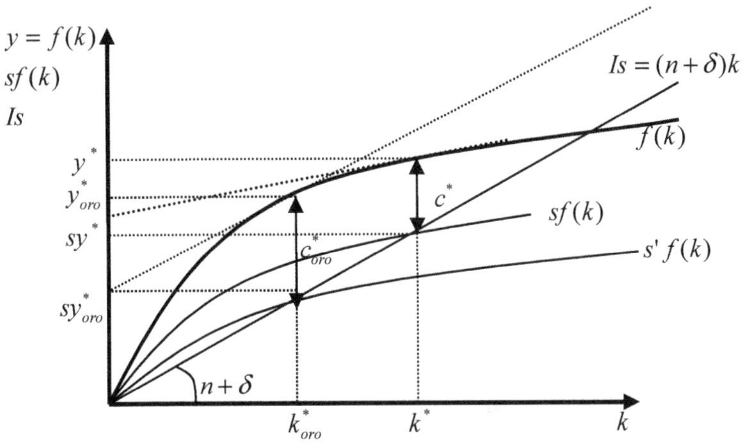

Figura 6.9: Un exceso de ahorro: ineficiencia dinámica.

En este caso, la economía estaría ahorrando en exceso, ya que todas las generaciones –presente y futura- se beneficiarían de la reducción del ahorro. Si una economía tiene una tasa de ahorro superior a la tasa de ahorro de la *regla de oro*, se dice que se halla en un estado de ineficiencia dinámica, ya que el consumo por unidad de trabajo efectivo es inferior al que podía obtenerse siempre –hoy y mañana- sin más que modificar a la baja la tasa de ahorro.

6.5 Implicaciones del modelo y corolarios de política económica

Para el análisis de la dinámica de transición del modelo y de las implicaciones de política económica del mismo, volvamos a representar el ejercicio de estática comparativa anterior, pero utilizando esta vez la ecuación que caracteriza el estado estacionario en términos de tasas de crecimiento de las variables. Es decir, representemos el estado estacionario inicial, el correspondiente a la tasa de ahorro s_0, en un plano en el que el eje de abscisas es la tasa de crecimiento del stock de capital per cápita en vez de utilizar, como hemos hecho hasta ahora, el nivel de la variable. Matemáticamente, recordemos que el estado estacionario se derivaba de igualar a 0, el valor de *dk*. Ahora lo que hacemos es relativizar la expresión de *dk*, con respecto al stock de capital, e igualar a 0, el valor de $\frac{dk}{k}$:

$$dk = sy - (\delta + n)k \Rightarrow \frac{dk}{k} = s\frac{y}{k} - (\delta + n) \Rightarrow$$
$$0 = s\frac{y}{k} - (\delta + n) \Rightarrow s\frac{y}{k} = (\delta + n)$$

Imaginemos que queremos representar la ecuación $\frac{dk}{k} = s\frac{y}{k} - (\delta + n)$ en el plano $\left(k; \frac{dk}{k}\right)$. La inversión de sostenimiento es ahora una recta paralela al eje de abscisas, mientras que no parece claro, a primera vista, cómo representar $s\frac{y}{k}$. Sin embargo, si utilizamos una Cobb-Douglas tradicional, podemos tener una idea de la forma de esta expresión. Así, si $Y = K^{\alpha}L^{1-\alpha}$, la función en forma intensiva se obtiene sin más que relativizar la expresión con respecto a L:

$$\frac{Y}{L} = \frac{K^{\alpha}L^{1-\alpha}}{L} = \left(\frac{K}{L}\right)^{\alpha} \Rightarrow y = k^{\alpha}$$

Así pues, con esta especificación funcional, $s\frac{y}{k}$ es igual a $s\frac{k^{\alpha}}{k} = sk^{\alpha-1}$.

Por tanto, y como α es un número entre 0 y 1, $sk^{\alpha-1}$, será una función decreciente con respecto al stock de capital.

Representando gráficamente las funciones anteriores, se tiene una representación alternativa del estado estacionario, en la figura 6.10 siguiente:

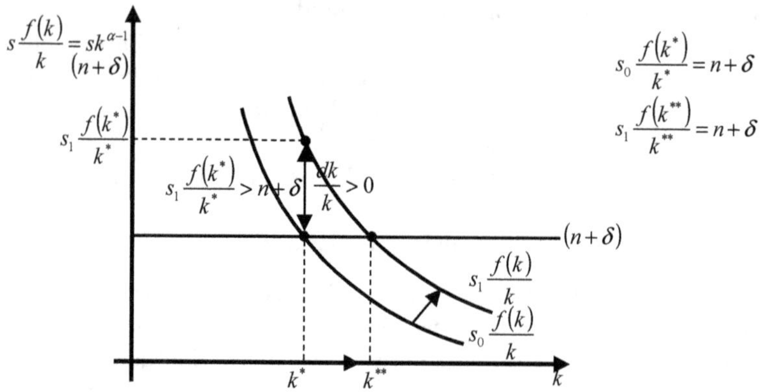

Figura 6.10: Dinámica de transición del efecto del aumento en la tasa de ahorro.

Representemos la evolución temporal de los niveles del PIB y stock de capital por trabajador y de la tasa de crecimiento del PIB por trabajador. Como puede observarse las trayectorias temporales de y y k, presentan un efecto de nivel. Es decir, el cambio en la tasa de ahorro no tiene efectos de crecimiento a largo plazo sino cambios de nivel. Es decir, un cambio en la política puede elevar permanentemente la producción y el capital por trabajador, pero no la tasa de crecimiento. Si observamos la senda temporal de la tasa de crecimiento del PIB por trabajador, observamos que el aumento de la tasa de ahorro genera que la inversión sea superior a la de sostenimiento generándose una acumulación de capital positiva. La tasa de crecimiento del output por trabajador aumenta transitoriamente, descendiendo paulatinamente en el tiempo, hasta que, una vez alcanzado el nuevo estado estacionario se acerca a la tasa de crecimiento de la población, *n*.

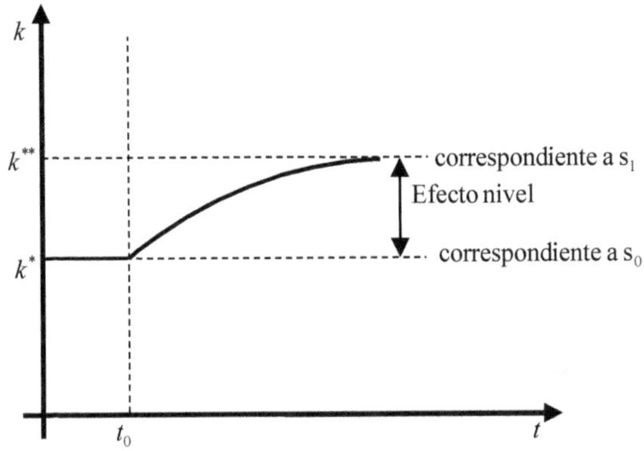

Figura 6.11: Senda temporal del stock de capital per cápita ante un aumento en la tasa de ahorro.

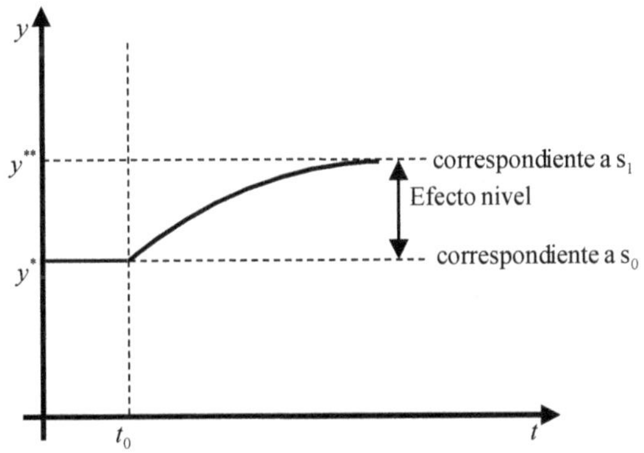

Figura 6.12: Senda temporal del PIB por unidad de trabajo ante un aumento en la tasa de ahorro.

Así pues, el resultado de una tasa de ahorro más elevada es una elevación de los niveles del stock de capital y de la producción per cápita, pero no se producen a largo plazo mayores tasas de crecimiento. Es decir, hay un *efecto de nivel*, esto es, un aumento permanente del nivel de producción que hace que la economía sea más rica, pero no se produce un *efecto tasa*, es decir, no se incrementa de forma permanente la tasa de crecimiento.

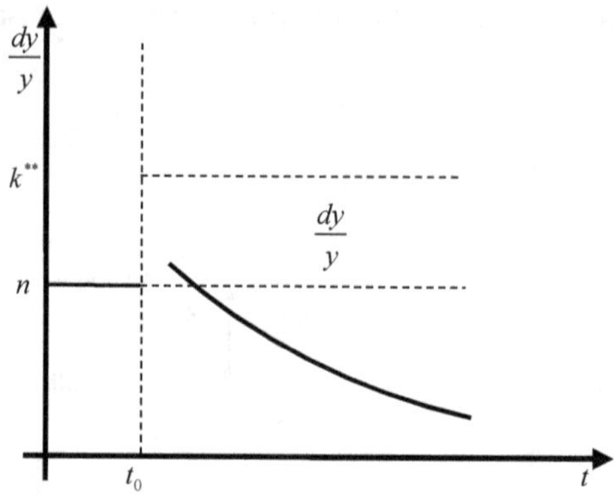

Figura 6.13: Senda temporal de la tasa de crecimiento del PIB por unidad de trabajo ante un aumento en la tasa de ahorro.

6.6 Extensiones y anexo matemático

¿Cómo calcular el número de años que necesita una economía para duplicar su nivel de renta?

Suponga que conocemos que una determinada economía crece a una tasa media anual de crecimiento del 4,7% y deseamos saber el número de períodos que necesitará para duplicar su output. Para responder a esta pregunta nos bastará con formularla de forma adecuada. Sea Y_0 el nivel de renta inicial de esta economía. Si denotamos por v a la tasa de crecimiento medio anual de esta economía, estaremos de acuerdo, que la renta en los períodos *1, 2, …, n,* evolucionará de acuerdo con la siguiente secuencia:

$$Y_1 = (1+v)Y_0$$
$$Y_2 = (1+v)Y_1 = (1+v)^2Y_0$$
$$\dots$$
$$Y_n = (1+v)Y_{n-1} = (1+v)^nY_0$$

Por tanto, como queremos que en el momento n, la renta sea el doble de la inicial, podemos escribir que:

$$Y_n = 2Y_0 = (1+v)^nY_0 \Rightarrow 2 = (1+v)^n \Rightarrow n\, lg(1+v) = lg\,2 \Rightarrow n = \frac{lg\,2}{lg(1+v)} = \frac{0{,}3010}{lg(1+v)}$$

Puede comprobar que los años que necesita una economía que crece a un ritmo del 10% anual, para duplicar su renta rondarían los 8 años.

Cálculo de la variación absoluta de una variable: diferencial de una función

Sea una función de R^n en R: $Y = f(X_1, \ldots, X_n)$. La variación absoluta de la variable dependiente, explicada o endógena -dY - es la suma de las variaciones de cada una de las variables independientes, explicativas o exógenas -dX_i- ponderadas por sus respectivas derivadas parciales -$\frac{\partial f}{\partial X_i}$- que miden la contribución relativa de la variación de cada independiente a la variación absoluta de la dependiente. Es decir, la expresión de diferencial de y viene dada por:

$$dY = \frac{\partial f}{\partial X_1} dX_1 + \ldots + \frac{\partial f}{\partial X_n} dX_n = [\nabla f](dX_1, \ldots, dX_n)$$

Esta expresión se puede leer como sigue: la variación absoluta de la variable Y, se debe:

- En parte a la variación de la primera variable independiente: $\frac{\partial f}{\partial X_1} dX_1$
- En parte a la variación de la segunda variable independiente: $\frac{\partial f}{\partial X_2} dX_2$
- .....
- y, en parte, a la variación de la enésima variable independiente: $\frac{\partial f}{\partial X_n} dX_n$

¿Cómo calcular la tasa de variación (crecimiento) de la variable Y?

La tasa de variación de la variable *Y*, no es más que su variación absoluta expresada respecto al valor inicial de la misma. Es decir, la tasa de variación de la variable *Y*, es $\frac{dY}{Y}$.

Utilizando el resultado obtenido para la variación absoluta de Y, podemos escribir:

$$\frac{dY}{Y} = \frac{\partial f}{\partial X_1} \frac{dX_1}{Y} + \ldots + \frac{\partial f}{\partial X_n} \frac{dX_n}{Y}$$

Cálculo de la variación absoluta de una ratio

Suponga que deseamos calcular la variación absoluta de una variable y, definida como la ratio entre dos variables *Y* y *L*. Si queremos hallar la variación absoluta de y -dy -, haremos:

$$dy = d\left(\frac{Y}{L}\right) = \frac{dYL - dLY}{L^2} = \frac{dY}{L} - \frac{Y}{L}\frac{dL}{L}$$

Cálculo de la variación relativa o tasa de variación de una ratio

Suponga ahora, que deseamos calcular la variación relativa o tasa de variación de esa misma variable y, definida como la ratio entre dos variables Y y L. Ahora lo que queremos hallar es el valor de $\frac{d\left(\frac{Y}{L}\right)}{\frac{Y}{L}} = \frac{dy}{y}$. Aprovechando el resultado que acabamos de obtener- $dy = \frac{dY}{L} - \frac{Y}{L}\frac{dL}{L}$ -, nos bastará con dividir los dos miembros de la expresión entre y.

$$\frac{dy}{y} = \frac{dY}{L}\frac{1}{y} - \frac{Y}{L}\frac{dL}{L}\frac{1}{y} = \frac{dY}{L}\frac{L}{Y} - \frac{Y}{L}\frac{dL}{L}\frac{L}{Y} = \frac{dY}{Y} - \frac{dL}{L}$$

Por tanto, la tasa de variación (crecimiento) de una ratio, es la diferencia entre la tasa de variación (crecimiento) del numerador y del denominador.

Una tasa de variación de una ratio nula no implica que las tasas de variación de las variables incluidas en la ratio sean nulas

Suponga que sabemos que $\frac{dy}{y} = 0$ donde $y = \frac{Y}{L}$. Esto no implica que $\frac{dY}{Y}$ y $\frac{dL}{L}$ sean nulas, sino que $\frac{dY}{Y} = \frac{dL}{L}$.

Tasas de crecimiento y escalas logarítmicas

Para representar datos de crecimiento suele resultar de gran utilidad el trabajar con escalas semilogarítmicas. Supongamos que queremos representar la evolución del PIB per cápita de un país determinado. En el eje de abscisas pondremos los años y en el de ordenadas el PIB en logaritmos. Si representáramos una variable que crece a tasa constante en el tiempo en una escala lineal, la curva presentaría una pendiente cada vez mayor, mientras que si utilizamos la escala logarítmica la curva se transformaría en una línea recta. Esta es la razón por la que los trabajos de crecimiento suelen representar el logaritmo del PIB per cápita en vez del PIB per cápita en niveles.

Matemáticamente:

Sea la variable *x(t)* el PIB per cápita de una determinada región a lo largo del tiempo. Llamemos *y(t)* al valor del logaritmo de la variable *x(t)*. Por tanto:

$$y(t) = log\,x\,(t)$$

Si derivamos y con respecto al tiempo tendremos que:

$$\frac{dy}{dt} = \frac{\frac{dx}{dt}}{x(t)} = \frac{\dot{x}}{x}$$

Es decir, que la tasa de crecimiento de una variable coincide con la derivada con respecto al tiempo del logaritmo de la variable. En otros términos, si representamos en el eje de abscisas el tiempo y en el eje de ordenadas el logaritmo de *x*, la pendiente de la función que relaciona ambas variables es la tasa de crecimiento de la variable *x*.

Sobre las comparaciones internacionales: la paridad de poder adquisitivo

Si nos planteásemos comparar la riqueza de los individuos de diferentes países, inmediatamente se nos ocurriría recurrir a los datos sobre renta o PIB de cada uno de ellos. Obviamente, tendríamos que relativizarlos por la población, para tener una idea de la riqueza por individuo de cada país.

Sin embargo, si comparamos el PIB per cápita de diferentes países, estos se encuentran expresados en las monedas nacionales respectivas. Nuestra respuesta inmediata a este nuevo problema sería bastante intuitiva: utilizando los tipos de cambio podríamos expresar los datos de PIB per cápita de cada nación en una moneda común, por ejemplo, en dólares.

Si nos quedáramos satisfechos y procediéramos a trabajar con los datos en su estado actual –PIB per cápita expresado en dólares- estaríamos comparando magnitudes que no son directamente comparables, en tanto en cuanto, no reflejarán la riqueza real de los individuos de los países que queremos comparar. ¿Por qué decimos esto? Piense que en cada país los precios de diferentes mercancías son distintos por lo que no existirá una equivalencia en el poder de compra incluso con una misma cifra de PIB per cápita expresado en una misma divisa. Quizá pensando en términos regionales, se pueda mostrar más claramente este argumento.

Suponga que disponemos de los datos de PIB per cápita, en euros, de las regiones españolas. Realmente, existen diferencias de precios sustanciales entre los precios de la vivienda en Madrid o Barcelona, frente a los precios de la vivienda en cualquier otra región periférica. Por tanto, si queremos capturar el nivel de riqueza real de un individuo medio en cada región española, deberíamos corregir el dato de PIB per cápita utilizando un conjunto común de precios, los precios medios de las diferentes regiones. Esta idea es la que subyace a la elaboración de series expresadas en **paridad de poder adquisitivo** –en adelante, PPA–.

El proyecto de las Tablas Mundiales de Pennsylvania –The Penn World Tables– dirigido por los profesores Kravis, Summers y Heston (1978), fue un ejemplo pionero de este tipo de construcciones, al elaborar series basadas en la paridad de poder adquisitivo para la mayor parte de los países del mundo. Sobre la paridad de poder adquisitivo puede consultarse, Summers y Heston (1991).

¿Cómo calcular la tasa de crecimiento medio de un determinado período?

Supongamos que la tasa de variación del PIB real en los primeros 10 años de este siglo fue del 25% aunque detrás de esta cifra hubo períodos de mayor y menor intensidad. Realmente si quiero calcular una tasa de crecimiento medio esto equivale a suponer que en cada uno de los diez períodos la tasa de crecimiento anual, que denotaremos por g, fue la misma, es decir:

$$Y_1 = (1 + g)Y_0$$

$$Y_2 = (1 + g)Y_1 = (1 + g)(1 + g)Y_0 = (1 + g)^2 Y_0$$

....

$$Y_{10} = (1 + g)^{10} Y_0$$

Por tanto, si quisiéramos calcular la tasa g, nos bastaría con despejarla en la última expresión:

$$\frac{Y_{10}}{Y_0} = (1 + g)^{10}$$

$$\sqrt[10]{\frac{Y_{10}}{Y_0}} = (1 + g)$$

$$\sqrt[10]{\frac{Y_{10}}{Y_0}} - 1 = g$$

Por tanto, generalizando a t períodos podemos escribir que:

$$g = \sqrt[t]{\frac{Y_t}{Y_0}} - 1 = \left(\frac{Y_t}{Y_0}\right)^{\frac{1}{t}} - 1$$

¿Cómo calcular cuál sería el valor que alcanzaría el PIB creciendo t años a una tasa constante g? La respuesta ya ha sido analizada anteriormente. Generalizando el ejemplo anterior, tenemos que:

$$Y_1 = (1 + g)Y_0$$

$$Y_2 = (1 + g)Y_1 = (1 + g)(1 + g)Y_0 = (1 + g)^2 Y_0$$

....

$$Y_t = (1 + g)^t Y_0$$

¿Cómo saber, para una tasa de crecimiento constante anual, cuál es el número de años necesarios para alcanzar un determinado valor del PIB?

Simplemente, se trataría de despejar *t*, en la ecuación anterior:

$$Y_t = (1 + g)^t Y_0$$

$$\frac{Y_t}{Y_0} = (1 + g)^t$$

$$ln\left(\frac{Y_t}{Y_0}\right) = ln(1+g)^t$$

$$ln\left(\frac{Y_t}{Y_0}\right) = t\,ln(1+g)$$

$$ln\,Y_t - ln\,Y_0 = t\,ln(1+g)$$

$$\frac{ln\,Y_t - ln\,Y_0}{ln(1+g)} = t$$

$$\frac{ln\,Y_t - ln\,Y_0}{ln(1+g)} = t \text{ o como } \frac{ln\left(\frac{Y_t}{Y_0}\right)}{ln(1+g)} = t$$

Expresión esta que es frecuente usar para calcular el número de años necesarios para que un país o región duplique su renta, es decir para que Y_t sea igual a $2Y_0$creciendo a un determinado ritmo medio *g*. En ese caso,

$$\frac{ln\left(\frac{Y_t}{Y_0}\right)}{ln(1+g)} = t \Rightarrow t = \frac{ln\left(\frac{2Y_0}{Y_0}\right)}{ln(1+g)} = \frac{ln\,2}{ln(1+g)}$$

Como forma de comprobar el grado de comprensión de los anteriores conceptos, el lector puede encontrar útil la realización de las tres siguientes cuestiones.

1. Suponga que el PIB real de una economía ascendía a 1 billón de euros en el año 2000. Si la economía ha crecido a una tasa del 2 por ciento anual, ¿cuál será el PIB real diez años después?
2. Si la economía crece a ese 2 por ciento anual, ¿cuántos años son necesarios para alcanzar 1,2 billones de PIB real?
3. Si el PIB real en 1970 era de 0,5 billones de euros y en 2000 de 1 billón, ¿cuál es la tasa de crecimiento del PIB en el período? ¿cuál es la tasa de crecimiento anual?

Referencias

Cass, D. (1965). Optimum growth in an aggregative model of capital accumulation. *The Review of economic studies, 32*(3), 233-240. https://doi.org/10.2307/2295827

Kaldor, N. (1961). Capital accumulation and economic growth. In *The Theory of capital: proceedings of a conference held by the International Economic Association* (pp. 177-222). London: Palgrave Macmillan UK. https://doi.org/10.1007/978-1-349-08452-4_10

Kravis, I. B., Heston, A.W. & Summers, R. (1978). Real GDP *Per Capita* for More Than One Hundred Countries. *The Economic Journal,* 88(350), 215–242. https://doi.org/10.2307/2232127

Koopmans, T. C. (1965). On the concept of optimal growth. In *The econometric approach to development planning*. Chicago, Randy McNally.

Ramsey, F. P. (1928). A Mathematical Theory of Saving. *Economic Journal, 38*, 543-559. https://doi.org/10.2307/2224098

Romer, P. M. (1986). Increasing returns and long-run growth. *Journal of political economy, 94*(5), 1002-1037. https://doi.org/10.1086/261420

Solow, R. M. (1956). A contribution to the theory of economic growth. *The Quarterly Journal of Economics, 70*(1), 65-94. https://doi.org/10.2307/1884513

Summers, R., & Heston, A. (1991): The Penn World Table (Mark 5): an expanded set of international comparisons, 1950-1988. *Quarterly Journal of Economics, 106*(2), 327-368. https://doi.org/10.2307/2937941

Swan, T. W. (1956). Economic growth and capital accumulation. *Economic record, 32*(2), 334-361. https://doi.org/10.1111/j.1475-4932.1956.tb00434.x

Capítulo siete

De la contabilidad del crecimiento al modelo de Solow aumentado: la incorporación de la tecnología y el capital humano

Emilio Congregado
Nicola Rubino
David Troncoso

Resumen

En este capítulo se analiza el papel jugado por la falta de consistencia entre las proposiciones que se derivaban del modelo de Solow y los resultados obtenidos de sus intentos de contrastación a través de la evidencia empírica. Las diferentes explicaciones sugeridas para explicar esta falta de robustez, constituye un buen ejemplo de cómo avanza el conocimiento científico en el ámbito de la Economía. En concreto, en este capítulo se repasan los intentos de contrastación y las explicaciones sugeridas. Las más conservadoras, optaron por mantener el supuesto de rendimientos decrecientes limitándose a ampliar el modelo a través de la inclusión de nuevos determinantes del crecimiento, como el capital humano o la tecnología, aunque de forma exógena. Esos modelos se analizan también en este capítulo.

Palabras clave: Contabilidad del crecimiento, extensiones del modelo de crecimiento neoclásico, capital humano, innovación tecnológica, convergencia.

***

7.1 Introducción

Los primeros intentos de contrastación del modelo de Solow pusieron de manifiesto que gran parte de la tasa de crecimiento del output no era explicada por el crecimiento de los factores. La estrategia más inmediata para conciliar el modelo con los hechos pasa por *aumentar* el modelo, esto es, por incorporar posibles factores omitidos. Dos modelos de este tipo se analizan en este capítulo.

Esquema del capítulo	
7.1. Introducción 7.1.1. Los primeros intentos de contrastación: el enfoque de la contabilidad del crecimiento 7.1.2. La descomposición del crecimiento 7.1.3. La participación de los factores en la renta nacional 7.2. El residuo de Solow (PTF) 7.2.1. La estimación del residuo de Solow 7.2.2. Interpretación del residuo	7.3. La incorporación de la tecnología: el modelo de Solow ampliado 7.3.1. La función de producción ampliada 7.3.2. Caracterización del estado estacionario 7.3.3. Efectos de cambios en los fundamentos 7.3.4. Proposiciones que se derivan del modelo 7.4. El modelo de Solow aumentado con capital humano 7.5. Valoración del modelo neoclásico de crecimiento

7.1.1 Los primeros intentos de contrastación: el enfoque de la contabilidad del crecimiento[1]

Una forma natural y quizás la más intuitiva de abordar el problema de los determinantes del crecimiento es diferenciando la función de producción, lo que ha de permitir descomponer la variación de la producción en la suma de sus fuentes de variación, esto es, en función de las variaciones de los argumentos de la función de producción los factores productivos.

7.1.2. La descomposición del crecimiento

Consideremos una función de producción agregada ampliada con respecto a la utilizada en la exposición del modelo de crecimiento de Solow, al incorporar el stock de conocimientos técnicos *A*. Como puede comprobar este stock *A*, se ha introducido de forma multiplicativa, de tal manera que, si *A* aumenta, sin variar los argumentos de la función de producción, la producción también aumenta. La función de producción agregada será ahora:

$$Y = A \cdot F(K, L)$$

[1] La descomposición que realizamos en este apartado puede ampliarse en el trabajo de Solow (1957).

Si diferenciamos la expresión anterior, tendremos que la variación de la producción –*dY*– se deberá, en parte a la variación del conocimiento técnico –*dA*–; en parte a la variación del stock de capital –*dK*– y, en parte, a la variación del número de trabajadores –*dL*–:

$$dY = (dA)F(K,L) + (dF)A =$$
$$= (dA)F(K,L) + \left(\frac{\partial F}{\partial K}dK + \frac{\partial F}{\partial L}dL\right)A$$

Si quisiéramos obtener la expresión de la tasa de crecimiento del PIB, tan solo nos bastaría con dividir los dos miembros de la ecuación entre *Y*. De esta forma, la expresión anterior quedaría como:

$$\frac{dY}{Y} = \frac{(dA)F(K,L)}{Y} + \left(\frac{\partial F}{\partial K}dK + \frac{\partial F}{\partial L}dL\right)\frac{A}{Y}$$

Como $Y = AF(K,L)$, se tiene que:

$$\frac{dY}{Y} = \frac{(dA)F(K,L)}{AF(K,L)} + \left(\frac{\partial F}{\partial K}dK + \frac{\partial F}{\partial L}dL\right)\frac{A}{AF(K,L)}$$

de manera que:

$$\frac{dY}{Y} = \frac{dA}{A} + \left(A\frac{\partial F}{\partial K}dK + A\frac{\partial F}{\partial L}dL\right)\frac{1}{AF(K,L)}$$

Si computamos los productos marginales de ambos factores se tiene que:

$$PMa_K = \frac{\partial\big(AF(K,L)\big)}{\partial K} = A\frac{\partial F}{\partial K}$$
$$PMa_L = \frac{\partial\big(AF(K,L)\big)}{\partial L} = A\frac{\partial F}{\partial L}$$

Por tanto, la expresión anterior queda como:

$$\frac{dY}{Y} = \frac{dA}{A} + (PMa_K dK + PMa_L dL)\frac{1}{Y}$$

Si queremos tener la expresión en términos de la tasa de variación de *K* y *L*:

$$\frac{dY}{Y} = \frac{dA}{A} + \left(PMa_K dK\frac{K}{K} + PMa_L dL\frac{L}{L}\right)\frac{1}{Y}$$

Por lo que agrupando términos tenemos:

$$\frac{dY}{Y} = \frac{dA}{A} + PMa_K\frac{K}{Y}\frac{dK}{K} + PMa_L\frac{L}{Y}\frac{dL}{L}$$

Si consideramos que los factores se retribuyen según su productividad marginal podríamos sustituir los productos marginales de capital y trabajo por *r* y *w*, respectivamente, por lo que tendríamos:

$$\frac{dY}{Y}=\frac{dA}{A}+\frac{rK}{Y}\frac{dK}{K}+\frac{wL}{Y}\frac{dL}{L}$$

Por tanto, la tasa de crecimiento del PIB depende de la tasa de crecimiento del capital y del trabajo, ponderadas estas tasas por la participación relativa de las rentas de trabajo y capital en la renta nacional y de la tasa de progreso tecnológico.

7.1.3 La participación de los factores en la renta nacional

Como sabemos que la renta total se distribuye entre los factores trabajo y capital:

$$Y = rK + wL$$

Si dividimos los dos miembros entre *Y*, se tiene que:

$$1=\underbrace{\frac{rK}{Y}}_{\alpha}+\underbrace{\frac{wL}{Y}}_{1-\alpha}$$

por lo que $\frac{rK}{Y} = \alpha$ y $\frac{wL}{Y} = 1 - \alpha$ representan, respectivamente, la participación relativa de las rentas de capital y de las rentas salariales en la renta nacional. De esta forma podemos dar una expresión, operativa para nuestros fines, a la tasa de crecimiento del PIB, reescribiéndola como:

$$\frac{dY}{Y}=\frac{dA}{A}+\alpha\frac{dK}{K}+(1-\alpha)\frac{dL}{L}$$

en la que, la tasa de variación del PIB depende de la tasa de progreso tecnológico –llamada habitualmente en la literatura, crecimiento de la productividad total de los factores–, de la tasa de crecimiento del stock de capital y de la tasa de crecimiento de la fuerza laboral.

Note que la ecuación anterior, sin incorporar progreso técnico queda como:

$$\frac{dY}{Y}=\alpha\frac{dK}{K}+(1-\alpha)\frac{dL}{L}$$

Debe observar que, con o sin progreso técnico incorporado, la ecuación de la contabilidad del crecimiento constituye un buen punto de partida para el análisis empírico, de los determinantes del crecimiento, en tanto en cuanto, es fácil de contrastar si los datos verifican o refutan el valor de los parámetros, que deberían coincidir con la retribución relativa de los factores en la renta nacional, dato de fácil obtención a partir de la Contabilidad Nacional.

En efecto, los primeros trabajos empíricos tomaron justamente esta dirección: intentar contrastar, haciendo uso de datos agregados sobre producción, capital y trabajo, la participación de los factores en el crecimiento económico.

7.2 El residuo de Solow (PTF)

Sobre la base de la expresión anterior, Solow (1957) ideó una forma de estimar el progreso tecnológico, de forma residual, basándose en el supuesto de que cada factor se retribuye según su producto marginal, supuesto este que como recordará se deriva del supuesto de competencia en los mercados de factores. Así, las primeras contrastaciones empíricas en la teoría del crecimiento económico se centraron en medir las fuentes del crecimiento, es decir, la contribución de los diferentes factores sobre la base de la expresión:

$$\frac{dY}{Y} = \alpha \frac{dK}{K} + (1 - \alpha) \frac{dL}{L}$$

que expresada en términos per cápita, sin más que detraer la tasa de crecimiento poblacional en los dos miembros, queda como:

$$\left(\frac{dY}{Y} - \frac{dL}{L}\right) = \alpha \left(\frac{dK}{K} - \frac{dL}{L}\right) \Rightarrow \frac{dy}{y} = \alpha \frac{dk}{k}$$

Se trataba pues de comprobar que la tasa de crecimiento del output por trabajador era igual a la tasa de crecimiento del stock de capital por trabajador, multiplicado por la participación de las rentas de capital en la renta nacional.

Sin embargo, al medir las fuentes del crecimiento en Estados Unidos, autores como Schmookler (1952), Kendrick (1956), Abramovitz (1956) o Denison (1962), encontraron que el output por trabajador había crecido muchísimo más de lo que se podía explicar a través de la acumulación de capital físico.

Existía pues una parte del crecimiento del output por trabajador, que no podía ser explicado por la tasa de acumulación del capital. Este componente "no explicado" del crecimiento, es lo que se vino a llamar "*residuo de Solow*". Evidentemente, el aumento de la producción solo puede deberse a un aumento en la cantidad de factores productivos o a un aumento en la calidad de los mismos.

Sin embargo, los resultados apuntaban a que había otras formas de acumulación que podían jugar un papel importante en el crecimiento. Un candidato natural era el "conocimiento técnico". La descomposición de Solow (1957), apunta en esta dirección al incorporar implícitamente, el conocimiento técnico A, en la función de producción. Con esta forma de proceder, el valor de $\frac{dA}{A}$, llamado a veces, tasa de crecimiento de la *productividad total de los factores* (PTF), debería capturar la parte del crecimiento que no era explicable a través de la acumulación del capital. Las siguientes expresiones resumen lo comentado hasta el momento.

$$\underbrace{\frac{dY}{Y}}_{\substack{\text{tasa de crecimiento}\\ \text{de la producción}}} = \underbrace{\frac{dA}{A}}_{\substack{\text{tasa de progreso}\\ \text{técnico}}} + \underbrace{\alpha}_{\substack{\text{participación}\\ \text{del capital en}\\ \text{la renta nacional}}} \underbrace{\frac{dK}{K}}_{\substack{\text{tasa de crecimiento}\\ \text{del stock de capital}}}$$

$$+ \underbrace{(1-\alpha)}_{\substack{\text{participación}\\ \text{del trabajo en}\\ \text{la renta nacional}}} \underbrace{\frac{dL}{L}}_{\substack{\text{tasa de crecimiento}\\ \text{del trabajo}}}$$

o en términos de output por trabajador (o unidad de trabajo) como:

$$\frac{dy}{y} = \frac{dA}{A} + \alpha\frac{dk}{k}$$

Piense que $\frac{dA}{A}$ es la única magnitud no observable en la expresión, pero que podemos obtener por diferencia, como el residuo no explicado por la acumulación del capital por trabajador:

$$\frac{dA}{A} = \frac{dy}{y} - \alpha\frac{dk}{k}$$

7.2.1 La estimación del residuo de Solow

Esto es lo que hace Solow (1957), con datos correspondientes a Estados Unidos para el período 1909-1949. Concretamente, Solow, halla que la contribución del factor residual al crecimiento del output por hora trabajada representaba un 87,53% del total. Así, para una tasa media anual de crecimiento del capital por hora trabajada en el sector no agrícola de 0,68%, una tasa de crecimiento anual del output por trabajador del 1,8% y una participación de las rentas de capital en la renta nacional del 33%, se puede comprobar que:

$$\frac{dA}{A} = \frac{dy}{y} - \alpha\frac{dk}{k} \Rightarrow \frac{\frac{dA}{A}}{\frac{dy}{y}} = 1 - \alpha\frac{\frac{dk}{k}}{\frac{dy}{y}} \Rightarrow \frac{\frac{dA}{A}}{\frac{dy}{y}} = 1 - 0{,}33\frac{0{,}68}{1{,}8} = 0{,}8753$$

7.2.2 Interpretación del residuo

El resultado anterior, por propia construcción, fue una fuente inmediata de controversia entre los analistas. El hecho de que la participación del progreso técnico en el crecimiento fuera tan elevada, podía ser el resultado de que, en realidad, ese término por construcción se transforma en un cajón de sastre de factores omitidos y de mediciones imperfectas del capital y del trabajo. En este sentido se pronuncia Abramovitz (1956), al indicar que el elevado tamaño del residuo de Solow tan solo es "una medida de nuestra ignorancia sobre las causas del crecimiento económico", lo que implicaba directamente la necesidad de buscar nuevas interpretaciones. Sin embargo, el residuo generó también reacciones en otras direcciones.

Rendimientos crecientes

Así, Hicks (1960), considera que la contribución del capital, estimada por la contabilidad del crecimiento, es demasiado pequeña como para ser creíble. Por ello, conjetura acerca de si el tamaño del residuo podría estar provocado por el supuesto acerca de los rendimientos constantes en la función de producción.

Capital Humano

Por su parte, Schultz (1961) se cuestiona la propia validez de los datos empleados e introduce un nuevo elemento en el problema al señalar que la calidad del trabajo ha aumentado gracias a la inversión en educación ya que, la importancia aparente de *A* puede deberse sobre todo a la omisión del capital humano.

Modelos de I+D

Pese a todo, parece que el consenso más extendido apunta a qué el residuo, sobre todo, era atribuible al cambio técnico. En conjunto, todas estas consideraciones han tenido, como veremos más adelante, un papel importante en la propia evolución de la teoría del crecimiento, ya que el punto de partida en la investigación posterior al trabajo de Solow ha sido la hipótesis de que el crecimiento de la productividad "no explicado" habría de deberse a la acumulación de factores omitidos. Los dos candidatos obvios –el aumento en la calidad del factor trabajo generado por la inversión en capital humano y la acumulación de conocimientos como resultado de la investigación y la experiencia se incorporarán paulatinamente al paradigma neoclásico, conteniendo el germen de lo que, años más tarde, se daría en llamar teoría del crecimiento endógeno. Por ello, dedicamos los dos siguientes epígrafes de este capítulo a presentar dos extensiones del modelo neoclásico en el que se incorporan explícitamente la tecnología y el capital humano, respectivamente, como motores del crecimiento.

7.3 La incorporación de la tecnología: el modelo de Solow ampliado

Presentemos ahora, el modelo de Solow, haciendo una simple modificación en la función de producción agregada, que incluye ahora implícitamente el conocimiento técnico, *A*. Concretamente, la estrategia de incorporación de la tecnología, pasa por incluir, como argumento de la función de producción, el *trabajo efectivo* o trabajo medido en unidades de eficiencia[2], el producto de *AL*, de tal forma que este nuevo factor aumenta, cuando aumenta la cantidad utilizada de factor trabajo –aumento de *L*- o cuando hay progreso tecnológico – es decir, cuando crece *A*-. En nuestra presentación formularemos una función de producción en la que la tecnología entra *à la Harrod*, de forma que una unidad de trabajo es más efectiva cuando el nivel de la tecnología es más alto.

7.3.1 La función de producción ampliada

Para presentar esta versión del modelo de Solow ampliado con progreso técnico, tan solo tendremos que obtener el estado estacionario a partir de la nueva función de producción ampliada, utilizada como estrategia para incorporar el progreso tecnológico. Supondremos, al igual que antes, que la función de producción agregada $Y = F(K, AL)$ presenta rendimientos constantes a escala:

$$F(\lambda K, \lambda AL) = \lambda F(K, AL) = \lambda Y$$

Aprovechando esta propiedad de la función de producción podemos expresarla de forma intensiva, sin más que tomar una lambda igual a la inversa de *AL*.

$$y = \frac{Y}{AL} = \frac{1}{AL}F(K, AL) = F\left(\frac{1}{AL}K, \frac{1}{AL}L\right) = F\left(\frac{K}{AL}, 1\right) = f(k)$$

donde $y = \frac{Y}{AL}$ y $k = \frac{K}{AL}$ son, respectivamente, la producción y el capital por unidad de trabajo efectivo.

Tomados como dados los valores iniciales del capital, trabajo y del conocimiento técnico –*K(0)*, *L(0)* y *A(0)* – se supone que el factor trabajo y el progreso técnico crecen a tasas constantes, respectivas *n* y *g*.

Un supuesto importante en esta formulación del *modelo de Solow ampliado* es que el progreso tecnológico, $\frac{dA}{A}$ es exógeno, haciendo la suposición de que este crece a una tasa constante. Es decir, suponemos que la ley que gobierna la evolución de la tecnología en el tiempo viene dada por: $A(t) = A_0 e^{gt}$, donde *g* es un parámetro constante.

[2] Hay tres posibilidades de introducir la tecnología en la función de producción: *i)* una tecnología aumentadora del capital o neutral à la Solow -*F(AK, L)*-; *ii)* introducirla como un parámetro que multiplica a la función de producción *AF(K,L)*, que se conoce como tecnología neutral de Hicks, o *iii)* introduciendo la tecnología como aumentadora de trabajo –neutral à la Harrod- *F(K, AL)*.

Es fácil comprobar dicha evolución. Si diferenciamos la expresión anterior se tiene:

$$dA(t) = A_0 g e^{gt} dt \Rightarrow \frac{dA}{dt} = A_0 g e^{gt}$$

Si denotamos por $\dot{A}$, a la derivada $\frac{dA}{dt}$, podemos reescribir la expresión anterior como:

$$\dot{A} = A_0 g e^{gt}$$

Como según nuestro supuesto de partida $A = A_0 e^{gt}$, se tiene que:

$$\dot{A} = \underbrace{A_0 e^{gt}}_{A} g \Rightarrow \frac{\dot{A}}{A} = g$$

Convendremos desde ahora, que este supuesto no es realista, y comprobaremos, en el siguiente capítulo, como el intento de relajar este supuesto, es uno de los principales logros de la Nueva Teoría del Crecimiento.

7.3.2 Caracterización del estado estacionario

Como en el anterior modelo, la producción se destina al consumo y al ahorro (inversión), siendo este último una fracción constante del output, *s*. Además, el capital existente se deprecia con el uso a una tasa δ. Así, la ley dinámica de acumulación del capital es, al igual que antes:

$$dK = sY - \delta K$$

Analicemos ahora cómo evoluciona en el tiempo el capital por unidad de trabajo efectivo. Dividiendo entre *AL*, se tiene:

$$\frac{dK}{AL} = s\frac{Y}{AL} - \delta\frac{K}{AL} \Rightarrow \frac{dK}{AL} = sy - \delta k$$

Si multiplicamos y dividimos por *K*, el primer miembro:

$$\frac{dK}{K}\frac{K}{AL} = sy - \delta k \Rightarrow \frac{dK}{K} = s\frac{y}{k} - \delta$$

Restando $\frac{dAL}{AL}$ en los dos miembros:

$$\underbrace{\frac{dK}{K} - \frac{dAL}{AL}}_{\frac{dk}{k}} = s\frac{y}{k} - \delta - \frac{dAL}{AL}$$

Como:

$$dAL = LdA + AdL \Rightarrow \frac{dk}{k} = s\frac{y}{k} - \delta - \frac{LdA}{AL} - \frac{AdL}{AL} = s\frac{y}{k} - \delta - g - n$$

Si queremos la expresión en términos de la variación absoluta del capital por unidad de trabajo efectivo, se tiene:

$$dk = sy - \delta k - gk - nk = sy - (n + \delta + g)k$$

es decir, la variación del capital por trabajador es igual a una fracción constante, *s*, del output por trabajador, menos la inversión necesaria por ocupado para mantener constante el output por unidad de trabajo efectivo $(n + \delta + g)k$.

Esta ecuación describe toda la dinámica de esta nueva versión del modelo de Solow, y establece que la variación del stock de capital por unidad de trabajo es la diferencia entre dos términos. El primero de ellos –*sy*– es la inversión efectiva por unidad de trabajo, mientras que el segundo término –$(n + \delta + g)k$–, es la *inversión de sostenimiento por unidad de trabajo efectivo*, es decir, el volumen de inversión necesario para mantener *k*, en el mismo nivel.

Es decir, hay dos razones por las que necesitamos una inversión positiva para que *k*, no disminuya: *i)* porque el capital se deprecia con el uso (término δk), y *ii)* porque la cantidad de trabajo efectivo crece a la tasa *n*+*g*, de forma que si invertimos tan solo δk, no es suficiente para mantener constante el stock de capital por unidad de trabajo efectivo.

La dinámica de la ecuación de acumulación del capital es exactamente la misma que la del modelo de Solow sin progreso técnico. La economía converge hacia un equilibrio a largo plazo en el que el stock por unidad de eficiencia del trabajo adopta un valor constante, k^*.

Representemos gráficamente la ecuación anterior. En el eje de abscisas vamos a representar el stock de capital por unidad de trabajo efectivo, mientras que, en el eje de ordenadas, vamos a representar, la inversión de sostenimiento, el PIB por unidad de trabajo efectivo y la inversión efectiva o bruta por unidad de trabajo efectivo.

Dados *n*, δ y g, constantes, la inversión de sostenimiento, *Is*, vuelve a ser una recta con pendiente positiva que pasa por el origen de coordenadas:

$$Is = (n + \delta + g)k$$

Observe que:

$$\frac{dIs}{dk} = (n + \delta + g) > 0$$

Dada la función de producción en términos per cápita –$y = f(k)$ –, la inversión efectiva o curva de ahorro bruto, se situará por debajo de la función de producción, ya que *s*, es un parámetro con recorrido entre 0 y 1.

$$sy = sf(k) \; con \; 0 \leq s \leq 1$$

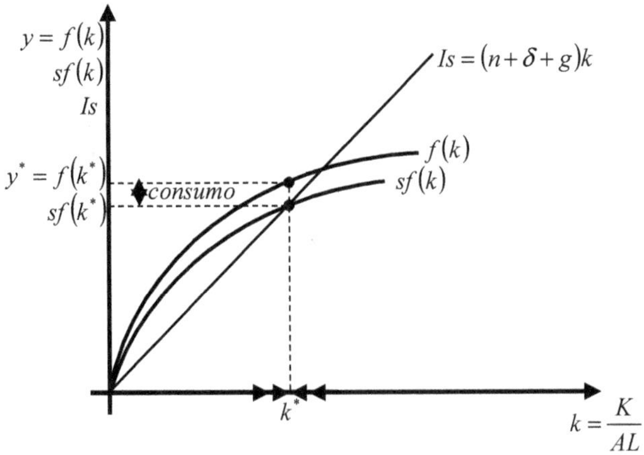

Figura 7.1: Diagrama de Solow, en el modelo ampliado. La determinación del stock de capital por unidad de trabajo efectivo.

Cuando la inversión efectiva, es igual a la inversión de sostenimiento, el stock de capital por unidad de eficiencia es constante. Matemáticamente:

$$\text{Si} \quad sf(k^*) = (n + \delta + g)k^* \Rightarrow \dot{k} = 0$$

Llegados a este punto, quizá merezca la pena especificar una función de producción para analizar de qué variables depende el stock de capital por unidad eficiente de trabajo, correspondiente al estado estacionario.

7.3.3. Efectos de cambios en los fundamentos

Consideremos una función de producción agregada del tipo:

$$Y = K^\alpha (AL)^{1-\alpha}$$

La función en forma intensiva se puede obtener dividiendo los dos miembros por el trabajo en términos de unidades de eficiencia:

$$\frac{Y}{AL} = \frac{K^\alpha (AL)^{1-\alpha}}{AL} = \frac{K^\alpha}{(AL)^\alpha} \frac{(AL)^{1-\alpha}}{(AL)^{1-\alpha}} = \left(\frac{K}{AL}\right)^\alpha$$

Dado que el output por unidad de trabajo eficiente es $\frac{Y}{AL} = y$la expresión anterior queda como:

$$\frac{Y}{AL} = \left(\frac{K}{AL}\right)^\alpha \Rightarrow y = k^\alpha$$

donde $k$es el stock de capital por unidad de eficiencia de trabajo.

Como recordamos:

$$\frac{dk}{k} = s\frac{y}{k} - (\delta + g + n) \Rightarrow \frac{dk}{k} = s\frac{k^{\alpha}}{k} - (\delta + g + n)$$

En el estado estacionario $\frac{dk}{k} = 0$,por lo que el stock por unidad de eficiencia de trabajo toma un valor constante:

$$0 = s\frac{k^{\alpha}}{k} - (\delta + g + n) \Rightarrow s\frac{k^{\alpha}}{k} = (\delta + g + n) \Rightarrow k^* = \left(\frac{s}{\delta + g + n}\right)^{\frac{1}{1-\alpha}}$$

En este equilibrio, la renta por unidad de eficiencia del trabajo es constante e igual a:

$$y = f(k);\ f(k) = k^{\alpha} \Rightarrow y^* = \left(\frac{s}{\delta + g + n}\right)^{\frac{\alpha}{1-\alpha}}$$

Si quisiéramos calcular el valor de la renta per cápita[3] $q = \frac{Y}{L}$ en el estado estacionario, tendríamos:

$$\left(\frac{Y}{AL}\right)^* = \left(\frac{s}{\delta + g + n}\right)^{\frac{\alpha}{1-\alpha}} \Rightarrow \left(\underbrace{\frac{Y}{L}}_{q}\right)^* = A\left(\frac{s}{\delta + g + n}\right)^{\frac{\alpha}{1-\alpha}}$$

Si queremos calcular la trayectoria temporal de la renta per cápita nos basta con tomar logaritmos. Así:

$$\text{Si } q(t) = A(t)(k^*)^{\alpha} = A(0)e^{gt}(k^*)^{\alpha}$$

esto implica que, tomando logaritmos naturales,

$$log\, q\,(t) = log\, A\,(0) + \alpha\, log\, A\,(k^*) + gt$$

Si representamos en escala logarítmica, la trayectoria temporal de la producción per cápita con progreso tecnológico exógeno queda como:

[3] Ahora la llamamos q para distinguirla de la renta por unidad de trabajo eficiente.

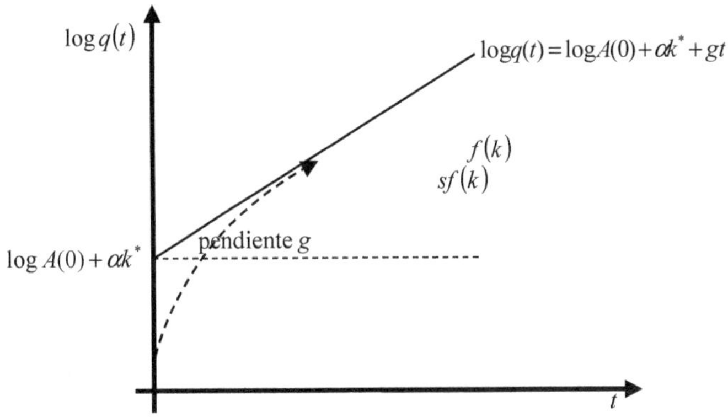

Figura 7.2: Trayectoria de la renta per cápita en el modelo con progreso técnico.

Obsérvese que, aunque en el estado estacionario de este modelo, la renta por unidad de trabajo eficiente es constante, la renta por trabajador no es constante, sino que aumenta con el progreso tecnológico. La senda temporal del logaritmo del producto por trabajador en un equilibrio a largo plazo es una línea recta con pendiente positiva. Su pendiente es la tasa de progreso técnico, es decir, la tasa de crecimiento de la producción por unidad de trabajo medido en términos de eficiencia, g, y su altura depende del nivel inicial de eficiencia *logA(0)*, y del valor estacionario de la ratio capital trabajo, medida en unidades de eficiencia, k^*.

La senda de crecimiento equilibrado

Observe que inicialmente, en la trayectoria de la economía analizada, la economía crece inicialmente a una tasa superior a la tasa de progreso técnico –observe las pendientes- pero esta tasa desciende gradualmente hasta aproximarse a la senda de crecimiento equilibrado.

En el modelo que acabamos de analizar la tasa de crecimiento de la renta a largo plazo viene determinada por el ritmo de progreso técnico, independientemente del resto de parámetros del sistema. Por tanto, si bien las políticas económicas pueden incidir en el nivel de renta a largo plazo, sus efectos sobre la tasa de crecimiento tan solo serán transitorios. Es decir, tan solo el progreso técnico puede afectar a la pendiente de la senda de crecimiento equilibrado, mientras que el resto de las variables afectan a la ordenada en el origen el nivel de la misma.

Para ilustrar de forma más detallada la anterior afirmación realicemos un análisis de estática comparativa idéntico a uno de los casos analizados en el modelo sin progreso técnico. Supongamos que se produce un aumento en la tasa de inversión. Sobre la base de la ecuación de la tasa de crecimiento del capital por trabajador medido en unidades de eficiencia, el estado estacionario inicial, cuando la tasa de ahorro es $s_0$viene dada por:

$$s_0 \frac{k^{\alpha}}{k} = (\delta + g + n) \Rightarrow s_0 (k^*)^{\alpha - 1} = (\delta + g + n)$$

Gráficamente, el estado estacionario queda caracterizado por la intersección de la recta sostenimiento y de la curva de ahorro por trabajador en términos de unidades de eficiencia. Si aumenta la tasa de ahorro, de forma que $s_1 > s_0$, la curva de ahorro se desplaza a la derecha, por lo que la tasa de crecimiento del capital por trabajador en términos de eficiencia se hace positiva. Así, esta variable crecerá en el tiempo, hasta alcanzar un nuevo estado estacionario en el punto k^{**}.

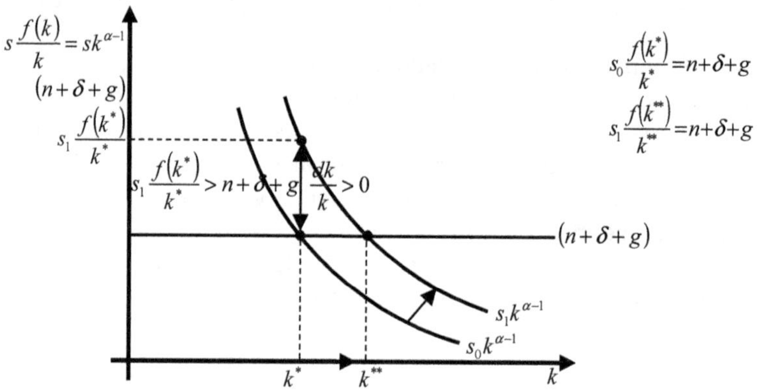

Figura 7.3: El efecto del aumento en la tasa de ahorro.

Supongamos que el aumento de la tasa de ahorro se ha producido como consecuencia de una política deliberada del gobierno. Evidentemente, el aumento en la tasa de ahorro logra un aumento de la tasa de crecimiento de la renta, ya que consigue un aumento de la tasa de crecimiento del capital. Ahora bien, este efecto es transitorio, tiende a desvanecerse a medida que nos acercamos al nuevo estado estacionario.

7.3.4 Proposiciones que se derivan del modelo

Si analizamos el impacto de la política, utilizando el análisis de la trayectoria temporal de la renta per cápita, se tendría que el aumento de la tasa de ahorro se traduce en un desplazamiento vertical de la senda de crecimiento equilibrado, ya que, al aumentar el stock de capital por unidades de eficiencia correspondiente al nuevo estado estacionario, la renta per cápita correspondiente a este estado también lo será. Sin embargo, no afecta a la pendiente de esta senda. En resumen, una variación de la tasa de ahorro tiene efectos permanentes de nivel, pero no de crecimiento, ya que modifica la senda de crecimiento equilibrado de la economía y, por ende, el nivel de producción por trabajador en cualquier momento del tiempo, pero sin alterar su tasa de crecimiento en la senda de crecimiento equilibrado. Así pues, en el modelo de crecimiento de Solow, ampliado con tecnología exógena, solo las modificaciones de la tasa de progreso tecnológico *g*, presentan efectos permanentes sobre el crecimiento.

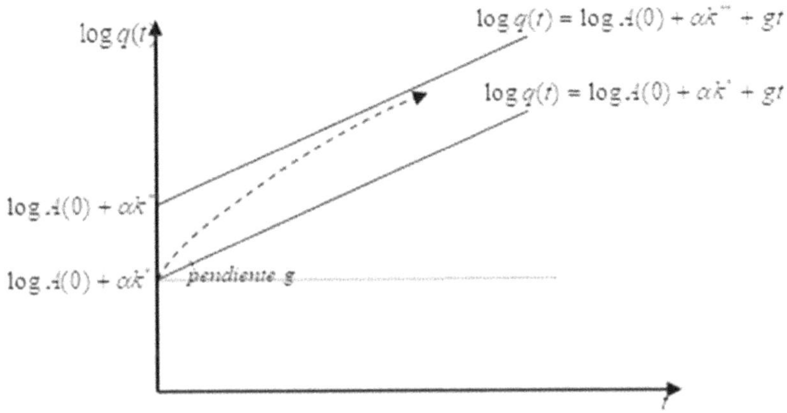

Figura 7.4: El cambio en la tasa de ahorro. Trayectoria de la renta per cápita en el modelo con progreso técnico.

Nota: aunque no aparece explícitamente, s influye en los valores estacionarios de k.

7.4 El modelo de Solow aumentado con capital humano

Como hemos avanzado antes, la segunda extensión lógica del modelo de Solow pasa por la incorporación de otros tipos de capital. Muchos economistas ya habían avisado de la importancia del capital humano en el proceso de crecimiento, por lo que cabría esperar que su no inclusión pudiera acarrear predicciones incorrectas (por ejemplo, Kendrick (1956) estima que la mitad del stock de capital estadounidense en 1969 era capital humano). En esta línea debemos extender el modelo de crecimiento de Gregory Mankiw, David Romer y David Weil (1992), en el que se intenta analizar si la incorporación del capital humano en el modelo básico de Solow, el reconocimiento explícito de que el trabajo en diferentes economías posea diferentes niveles de educación y diferentes habilidades, tiene repercusiones sobre la visión del proceso de crecimiento que emana del mismo.

La estrategia de modelización es bastante intuitiva y simple. Se trata simplemente de considerar una función de producción agregada ampliada que incorpore explícitamente al capital humano como un argumento más de la función de producción, y dado que ahora hay dos factores acumulables –el capital físico y el capital humano-, incorporar una nueva ley dinámica de acumulación: la correspondiente al capital humano. Siguiendo la formulación de Mankiw, Romer y Weil (1992), la función de producción es ahora:

$$Y = K^{\alpha}H^{\beta}(AL)^{1-\alpha-\beta}$$

donde *H*, representa el stock de capital humano, y en la que suponemos que capital físico y capital humano presentan rendimientos decrecientes $\alpha + \beta < 1$.

Con lo que respecta a las leyes dinámicas de acumulación de ambos tipos de capital supondremos, para facilitar el análisis, que la tasa de depreciación de ambos tipos de capital es común, y que la inversión bruta en capital humano representa una fracción constante del output $s_H y(t)$. Las ecuaciones de movimiento de cada tipo de capital se pueden expresar como:

$$dk = s_k y - (n + \delta + g)k$$
$$dh = s_h y - (n + \delta + g)h$$

donde *y*, *k* y *h* representan respectivamente, el output, el capital físico y el capital humano por unidad de trabajo efectivo.

Con estas leyes de acumulación la economía convergerá a un estado estacionario definido por el siguiente sistema:

$$0 = s_k y - (n + \delta + g)k \Rightarrow s_k y = (n + \delta + g)k$$
$$0 = s_h y - (n + \delta + g)h \Rightarrow s_h y = (n + \delta + g)h$$

Si calculamos el output por unidad de trabajo efectivo a partir de la función de producción tenemos que:

$$\frac{Y}{AL} = \frac{K^{\alpha}H^{\beta}(AL)^{1-\alpha-\beta}}{AL} \Rightarrow y = \frac{K^{\alpha}H^{\beta}(AL)^{1-\alpha-\beta}}{(AL)^{\alpha}(AL)^{\beta}(AL)^{1-\alpha-\beta}} = k^{\alpha}h^{\beta}$$

Por tanto, el sistema que caracteriza al estado estacionario se puede describir como:

$$s_k y = (n + \delta + g)k \Rightarrow k^* = \frac{s_k y}{(n + \delta + g)}$$
$$s_h y = (n + \delta + g)h \Rightarrow h^* = \frac{s_h y}{(n + \delta + g)}$$

Sustituyendo los stocks de capital físico y humano en la función de producción se tiene que:

$$y = \left(\frac{s_k y}{(n+\delta+g)}\right)^{\alpha} \left(\frac{s_h y}{(n+\delta+g)}\right)^{\beta}$$

Despejando el nivel de renta en unidades de eficiencia, correspondiente al estado estacionario, tenemos:

$$y^* = \left[\left(\frac{s_k}{(n+\delta+g)}\right)^{\alpha} \left(\frac{s_h}{(n+\delta+g)}\right)^{\beta}\right]^{\frac{1}{1-\alpha-\beta}}$$

Como $y = \frac{Y}{AL}$ si queremos obtener el nivel de renta del estado estacionario, en términos per cápita, nos bastará con multiplicar y por A. De esta forma:

$$\left(\frac{Y}{L}\right)^* = y^* A = \left[\left(\frac{s_k}{(n+\delta+g)}\right)^{\alpha} \left(\frac{s_h}{(n+\delta+g)}\right)^{\beta}\right]^{\frac{1}{1-\alpha-\beta}} A$$

Esta última expresión resume la explicación del modelo de Solow ampliado sobre por qué algunos países son ricos y otros pobres. Los países ricos lo son por tener altas tasa de inversión en capital físico y humano, bajas tasas de crecimiento poblacional y altos niveles tecnológicos. Además, la tasa de crecimiento de la renta per cápita crece a la tasa de progreso tecnológico, g, al igual que en el modelo de Solow original.

7.5 Valoración del modelo neoclásico de crecimiento

La Teoría del Crecimiento Neoclásica, en su versión ampliada para incorporar la tecnología, considera que está sigue una tendencia creciente y que no es afectada por ningún tipo de decisión económica. Se trata pues de una variable exógena. Según la Teoría del Crecimiento Neoclásica, el nivel y la tasa de crecimiento de la productividad es aproximadamente la misma para todas las economías, mientras que las diferencias en los niveles y en las tasas de crecimiento del output difieren ampliamente, debido a las diferentes tasas de acumulación de los factores físicos, mientras que se supone que el stock tecnológico es el mismo entre países.

La Nueva Teoría del Crecimiento, por el contrario, sugiere que los gaps tecnológicos son más importantes que los gaps en las dotaciones de factores, o dicho de otra forma, las diferencias de renta entre países se deben fundamentalmente a las diferencias en los niveles y en las tasas de progreso tecnológico.

Para resumir todo lo apuntado en torno a los modelos de crecimiento de corte neoclásico, podemos detectar las siguientes debilidades:

1.- Es extraño que la tasa de crecimiento a largo plazo de una economía sea independiente de los deseos de sus miembros de acumular capital físico o humano.

2.- En este modelo no habrá convergencia si los parámetros y variables exógenas son diferentes entre países. A menudo, se supone que A, es un factor libre. En este caso, solo puede existir divergencia si existen restricciones a la movilidad del capital. Como la tecnología es libre y no excluible, el hecho de que existan diferencias en los niveles de renta ha de implicar que el producto marginal del capital es distinto entre países por lo que las empresas, para aumentar beneficios deben transferir capital desde los países más ricos a los más pobres. Los niveles de renta observados y la divergencia, implican oportunidades de beneficio no realizadas, lo cual entra en conflicto con los supuestos del modelo.

3.- El modelo de crecimiento neoclásico no hace ningún tipo de supuesto explícito respecto a las instituciones: derechos de propiedad, los sistemas de patentes, los mercados de producción de tecnología, o los problemas de incertidumbre relacionados con el proceso de I+D. Por tanto, no existe ningún tipo de microfundamentación del proceso de creación de la tecnología.

4.- Como hemos visto, *A*, puede ser interpretado alternativamente, en términos de capital humano. Pero se trata de un problema de caja negra. Incluso en este caso, la fuerza central del desarrollo económico es una función del tiempo, no interpretable.

Todos estos problemas son los que se intentan abordar por parte de la teoría del crecimiento endógeno, a la que dedicamos el siguiente capítulo, último de los que conforman este bloque de temas dedicado a la teoría del crecimiento.

Referencias

Abramovitz, M. (1956). Resource and output trends in the United States since 1870. In *Resource and output trends in the United States since 1870* (pp. 1-23). NBER.

Denison, E. F. (1962). United States economic growth. *The Journal of Business, 35*(2), 109-121. https://doi.org/10.1086/294483

Hicks, J. R. (1960). Thoughts on the theory of capital—the Corfu Conference. *Oxford economic papers, 12*(2), 123-132. https://doi.org/10.1093/oxfordjournals.oep.a040837

Kendrick, J. (1956). Productivity trends: capital and labor. In *Productivity trends: Capital and labor* (pp. 3-23). NBER. https://doi.org/10.2307/1925777

Mankiw, N.G., Romer, D., & Weil, D.N. (1992). A contribution to the empirics of economic growth. *The quarterly journal of economics, 107*(2), 407-437. https://doi.org/10.2307/2118477

Schmookler, J. (1952). The changing efficiency of the American economy, 1869-1938. *The review of Economics and Statistics*, 214-231. https://doi.org/10.2307/1925628

Schultz, T. W. (1961). Investment in human capital. *The American Economic Review*, *51*(1), 1-17.

Solow, R. M. (1957). Technical Change and the Aggregate Production Function. *Review of Economics and Statistics*, 312-320. https://doi.org/10.2307/1926047

Capítulo ocho

Modelos de crecimiento endógeno y la literatura empírica reciente

Concepción Román

Nicola Rubino

David Troncoso

Resumen

El modelo de crecimiento de Solow fue, muy importante para entender el crecimiento económico, pero con el tiempo quedaron de manifiesto sus notables limitaciones. En concreto, el modelo predice que a largo plazo las tasas de crecimiento de la producción y capital por trabajador dependen del progreso tecnológico exógeno, cuya lógica no es explicada. Desde la segunda década de los años 80 hacen su aparición una serie de modelos en los que las decisiones de los agentes afectan endógenamente a la tasa de crecimiento económico, de ahí que este tipo de modelos hayan recibido la denominación de modelos de crecimiento endógeno. Una de las consecuencias prácticas de esta generación de estos modelos es que generan predicciones que son compatibles con la persistencia y ampliación de las diferencias de que las que se desprenden del modelo de Solow.

Palabras clave: crecimiento endógeno; convergencia, rendimientos, trampa de la pobreza.

***

Esquema del capítulo	
8.1. Introducción: la nueva teoría del crecimiento 8.1.1. La endogeneización de la tasa de ahorro en el marco de un modelo neoclásico: el modelo de Ramsey 8.2. La endogeneización de la tecnología: el modelo de Romer	8.4.1. Gasto público y crecimiento 8.4.2. La acumulación de capital humano 8.4.3. El papel de las instituciones 8.4.4. Comercio y crecimiento 8.4.5. Valoración de los modelos de crecimiento endógeno

8.1 Introducción: la nueva teoría del crecimiento

La teoría del crecimiento neoclásica, que hemos analizado en el capítulo anterior pone el énfasis en el papel del ahorro, el progreso técnico y de la acumulación de capital, físico o humano, en el proceso de crecimiento.

A mediados de los ochenta y sobre todo a lo largo de los noventa, se produce un ataque al modelo neoclásico, a partir de los trabajos de Romer (1986), Lucas (1988), Rebelo (1991), Grossman y Helpman (1993), entre otros, que originó un nuevo cuerpo de trabajo teórico y empírico que se ha conocido con el nombre de Teoría del Crecimiento Endógeno.

Inicialmente, estos modelos surgen para dar respuesta a dos objeciones realizadas al modelo neoclásico. En primer lugar, y desde un punto de vista empírico el modelo de crecimiento neoclásico fallaba al no explicar de forma satisfactoria las enormes disparidades de renta y de tasas de crecimiento existentes entre países.

En segundo lugar, y desde el punto de vista teórico esta vez, la modelización del cambio tecnológico como algo exógeno y no costoso genera conclusiones difíciles de digerir, ya que, interpretados al pie de la letra, sus proposiciones nos indican que la tasa de crecimiento de la renta por unidad de trabajo en el equilibrio a largo plazo viene determinada por el ritmo de progreso técnico, independientemente de todos los demás parámetros del sistema. La implicación de este resultado es que la política económica puede incidir sobre **el nivel de renta** a largo plazo, pero sus efectos sobre la **tasa de crecimiento** serán tan solo transitorios. En otros términos, aunque se puede afectar el nivel de la senda de crecimiento equilibrado, no podemos alterar su pendiente, dejando a la política económica sin posibilidad de influir sobre el ritmo de desarrollo.

Una de las confusiones más comunes al abordar el análisis de este tipo de literatura viene dada por la creencia de que el criterio de delimitación entre modelos neoclásicos y de crecimiento endógeno es la microfundamentación, es decir, que la dinámica del modelo se construya sobre la base del problema de optimización intertemporal de un agente representativo. Aunque algo "endógeno" significa lo que es ocasionado por factores que se hallan dentro del organismo o sistema, lo que hoy día se conocen como modelos de crecimiento endógenos, son aquellos modelos en los que los cambios en las políticas generan efectos tasa, efectos permanentes sobre la tasa de crecimiento. En este sentido, el modelo de Ramsey-Cass-Koopmans que presentamos en este primer apartado no debería ser incluido en este capítulo, ya que, aunque se trata de un modelo en el que se endogeneiza la tasa de ahorro, es un modelo de corte neoclásico ya que la política solo genera efectos de nivel, efectos transitorios. A mediados de los sesenta Cass (1965) y Koopmans (1965), desarrollaron sendos modelos en los que la tasa de ahorro se determinaba de forma endógena, a partir de la conducta de un consumidor representativo[1]. Aunque este modelo endogeneiza el ahorro, al relajar el supuesto del modelo de Solow de que la tasa de ahorro es exógena y constante, no es en puridad, un modelo de crecimiento endógeno, ya que el crecimiento a largo plazo, al igual que en el modelo de Solow, no está determinado en el modelo.

El cuerpo central de modelos que se presentan en el capítulo, son modelos en los que la tasa de progreso técnico se determina de forma endógena, intentando incorporar las fuerzas económicas subyacentes al progreso técnico. Desde un punto de vista formal, estos modelos son extensiones, en algunas ocasiones bastante simples del modelo de crecimiento neoclásico, con la diferencia de que ahora, la trayectoria temporal de la tecnología se determina endógenamente.

En los modelos de crecimiento endógeno la relajación del supuesto de que la tecnología es exógena se puede producir de dos formas distintas:

1. Suponiendo que la tecnología es el subproducto de otras cosas (probablemente accidentales):
    a. *Modelo de learning by doing*
    b. *Modelo de rendimientos crecientes*

[1] Sin embargo, un modelo muy similar había sido desarrollado por Ramsey (1928) y había permanecido en el ostracismo durante años.

2. Suponiendo que la tecnología es el resultado de algún tipo de inversión:

   a. *Modelo de I+D*

   b. *Modelo de capital humano*

8.1.1 La endogeneización de la tasa de ahorro en el marco de un modelo neoclásico: el modelo de Ramsey

Hasta ahora, se ha supuesto que los consumidores ahorran una fracción constante de su renta, sin cuestionarnos la racionalidad de este comportamiento. Como ya ha quedado de manifiesto, la introducción de agentes optimizadores, la microfundamentación del modelo de crecimiento neoclásico, era sin duda, una de las principales fuentes de insatisfacción y críticas, desde el punto de vista teórico.

Concretamente, en cualquiera de las variantes analizadas del modelo de crecimiento neoclásico, la tasa de ahorro es una variable exógena. Sin embargo, el modelo de Ramsey (1928), puede considerarse como el primer modelo de la teoría del crecimiento moderna, aunque este trabajo no fuera apreciado, realmente hasta que lo recuperaran Cass (1965) y Koopmans (1965), cuarenta años más tarde.

El modelo de Ramsey-Cass-Koopmans, puede considerarse como un modelo de crecimiento neoclásico en el que se endogeneiza la tasa de ahorro, que se deriva desde el propio modelo a través del análisis de la maximización de utilidad por parte de los consumidores y de la maximización de los beneficios por parte de los productores.[2]

Siguiendo a *Ramsey* utilizaremos una función de producción de tipo *Cobb-Douglas,* que cumple las hipótesis del modelo de crecimiento neoclásico –rendimientos constantes y productividades marginales decrecientes-:

$$Y = K^{\alpha}L^{1-\alpha}$$

Por su parte, los consumidores maximizan una función de utilidad instantánea, cuya expresión viene dada por:

$$U(c) = \frac{c^{\alpha}}{\alpha}$$

[2] Normalmente este modelo se formula haciendo depender el consumo del tiempo y resolviendo un problema de optimización dinámica. Sin embargo, creemos que este análisis no es pertinente a este nivel, por lo que evitaremos la extensión del modelo a este ámbito intertemporal, centrándonos en la esencia económica de la aportación de este modelo.

donde c, es el consumo per cápita y α, un parámetro positivo y menor que la unidad.

La restricción presupuestaria de un consumidor estándar viene dada por el hecho de que la renta ha de ser igual a la suma del consumo más el ahorro.

$$Y = C + S$$

Si expresamos en términos per cápita esta identidad y relajamos el supuesto de que la tasa de ahorro es una constante, podemos escribir que:

$$y = c + s(k)y \Rightarrow c = y - s(k)y \Rightarrow c = f(k) - s(k)f(k)$$

En el estado estacionario el ahorro per cápita debe ser igual a la inversión de sostenimiento por lo que el producto de $sf(k)$ puede ser sustituido por esta:

$$c = f(k) - (n + \delta)k$$

Por tanto, el problema del consumidor viene dado por:

$$\left.\begin{array}{l} \underset{k}{Max}\ U(c) = \dfrac{c^{\alpha}}{\alpha} \\ s.a.\ \ c = f(k) - (n + \delta)k \end{array}\right\} \underset{k}{Max} \frac{(f(k) - (n + \delta)k)^{\alpha}}{\alpha}$$

Maximizando la función de utilidad, y tomando el stock de capital k, como variable de elección, se tiene que:

$$\frac{\alpha(f(k) - (n + \delta)k)^{\alpha - 1}}{\alpha}\big(f'(k) - (n + \delta)\big) = 0 \Rightarrow \begin{cases} f(k) - (n + \delta)k \to \infty \\ f'(k) - (n + \delta) = 0 \end{cases}$$

Por tanto, o bien la renta per cápita menos la inversión de sostenimiento per cápita tienda a infinito, o bien la productividad marginal del capital es igual a la suma de la tasa de crecimiento poblacional más la tasa de depreciación. Veamos que realmente, la primera condición tan solo se cumpliría si el consumo per cápita fuera infinito, cosa que no es posible si atendemos a la restricción presupuestaria.

Por tanto, del problema del consumidor se desprende que:

$f'(k) - (n + \delta) = 0.$

Si multiplicamos la expresión por el stock de capital per cápita, tenemos:

$$kf'(k) - (n + \delta)k = 0$$

Como en el estado estacionario, el ahorro debe ser igual a la inversión:

$$sf(k) - (n + \delta)k = 0$$

Por tanto, igualando las dos expresiones, se tiene que:

$$kf'(k) - (n+\delta)k = 0 = sf(k) - (n+\delta)k \Rightarrow kf'(k) = sf(k) \Rightarrow s = \frac{kf'(k)}{f(k)}$$

Si utilizamos una especificación *Cobb-Douglas* podemos comprobar como la tasa de ahorro depende positivamente de la tasa de crecimiento poblacional y de la tasa de depreciación y de la relación capital trabajo:

$$s = \frac{kf'(k)}{f(k)} = \frac{k(n+\delta)}{k^{\alpha}} = (n+\delta)k^{1-\alpha}$$

Quizá la principal aportación del modelo de Ramsey-Cass-Koopmans es que es capaz de dar respuesta a un hecho estilizado más: las tasas de ahorro son mayores conforme mayor es el nivel de renta de la economía.

8.2 La endogeneización de la tecnología: el modelo de Romer

Como ya hemos advertido, los modelos de crecimiento endógeno predicen que es posible lograr efectos permanentes en la tasa de crecimiento. Para analizar la esencia de este tipo de modelos, comenzamos por presentar un modelo, en el que la endogeneización de la tecnología procede de la modelización del fenómeno del "aprendizaje por la práctica" –"*learning by doing*"-, y en el que el supuesto de rendimientos decrecientes del modelo de Solow se elimina en base al nuevo supuesto de que el conocimiento técnico se obtiene como un subproducto de la inversión en capital físico. El modelo está diseñado para explicar por qué y cómo los países avanzados del mundo presentan un crecimiento sostenido.

La idea es que a medida que los individuos producen bienes, piensan en formas y métodos para mejorar los procesos de producción. De esta forma la práctica, genera una acumulación de conocimientos técnicos de forma colateral a la actividad productiva.

8.2.1. La incorporación de las externalidades del capital

Para modelizar esta idea de la forma más sencilla posible podemos pensar que la tecnología es un subproducto del capital por trabajador, es decir, proporcional a este:

$$A = \beta\frac{K}{L}$$

siendo β una constante positiva.

Seguiremos utilizando una función de producción con rendimientos constantes a escala, ampliada con tecnología, idéntica a la utilizada para presentar el modelo de Solow ampliado:

$$Y = F(K, AL)$$

Aprovechando la propiedad de homogeneidad lineal de la función de producción - $F(\lambda K, \lambda AL) = \lambda F(K, AL) = \lambda Y$ -, podemos calcular la ratio producción capital:

$$\frac{Y}{K} = \frac{1}{K} F(K, AL) = F\left(\frac{K}{K}, A\frac{L}{K}\right) = F(1, \beta)$$

donde $F(1, \beta)$ es la producción obtenida con una unidad de capital y β unidades de trabajo efectivo y que, por tanto, tomará un valor concreto, Z.

Por tanto, la producción agregada se puede expresar como $Y = ZK$, de tal manera que la productividad marginal del capital es constante e igual a Z.

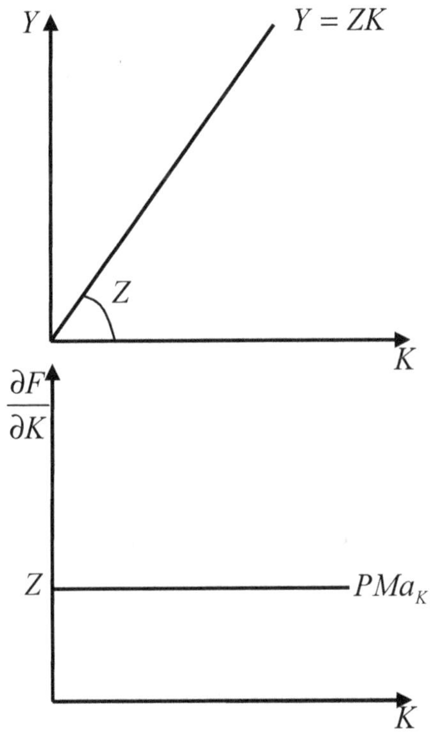

Figura 8.1: La función de producción en el modelo de "*Learning By doing*".

Observe pues, como el supuesto de que la tecnología sea un subproducto del capital físico permite eliminar el supuesto de productividad marginal del capital decreciente, que caracterizaba al modelo de Solow.

Dividiendo la función de producción entre el producto *AL*, obtendremos la función de producción en unidades de trabajo efectivo:

$$\frac{Y}{AL} = \frac{ZK}{AL} \Rightarrow y = Zk$$

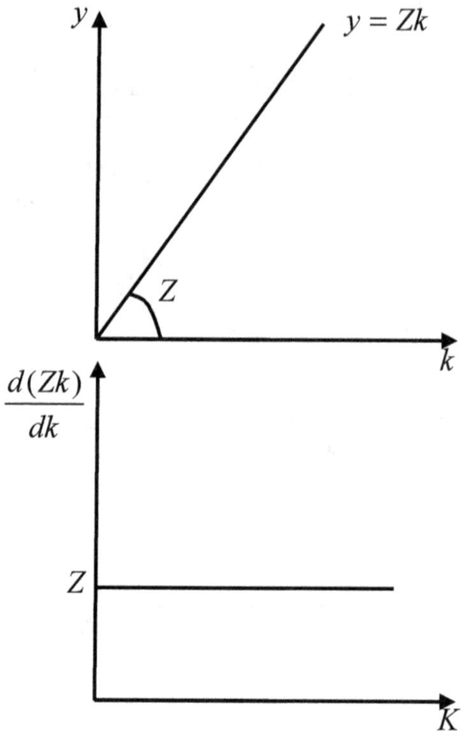

Figura 8.2: La función de producción en términos de unidades de trabajo efectivo, en el modelo de "*learning by doing*".

De esta forma, en este modelo, y frente a lo que ocurría en el modelo de crecimiento exógeno, los niveles de k e y son constantes siempre. Recuerde que, en el modelo de crecimiento exógeno de Solow, k e y solo eran constantes en la senda de crecimiento equilibrado.

8.2.2. Cálculo de la tasa de crecimiento por unidad de trabajo efectivo

Al igual que hemos hecho en los modelos presentados hasta ahora, comencemos por hallar la evolución del capital en el tiempo. La ley dinámica de acumulación del capital es:

$$\frac{dK}{dt} = sY - \delta K = sZK - \delta K = (sZ - \delta)K$$

Analicemos ahora cómo evoluciona en el tiempo el capital por trabajador:

$$\frac{d\left(\frac{K}{L}\right)}{dt} = \frac{\left(\frac{dK}{dt}\right)L - \left(\frac{dL}{dt}\right)K}{L^2} = \frac{\frac{dK}{dt}}{L} - \frac{K}{L}\frac{\frac{dL}{dt}}{L}$$

Sustituyendo el valor de $\frac{dK}{dt}$ y manteniendo el supuesto de que la población crece a una tasa constante, *n*, podemos reescribir la anterior expresión como:

$$\frac{d\left(\frac{K}{L}\right)}{dt} = \frac{\frac{dK}{dt}}{L} - \frac{K}{L}\frac{\frac{dL}{dt}}{L} = \frac{(sZ - \delta)K}{L} - \frac{K}{L}n = k(sZ - \delta - n)$$

o en términos de tasa de crecimiento del capital por trabajador como:

$$\frac{\frac{d\left(\frac{K}{L}\right)}{dt}}{k} = \frac{\frac{dk}{dt}}{k} = sZ - (\delta + n)$$

Si recordamos, la función de producción por trabajador era: $y = Zk$, por lo que la tasa de crecimiento del output por trabajador será igual a la tasa de crecimiento del capital por trabajador:

$$dy = Zdk \Rightarrow \frac{dy}{y} = Z\frac{dk}{y} \Rightarrow \frac{dy}{y} = Z\frac{dk}{Zk} \Rightarrow \frac{dy}{y} = \frac{dk}{k}$$

Así pues, como:

$$\frac{\frac{dy}{dt}}{y} = \frac{\frac{dk}{dt}}{k} = sZ - (\delta + n),$$

la producción por trabajador y el capital por trabajador, pueden crecer de manera perpetua a una tasa positiva si $sZ - (\delta + n) > 0$, es decir si el producto de la tasa de ahorro por la productividad marginal del capital supera a la suma de las tasas de crecimiento de la población y de la tasa de depreciación.

Representemos en el plano k-y las últimas ecuaciones obtenidas:

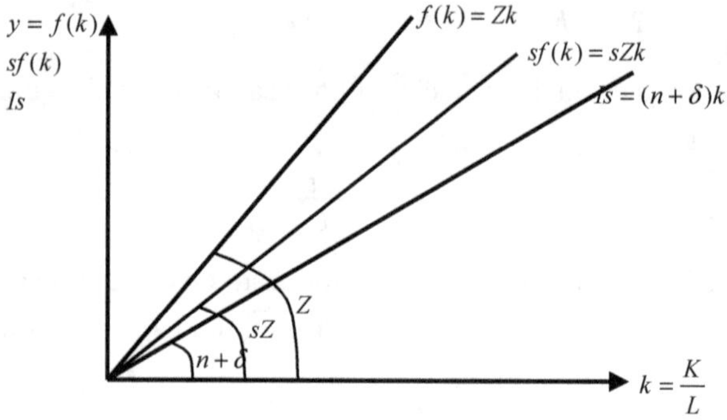

Figura 8.3: Representación de las funciones de producción, ahorro, e inversión de sostenimiento en términos del capital por trabajador.

Para finalizar con la presentación de este modelo, vamos a representar las tasas de crecimiento del capital por trabajador y del output por trabajador, con respecto al capital por trabajador, en el caso en el que $sZ - (\delta + n) > 0$, para demostrar que las predicciones de este modelo son compatibles con unas tasas de crecimiento de ambas variables que pueden ser positivas indefinidamente.

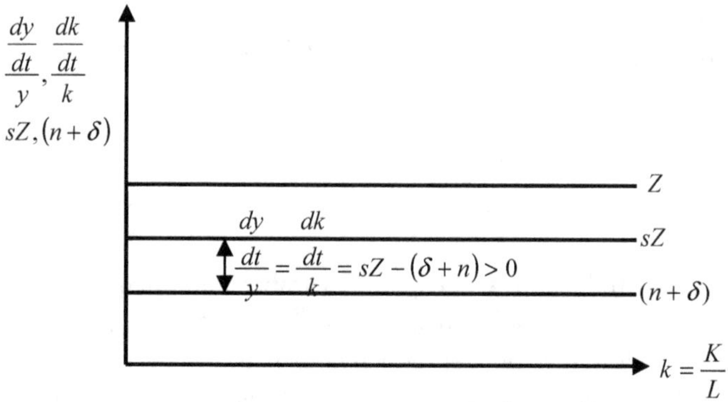

Figura 8.4: Representación del caso en el que el modelo de “aprendizaje por la práctica” genera crecimiento sostenido en el capital y output por trabajador.

8.2.3 Implicaciones del modelo

Ahora, frente a lo que ocurría en el modelo de Solow, un aumento de la tasa de ahorro o un descenso de las tasas de depreciación o de crecimiento poblacional, elevan de forma permanente la tasa de crecimiento de la producción por trabajador, frente al efecto puramente transitorio, que generaban estas variables en el modelo de Solow.

Quizá pueda resultar buena idea, razonar en términos económicos por qué puede ser positiva la tasa de crecimiento de la producción por trabajador en este modelo, mientras que en el modelo de Solow no lo era. Piense que un aumento de la tasa de inversión por trabajador generaba en el modelo de Solow un crecimiento en el capital por trabajador que se traducía en incrementos del output por trabajador, pero menos que proporcionales en virtud del supuesto de rendimientos decrecientes del capital. Ahora, como consecuencia del "*learning by doing*" un mayor capital por trabajador eleva el nivel tecnológico de la economía haciendo más productivo al factor trabajo. Reforcemos esta afirmación con un razonamiento analítico.

En el modelo de crecimiento endógeno, que hemos analizado, la producción es $\frac{Y}{L} = Z\frac{K}{L}$, siendo la productividad marginal del capital constante y positiva. Por ello, a medida que se acumula más capital por trabajador, ese capital no es menos productivo, como ocurría en el modelo de Solow, sino igual de productivo.

$$\uparrow k \Rightarrow \uparrow y\ (dy = Z > 0) \Rightarrow \uparrow k\big(sZ - (n + \delta)\big)$$

Cada unidad adicional de k genera Z unidades adicionales de y, las cuales a su vez generan sZ unidades de k vía ahorro menos $n + \delta$ unidades adicionales de n, vía depreciación. Si sZ es mayor que $n + \delta$, $\frac{dk}{k} > 0$ y $\frac{dy}{y} > 0$, por lo que el crecimiento no se detiene. Ahora, sigue siendo cierto que dos países con los mismos fundamentos convergen. Sin embargo, las diferencias en los fundamentos generan, ahora, diferencias permanentes en las tasas de crecimiento y en los niveles de renta. Ahora, las políticas tienen efectos más poderosos que en el modelo de Solow, ya que al *efecto nivel* como en Solow hay que unir un *efecto tasa* un cambio de pendiente.

8.3 La relajación del supuesto de rendimientos decrecientes del capital: el modelo de Rebelo

Como ya hemos reiterado la tasa de crecimiento correspondiente al estado estacionario en el modelo de crecimiento neoclásico es exógena. La segunda de las estrategias para endogeneizar la tasa de crecimiento pasa por relajar el supuesto de rendimientos decrecientes: esto es, permitir que los factores de producción presenten rendimientos crecientes.

8.3.1 El modelo AK

Sergio T. Rebelo (1991), nos presenta un modelo diseñado con esta estrategia cuya simplicidad, nos permite comprender la importancia de la relajación de este supuesto.

Utilicemos una especificación *Cobb Douglas*, que nos permita situar en un plano comparado el modelo de crecimiento neoclásico respecto al modelo AK, y nos permita apreciar las diferencias que introducen los modelos de crecimiento endógeno al relajar el supuesto de rendimientos decrecientes.

Consideremos la función de producción:

$$Y = AK^{\alpha}L^{1-\alpha}$$

cuya expresión en términos per cápita es:

$$\frac{Y}{L} = \frac{AK^{\alpha}L^{1-\alpha}}{L} \Rightarrow y = Ak^{\alpha}$$

Observemos las consecuencias de suponer que el parámetro αes igual a 1. En este caso, la función de producción agregada presenta rendimientos constantes, y es del tipo:

$$Y = AK$$

donde *A*, es una constante.

La inversión bruta sigue siendo una proporción constante de la renta $dK = sY$, por lo que, si diferenciamos la función de producción y sustituimos este resultado, se tiene que:

$$dY = AdK \Rightarrow dY = AsY$$

Por lo que la tasa de crecimiento de la renta es el producto de la constante por la tasa de ahorro:

$$\frac{dY}{Y} = As$$

Dicho de otra forma: la tasa de crecimiento de la renta es igual a la tasa de crecimiento del capital recuerde que $dK = sY \Rightarrow dK = sAK \Rightarrow \frac{dK}{K} = sA$.

Por tanto, la tasa de crecimiento de la producción será mayor cuanto mayor sea la tasa de ahorro.

$$\uparrow \frac{dY}{Y} = A \uparrow s$$

Hallemos en este modelo los determinantes de la tasa de crecimiento del consumo. Si consideramos una economía cerrada en equilibrio, el ahorro ha de ser igual a la inversión. Como la renta es la suma del consumo y el ahorro podemos escribir que:

$$Y = C + S = C + dK = C + sAK$$

Por tanto, el consumo es igual a:

$$C = Y - sAK = AK - sAK = (1 - s)AK$$

Por otro lado, si diferenciamos la ecuación de la renta, tenemos:

$$dY = dC + sAdK \Rightarrow dC = dY - sAdK = AsY - sA(sAK) =$$
$$= As(AK) - s^2A^2K = (s - s^2)A^2K$$

Por tanto, la tasa de crecimiento del consumo es:

$$\frac{dC}{C} = \frac{(s - s^2)A^2K}{(1 - s)AK} = sA$$

Por tanto, la tasa de crecimiento del consumo y la tasa de crecimiento de la renta son constantes e idénticas, siempre, por lo que en este modelo no hay transición al estado estacionario.

Si lo hubiésemos realizado como habitualmente podríamos comenzar por hallar el valor de la inversión per cápita:

$$dK = sAK - (n + \delta)K$$

En términos per cápita:

$$\frac{dK}{K} = \frac{sAK}{K} - \frac{\delta K}{K} \Rightarrow \frac{dK}{K} - \frac{dL}{L} = \frac{sAK}{K} - \frac{\delta K}{K} - \frac{dL}{L} \Rightarrow \frac{dk}{k} = sA - (n + \delta)$$

Por tanto, la tasa de crecimiento del stock de capital per cápita es constante e independiente de k. Si representamos la anterior ecuación en el plano ks, la curva de ahorro per cápita y la línea de depreciación son rectas paralelas al eje de abscisas, que podrían ser coincidentes si $sA = n + \delta$.

Representemos el caso en el que $sA > n + \delta$

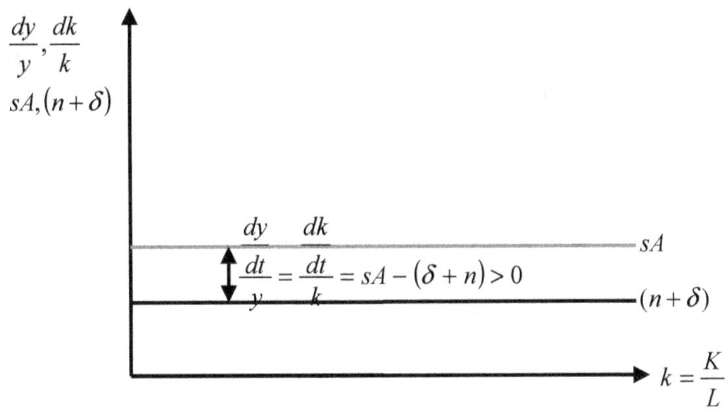

Figura 8.5: La generación de crecimiento sostenido en el modelo AK.

Recordemos que si diferenciamos la función de producción se tiene que la variación del output es igual al producto de A por la variación del stock de capital. Por tanto, la tasa de crecimiento del stock de capital es igual a la tasa de crecimiento de la renta. Obsérvese igualmente, que en este modelo las tasas de crecimiento de estas dos variables son iguales también en términos per cápita.

$$Y = AK \Rightarrow dY = AdK \Rightarrow \frac{dY}{Y} = \frac{AdK}{Y} \Rightarrow$$
$$\frac{dY}{Y} = \frac{AdK}{AK} \Rightarrow \frac{dY}{Y} = \frac{dK}{K} \Rightarrow \frac{dy}{y} = \frac{dk}{k}$$

Por tanto, las tasas de crecimiento per cápita dependen de la tasa de ahorro, de la tasa de crecimiento de la población y de la tecnología. Una tasa de ahorro más elevada producirá un crecimiento per cápita más elevado. Observemos que la tasa de crecimiento de la producción es una función creciente de la tasa de inversión:

$$\frac{dy}{y} = \frac{dk}{k} = sA - (n + \delta)$$

Por tanto, las políticas públicas que aumenten la tasa de inversión de esta economía aumentarán, de forma permanente la tasa de crecimiento de la economía. La dinámica de transición nunca termina, por lo que el modelo genera crecimiento de forma endógena, sin necesitar que las variables del modelo crezcan a alguna tasa exógena. El modelo *AK*, genera crecimiento endógeno porque incluye linealidad en la función la ecuación diferencial que describe la dinámica del modelo.

8.3.2 Sobre el crecimiento sostenido

En resumen, existen cuatro diferencias importantes entre el modelo *AK* y el modelo neoclásico. En primer lugar, la economía carece de una transición hacia el estado estacionario, ya que crece siempre a una tasa constante e igual a la diferencia entre el ahorro per cápita y la inversión de sostenimiento, con independencia del valor que adopte el stock de capital.

En segundo lugar, un aumento exógeno de la tasa de ahorro provoca un aumento tanto de la tasa de crecimiento a corto plazo como de la tasa de crecimiento del estado estacionario. Un razonamiento análogo podemos hacer respecto a las políticas que afectan al nivel de la tecnología, a la tasa de crecimiento de la población o a la tasa de depreciación.

El modelo *AK* predice que los efectos de una recesión temporal serán permanentes.

Una última apreciación: en los modelos *AK*, no existe relación alguna entre la tasa de crecimiento de la producción per cápita y el nivel de producción per cápita, por lo que no son válidos para predecir ningún tipo de convergencia en rentas per cápita. Volveremos sobre esta cuestión al abordar la literatura acerca de la convergencia.

Supongamos por último las implicaciones de suponer en el modelo rendimientos crecientes, es decir, un parámetro α mayor que la unidad. Con la especificación Cobb-Douglas anterior, la ecuación que describe el estado estacionario, queda como:

$$sAk^{-(1-\alpha)} = (n + \delta)$$

Observe que como $\alpha > 1$, la curva de ahorro tiene pendiente positiva, por lo que el modelo predice que las tasas de crecimiento van aumentando con el tiempo.

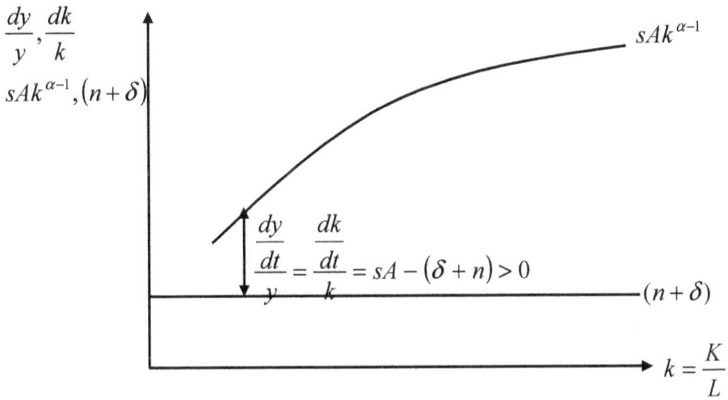

Figura 8.6: Representación del caso en el que existen rendimientos crecientes.

8.4 Otros modelos de crecimiento endógeno

El modelo AK genera crecimiento endógeno porque incluye una linealidad fundamental en la ecuación diferencial. Por ello, se pueden crear otros modelos de crecimiento endógeno aprovechando esta idea. Un modelo muy conocido de este tipo es el de Lucas (1988) que supone una función de producción en la que se incorpora explícitamente el capital humano por persona:

$$Y = K^{\alpha}(hL)^{1-\alpha}$$

Lucas supone que el capital humano evoluciona en el tiempo de acuerdo con la siguiente ley dinámica:

$$dh = (1 - u)h$$

donde *u*, es el tiempo dedicado a trabajar y *1-u*, el dedicado a acumular habilidades. La tasa de crecimiento del capital humano queda como:

$$\frac{dh}{h} = (1 - u)$$

Al igual que la literatura del modelo de crecimiento neoclásico, en los modelos de crecimiento endógeno se suelen incorporar otros tipos de factores acumulables.

En estos modelos, el crecimiento depende, incluso a largo plazo de variables tales como la tasa de ahorro o la inversión –gasto- en educación, de forma que existe cabida para la intervención activa del Estado, a través de diferentes tipos de políticas, podrían influir en la tasa de crecimiento. Un país que ahorre más, o que gaste más en educación, conseguirá un nivel más alto de producción por trabajador en el estado estacionario.

Sin entrar en el detalle de su desarrollo formal, en los siguientes epígrafes resumimos las líneas principales de este tipo de modelos y algunos de los resultados empíricos más notables.

8.4.1 Gasto público y crecimiento

Barro (1990) proporciona una forma alternativa de interpretar la tecnología *AK*, basada en la introducción explícita de un factor adicional junto al capital físico, el capital público, *G*, en la que la función presenta rendimientos a escala constantes, aunque los factores presentan rendimientos decrecientes.

Este tipo de modelos de tecnología AK distinguen entre capital privado y público. En este caso la función de producción típica es del tipo

$$y = Ak^{\alpha} g^{1-\alpha}$$

donde *g*, incorpora todos aquellos bienes públicos, no de consumo, que participan en el proceso productivo, tales como las infraestructuras y equipamientos. La función de producción del modelo junto a la tradicional ley de acumulación de capital físico y una restricción presupuestaria del sector público, configurarían un modelo de estas características.

8.4.2 La acumulación de capital humano

Ya hemos hablado acerca de la posibilidad de entender el trabajo como capital humano, convirtiendo así el trabajo en un bien susceptible de ser acumulado. Para incorporar el capital humano en un modelo de crecimiento tenemos dos alternativas: la primera pasa por suponer que capital físico y humano son bienes similares y que se pueden producir con la misma tecnología. La segunda, es suponer que la función de producción de capital físico es diferente a la de capital humano, lo que genera la necesidad de disponer de dos leyes de acumulación, una para cada tipo de capital (Arrow (1965) o Lucas (1988)).

Aunque la literatura reciente ha enfatizado en el papel del capital humano como motor del crecimiento, los trabajos empíricos en esta línea generan efectos contradictorios. La forma habitual de capturar el capital humano ha sido a través del uso de tasas de escolarización.

En los estudios realizados a través de especificaciones ad-hoc, habitualmente utilizando datos de corte transversal, se suele encontrar un efecto positivo del capital humano sobre la productividad (Landau, 1983, 1986; Baumol, 1989; Barro, 1991; o Barro y Lee, 1994, entre otros). Por su parte, en los estudios que utilizan ecuaciones estructurales à la Mankiw, Romer y Weil, obtienen adicionalmente, evidencia de rendimientos decrecientes y por tanto de convergencia condicional (Romer, 1989; Barro y Sala, 1991 o Mankiw, Romer y Weil, 1992). Sin embargo, existen dudas acerca de estos resultados a raíz de las explotaciones de paneles de datos, lo que ha llevado a replantearse la calidad de las proxies utilizadas.

8.4.3 El papel de las instituciones

Podemos plantearnos, que incluyendo más o menos factores en la función de producción, siendo una cuestión importante, no estamos dando respuesta a una cuestión que debe ser fundamental: ¿cuál es la razón por la que los países ricos acumulan más capital que los pobres? ¿por qué tienen mayores tasas de ahorro? Una respuesta viene dada por el modelo de Ramsey, pero otra alternativa es analizar el papel de otros factores, en el crecimiento. Uno de los factores más recientemente explorados es el análisis de la influencia de las instituciones.

El problema reside en cómo medir las diferencias entre las instituciones de dos países. A priori, sería posible encontrar dos países con rentas muy distintas y en cambio con instituciones muy parecidas. Actualmente, los expertos en esta línea de investigación proponen tres tipos de indicadores:

1) Hall y Jones[3] (1999), utilizan cinco indicadores, la calidad de la burocracia, el nivel de corrupción, la protección de derechos de propiedad, el imperio de la ley –*law in order*- y el grado de respeto de los contratos firmados por parte del gobierno, indicadores todos ellos que reflejan la capacidad del estado para disminuir la diferencia entre los rendimientos sociales y privados.
2) Acemoglu, Johnson y Robinson[4] (2001), –premiados con el Nobel en 2024– utilizan como indicador la protección de los derechos de propiedad de los inversores internacionales.

---

[3] Hall y Jones (1999).

[4] Acemoglu, Johnson, y Robinson (2001).

3) Kaufman, Kraay y Zoido-Lobatón (1999), elaboran para el Banco Mundial, un indicador sintético elaborado a partir de diferentes proxies a través de componentes principales.

En cualquier caso, y sean cuales sean las proxies elegidas, parece claro que a la hora de estimar el efecto de la calidad de las instituciones habrá al menos, un problema de error de medida y un más que probable problema de endogeneidad. Por esta razón, en la estrategia de estimación, casi todos los trabajos en esta línea buscan incluir variables instrumentales. La variable instrumental habitualmente utilizada es el tipo de colonización sufrida por el país, aproximada a través de distintos indicadores. Una especie de receta que se desprende del trabajo empírico de este tipo de trabajos es que los países más cercanos al ecuador, que han sufrido colonizaciones por parte de Estados Unidos o el Reino Unido y que no disponen de recursos naturales son los que gozan de una mayor calidad de sus instituciones y por tanto un efecto positivo en sus trayectorias de crecimiento.

8.4.4 Comercio y crecimiento

Este tipo de literatura trata de analizar la posible influencia del grado de participación en el comercio internacional en la productividad del país. Utilizando diferentes proxies del grado de apertura comercial se intenta capturar el efecto sobre la productividad total de los factores, controlando a través de una serie de variables. La idea de este tipo de literatura es que el comercio está determinado, al menos parcialmente, por características geográficas que están incorreladas con la productividad. Frankel y Rose (2002) encuentran un efecto significativo del grado de apertura sobre la productividad total de los factores, aunque Irwin y Tervio (2000), obtienen un resultado opuesto al corregir el problema de variables omitidas correlacionadas espacialmente, al controlar a través de la distancia al ecuador.

8.4.5 Valoración de los modelos de crecimiento endógeno

Los modelos de crecimiento endógeno demuestran que es relativamente fácil elaborar modelos en los que cambios permanentes en las políticas generan cambios permanentes en las tasas de crecimiento de una economía, abriendo paso a una visión más activista del proceso de crecimiento. Sin embargo, ¿no es más razonable pensar que los efectos se producirán durante un tiempo, pero no indefinidamente? Este argumento se podría utilizar a favor de los modelos en los que las políticas gubernamentales tienen efectos de nivel en lugar de efectos de crecimiento. Hay abundante bibliografía que defiende este último argumento sobre la base de que no existe evidencia que valide el hecho de que las ecuaciones diferenciales sean lineales. Por ejemplo, en el modelo AK, se requiere que creamos que el valor del exponente del capital es 1. La contabilidad del crecimiento nos muestra que normalmente este coeficiente anda alrededor de 1/3, que podría llegar a 2/3 con visiones amplias del capital. Igualmente, el hecho de que la tecnología evolucione linealmente choca con la evidencia empírica. El número de investigadores ha crecido enormemente en las últimas décadas mientras que las tasas de crecimiento de la tecnología han promediado un 1,8%. La evidencia está pues a favor de que el modelo sea "menos que lineal".

La última valoración proviene de las diferencias entre países. En los modelos de crecimiento endógeno que predicen que las políticas generan cambios permanentes en las tasas de crecimiento distintas entre países difícilmente soportan la verificación. Por ejemplo, como señala Jones (2000), entre 1960 y 1988 Estados Unidos, Malawi y Honduras crecieron aproximadamente a la misma tasa. Las grandes diferencias en políticas económicas entre estos países se reflejan en los niveles de ingresos, no en las tasas de crecimiento. Estos resultados, unidos a las diferentes extensiones del modelo de Solow, han provocado una especie de renacer neoclásico, del que participan autores como Barro (1990, 1991), Hall y Jones (1999), Mankiw, Romer y Weeil (1992) o Sala-i-Martin (1990), entre otros.

8.5 La literatura empírica sobre el mecanismo de convergencia

Como ya advertíamos al principio de este bloque, una buena forma -y quizás la más natural- de discriminar entre modelos de crecimiento alternativos es a través del análisis empírico. Concretamente, comprobando si los países crecen más rápido que los pobres, es decir, si existe o no correlación parcial entre el nivel de renta y las tasas de crecimiento. Como el lector habrá adivinado se trata de una forma de dilucidar si los datos nos acercan más a la proposición de convergencia que postulan los modelos neoclásicos o a las predicciones que sugieren los modelos de crecimiento endógeno. Así, y dado que el supuesto de rendimientos decrecientes del capital, característico de las modelizaciones de corte neoclásicas, genera una predicción de convergencia, mientras que en los modelos de crecimiento endógeno el no cumplimiento de este supuesto hacía que fuera posible la no convergencia, el estudio empírico de la predicción de convergencia se presentaba así, como una forma de distinguir cuál de los dos paradigmas ofrecía una mejor descripción de la realidad. Así pues, cada refutación de la hipótesis de convergencia era considerada como una refutación del modelo neoclásico y de su supuesto acerca de los rendimientos del capital.

Como reacción, a principios de los noventa, autores como Sala-i-Martín (1990), Barro et al. (1991), Barro y Sala-i-Martín (1992) o Mankiw, Romer y Weil (1992), considerados defensores de los modelos neoclásicos, redefinen la predicción de convergencia, negando el hecho de que el modelo neoclásico prediga convergencia absoluta y negando que la evidencia presentada hasta entonces pudiera utilizarse en contra del modelo neoclásico, introduciendo un nuevo y matizado concepto de convergencia: la llamada convergencia condicional.

8.5.1 Convergencia absoluta y condicional

Para centrar la discusión, supongamos la existencia de dos economías que tan solo se diferencian en sus tasas de ahorro, con ayuda del modelo de crecimiento neoclásico, que son representadas en la figura 8.7.

Supongamos que la economía más pobre dispone de un stock de capital per cápita k^{pobre}, mientras que la economía rica, a la que corresponde la curva de ahorro discontinua, dispone de un capital per cápita k^{rica} . Como recordaremos la distancia vertical entre la curva de ahorro y la curva de depreciación, es la tasa de crecimiento del stock de capital per cápita, por lo que la tasa de crecimiento no tiene por qué ser mayor en la economía más pobre. Lo único que predice el modelo es que, si dos países tienen el mismo estado estacionario, aquel que se encuentre más alejado de este crecerá a un mayor ritmo. En este sentido, el modelo no predice convergencia absoluta. Lo que si podemos hablar es de convergencia condicional en el sentido de que la tasa de crecimiento de una economía está inversamente relacionada con la distancia a la que se sitúa de su estado estacionario.

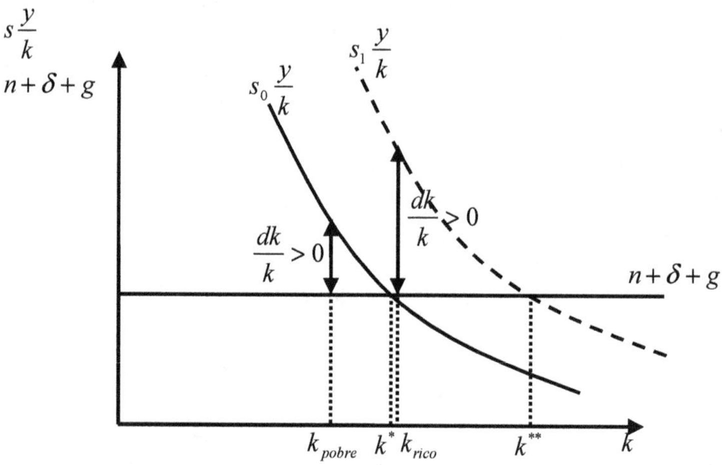

Figura 8.7: Una explicación de la posible existencia de tasas de crecimiento más elevadas en países ricos que en países pobres.

La hipótesis de convergencia absoluta postula pues que el proceso de convergencia hacia la senda de crecimiento equilibrado implica que los países más pobres deben crecer más deprisa que los ricos. Recuerde que la presencia de rendimientos decrecientes en el capital y que la tecnología es igual para todos, supuestos del modelo de Solow, supone que los países más pobres, los que tienen stocks de capital más bajos, deben crecer a un ritmo mayor que los ricos lo que nos lleva a una predicción de convergencia.

Sin embargo, es posible que los países tengan diferentes niveles de producción en sus estados estacionarios respectivos, ya que estos dependen de la tecnología empleada, de las tasas de ahorro, de la tasa de progreso tecnológico, de la tasa de depreciación y de la tasa de crecimiento poblacional.

Si tenemos en cuenta este último razonamiento, deberíamos reconsiderar la hipótesis de convergencia absoluta, a favor de la más "plausible" hipótesis de convergencia condicional, que indica que además de existir una relación negativa entre la tasa de crecimiento de la producción de una economía y su nivel de producción corriente, existirá una relación positiva entre la tasa de crecimiento de la producción y el nivel de producción de la senda de crecimiento equilibrado, y^*, de forma que los países pobres no tienen por qué tener tasas de crecimiento más elevadas que los ricos: la convergencia entre economías ricas y pobres es condicional a que ambas tiendan hacia la misma senda de crecimiento equilibrado.

Dicho esto, conviene advertir que el modelo de Solow predice convergencia condicional: dos países con los mismos fundamentos, con los mismos determinantes de sus estados estacionarios, terminan con los mismos niveles de renta a largo plazo. En el modelo de Solow, el mundo es "justo" en el sentido de que la virtud genera riqueza: todo depende de tu esfuerzo ahorrador y de la contención de la fecundidad, en ausencia de barreras a la difusión de la tecnología.

8.5.2 Una ecuación de convergencia

La variación de la producción por unidad de trabajo efectivo $\frac{dy(t)}{dt}$ se puede expresar como una función que depende negativamente del nivel de producción corriente *y(t)* tal y como postula la hipótesis de convergencia absoluta y positivamente del nivel de producción de la senda de crecimiento equilibrado, tal y como postula la hipótesis de convergencia condicional. Esta idea se puede especificar multiplicando por un parámetro β la diferencia entre el valor corriente de la producción y el correspondiente al estado estacionario:

$$\frac{dy(t)}{dt} = -\beta[y(t) - y^*]$$

Como observará la inclusión del signo negativo, no es más que una forma de forzar que β sea positivo si existe convergencia. Si queremos expresar la relación anterior en términos de tasa de crecimiento, nos bastará con relativizar la expresión respecto al valor corriente de *y*.

$$\frac{\frac{dy(t)}{dt}}{y(t)} = -\beta\frac{[y(t)-y^*]}{y(t)}$$

La expresión anterior, también se puede expresar como:

$$\frac{\frac{dy(t)}{dt}}{y(t)} = \beta\left[\frac{y^*}{y(t)} - 1\right]$$

Sobre la base de esta expresión, se puede interpretar que habrá convergencia condicional, es decir, cada economía converge hacia su propio estado estacionario y que la velocidad de esa convergencia depende de la distancia entre el nivel de producción del estado estacionario y el actual. Así, si la distancia entre y^* e $y(t)$ es elevada, es decir cuanto mayor sea la proporción entre $\left[\frac{y^*}{y(t)}\right] > 1$, mayor será la tasa de crecimiento $\frac{\frac{dy(t)}{dt}}{y(t)} > 0$. Ahora bien, esto puede pasarles tanto a economías ricas como a pobres.

El modelo *AK*, predice que β ha de ser cero, mientras que el modelo neoclásico de crecimiento predice que este coeficiente ha de ser positivo, ahora bien, entre países con los mismos fundamentos.

8.5.3 Los resultados: evidencia empírica e implicaciones acerca de la convergencia

Nuestro marco para el análisis de la convergencia, es decir de la capacidad de los países pobres de alcanzar a los más ricos, se basa en la siguiente ecuación, que denominaremos ecuación de convergencia:

$$\Delta y_{i,t} = x_i - \beta y_{i,t} + \varepsilon_{it},$$

donde $y_{i,t}$, es el output per cápita o por trabajador en el país o región *i*, $\Delta y_{i,t}$, es la tasa de crecimiento del output por trabajador, x_i, es el vector de fundamentos de la economía (las variables que controlarían por el estado estacionario[5]) y ε_{it} intenta capturar el efecto de posibles shocks aleatorios. Detengámonos un instante en analizar qué es el coeficiente β. Este vector se puede denominar coeficiente de convergencia, en tanto en cuanto captura el efecto del nivel de renta sobre la tasa de crecimiento de la economía *i*. Si este

---

[5] Si creemos en el modelo de Solow, la tasa de ahorro, de crecimiento poblacional y de progreso tecnológico, servirían para controlar.

coeficiente es positivo, un país pobre que consigue imitar en los fundamentos a un país rico crece más rápido que este.

Ecuaciones de este tipo, pueden derivarse a través de una aproximación log-lineal de los modelos neoclásicos. Haciendo esto, es posible contrastar la validez de un modelo teórico, ya que, sobre esta base, sabremos cuál es el valor de β, que se deriva de un modelo teórico y ver si su valor está próximo o no al β que podemos estimar a través de los datos.

Pero para contrastar la convergencia condicional, necesitamos "condicionar" los datos. En principio, para lograrlo existen dos alternativas: la primera es limitar el estudio a economías parecidas. Un ejemplo de este tipo de economías podrían ser las regiones de unos países, en el sentido que las preferencias, instituciones, sistemas impositivos y legales serán parecidos si no idénticos, por lo que sería posible encontrar una convergencia absoluta entre ellas.

Otra posibilidad viene marcada por condicionar utilizando regresiones múltiples, es decir, incluyendo regresores adicionales –los incluidos en la variable *x*–, que nos sirven para controlar el estado estacionario.

Como veremos a continuación, la evidencia empírica es muy favorable a la hipótesis de convergencia, al menos condicional entre países y posiblemente absoluta entre regiones dentro de diferentes países. Pero ¿cuál es el mecanismo económico que genera convergencia en niveles de renta per cápita entre países y regiones?

Una primera explicación obedece a la existencia de rendimientos decrecientes, aunque veremos como existen otros posibles mecanismos de convergencia:

- Rendimientos decrecientes –mecanismo neoclásico de convergencia-;
- Difusión tecnológica o *catch up;*
- Reasignación de recursos entre sectores.

Los primeros trabajos de la literatura realizan estimaciones MCO (algunas utilizando Variables instrumentales) con datos de corte transversal o con datos de panel, pero aplicando el modelo de regresión, esto es ignorando la heterogeneidad inobservable, no incluyendo efectos fijos.

Por su parte, si dividimos los estudios de estas características, atendiendo al ámbito territorial de aplicación, observamos que:

- En análisis regionales:
    - Se suele aceptar la hipótesis de convergencia, es decir, se suelen obtener valores de β positivos.
    - La tasa de convergencia obtenida es muy baja.

    - Esta tasa de convergencia es bastante similar, es decir bastante parecida con independencia de la muestra utilizada, y en todos ellos cercanas al 2% anual. Barro y Sala, encuentran evidencia entre regiones en Estados Unidos, Japón, Canadá, Europa y España, con una velocidad de convergencia de alrededor del 2% anual.

- En análisis realizados para países:
    - Se suele rechazar la hipótesis de convergencia, al menos cuando no se condiciona a través de algunas variables.
    - Cuando se controla por la inversión en capital físico y humano, si hay evidencia de convergencia, pero condicional.
    - La tasa de convergencia (condicional) obtenida, también suele rondar el 2% anual.

Las implicaciones teóricas de estos resultados son poderosas. Por un lado, la estabilidad de la estimación del coeficiente de convergencia entre muestras sugiere que los mecanismos subyacentes al proceso de convergencia operan de forma similar entre países y entre regiones. Por otro, la reducida tasa de convergencia hallada implica rendimientos decrecientes, pero no muy grandes. La interpretación más sensata es en términos de una visión amplia del concepto de capital, esto es, incluyendo capital físico y humano (en línea con Mankiw, Romer y Weil (1992), o Lichtenberg (1992), entre otros).

8.5.4 El fantasma del residuo de Solow en escena

Sin embargo, la aparición de bases de datos *pooled*, en la que se disponía tanto de la dimensión espacial como temporal, permitió la aplicación de nuevas técnicas de estimación econométrica que permitían controlar la heterogeneidad inobservable. Esto dio lugar a una vasta literatura, cuyos resultados vienen a cuestionar los resultados obtenidos en los primeros ensayos sobre convergencia en el plano empírico.

Así, trabajos como los de Marcet (1994), Raymond y García (1994), Islam (1995), Canova y Marcet (1995), Caselli, Esquivel y Leffort (1996), o de la Fuente (1996), entre otros, al utilizar datos de panel y controlar la heterogeneidad inobservable entre economías, a través de la inclusión de efectos fijos, intentan corregir el sesgo que en la estimación de β, existía en las anteriores estimaciones. Esta forma de actuar, que parece lógica, generó una serie de resultados contradictorios y problemáticos:

- La convergencia en este tipo de estimaciones parece más rápida pero solo de forma condicional, incluso a nivel regional.

- El equilibrio a largo plazo es muy distinto entre economías.
- La dispersión no puede explicarse por variables de crecimiento estándar, como se hacen en los primeros estudios.

Las implicaciones teóricas de estos análisis empíricos realizados con datos de panel no casan bien. Por un lado, en el modelo de crecimiento neoclásico, una convergencia rápida debería implicar la existencia de un fuerte efecto de los rendimientos decrecientes del capital, lo que sería compatible con la pérdida de significatividad que sufre el capital humano cuando se utilizan datos de panel. Pero ¿es creíble que la inversión es capital humano y tecnológico no es productiva?

¿Qué está detrás de los efectos fijos? Una de las primeras nociones que se dan en un curso inicial de econometría es que los efectos fijos, por propia concepción no se pueden interpretar, pero no es menos cierto que hay factores no incluidos que deben estar detrás de esa heterogeneidad inobservable. Deben existir factores específicos de países y regiones que no entendemos bien: estos efectos fijos nos llevan a una situación parecida a la generada por el *residuo de Solow*.

Sin embargo, no es menos cierto que es posible que los resultados de rápida convergencia y alto tamaño de los efectos fijos que se derivan del análisis de la convergencia a través de técnicas econométricas para datos de panel se deban a:

- La omisión de factores que influyen en la convergencia tales como la difusión tecnológica. Por ejemplo, de la Fuente y Doménech (2001), demuestran –para los países de la OCDE y para las regiones españolas- que si se incluye la difusión tecnológica se "contabiliza" una mayor parte de la convergencia.
- La posible existencia de ruido a corto plazo en las estimaciones, ya que es difícil distinguir entre ciclo y tendencia). Este es el peligro de estimar modelos a largo plazo con datos de baja frecuencia, cosa bastante habitual en este tipo de trabajos, ya que la escasa dimensión temporal de los paneles se traduce en la utilización de datos anuales.

Por tanto, y a modo de conclusión, el consenso neoclásico de la primera década de los noventa era demasiado optimista; pero los resultados de los estudios que utilizan datos de panel quizá sean una falsa alarma, en tanto en cuanto, pueden estar condicionados por la baja frecuencia utilizada para analizar un fenómeno de largo plazo. Sin embargo, el interés de los resultados obtenidos en este último tipo de estudios reside en que ha obligado a replantearse cosas y ha revitalizado el análisis de los determinantes de la productividad total de los factores y los ensayos de tipo econométrico.

8.6 El crecimiento económico y la distribución de la renta: la trampa de la pobreza

En el modelo neoclásico de crecimiento, se supone que la función de producción cumple las condiciones de Inada[6], lo que se traduce en que cuando pasa por el origen de coordenadas, su pendiente es vertical y cuando el capital tiende a infinito la producción también lo será, pero la pendiente de la función será cero. Con este "buen comportamiento" nos aseguramos de que las curvas de ahorro e inversión se corten en un punto. Sin embargo, si las funciones de producción no presentan este buen comportamiento, puede ocurrir que las curvas de ahorro e inversión se corten en más de un punto.

Imaginemos que la función de producción per cápita presenta rendimientos variables, primero crecientes, luego decrecientes y finalmente crecientes. En este caso, existirían tres intersecciones de las curvas de ahorro e inversión, que se corresponderían con otros tantos estados estacionarios.

La situación se representa en la siguiente figura:

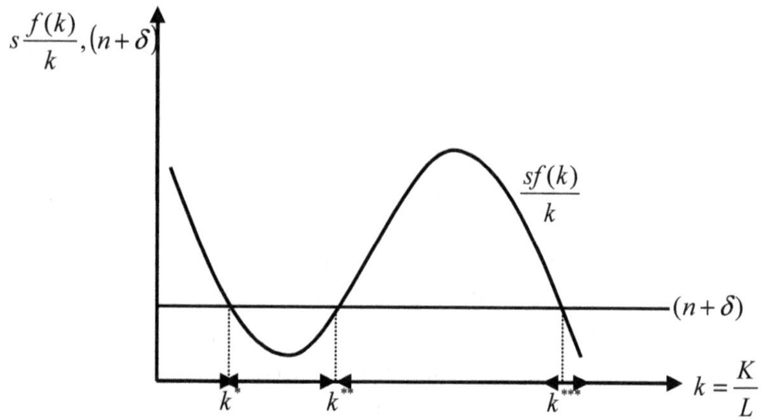

Figura 8.8: Rendimientos variables y la trampa de la pobreza.

Observemos que, de los tres estados estacionarios señalados, el mayor y el inferior son estables mientras que el intermedio es inestable. Cuando un país

---

[6] Inada (1963):

$f'(k) > 0$

$f''(k) < 0$

$\lim_{k \to 0} f'(k) = \infty$

$\lim_{k \to \infty} f'(k) = 0$

tiene una dotación de capital comprendida entre k^{**} y k^{***}, su economía convergerá al estado estacionario correspondiente a k^{***}. De la misma forma, cuando el país tiene un stock de capital comprendido entre k^{*} y k^{**}, la economía convergerá a k^{*}. En este caso, el stock de capital per cápita de bajo nivel, k^{*}, constituye una **trampa de pobreza,** para una economía como esta en la que su stock de capital es inferior al nivel k^{**}.

Referencias

Acemoglu, D., Johnson, S., & Robinson, J. A. (2001). The colonial origins of comparative development: An empirical investigation. *American Economic Review, 91*(5), 1369-1401. https://doi.org/10.1257/aer.91.5.1369

Barro, R. J. (1990). Government spending in a simple model of endogeneous growth. *Journal of political economy, 98*(5, Part 2), S103-S125. https://doi.org/10.1086/261726

Barro, R. J. (1991). Economic growth in a cross section of countries. *The quarterly journal of economics, 106*(2), 407-443. https://doi.org/10.2307/2937943

Barro, R. J., & Lee, J. W. (1994). Sources of economic growth. In *Carnegie-Rochester conference series on public policy* (Vol. 40, pp. 1-46). North-Holland.

Barro, R. J., Sala-i-Martin, X., Blanchard, O. J., & Hall, R. E. (1991). Convergence across states and regions. *Brookings papers on economic activity,* 107-182. https://doi.org/10.1016/0167-2231(94)90002-7

Barro, R. J., & Sala-i-Martin, X. (1992). Convergence. *Journal of political Economy, 100*(2), 223-251. https://doi.org/10.1086/261816.

Baumol, W. J. (1986). Productivity growth, convergence, and welfare: what the long-run data show. *The american economic review,* 1072-1085

Canova, F., & Marcet, A. (1995). The poor stay poor: Non-convergence across countries and regions. *Available at SSRN 289497.*

Cass, D. (1965). Optimum growth in an aggregative model of capital accumulation. *The Review of economic studies, 32*(3), 233-240. https://doi.org/10.2307/2295827

Caselli, F., Esquivel, G., & Lefort, F. (1996). Reopening the convergence debate: a new look at cross-country growth empirics. *Journal of economic growth, 1,* 363-389. https://doi.org/10.1007/BF00141044

De la Fuente, Á. (1996). Economía regional desde una perspectiva neoclásica: De convergencia y otras historias. *Revista de economía aplicada, 4*(10), 5-63.

De la Fuente, Á. & Domenech, R. (2001). Schooling data, technological diffusion, and the neoclassical model. *American Economic Review, 91*(2), 323-327. https://doi.org/10.1257/aer.91.2.323

Frankel, J. A., & Rose, A. K. (2002). An estimate of the effect of currency unions on trade and output. *Quarterly Journal of Economics, 117*(2), 437-466. https://doi.org/10.1162/003355302753650292

Grossman, G. M., & Helpman, E. (1993). *Innovation and growth in the global economy.* MIT press.

Hall, R. E., & Jones, C. I. (1999). Why do some countries produce so much more output per worker than others?. *The quarterly journal of economics, 114*(1), 83-116. https://doi.org/10.1162/003355399555954

Inada, K.-I. (1963). On a two-sector model of economic growth: comments and a generalization. *Review of Economic Studies*, 30 (2), 119–127. https://doi.org/10.2307/2295809

Irwin, D., & Tervio, M. (2000). Does Trade Raise Income? Evidence from the Twentieth Century. *NBER Working Paper 7745.* https://doi.org/10.3386/w7745

Islam, N. (1995). Growth empirics: a panel data approach. *The quarterly journal of economics, 110*(4), 1127-1170. https://doi.org/10.2307/2946651

Jones, C. I. (2000). *Introducción al Crecimiento Económico.* Ed. Prentice-Hall, México, 203 páginas.

Kaufmann, D., Kraay, A., & Zoido-Lobatón, P. (1999). *Aggregating governance indicators* (Vol. 2195). World Bank publications. https://doi.org/10.2139/ssrn.188548

Koopmans, T.C. (1965). On the concept of optimal growth. In *The econometric approach to development planning.* Chicago: Randy McNally.

Landau, D. (1983). Government expenditure and economic growth: a cross-country study. *Southern economic journal,* 783-792. https://doi.org/10.2307/1058716

Landau, D. (1986). Government and economic growth in the less developed countries: an empirical study for 1960-1980. *Economic development and cultural Change, 35*(1), 35-75.

Lichtenberg, F.R. (1992). R&D Investment and International Productivity Differences. *National Bureau of Economic Research Working Paper Series Issue w4161.* https://doi.org/10.3386/w4161

Lucas Jr., R. E. (1988). On the mechanics of economic development. *Journal of monetary economics, 22*(1), 3-42. https://doi.org/10.1016/0304-3932(88)90168-7

Marcet, A. (1994). Los pobres siguen siendo pobres: Convergencia entre regiones y países, un análisis bayesiano de datos de panel. *Crecimiento y convergencia regional en España y Europa, 2.*

Ramsey, F. P. (1928): A Mathematical Theory of Saving. *Economic Journal, 38,* 543-559. https://doi.org/10.2307/2224098

Raymond Bara, J. L., & García Greciano, B. (1994). Las disparidades en el PIB per cápita entre comunidades autónomas y la hipótesis de convergencia. *Papeles de economía española, 59,* 37-59.

Rebelo, S. (1991). Long-run policy analysis and long-run growth. *Journal of political Economy, 99*(3), 500-521. https://doi.org/10.1086/261764

Romer, P. M. (1986). Increasing returns and long-run growth. *Journal of political economy, 94*(5), 1002-1037. https://doi.org/10.1086/261420

Sala-i-Martin, X. (1990). Lecture notes on economic growth (II): Five prototype models of endogenous growth. https://doi.org/10.3386/w3564

PARTE III: TEORÍA DEL CONSUMO

Capítulo nueve
El consumo

Emilio Congregado
Concepción Román
David Troncoso

Resumen

Este capítulo profundiza en la teoría del consumo en economía, presentando diferentes modelos y enfoques alternativos a la función de consumo keynesiana, que ha mostrado limitaciones empíricas. Se explica el modelo de consumo intertemporal, donde los consumidores consideran tanto su ingreso presente como el futuro, permitiendo entender decisiones respecto a ingresos transitorios o permanentes y su impacto en el consumo a lo largo del ciclo económico. Además, se analizan las teorías de la renta permanente y del ciclo vital, que postulan que los consumidores toman decisiones considerando las expectativas futuras y suavizan su consumo. Finalmente, se aborda la hipótesis de Hall, que conceptualiza el consumo agregado como un paseo aleatorio, aportando una perspectiva estadística y probabilística sobre el comportamiento del consumo en la economía.

Palabras clave: Consumo intertemporal, renta permanente, ciclo vital, comportamiento del consumidor, políticas fiscales, propensión a consumir, paseo aleatorio.

***

9.1 Introducción

Aunque el estudio del consumo privado ya fue parcialmente abordado en diferentes apartados de este manual[1], en este capítulo abordamos de una forma más profunda la teoría del consumo. Concretamente, se exponen diferentes modelos alternativos, cuyo punto de partida común es el de las debilidades potenciales de la formulación keynesiana, una formulación más

[1] Al menos, en el capítulo introductorio al introducir los componentes de la demanda y al exponer la función de consumo keynesiana básica sobre la que construimos buena parte de nuestros modelos básicos de determinación de la renta en el corto plazo.

basada en conjeturas que en un modelo teórico que, como bien sabe, es la forma con la que los economistas abordan el estudio de cualquier fenómeno, para obtener las proposiciones que pasan a incorporarse a la caja de herramientas del análisis económico.

En particular, en este capítulo se presentan diferentes teorías y modelos acerca del comportamiento del consumo agregado que tienen su origen en diferentes intentos de reformulación de la función de consumo keynesiana, necesaria debido a la falta de congruencia de sus proposiciones cuando estas eran contrastadas empíricamente.

Así pues, en este capítulo se presentan teorías alternativas del consumo, comenzando con el modelo de consumo intertemporal en el que el consumidor no solo se fija en el consumo presente, sino también en el del futuro, en un intento de maximizar el consumo a lo largo de toda su vida, lo que nos ayudará a entender por qué el consumidor no solo basa su decisión de consumo en su renta presente, sino en un concepto de renta más "permanente". Así, parece bastante plausible considerar que ante un shock positivo en la renta –suponga que el consumidor recibe de forma inesperada un ingreso extraordinario–, el consumidor ha de decidir si este tiene carácter permanente o transitorio. Convendremos que dependiendo del carácter que otorgue a esta renta tendrá efectos diferentes sobre su trayectoria de consumo presente y futura. Además, este modelo de consumo intertemporal, ha de servirnos para entender cómo es posible –y deseable, podríamos añadir– la microfundamentación de las funciones macroeconómicas básicas a la vez que para entender el comportamiento dinámico de esta macromagnitud, que debe ayudar a formular funciones que permitan predecir de mejor manera el comportamiento del consumo agregado en las diferentes fases del ciclo económico y evitar así las debilidades mostradas por la función keynesiana a la hora de ser contrastada con la evidencia empírica. Este modelo es ampliado en el tercer apartado del capítulo, dando entrada al sector público, lo que nos permitirá analizar una proposición de vital importancia a la hora de entender la interrelación de la conducta de los consumidores con las decisiones de gasto y la política impositiva: la proposición de *Barro-Ricardo.*

Así, y dejando a un lado el modelo de consumo intertemporal, en el tema presentamos dos teorías alternativas del consumo, la de la renta permanente y la del ciclo vital, que nacen, precisamente, en respuesta a la falta de capacidad predictiva de la función de consumo agregada keynesiana y la aparición de estimaciones inconsistentes con los valores posibles de sus parámetros.

En particular, el lector recordará que, en la función de consumo keynesiana, el nivel de consumo privado era dependiente de la renta disponible de forma contemporánea, lo que supone de manera implícita que cualquier shock que afecte a la renta disponible hoy –piense por ejemplo en el efecto de una subida impositiva– generará un efecto inmediato sobre el nivel de consumo agregado. Sin embargo, y frente a esta visión, las teorías o hipótesis de la renta permanente y del ciclo vital parecen apuntar a unos consumidores que tienen en cuenta unos horizontes más amplios a la hora de decidir sus pautas de consumo (y ahorro). Desde esta perspectiva, las decisiones de consumo (ahorro) presente no solo tienen en cuenta la renta y riqueza, –es decir, la valoración de los activos que poseen– presente sino también las expectativas sobre los valores que esas variables tendrán en el futuro, desde la perspectiva de que los consumidores (ahorradores) tratan de suavizar sus pautas de consumo a lo largo del tiempo.

Finalmente, la última sección del capítulo aborda una explicación alternativa del comportamiento del consumo, cuyo origen se encuentra en el análisis de las propiedades estadísticas de las series de consumo: la hipótesis de Hall acerca del comportamiento del consumo agregado como un paseo aleatorio. El análisis de su significado e implicaciones cerrará este tema dedicado a la teoría del consumo.

Esquema del capítulo

9.2 La microfundamentación de la función de consumo: el modelo de consumo intertemporal de Fisher

En coherencia con lo propuesto en la introducción comencemos por extender el problema básico y estático del consumidor a un problema intertemporal, esto es, a un problema dinámico en el que el consumidor ha de decidir las cantidades demandadas en diferentes períodos, una secuencia de niveles de consumo. Para analizar este problema del consumidor a lo largo del tiempo o de elección de una pauta de consumo intertemporal, tan solo nos bastará con generalizar el problema básico del consumidor introduciendo unas mínimas variaciones, consistentes en una redefinición de sus variables de elección y de la restricción presupuestaria.

Así, y frente al problema básico del consumidor, en el que las variables de elección eran las cantidades a demandar de dos bienes x e y, ahora sustituiremos esas variables de elección por los niveles de consumo en diferentes períodos de un único bien compuesto, que denotaremos por c_t.[2] Al introducir esta variante, el consumidor ha de decidir ahora cómo asignar óptimamente la renta disponible en el consumo del bien compuesto en los diferentes períodos, de forma que, esta decisión implica una decisión acerca de si prestar parte de su renta –lo que implicará una reducción de su nivel de consumo presente aunque aumentará sus posibilidades de consumo en el siguiente período o pedir prestado –en cuyo caso su consumo futuro se verá mermado por la necesidad de devolver el principal y los intereses de la deuda–.

Para lograr una mayor claridad expositiva y sin que ello suponga pérdida de generalidad, simplifiquemos y consideremos la existencia de un consumidor de vida finita que vive solo dos períodos[3]: el período presente (hoy) –que denotaremos en las variables el subíndice 0–, y el período futuro (mañana) –que denotaremos con el subíndice 1–. De esta forma, el consumidor ha de decidir acerca de la distribución de su consumo entre estos dos períodos. Por tanto, las variables de elección del problema de elección intertemporal de consumo son los niveles de consumo presente c_0 y de consumo futuro c_1.

La función objetivo del problema, la función de utilidad, es ahora una función de utilidad intertemporal, ya que los argumentos de la misma son los niveles de consumo presente y futuro, que hemos de considerar como bienes distintos y por los que el consumidor tendrá unas preferencias distintas. En

---

[2] Si lo desea puede pensar que c representa una determinada cesta de bienes, en vez de un bien o servicio particular.

[3] A estos agentes se les denomina agentes de vida finita. En nuestro modelo, este agente habrá de consumir todo antes del fin del período 1, al no incorporar en nuestro modelo simple la posibilidad de transferir lo no consumido a la siguiente generación, es decir, al no incorporarse la posibilidad de herencias.

particular, aquellos consumidores más impacientes darán una mayor valoración subjetiva al consumo presente que aquellos otros que tengan una tasa de impaciencia subjetiva más baja. La función de utilidad intertemporal, con las propiedades habituales, que serán repasadas más adelante, quedará pues representada por sus curvas de nivel. Si representamos la función de utilidad por $U(c_0, c_1)$, las curvas de nivel no son más que las combinaciones de consumo presente y futuro ante las cuales el consumidor es indiferente. Estas curvas de indiferencia han sido representadas en la figura a través de un mapa de curvas de nivel en el que curvas de indiferencias más alejadas del origen representan niveles de satisfacción más elevados. Así, las tres curvas representadas $U(c_0, c_1) = u_0$, $U(c_0, c_1) = u_1$ y $U(c_0, c_1) = u_2$ son curvas de nivel trazadas para los niveles de utilidad u_0, u_1 *y* u_2, respectivamente, de forma que $u_0 < u_1 < u_2$.

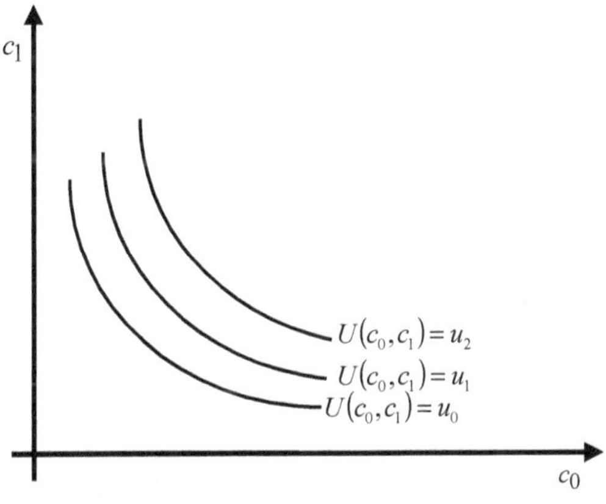

Figura 9.1: La función de utilidad intertemporal.

El segundo cambio que introduciremos en el problema básico de la teoría del consumidor, consistirá en modificar la restricción presupuestaria. Esta restricción debe recoger el hecho de que sacrificar consumo presente –ahorrar– ha de tener como recompensa unas mayores posibilidades de consumo en el futuro, esto es sacrificar consumo presente en favor de un mayor consumo futuro.

En otros términos: dados los niveles de renta de que dispone el consumidor en los dos períodos, si este decide ceder parte de su capacidad de consumo presente a otros, este ha de recibir, a cambio en el período futuro, la devolución de ese ahorro más los intereses del mismo, lo que supondrá que sus posibilidades de consumo en el período futuro no solo dependerán de la renta del período futuro sino también del nivel de ahorro que tuvo en el período inicial y de los intereses recibidos por el mismo.

Como adelanto y para que aprecie la similitud con el problema básico del consumidor compare las variables de elección, la función de utilidad y la restricción presupuestaria del problema básico (y estático) del consumidor, frente al problema de elección intertemporal de consumo.

Problema del consumidor en términos estáticos

$$\begin{aligned} &\underset{(x,y)}{Max} \quad U(x,y) \\ s.a. \quad &P_x^0 x + P_y^0 y \leq I^0 \\ &x \geq 0, y \geq 0 \end{aligned}$$

Problema de consumo intertemporal

$$\begin{aligned} &\underset{(c_0,c_1)}{Max} \quad U(c_0,c_1) \\ s.a. \quad &c_0 + \frac{c_1}{1+r} = y_0 + \frac{y_1}{1+r} \\ &c_0 \geq 0, c_1 \geq 0 \end{aligned}$$

Antes de resolver el problema y obtener las principales proposiciones que se derivan del mismo, vamos a realizar algunos supuestos y analizar detenidamente tanto la restricción presupuestaria como la función de utilidad intertemporal.

9.2.1 Variables y supuestos

Como ya hemos advertido, el primer supuesto de nuestro modelo es simplemente de carácter simplificador: suponer que se trata de agentes de vida finita que viven dos períodos. Observe que esto nos permite trabajar con dos variables –dimensiones–. En estos dos períodos, supondremos que el individuo se encuentra dotado con unos niveles de renta y_0 e y_1, respectivamente.

Como ya hemos mencionado, consideraremos la existencia de dos cestas de bienes que representan el consumo presente (hoy) y el consumo futuro (mañana), y que denotaremos por c_0 y c_1, respectivamente. Estas dos variables son las variables de elección de nuestro problema de optimización.

Igualmente, supondremos que los precios de las cestas de bienes c_0 y c_1 son unitarios, de forma que y_0 e y_1, se pueden interpretar también como los niveles de consumo con los que se encuentra dotado en los dos períodos, y que el consumidor, conoce perfectamente.

El tercer, y último, supuesto hace referencia al mercado de capital. En particular, supondremos que el consumidor se enfrenta a un mercado de capital perfectamente competitivo, en el que el precio de tomar prestado un euro, en el período 0 está dado, y equivale a devolver el euro más un tipo de interés *r*, es decir, (1+*r*)-, en el período 1.

9.2.2 El conjunto de posibilidades de consumo: la restricción presupuestaria intertemporal

Para analizar la restricción presupuestaria intertemporal, esto es las posibilidades de consumo en los dos períodos, puede resultar una buena estrategia el plantearnos los diferentes escenarios que se le plantean al consumidor, empezando por la posibilidad de que decida que los niveles de consumo de cada período coincidan exactamente con las dotaciones que tiene, para pasar luego a analizar los casos extremos, esto es, aquellas situaciones en las que decide consumir todo en el período presente o en el período futuro.

Tal y como hemos planteado en los supuestos del modelo, el consumidor, está dotado inicialmente con un flujo temporal de renta o si se quiere con unas dotaciones iniciales de bienes en ambos períodos. Por tanto, el consumidor siempre puede decidir consumir exactamente sus dotaciones en cada período, es decir:

$$c_0 = y_0 \qquad c_1 = y_1$$

A esta combinación, la llamaremos punto o combinación de autarquía ya que el consumidor se limita a consumir en cada período las cantidades con las que se encuentra dotado. En la figura 9.2, se representa esta combinación en el plano de las variables de elección (c_0, c_1).

Sin embargo, el consumidor puede optar por consumir una cantidad inferior a la disponible en el primer período y ahorrar una cuantía $(y_0 - c_0)$ que puede prestar a otro consumidor. A cambio, recibirá lo prestado –$(y_0 - c_0)$– más una fracción r de esta cantidad en concepto de compensación por este préstamo –$r(y_0 - c_0)$– de forma que, este consumidor que ha decidido ahorrar en el primer período cuenta en el segundo de unas posibilidades de consumo dadas por la suma de su renta del segundo período, más el ahorro del primer período junto a lo generado por este ahorro, es decir:

$$c_1 = y_1 + (y_0 - c_0) + r(y_0 - c_0) \tag{1}$$

Sacando factor común el nivel de ahorro $(y_0 - c_0)$, se tiene que,

$$c_1 = y_1 + (1 + r)(y_0 - c_0) \text{ con } (y_0 - c_0) > 0 \tag{2}$$

Por el contrario, también existirán consumidores que desearán consumir una mayor cantidad de la que le permite su renta en el primer período decidiendo, en este caso, pedir prestado. Esta decisión de pedir prestado supone una merma de sus posibilidades de consumo del segundo período, ya que parte de esa capacidad de consumo del segundo período habrá de destinarse al pago del nominal de la deuda y de sus intereses.

$$c_1 = y_1 + (1 + r)(y_0 - c_0) \text{ con } (y_0 - c_0) < 0 \tag{3}$$

Quizá pueda resultar una buena estrategia, para afianzar la comprensión del significado de la recta presupuestaria intertemporal, preguntarnos acerca de cuáles son las cantidades máximas que podría consumir, en cada período, si nuestro agente decidiese no consumir nada en el otro período. Por un lado, si decide no consumir nada en el período presente, es decir si $c_0 = 0$, el consumidor habrá decido sacrificar todo su consumo presente, a cambio de un mayor consumo futuro. En este caso el consumo en el período 1 será: $c_1 = y_1 + (1+r)y_0$

$$c_0 = 0 \Rightarrow c_1 = y_1 + (1+r)y_0 \tag{4}$$

Si $c_1 = 0$, es decir, si decide sacrificar todo su consumo futuro, el consumo presente será:

$$\begin{gathered} c_1 = y_1 + (1+r)(y_0 - c_0) \Rightarrow y_1 = -(1+r)(y_0 - c_0) \Rightarrow \\ y_1 = -(1+r)y_0 + (1+r)c_0 \Rightarrow \\ (1+r)c_0 = y_1 + (1+r)y_0 \Rightarrow c_0 = \frac{y_1}{(1+r)} + y_0 \end{gathered} \tag{5}$$

Recopilando nuestra discusión, y en general, el ahorro en el período presente será $s_0 = y_0 - c_0$, por lo que su consumo mañana será la suma de su renta mañana, más el principal y los intereses generados por el ahorro en el período 0, es decir:

$$c_1 = y_1 + (1+r)(y_0 - c_0)$$

Otra forma de razonar y recordar esta restricción presupuestaria intertemporal, consiste en agrupar en un miembro el flujo de consumo y en otro el flujo de renta. Si hacemos algunas manipulaciones algebraicas, la ecuación anterior puede expresarse, de forma capitalizada o diferida, esto es expresando los flujos de renta y consumo a valor del período 1 –valor futuro–:

$$c_1 + (1+r)c_0 = y_1 + (1+r)y_0 \tag{6}$$

O, alternativamente, como:

$$\frac{c_1}{(1+r)} + c_0 = \frac{y_1}{(1+r)} + y_0 \tag{7}$$

en términos del año 0, es decir, el flujo de consumo y renta descontado o actualizado –valor actual–.[4]

[4] Nótese que, en esta expresión se ha actualizado el consumo y la renta del período 1 al valor actual del período 0, es decir hemos calculado el valor equivalente del consumo y de la renta del período 1 (futuro) en el momento 0 (período actual).

El lector no debe perder de vista, en cualquiera de las dos versiones, de que se trata de una recta, ya que r, y_0 e y_1, son parámetros dados –datos del problema– y que las variables de elección son los niveles de consumo presente y futuro. Quizá si trabajamos con la restricción en su forma originaria la de la ecuación 1, y agrupamos algunos de sus términos, observará que efectivamente se trata de una recta, piense en los términos que hemos simbolizado en la ecuación 8 por A y B como números que podemos representar en el plano de variables de elección (c_0,c_1), y en el que estas variables son las variables independiente y dependiente de esa recta.

$$c_1 = \underbrace{y_1 + (1+r)y_0}_{A} - \underbrace{(1+r)}_{B} c_0 \tag{8}$$

Como estrategia para proceder a la representación de esta recta presupuestaria intertemporal, procedamos a calcular los cortes con los ejes. Para ello, simplemente debe obtener el valor del consumo futuro cuando el consumo presente es cero, y el valor del consumo presente si decidiéramos no consumir nada en el futuro. Piense que este cálculo ya lo hemos hecho con anterioridad al razonar acerca de cuáles serían los niveles máximos de consumo en ambos períodos en los dos casos extremos. Por tanto, remitiéndonos a la discusión anterior, el lector puede comprobar que los cortes con los ejes de ordenadas y abscisas vienen dados, respectivamente, por:

$$(c_0 = 0, c_1 = y_1 + (1+r)y_0)$$

$$\left(c_0 = y_0 + \frac{y_1}{(1+r)}, c_1 = 0\right)$$

Por su parte si queremos calcular la pendiente, tan solo necesitamos calcular el valor de$\frac{dc_1}{dc_0}$. Si nos remitimos a la ecuación (8), podemos apreciar que el valor de la pendiente será el coeficiente que acompaña a c_0, es decir:

$$\left.\frac{dc_1}{dc_0}\right|_{restricción} = -(1+r)$$

Recuerde que esta derivada nos indica a cuánto consumo futuro deberíamos renunciar a cambio de una unidad adicional de consumo hoy. En este sentido, hay que recordar que el signo negativo representa el *trade-off* existente entre consumo presente y futuro, hecho este que provoca que la pendiente sea negativa. Así pues, cada unidad de consumo presente implica una pérdida de $1+r$ unidades de consumo en el período 1.

Por tanto, y recopilando la discusión hasta el momento, contamos con la siguiente información para representar la restricción presupuestaria:

1. Los puntos de corte con los ejes:

$$\left(c_0 = 0, c_1 = y_1 + (1+r)y_0\right) \text{ y } \left(c_0 = y_0 + \frac{y_1}{(1+r)}, c_1 = 0\right)$$

2. Que la pendiente es negativa, y
3. Que dado que siempre puede optar por consumir en cada período las cantidades con las que se encuentra dotado, esta recta ha de pasar por el punto de autarquía $(c_0 = y_0, c_1 = y_1)$

Por tanto, podemos representar la restricción en el plano de variables de elección, tal y como se refleja en la figura 9.2. Gráficamente:

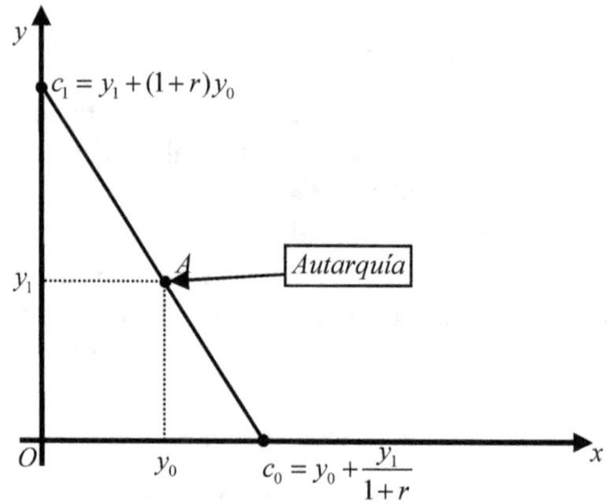

Figura 9.2: La restricción presupuestaria intertemporal.

9.2.3 Preferencias intertemporales: la función de utilidad intertemporal

Ampliemos en esta sección, lo ya avanzado en la discusión previa a la figura 9.1. Consideremos que cada individuo tiene unas preferencias intertemporales determinadas por su grado de impaciencia subjetivo, es decir, sus preferencias entre el consumo presente y futuro. Supondremos que estas preferencias tienen las propiedades habituales, esto es:

1) **cuanto más mejor:** es decir, entre dos combinaciones con el mismo nivel de consumo futuro (presente), el consumidor preferirá la combinación que contenga mayor consumo presente (futuro);

$$\frac{\partial U(c_0, c_1)}{\partial c_0} > 0; \frac{\partial U(c_0, c_1)}{\partial c_1} > 0$$

2) el consumo en cualquiera de los períodos tiene el **comportamiento de los bienes normales**, es decir, si la renta aumenta –*ceteris paribus* el consumo aumentará en los dos períodos;

3) la **utilidad marginal es decreciente**, es decir la segunda derivada de la función de utilidad es negativa.

$$\frac{\partial\left(\frac{\partial U(c_0,c_1)}{\partial c_0}\right)}{\partial c_0}<0;\frac{\partial\left(\frac{\partial U(c_0,c_1)}{\partial c_1}\right)}{\partial c_1}<0$$

Estas preferencias que hemos representado a través de una función de utilidad intertemporal, cuyos argumentos son el consumo presente y futuro $U(c_0, c_1)$, puede ser representada mediante sus curvas de nivel o indiferencia. En particular, la curva de indiferencia para el nivel de utilidad $u_0$vendrá dada por la ecuación $U(c_0, c_1) = u_0$.

Si queremos hallar la pendiente de esta curva de indiferencia entre el consumo presente y futuro, nos bastará con diferenciar esta ecuación:

$$U(c_0,c_1)=u_0 \Rightarrow du_0=\frac{\partial U(c_0,c_1)}{\partial c_0}dc_0+\frac{\partial U(c_0,c_1)}{\partial c_1}dc_1 \Rightarrow$$

$$0=\frac{\partial U(c_0,c_1)}{\partial c_0}dc_0+\frac{\partial U(c_0,c_1)}{\partial c_1}dc_1 \Rightarrow \left.\frac{dc_1}{dc_0}\right|_{u_0}=-\frac{\frac{\partial U(c_0,c_1)}{\partial c_0}}{\frac{\partial U(c_0,c_1)}{\partial c_1}}=-\frac{UMa_{c_0}}{UMa_{c_1}}$$

9.2.4 La solución del problema

Si repasamos lo expuesto hasta el momento, convendremos que los elementos del problema son:

- *Variables de elección:* los niveles de consumo en cada período, (c_0, c_1)
- *Función objetivo:* $U(c_0, c_1)$
- *Restricción presupuestaria intertemporal:* $\frac{c_1}{(1+r)}+c_0=\frac{y_1}{(1+r)}+y_0$

Formalmente, el problema de optimización del consumo intertemporal es:

$$\begin{aligned}&\underset{(c_0,c_1)}{Max}\;\; U(c_0,c_1)\\ &s.a.\;\; c_0+\frac{c_1}{1+r}=y_0+\frac{y_1}{1+r}\\ &c_0\geq 0, c_1\geq 0\end{aligned}$$

Este problema lo podemos resolver, gráficamente, es decir, resolviendo el sistema de dos ecuaciones con dos incógnitas formado por la condición de tangencia y la restricción presupuestaria:

$$\left.\frac{dc_1}{dc_0}\right|_{u_0}=-\frac{\frac{\partial U(c_0,c_1)}{\partial c_0}}{\frac{\partial U(c_0,c_1)}{\partial c_1}}=-\frac{UMa_{c_0}}{UMa_{c_1}}=\left.\frac{dc_1}{dc_0}\right|_{restr}=-(1+r)$$

$$\frac{c_1}{(1+r)} + c_0 = \frac{y_1}{(1+r)} + y_0$$

De manera gráfica, la solución del problema se alcanza en la combinación (c_0^*, c_1^*), en la que el consumidor alcanza la curva de indiferencia más alta, dada su restricción de consumo intertemporal. En la solución representada puede comprobar cómo el consumidor habrá decidido ahorrar la cantidad $y_0^* - c_0^*$, en el primer período, lo que le permite adquirir una cantidad superior a la de su dotación en el período 1.

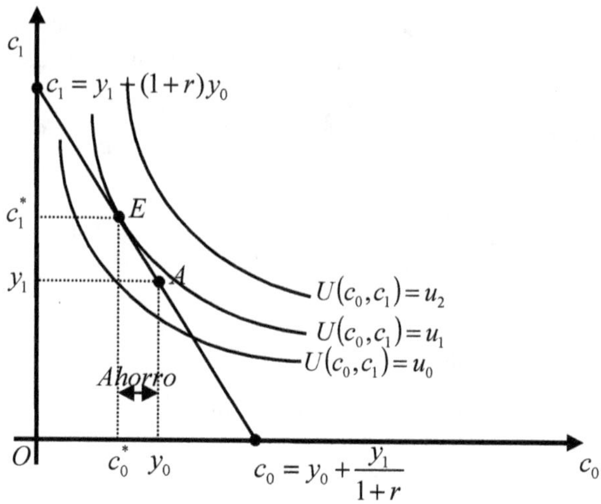

Figura 9.3: La solución del problema.

Evidentemente, hasta dos tipos más de soluciones serían posibles, para unas preferencias y unos valores de los parámetros distintos. Por ejemplo, en las figuras 4 y 5 aparecen dos soluciones de distintas. En la figura 9.4 el consumidor opta por consumir justamente las cantidades con las que se encuentra dotado en cada período, de forma que este consumidor ni ahorra, ni desahorra. Por su parte, en la figura 9.5 de la página siguiente, se representa a un consumidor que opta por pedir prestado en el primer período, lo que supone un nivel de consumo inferior a su dotación en el segundo período, al tener que satisfacer la devolución de la deuda y el pago de intereses.

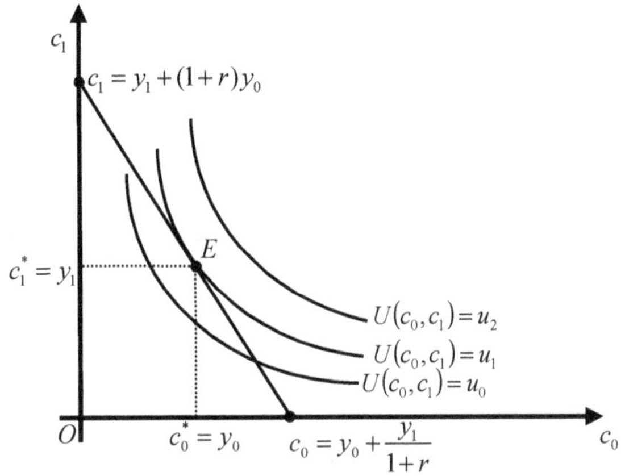

Figura 9.4: La solución del problema 2. El consumidor opta por consumir en cada período sus dotaciones.

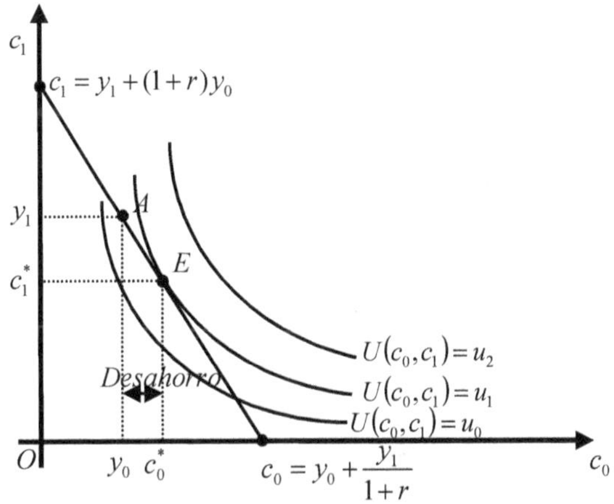

Figura 9.5: La solución del problema 3. Una solución en la que el consumidor pide prestado en el primer período.

Por afianzar aún más la solución del problema, procedamos a encontrar las condiciones del óptimo del problema con la función de Lagrange. La función de Lagrange del problema queda como:

$$\ell(c_0, c_1, \lambda) = U(c_0, c_1) - \lambda\left(\frac{c_1}{(1+r)} + c_0 - \frac{y_1}{(1+r)} + y_0\right)$$

Mientras que las condiciones de primer orden de este problema son:

$$\frac{\partial \ell(c_0, c_1, \lambda)}{\partial c_0} = \frac{\partial U(c_0, c_1)}{\partial c_0} - \lambda = 0$$

$$\frac{\partial \ell(c_0, c_1, \lambda)}{\partial c_1} = \frac{\partial U(c_0, c_1)}{\partial c_1} - \lambda \frac{1}{1+r} = 0$$

$$\frac{\partial \ell(c_0, c_1, \lambda)}{\partial \lambda} = -\left(\frac{c_1}{(1+r)} + c_0 - \frac{y_1}{(1+r)} + y_0\right) = 0$$

Despejando λ en las dos primeras ecuaciones se tiene que, igualando sus primeros miembros, ambas ecuaciones se reducen a una condición que indica la relación que tienen que guardar la utilidad marginal del consumo presente y futuro en el óptimo:

$$\frac{\partial U(c_0, c_1)}{\partial c_0} = \lambda$$

$$\frac{\partial U(c_0, c_1)}{\partial c_1}(1+r) = \lambda$$

Observe que, si los segundos miembros son iguales, los primeros también lo son:

$$\frac{\partial U(c_0, c_1)}{\partial c_0} = \frac{\partial U(c_0, c_1)}{\partial c_1}(1+r)$$

expresión idéntica a la utilizada en la solución gráfico-analítica que nos indica que se trata de una solución de tangencia. Para facilitar la interpretación económica de esta condición, realicemos una simple manipulación algebraica para obtener:

$$\frac{\frac{\partial U(c_0, c_1)}{\partial c_0}}{\frac{\partial U(c_0, c_1)}{\partial c_1}} = (1+r) \tag{9}$$

Observe que, en esta expresión, el segundo miembro nos indica la relación de precios del consumo presente frente al consumo futuro $(1+r)/1$. Por tanto, la interpretación económica de esta expresión nos indica que, en el óptimo, la valoración subjetiva entre consumo presente y futuro ha de coincidir con la valoración de mercado. Esta ecuación junto a la restricción presupuestaria, componen un sistema de dos ecuaciones con dos incógnitas con el que podemos obtener los niveles de consumos óptimos en los dos períodos.

$$\frac{\frac{\partial U(c_0, c_1)}{\partial c_0}}{\frac{\partial U(c_0, c_1)}{\partial c_1}} = (1+r)$$

$$\frac{c_1}{(1+r)} + c_0 - \frac{y_1}{(1+r)} - y_0 = 0$$

9.2.5 El efecto de un aumento en el tipo de interés

Una vez analizada e interpretada la naturaleza de la solución, pasemos a realizar un ejercicio de estática comparativa que nos permita derivar cómo cambia el consumidor sus pautas de consumo en respuesta al cambio de uno de los parámetros del problema, el tipo de interés.

Un aumento del tipo de interés supone que la igualdad entre la relación de las utilidades marginales y la relación de los precios de consumo presente y futuro deja de serlo, porque el segundo miembro de la igualdad es ahora mayor.

$$\frac{\frac{\partial U(c_0, c_1)}{\partial c_0}}{\frac{\partial U(c_0, c_1)}{\partial c_1}} > (1 + r)$$

Para recuperar el equilibrio, es decir, para conseguir que la expresión vuelva a ser una igualdad, bastará con que el consumidor decida consumir menos en el período presente -de esta forma aumentará la utilidad marginal del consumo presente- y más en el período futuro disminuyendo así la utilidad marginal del consumo futuro. Es decir, un aumento de los tipos de interés provocará una reasignación del consumo entre los dos períodos de forma que se consumirá menos en el presente –propicia un aumento del ahorro y más en el futuro, ya que el coste de del consumo presente, en términos del consumo futuro, se habrá elevado.

9.2.6 La solución con una función de consumo separable temporalmente

Para afianzar lo aprendido en la sección anterior, resolvamos el problema de consumo intertemporal haciendo uso de una función de utilidad, separable temporalmente, del tipo:

$$U(c_0, c_1) = U_0(c_0) + \frac{1}{1 + \rho} U_1(c_1)$$

en la que ρes la tasa de descuento subjetiva que representa la valoración que el consumidor da en términos de utilidad a tener que consumir en el futuro por no haber consumido en el período presente. Así, si ρ es cero, el individuo es totalmente paciente, de forma que $\frac{1}{1+\rho} = 1$. Sin embargo, el caso extremo en términos de impaciencia subjetiva implica que $\rho = \infty$, por lo que $\frac{1}{1+\rho} = 0$. Por tanto, en este caso la función de utilidad solo depende del consumo presente.

$$U(c_0, c_1) = U_0(c_0).$$

Al igual que en el caso general de la sección anterior, esta función de utilidad tiene las siguientes propiedades:

1) es una función separable aditivamente en el tiempo, es decir que la utilidad presente no afecta a la utilidad futura.
2) La función es continua, diferenciable, creciente y estrictamente cóncava, esto es:

$$\frac{\partial U(c_0, c_1)}{\partial c_0} > 0; \frac{\partial U(c_0, c_1)}{\partial c_1} > 0$$

$$\frac{\partial \left(\frac{\partial U(c_0, c_1)}{\partial c_0}\right)}{\partial c_0} < 0; \frac{\partial \left(\frac{\partial U(c_0, c_1)}{\partial c_1}\right)}{\partial c_1} < 0$$

Como recordará esto implica que los aumentos en la cantidad consumida implican aumentos de utilidad pero que crece a tasa decreciente.

3) La tasa a la que el individuo descuenta el futuro, está dada por la ratio utilidad futura está descontada por un factor de descuento $0 < \rho < 1$. Este factor de descuento implica que los individuos valoran más el consumo presente que el futuro, es decir, que son impacientes. Un factor de descuento próximo a infinito quiere decir que el consumidor es muy impaciente, de forma que valora mucho el consumo presente y muy poco el consumo futuro. Por su parte un valor próximo a cero implica que el individuo es muy paciente.

Aplicando la solución de tangencia que, junto a la restricción de consumo intertemporal, caracteriza el equilibrio, se tiene que:

$$\left.\frac{dc_1}{dc_0}\right|_{u_0} = -\frac{\frac{\partial U(c_0, c_1)}{\partial c_0}}{\frac{\partial U(c_0, c_1)}{\partial c_1}} = -(1+\rho)\frac{UMa_{c_0}}{UMa_{c_1}} = \left.\frac{dc_1}{dc_0}\right|_{restr} = -(1+r)$$

O lo que es lo mismo:

$$RMS_{1,0} = \frac{\frac{\partial U(c_0, c_1)}{\partial c_0}}{\frac{\partial U(c_0, c_1)}{\partial c_1}} = \frac{(1+r)}{(1+\rho)}$$

igualdad que, en la literatura, se conoce con el nombre de *ecuación de Euler.*

Esta ecuación indica que, en el óptimo, la utilidad es máxima, de forma que el consumidor no puede incrementar dicha utilidad desplazando el consumo de un período a otro. Un aumento en el consumo presente aumenta su utilidad en un nivel de utilidad dado por $\frac{\partial U(c_0,c_1)}{\partial c_0}$, pero reduce el consumo del período siguiente en *1+r* unidades por lo que la utilidad del consumidor se reduce en la cuantía $\frac{(1+r)}{(1+\rho)}\frac{\partial U(c_0,c_1)}{\partial c_1}$.

Sobre la base de este ejercicio de estática comparativa, el lector puede comprobar algunas de las siguientes proposiciones que se derivan del análisis del equilibrio ante diferentes cambios en los parámetros del problema.

Así, y partiendo de una situación de equilibrio, cuando el tipo de interés r aumenta, aumenta también el segundo miembro de la igualdad $\frac{\frac{\partial U(c_0,c_1)}{\partial c_0}}{\frac{\partial U(c_0,c_1)}{\partial c_1}} = \frac{(1+r)}{(1+\rho)}$, por lo que, para restaurar la igualdad (el equilibrio) la utilidad marginal del consumo presente debe aumentar. Recuerde en este punto que, dado que la utilidad marginal es decreciente, para aumentar la utilidad marginal del consumo en el período 0, el consumo presente ha de reducirse.

El lector puede también comprobar cómo afecta un cambio en la tasa de impaciencia subjetiva. Cuando la tasa de impaciencia aumenta el segundo miembro de la igualdad disminuye, de forma que, para restituir el equilibrio, la relación entre las utilidades marginales de consumo presente y futuro, el primer miembro de la expresión $\frac{\frac{\partial U}{\partial c_0}}{\frac{\partial U}{\partial c_1}} = \frac{(1+r)}{(1+\rho)}$ ha de reducirse. Para ello, el consumo presente ha de aumentar.

Finalmente, el lector puede comprobar que cuando el tipo de interés r es igual a la tasa de impaciencia ρ, los niveles de consumo presente y futuro han de ser iguales:

$$\frac{\frac{\partial U(c_0,c_1)}{\partial c_0}}{\frac{\partial U(c_0,c_1)}{\partial c_1}} = \frac{(1+r)}{(1+\rho)} = 1 \Rightarrow \frac{\partial U(c_0,c_1)}{\partial c_0} = \frac{\partial U(c_0,c_1)}{\partial c_1} \Rightarrow c_0 = c_1$$

Este resultado se suele llamar pauta "*suavizada del consumo*", queriendo reflejarse el hecho de que el consumidor consume lo mismo en ambos períodos ya que el rendimiento real que proporciona el esperar a consumir mañana a cambio de no consumir hoy es compensado, exactamente, por la impaciencia asociada a consumir hoy.

9.3 La incorporación del sector público y la hipótesis Barro-Ricardo

Procedemos en este apartado a incorporar al sector público en nuestro problema básico de asignación del consumo intertemporal. Si damos entrada al Estado, convendremos en que este se apropiará de una fracción de lo producido en concepto de impuestos, que destinará a financiar sus gastos corrientes, sus inversiones y el pago de las transferencias. En este contexto, definiremos el déficit presupuestario del Estado, aunque también es posible definirla en forma más general como un saldo, como la diferencia entre ingresos y gastos, en el período presente 0, como la diferencia entre los gastos y los impuestos en el período actual, esto es, como la diferencia,

$$D_0 = G_0 - T_0 \tag{10}$$

Evidentemente, y aunque esta diferencia puede ser positiva (déficit), negativa (superávit) o alcanzar la consolidación fiscal (o equilibrio presupuestario), lo que si habremos de tener en cuenta es que en el caso de incurrir en déficit en el período futuro, en el período 1, los impuestos recaudados por el Estado en ese período deben ser suficientes para sufragar no solo el gasto público del período 1, sino también el principal y los intereses de la deuda en que se incurrió en el período 0, es decir:

$$T_1 = G_1 + (1 + r)D_0 \tag{11}$$

Sustituyendo en esta expresión el valor alcanzado por el déficit en el período 0 se tiene que:

$$T_1 = G_1 + (1 + r)(G_0 - T_0) \tag{12}$$

que puede expresarse de manera alternativa, como:

$$G_0 + \frac{G_1}{1 + r} = T_0 + \frac{T_1}{1 + r} \tag{13}$$

o como:

$$G_0 - T_0 = \frac{T_1 - G_1}{1 + r} \tag{14}$$

Llegados a este punto, convendrá el lector que la anterior expresión admite, al menos, las siguientes interpretaciones:

1. *Déficit presente implica, necesariamente, superávit futuro.* Un desequilibrio presupuestario (déficit) hoy habrá de financiarse mañana, con un superávit presupuestario de la misma cuantía.
2. Siguiendo la lógica del argumento anterior, y considerado dado el flujo de ingresos, *un mayor nivel de consumo público hoy implica un menor nivel de consumo público mañana.*
3. Finalmente, y dados unos planes de consumo público, *una menor imposición hoy implica mayores impuestos mañana.*

9.3.1 La restricción presupuestaria consolidada de la economía en una economía con sector público.

Llegados a este punto, la incorporación del sector público nos impone la necesidad de reformular la restricción presupuestaria intertemporal de la economía que hemos usado hasta ahora.

Para ello, primero reformularemos la restricción presupuestaria del sector privado para tener en cuenta que la renta que determina el nivel de consumo es la renta disponible (o renta después de impuestos) para después sumar las restricciones de ambos sectores, público y privado.

Así, cuando el sector privado debe pagar impuestos, la restricción presupuestaria de sector privado es:

$$\frac{c_1}{1+r} + c_0 = \frac{y_1 - T_1}{1+r} + y_0 - T_0 \tag{15}$$

Como recordamos, la restricción presupuestaria del sector público era:

$$G_0 + \frac{G_1}{1+r} = T_0 + \frac{T_1}{1+r} \tag{16}$$

Por lo que sumando la restricción del sector privado (15) y la del sector público (16), obtenemos la restricción presupuestaria consolidada de los sectores, público y privado (17), que como puede comprobar refleja los destinos del total de lo producido en los dos períodos valorados en unidades monetarias del período inicial:

$$\frac{c_1}{1+r} + c_0 + \frac{G_1}{1+r} + G_0 = \frac{y_1}{1+r} + y_0 \tag{17}$$

9.3.2 Interpretación

Para facilitar la interpretación de esta restricción consolidada (17), realicemos una simple manipulación algebraica consistente en pasar el gasto público al segundo miembro, de forma que la renta después de detraer los recursos que consume el sector público es la producción que queda disponible para el consumo por parte del sector privado de la economía:

$$\frac{c_1}{1+r} + c_0 = \frac{y_1 - G_1}{1+r} + y_0 - G_0 \tag{18}$$

Así pues, el lado derecho de la expresión no es otra cosa que la riqueza del sector privado, es decir, lo que queda de renta nacional una vez que el sector público ha extraído su parte de consumo, de forma que, para fijar su patrón de consumo, el sector privado solo se fija en su renta disponible: así, si el sector privado observa que el gobierno consume hoy más de lo que recauda vía impuestos, los impuestos han de subir mañana para devolver el principal y los intereses de la deuda pública.

Esta última implicación de la restricción presupuestaria consolidada de los sectores público y privado es a lo que se denomina *proposición de equivalencia ricardiana de los impuestos y de la deuda pública o hipótesis Barro-Ricardo* (Barro, 1974).

En suma, dadas las decisiones de consumo público (G_0 y G_1), da igual si los impuestos se recaudan hoy o mañana puesto que el perfil temporal de la imposición no afecta al consumo.

9.4 La teoría del consumo de la renta permanente y del ciclo vital

Una vez analizados los microfundamentos del modelo de consumo intertemporal y las restricciones consolidadas de la economía y sus implicaciones, volvamos de nuevo a las aportaciones teóricas de Keynes sobre la función de consumo, contenidas en la Teoría General.

Estas aportaciones, aunque no pasaban de ser meras conjeturas nos referimos a la suposición de que el consumo agregado depende la renta disponible de forma contemporánea y que la propensión marginal a consumir era un parámetro acotado entre cero y la unidad abrieron de inmediato una nueva área de investigación aplicada. Así, no tardaron en aparecer intentos de contrastación de la especificación de la función de consumo keynesiana que discutimos y utilizamos a lo largo del capítulo dedicado al *modelo hidráulico*: una relación lineal entre el consumo y la renta disponible.

$$C_t = C_0 + cY_{d_t} \tag{19}$$

Aunque los primeros intentos de testar la validez empírica de la relación, parecían avalar la formulación keynesiana de la función de consumo agregada existía una fuerte correlación entre la renta y el consumo y la proporción marginal a consumir presentaba valores entre 0 y 1, a partir del trabajo de Kuznets (1942), quien haciendo uso de datos de la economía norteamericana en el período 1868-1938, comienza a cuestionar la validez de la especificación dado el escaso valor predictivo de la misma en la década de los cuarenta y la inconsistencia de las estimaciones de la propensión marginal a consumir.

En particular, y basándose en esta especificación keynesiana, el consumo debía crecer de forma más suave de lo que lo haga la renta, de forma que la propensión media a consumir debía decrecer a medida que la renta creciera. En este punto, los hallazgos empíricos de Kuznets apuntaban hacia una cierta estabilidad de la ratio C/Y cuando se hacía uso de series temporales largas.

Sin embargo, cuando se estimaban funciones de consumo en análisis de corte transversal, realizados con microdatos de hogares, los resultados apuntaban hacia una propensión media a consumir decreciente. Estos hallazgos generaron que el análisis econométrico de la función de consumo se convirtiera en un campo especialmente activo en la investigación aplicada.

Por un lado, a través de la estimación de reformulaciones de la especificación inicial keynesiana, orientadas a dotarla de un carácter dinámico ya fuera a través de la introducción de inercia a través de la inclusión de la variable de consumo retardada como variable independiente o incluyendo retardos de la variable de renta disponible como regresores adicionales en un intento de lograr una mejor predicción de las fluctuaciones del consumo a lo largo del ciclo económico. La otra opción empírica fue considerar que los consumidores no basan su decisión de consumo presente sobre la base de la renta presente sino sobre una especie de media ponderada de las rentas pasadas. Esta es la idea que subyace a los análisis de Duesenberry (1949) o Modigliani (1949).

Pero por encima de la incorporación de estructuras de retardos más o menos sofisticadas, la idea de Duesenberry y Modigliani y el modelo de consumo intertemporal de Fisher, apuntan hacia una dirección común para entender las refutaciones del modelo keynesiano: el consumo depende no tanto del nivel de renta corriente, como de la renta del ciclo vital, dado que la gente trata de suavizar su patrón de consumo.

En particular, el modelo de Fisher nos indica que el consumo depende de las rentas obtenidas a lo largo del ciclo vital y que los consumidores tratan de suavizar sus niveles de consumo. Esta idea es puesta en perspectiva tanto por Franco Modigliani –*hipótesis del ciclo vital*– como por Milton Friedman –*hipótesis de la renta permanente*–, que formalmente puede ser representada a través de un esquema de retardos distribuidos que permiten definir esta idea de renta "permanente" como una media ponderada de los ingresos pasados. Sobre esta base, presentamos en las dos siguientes secciones las ideas fundamentales de los modelos de Modigliani (1949) y Friedman (1957). Así, en la siguiente sección se hace una presentación básica de la hipótesis del ciclo vital, mientras que una versión más formalizada que nos sirve para entender tanto la hipótesis de la renta permanente como la del ciclo vital, se presenta en la sección 9.4.2.

9.4.1 La hipótesis del ciclo vital

La hipótesis del ciclo vital indica que la renta varía a lo largo de las diferentes fases del ciclo vital del consumidor, de forma que el ahorro es lo que le permitirá suavizar la trayectoria del consumo.

Realicemos una exposición básica del papel de esta hipótesis, del modelo de Modigliani, usando para ello a un agente representativo que tiene como objetivo el suavizar su patrón de consumo y que posee una riqueza inicial que denotaremos por W_0, y una renta anual, Y_t, que consideraremos constante durante toda su vida laboral[5], mientras que t_0 es el momento de incorporación al mercado laboral, t_r, el momento de retiro y t_d, la fecha en la que muere nuestro agente representativo. Así pues, el consumidor dispondrá de una renta a lo largo de su vida de W_0+t_rY.

Así pues, si el consumidor aspira a suavizar su patrón de consumo, decidirá gastar una fracción constante de su renta a lo largo de los años que espera vivir, es decir:

$$\frac{W_0 + t_r Y}{t_d} = C \Rightarrow C = \underbrace{\frac{1}{t_d}}_{\alpha} W_0 + \underbrace{\frac{t_r}{t_d}}_{\beta} Y \tag{20}$$

Donde observemos que el consumo es una función tanto de la riqueza inicial como de la renta y en la que α y β son las propensiones marginales a consumir con respecto a la riqueza y a la renta, respectivamente. Observe que esta formulación es capaz de explicarnos el porqué de las diferencias entre los resultados de las estimaciones corte longitudinal y de las de corte transversal. Observe que si obtenemos el consumo medio a partir de la ecuación anterior se tiene que:

$$\frac{C}{Y} = \underbrace{\frac{1}{t_d}}_{\alpha} \frac{W_0}{Y} + \underbrace{\frac{t_r}{t_d}}_{\beta} \frac{Y}{Y} \Rightarrow \alpha \frac{W_0}{Y} + \beta \tag{21}$$

Piense que, como entre hogares, la renta varía más que la riqueza los hogares de mayor nivel de renta deben tener una menor propensión media a consumir que los hogares de menor renta. Sin embargo, de forma agregada la riqueza y la renta crecen al unísono a lo largo del tiempo por lo que la propensión media a consumir permanece constante.

[5] Aunque lo habitual es la existencia de complementos de antigüedad que suelen generar que las rentas crezcan con la edad, este supuesto nos facilitará la exposición del modelo.

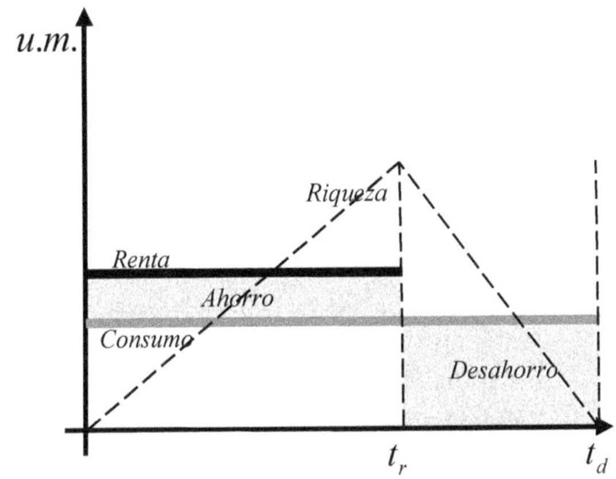

Figura 9.6: La trayectoria del consumo, el ahorro y la riqueza a lo largo del ciclo vital.

En la figura 9.6, se observa como para un consumidor sin riqueza inicial cuyo objetivo sea el mantener una pauta constante de consumo a lo largo de toda su vida, ha de conseguir un nivel de ahorro a lo largo de su vida laboral, que le permita acumular una riqueza suficiente para mantener ese nivel de consumo hasta su muerte. Observe que, por esta razón, la riqueza ha de alcanzar un máximo en el momento de jubilarse. Así, el flujo de desahorro durante la jubilación es exactamente igual al ahorro generado a lo largo de su vida laboral.

u.m. Unidades monetarias

Formalmente, el modelo puede plantearse a través del siguiente problema de optimización en el que el consumidor trata de hallar aquel patrón de consumo a lo largo de todo su ciclo vital, que haga máxima su satisfacción, sujeto a que el valor monetario de su flujo consumo actualizado ha de ser igual al de sus rentas más la riqueza inicial caso de que dispusiese de ella. Formalmente, el problema queda representado por:

$$\underset{(c_0,c_1,\ldots,c_T)}{Max} \quad U(c_0, c_1, \ldots, c_T)$$

$$s.a. \quad c_0 + \frac{c_1}{1+r} + \ldots + \frac{c_T}{(1+r)^T} = W + y_0 + \frac{y_1}{1+r} + \ldots + \frac{y_T}{(1+r)^T}$$

$$c_0 \geq 0, c_1 \geq 0, \ldots, c_T \geq 0$$

Por tanto, el consumo dependerá de la riqueza inicial, *W*, de las rentas generadas a lo largo de toda la vida laboral, y del factor de descuento, *r*.

9.4.2 La hipótesis de la renta permanente

Presentemos ahora una versión más formalizada de ambas hipótesis, a través de un modelo[6] en el que el consumidor trata de establecer una pauta de consumo estable, sobre la hipótesis de que el consumo de un período no viene determinado por la renta de ese período sino por la obtenida a lo largo de toda su vida, ya sea esta definida en términos de su renta permanente (Friedman, 1957) o de la llamada renta del ciclo vital (Modigliani).

Desde esta perspectiva, el patrón de la renta no es importante para el consumo, pero sí para el ahorro, ya que este es la diferencia entre la renta efectiva y el consumo. Así, el ahorro será más alto cuanto más elevada sea la renta con respecto a la renta media efectiva.

Para construir un modelo que sea consistente con estas hipótesis, reflexionemos acerca de algunas cuestiones. Como hemos visto en nuestro modelo básico de consumo intertemporal, si r y ρ son iguales, los consumidores mantendrán un patrón de consumo constante a lo largo de su vida, de forma que $c_0 = c_1$. La renta permanente es ese nivel de consumo aproximadamente constante que el consumidor desea mantener a lo largo de toda su vida. Sin embargo, si r es mayor o menor que la tasa subjetiva de preferencia temporal el consumidor querrá ir elevando o disminuyendo ese consumo a lo largo de su vida. Lo habitual es que los consumidores no esperen un flujo de renta constante a lo largo de su vida, sino más renta conforme aumenta su edad –experiencia- y menos cuando son jóvenes, por lo que, en ausencia de restricciones crediticias, los consumidores deberían endeudarse de jóvenes y ahorrar de adultos, para suavizar el perfil de consumo.

La restricción del consumidor se puede expresar como:

$$\sum_{t=1}^{\infty} \frac{c_t}{(1+r)^{t-1}} = \sum_{t=1}^{\infty} \frac{y_t}{(1+r)^{t-1}} \tag{22}$$

Como ya hemos comentado, si $r = \rho$ el consumo sigue una trayectoria constante en el tiempo. Así, en el caso de un consumidor de vida infinita, eso implica que $c_0 = c_1 = \ldots = c_t = c$. Por tanto, podemos escribir que:

$$c\underbrace{\left[1+\frac{1}{1+r}+\frac{1}{(1+r)^2}+\ldots\right]}_{\frac{a_1}{1-razon}=\frac{1}{1-\frac{1}{1+r}}=\frac{1}{\frac{r}{1+r}}=\frac{1+r}{r}} = \sum_{t=1}^{\infty} \frac{y_t}{(1+r)^{t-1}} \tag{23}$$

[6] En la formulación que presentamos se supone un marco de certidumbre.

Por tanto:

$$c\frac{1+r}{r}=\sum_{t=1}^{\infty}\frac{y_t}{(1+r)^{t-1}}\Rightarrow c=\frac{r}{1+r}\sum_{t=1}^{\infty}\frac{y_t}{(1+r)^{t-1}} \tag{24}$$

que es la expresión de la renta permanente (Friedman, 1957), y que podemos interpretar en términos de que los consumidores consumen una fracción constante de su renta permanente.

La diferencia entre la renta permanente – la renta media que la gente cree tendrá un carácter persistente en el futuro- y la renta corriente de cada período es la llamada renta transitoria -esto es las desviaciones temporales de la renta corriente con respecto a la renta media o permanente-. Como el ahorro de cada período es la diferencia entre la dotación corriente y el consumo, el ahorro de cada período coincide con la renta transitoria del período:

$$s_t=y_t-c=y_t-\frac{r}{1+r}\sum_{t=1}^{\infty}\frac{y_t}{(1+r)^{t-1}} \tag{25}$$

Que puede interpretarse en términos de cómo el ahorro es elevado en los períodos en los que su dotación corriente es elevada en relación con su renta permanente.

9.5 La teoría del consumo del random walk de Hall (1978)

Frente al modelo anterior, se trata este de un modelo planteado en términos de incertidumbre. Desde esta perspectiva, y dado que el consumidor desconoce con exactitud la cuantía de sus rentas futuras, la pregunta clave es: ¿qué efecto tiene esta incertidumbre sobre las decisiones óptimas de consumo?

Para extender el modelo de consumo en esta dirección, Robert Hall (1978), añade el supuesto de expectativas racionales, esto es el que los individuos usan toda la información que tienen a su alcance para predecir los valores futuros de las variables.

Según Hall, al introducir incertidumbre, la hipótesis del ciclo vital/renta permanente implican que el consumo sigue un paseo aleatorio. La intuición que se encuentra detrás de este resultado es que si un individuo espera que su consumo aumente en el futuro, la utilidad marginal corriente será mayor que la utilidad marginal esperada del consumo futuro, por lo que el individuo mejorará aumentando el consumo presente. Así, el individuo ajusta su consumo corriente hasta el punto en el que ya no espera que el consumo varíe.

Presentemos de una forma más detallada esta idea, haciendo uso de la ecuación de Euler en un contexto de incertidumbre. La única variante con respecto a lo ya apuntado en este capítulo, para dos períodos consecutivos denotados por y, es la inclusión de la esperanza de la utilidad marginal del período 1. Si suponemos que las tasas de descuento subjetiva y la de mercado son iguales, podemos escribir, la ecuación de Euler, como:

$$\frac{\frac{\partial U(c_0, c_1)}{\partial c_0}}{E\left(\frac{\partial U(c_0, c_1)}{\partial c_1}\right)} = \frac{(1+r)}{(1+\rho)} = 1 \Rightarrow \frac{\partial U(c_0, c_1)}{\partial c_0} = E\left(\frac{\partial U(c_0, c_1)}{\partial c_1}\right)$$

donde $E(\cdot)$ es la esperanza de la variable en cuestión.

Haciendo uso de la función de utilidad que Robert Hall utiliza en su trabajo de 1978, esto es:

$$U(c_t) = ac_t + bc_t^2,$$

la ecuación de Euler para los períodos t y t+1 queda como:

$$\frac{\partial U(c_t, c_{t+1})}{\partial c_t} = E\left(\frac{\partial U(c_t, c_{t+1})}{\partial c_{t+1}}\right) \Rightarrow a + 2bc_t = E(a + 2bc_{t+1}) \Rightarrow c_t = E(c_{t+1})$$

Dado que la ecuación de Euler puede extenderse a cualquier par de períodos, podemos escribir que:

$$c_t = E(c_{t+k}) \forall k = 1, .., n$$

Por tanto, la valoración esperada del consumo futuro es igual a su valoración presente. Así pues, esto implica que los cambios en el consumo son impredecibles, por lo que, importando un concepto propio del análisis de series temporales, podemos afirmar que el consumo sigue un paseo aleatorio.

Referencias

Duesenberry, J. S. (1949). *Income, Saving and the theory of Consumer Behavior*. Harvard University Press.

Fisher, I. (1913). The impatience theory of interest. *The American Economic Review*, *3*(3), 610-618.

Friedman, M. (1957). A Theory of the Consumption Function. *National Bureau of Economic Research*, Princeton University Press. https://doi.org/10.1515/9780691188485

Hall, R. E. (1978). Stochastic implications of the life cycle-permanent income hypothesis: theory and evidence. *Journal of political economy*, *86*(6), 971-987. https://doi.org/10.1086/260724

Modigliani, F. (1949). Fluctuations in the saving-income ratio: A problem in economic forecasting. In *Studies in Income and Wealth* (Vol. 11, pp. 369-444). NBER

PARTE IV: EPÍLOGO

Capítulo diez
El análisis macroeconómico en retrospectiva

Emilio Congregado
Concepción Román

Resumen

Este capítulo realiza un análisis en retrospectiva del análisis económico hasta nuestros días, poniendo especial énfasis en la evolución posterior al nacimiento de la macroeconomía como rama dentro de la Economía, aunque enraizando esta aparición en el devenir de la disciplina. Se trata de que el lector aprecie cómo los modelos y los métodos cambian en respuesta a las variaciones en las patologías, que hacen que tengamos que modificarlos para dar entrada a cosas que formaban parte del conjunto de parámetros de los modelos.

Palabras clave: análisis económico en retrospectiva, historia del pensamiento, pensamiento neoclásico, revoluciones científicas, marginalismo, revolución keynesiana, síntesis neoclásica, nueva macroeconomía clásica, econometría, calibración, evaluación causal, aprendizaje automático.

***

10.1 Introducción: el origen de la cosa

Podemos convenir en que las cosas nunca suceden por mero azar. Aunque los hechos tienen una determinada probabilidad de ocurrencia, esta se encuentra condicionada a otros muchos fenómenos que tienen lugar de manera simultánea. Pensemos, por ejemplo, en el porqué del lugar y época de aparición de la obra que los economistas solemos convenir como origen del cuerpo de conocimiento que, desde entonces, llamamos Economía.[1] Su autor, Adam Smith, se preocupa en la misma de cuestiones ligadas al entorno que le toca vivir, que observa e intenta comprender, el de la incipiente industrialización. Curiosamente, Adam Smith (1723-90) era originario de

[1] Smith, A. (1776). *An Inquiry into the Nature and Causes of the Wealth of Nations.*

Kirkcaldy, localidad al norte de Edimburgo (Escocia) donde comienza a desarrollarse en aquella época la primera industria textil británica ligada al lino. Precisamente los cambios operados en la organización productiva en aquellos años llaman la atención del padre de la Ciencia Económica.

De la misma forma, la aparición de la Macroeconomía como cuerpo de conocimiento diferenciado del análisis microeconómico no puede entenderse sin enmarcarla en la propia evolución económica y política posterior a la Primera Guerra Mundial y en la incapacidad del paradigma económico convencional (resumido en la máxima liberal del *laissez-faire laissez-passer*) para dar respuesta a los nuevos problemas económicos, así como en el papel de John Maynard Keynes (1883-1946) en la escena política.[2] En efecto, Keynes era un alto funcionario público que ocupaba puestos de la máxima relevancia en la Administración británica. Para tener una idea de su relevancia, baste citar que a la finalización de la Primera Guerra Mundial fue nombrado representante principal del Tesoro en la Conferencia de París en la que habría de fijarse la indemnización que Alemania debía pagar al bando Aliado, cargo del que dimitió al advertir la inviabilidad de su pago. Su visión acerca de las exigencias impuestas a Alemania y de sus previsibles efectos son el objeto de su obra publicada en 1919 y titulada *Las consecuencias económicas de la paz.* Este hecho marca un giro profundo en su vida profesional hacia el ámbito académico, al generar una producción científica que le permite entrar en contacto con algunos de los economistas más reputados del momento y nutrirse de las discusiones surgidas a través del llamado "*Circus*" de Cambridge, del que fueron impulsores Richard Kahn, Austin y Joan Robinson y Piero Sraffa.

Por otra parte, su obra ha de entenderse en un contexto en el que existe una creciente preocupación por los derroteros seguidos por la crisis de sobreproducción generalizada que asolaba al mundo en aquel entonces y, sobre todo, por la incapacidad de hacer frente a la misma con las recetas proporcionadas por la corriente principal del análisis económico de aquel entonces. Nos referimos a la literatura económica anterior a la Teoría General (Keynes, 1936)[3] que el propio Keynes se atreve a calificar como 'clásica' en

---

[2] Aunque sería posible proporcionar una amplia lista de monografías acerca del origen de la Macroeconomía y del papel de Keynes en la misma, nos permitimos recomendar la monografía elaborada por el Profesor Galindo (Galindo, 2003) titulada *Keynes y el Nacimiento de la Macroeconomía,* perteneciente a la colección de Historia del Pensamiento Económico de la Editorial Síntesis.

[3] El título de la obra de John Maynard Keynes, *The General Theory of Employment, Interest and Money* (1936), es una declaración implícita de intenciones: el proporcionar un modelo que permita explicar los determinantes del empleo (producción) y del mercado de dinero.

contraposición a las nuevas ideas que plantea.[4] Aun a riesgo de parecer simplistas, las ideas económicas de la época se pueden sintetizar en la creencia de que el mercado es un mecanismo eficiente en la asignación de recursos y en la defensa de la máxima liberal del "*laissez-faire, laissez-passer*" como receta de política económica. Desde esta perspectiva, cualquier crisis, esto es cualquier exceso de producción o acumulación involuntaria de existencias generalizada, no es más que un fenómeno transitorio que el funcionamiento de los mercados corregiría por sí solo. En consecuencia, y con independencia de su mayor o menor intensidad, la respuesta siempre había de ser la misma: la inacción, la no respuesta. Ante un exceso de oferta solo habría que esperar que los precios descendieran paulatinamente y que estos stocks se eliminasen de manera gradual. Para ser más precisos y, en todo caso, quizá la única acción consistiría en eliminar todo aquello que impidiese u obstaculizase este ajuste, es decir, cualquier fuente de fricción. Si el lector nos permite el símil, esta situación y la receta consiguiente se asemeja mucho a lo que el doctor nos prescribe en la mayor parte de los procesos gripales: una semana de cama, es decir, esperar hasta que el proceso haya remitido.

En un contexto en el que las patologías de la crisis económica mundial no remiten aplicando esta receta 'liberal', al menos en el corto plazo, es en el que los planteamientos y proposiciones de la *Teoría General* despiertan, de inmediato, un gran interés por parte de académicos y encuentran una gran acogida por la clase política que ve en las mismas una forma de avalar la importancia de la acción política en el devenir económico.

Tras el diagnosticar que la Depresión no era más que la consecuencia de un problema de insuficiencia de demanda y demostrar los efectos multiplicadores de cualquier perturbación positiva que sufra de la demanda, estos estímulos se convierten en la receta con la que hacer frente a la crisis. Como recordará, del análisis acerca de los posibles destinos del PIB, es decir, de los componentes del gasto o de la demanda agregada, hay algunos de ellos de los que difícilmente podemos esperar una recuperación durante una fase recesiva del

---

[4] Hasta el nacimiento de la Macroeconomía la corriente principal del análisis económico, podría quedar bien representada por la llamada escuela marginalista. Estos autores, haciendo uso del principio de racionalidad, formulan el comportamiento de los agentes económicos a través de problemas de optimización, en los que el análisis diferencial caracterizará las soluciones de estos. Este esquema, permite un rápido desarrollo del análisis microeconómico a finales del XIX y principios del XX, de forma que podríamos incluso afirmar que gran parte de la microeconomía moderna puede considerarse de naturaleza neoclásica. Esta revolución será de tal calado, que incluso obliga a cambiar la denominación de la disciplina: la especulativa Economía Política, dará paso a la "*Economics*", denominación popularizada por Marshall en sus Principios, para hacer referencia a este nuevo enfoque basado en la optimización y el cálculo diferencial.

ciclo. En otros términos, convendremos que no cabe esperar una recuperación de la demanda a través de un repunte del consumo privado –en un momento en el que los niveles de renta, endeudamiento y desempleo condicionan los niveles de consumo de las familias–, ni a través de un repunte de la inversión privada –en un momento en el que todos los esfuerzos se concentran en hacer disminuir los stocks involuntarios de existencias.

Es así como, en ausencia de shocks externos positivos –por ejemplo, una recuperación exógena de las exportaciones[5]–, es el Sector Público el único con capacidad para asumir el protagonismo de esa recuperación de la demanda agregada, gracias a su posibilidad de endeudamiento en esta fase del ciclo. Es así como la participación del Estado en la Economía encuentra una nueva justificación que añadir a las ya tradicionales –como forma de combatir los fallos de mercado o como instrumento al servicio de finalidades sociales básicas o redistributivas–: La intervención del Estado en la Economía –a través de la hábil gestión de la política fiscal, por ejemplo– se convierte en la nueva receta con la que estabilizar las fluctuaciones económicas. La intervención del Estado y el peso de lo 'público' adquiere así una nueva dimensión, gracias a los efectos multiplicadores del gasto y a su papel como mecanismo capaz de revertir la fase del ciclo económico.

Si repasa mentalmente la organización de este manual, tal y como suele resultar práctica habitual, el manual comienza el análisis del sistema keynesiano haciendo uso de lo que se conviene en llamar '*keynesianismo hidráulico*' (Coddington, 2013), la versión más simple del modelo keynesiano. Con este modelo, intentamos explicar las ideas de Keynes de la forma más simple en un mundo caracterizado por el trueque –sin dinero– y la estabilidad de precios –sin inflación ni deflación–.[6] Pedagógicamente, suele ser la forma con la que se comienzan a exponer las ideas keynesianas básicas, el papel del multiplicador y los instrumentos de política fiscal y comercial en el escenario más elemental posible –una economía de intercambio puro en un contexto de estabilidad de precios–. Esta visión simplificada es la que se suele convenir en denominar modelo de 45 grados, modelo keynesiano básico o aspa keynesiana.

La segunda de las versiones del keynesianismo que se incorpora en este manual es la interpretación de Hicks (1937)[7]. Esta formulación recoge las ideas

[5] Esto sólo puede ser posible en casos en los que las crisis son regionales y no globales.

[6] Realmente los resultados del modelo serían válidos para entornos de estabilidad de precios y en los que el precio del dinero es estable también.

[7] Si el lector tiene a bien echar un vistazo a la "General Theory", el primer hecho que, probablemente, llamará su atención será el de la completa ausencia del aparataje matemático o gráfico del que solemos hacer uso los economistas para presentar nuestros modelos e ideas. Es esta la razón por la que la *Econometric Society*, convocó una

básicas de Keynes y las articula con las clásicas, razón por la cual suele ser denominado modelo de *síntesis neoclásica.* Su esquema de aprendizaje es el llamado modelo IS-LM, modelo de análisis de economías monetarias sin inflación, que matiza la 'potencia' que, en términos de efectividad sobre el output, tienen los instrumentos de política fiscal en el marco del modelo hidráulico. Pero con independencia de este hecho, tras la Segunda Guerra Mundial todos los Estados llevaron a la práctica las recetas derivadas de esta versión del modelo keynesiano, con independencia del carácter liberal o no del gobierno en cuestión. La gestión coordinada de la política fiscal, comercial y monetaria e incluso la aplicación de las llamadas políticas de *stop and go*, con las que se intentaba suavizar las fluctuaciones sin generar tensiones inflacionistas, se convirtieron en la receta generalizada con la que gobiernos, de diferente signo, trataban estabilizar la economía, vacuna que muestra su completa efectividad hasta la aparición del fenómeno de la estanflación a principios de la década de los 70.

Esquema del capítulo	
10.1. Introducción: el origen de la cosa 10.2. La lógica de aparición de los modelos y la evolución de la macroeconomía en perspectiva	10.3. El análisis macroeconómico actual: elementos característicos10.3 La lógica de aparición de los modelos y la evolución de la macroeconomía en perspectiva

10.2 La lógica de aparición de los modelos y la evolución de la macroeconomía en perspectiva

El esquema IS-LM superó con creces el sencillo diagrama (aspa) keynesiano, como modelo con el que generar proposiciones acerca de

los efectos esperados ante diferentes perturbaciones (ante cambios en los diferentes parámetros del modelo), entre otras cosas porque no solo permitía analizar el funcionamiento del mercado de bienes y servicios sino también los efectos e interrelaciones de este con el mercado de activos financieros (en particular, el mercado monetario). De esta forma, este modelo permitía el

---

competición de reformulación de la teoría keynesiana, en la que participaron Harrod, Meade y Hicks. Esta formulación de *Sir John R. Hicks*, publicada en 1937 en la revista *Econometrica*, es la que ha alcanzado una mayor divulgación al ser la que se sigue de forma habitual en los libros de texto, y en la que Hicks además de recoger los elementos básicos del sistema keynesiano los comparó con las proposiciones neoclásicas. El modelo IS-LM, en el que la IS recoge el equilibrio del mercado de bienes y servicios (*investment=save*), mientras que la LM corresponde al equilibrio en el mercado de dinero/bonos (*liquidity=money*). Correcciones a este modelo también fueron introducidas por Alvin H. Hansen y Franco Modigliani.

análisis del impacto conjunto o diferenciado de la aplicación de diferentes tipos de políticas: monetarias, fiscales y comerciales. Este modelo sirvió para matizar la efectividad de la política fiscal y comercial, dependiendo del contexto en el que se aplican, esto es, dependiendo de los valores que adopten los parámetros que determinan las pendientes relativas de las curvas IS y LM.

De esta forma, la discusión acerca de la efectividad o inefectividad de las políticas, lejos de convertirse en actos de fe, como parece desprenderse de algunos manuales en los que ser partidario de recetas liberales o keynesianas parece igualarse a creencias sobre las pendientes relativas de las curvas[8] IS o LM, lo que se desarrolló fue un interés por la estimación de estas curvas que permitiera la cuantificación de los efectos de diferentes perturbaciones o shocks de política sobre las variables macroeconómicas clave –de cuya elasticidad depende la mayor o menor efectividad de las políticas–. Por ello, la necesidad de estimar de la forma más precisa posible los parámetros del modelo provocó un interés creciente tanto por el diseño de operaciones estadísticas para mejorar la información disponible que ayudaran a la previsión y el seguimiento de las economías, como por el desarrollo de técnicas de estimación más precisas, lo que propició un creciente interés por la estadística que se encuentra detrás del origen de la econometría[9].

De esta forma, y con independencia de la mayor o menor maestría en la estimación o incluso de la calidad de los datos, las cuantificaciones de los impactos sobre el output, el empleo o los tipos de interés, de una determinada política dejan de ser una cuestión opinática, sin que quepa hacer declaraciones generales acerca de la pertinencia de una receta con carácter general, o de la prevalencia de la política monetaria sobre la fiscal o viceversa.[10] Así, un mismo economista puede prescribir recetas distintas sobre la pertinencia o no de aplicar una determinada política en una economía en dos momentos de tiempo diferentes o en diferentes economías, sin que ello pueda interpretarse

---

[8] Aunque usemos el término curva, ambas relaciones pueden adoptar diferentes formas funcionales.

[9] Término introducido por Ragnar Frisch en 1926 por analogía al de la Biometría, para referirse a los estudios económicos que hacían uso de modelos estadísticos.

[10] La llamada escuela monetarista, capitaneada en sus orígenes por el Nobel Milton Friedman, es uno de estos posicionamientos extremos. Parece atribuir a las variaciones de la cantidad de dinero en circulación, casi en exclusiva, la responsabilidad de las fluctuaciones de la actividad económica, de forma que advierte de los peligros del uso de la política monetaria como forma de estimular la actividad económica y el empleo. De esta forma, Friedman, Simons y Stigler son considerados los principales representantes de la llamada escuela de Chicago, caracterizada por nutrirse de un grupo de economistas unidos por la idea de que los mercados competitivos libres de intervención estatal garantizan un funcionamiento más eficiente de la economía.

como una muestra de incongruencia. Más bien, se trata de una muestra de la dependencia de las prescripciones de los parámetros del paciente (la economía en cuestión en un momento determinado). Así pues, el modelo IS-LM se convierte durante algunas décadas, en el marco teórico de análisis para entender las relaciones entre las variables macroeconómicas clave y como base para la estimación de modelos estructurales, que son usados tanto para la previsión de la evolución macroeconómica como para la simulación –estimación de los efectos de los shocks de política económica–. Así, y por encima de divergencias, que podríamos calificar de menores, este modelo y las recetas derivadas de las simulaciones y previsiones realizadas con el mismo, se convirtieron en la guía con la que gestionar la política fiscal y monetaria, cuyas recetas como hemos visto funcionaron relativamente bien en un contexto general marcado por el crecimiento y una cierta estabilidad de precios.

Sin embargo, la crisis del petróleo de principios de los 70 puso en entredicho la validez de un modelo cuyas prescripciones no funcionaban en un entorno en el que aparecen de manera conjunta la inflación y paro –el conocido fenómeno de la estanflación, desconocido hasta entonces en períodos recesivos–. Cuestión lógica, por otra parte, dado que el esquema IS-LM se construye para su aplicación en un marco de estabilidad de precios. Nos gustaría advertir en este punto que esta forma de proceder –esto es, el hacer abstracción de los precios en el modelo IS-LM y considerarlos como una constante en el modelo– no debe extrañarnos, ya que es lo que se hace en el estudio de cualquier fenómeno, en cualquier disciplina científica. En nuestro caso, el considerar los precios como un parámetro dado es una estrategia lógica en un contexto histórico en el que existía una relativa estabilidad de precios. De hecho, la aplicación de la receta keynesiana al escenario de la crisis de los setenta no solo no era capaz de corregir el problema del desempleo, sino que además agravaba el problema de la inflación.

Ante este tipo de situaciones en las que la receta deja de funcionar es frecuente la aparición de visionarios que hablan de la incapacidad de la ciencia económica para dar respuesta a las patologías que muestran las economías o de quienes aprovechan la situación para introducir recetas consistentes con sus planteamientos ideológicos sin base científica. Frente a este tipo de interpretaciones, creemos que estas situaciones son análogas a las que tienen lugar cuando las vacunas, de repente, muestran su falta de operatividad ante una cierta mutación del virus. Recuerde como las sucesivas mutaciones del virus de la gripe o más reciente de la COVID-19 obligan a los científicos a rediseñar vacunas, introduciendo los nuevos elementos no considerados al diseñar las vacunas que combatían las antiguas cepas. En este sentido, ante la aparición conjunta de procesos inflacionistas y de desempleo, es decir, en presencia de una mutación del virus en el que aparecen asociadas patologías nuevas, la ciencia económica reacciona reformulando el modelo para tener en cuenta elementos no considerados hasta entonces (la posible variación de los precios) y obteniendo nuevas proposiciones sobre las que guiar las recetas de política económica para enfrentarse a los problemas macroeconómicos. Esto es lo que ocurre, en el origen del llamado modelo de síntesis neoclásica o esquema de oferta y demanda agregada. Desde esta perspectiva, la falta de efectividad de las políticas que se derivan del modelo IS-LM a un contexto de desempleo e inflación no ha de verse como un fracaso de la ciencia económica, ya que esta dio respuesta inmediata formulando un modelo más completo que tuviese en cuenta elementos no considerados hasta entonces. Por otro lado, esto no supone que el modelo IS-LM sea erróneo, sino que sus proposiciones no son extrapolables a cualquier contexto, sino a situaciones en las que podamos considerar que sus supuestos son válidos. La consideración del *trade-off* paro e inflación, inicialmente descubierto por Irving Fisher, aunque puesto en valor por William Philips, a la vez que la consideración de la variabilidad de los precios está tras el origen del esquema de oferta y demanda agregadas con el que se reconsideran los efectos de las políticas ya no solo a corto plazo sino también teniendo en cuenta los efectos sobre los fundamentos de la economía. Además, se da entrada en el juego a las llamadas políticas de oferta. Este modelo de síntesis neoclásica empieza a partir de entonces a usarse como modelo explicativo en un contexto dominado por la recesión, el desempleo y el alza del precio de los factores y productos.[11]

[11] De manera casi simultánea, los economistas pasaron a incorporar el papel de las expectativas, esto es, de las previsiones de los individuos sobre el valor futuro de las variables macroeconómicas, en las decisiones económicas de los agentes. Es decir, destacaron el papel de las expectativas sobre el efecto esperado de las políticas en tanto en cuanto los agentes podrían reaccionar antes cambios esperados en las políticas amortiguando o incluso eliminando los efectos de éstas. Una de las críticas a la formación de las expectativas adaptativas, esto es, en base a los valores pasados, es que podrían dar lugar a errores sistemáticos. Frente a esta crítica surge el concepto de *expectativas racionales*, que supone que los individuos usan toda la información disponible de forma que tienen la capacidad de anticipar correctamente cuáles serán las medidas que los poderes públicos aplicarán ante la aparición de una perturbación económica. Aunque esta hipótesis es formulada inicialmente por Muth en 1961, hay que esperar hasta los setenta para que la desarrollen los miembros de la Nueva Escuela Clásica, formada por premios Nobel como Robert E. Lucas y Thomas J. Sargent, junto a otros autores tales como Wallace y Barro (veáse, Usabiaga, C. y O'kean, J.M. (1994), La nueva Macroeconomía Clásica, Ed. Pirámide, Madrid).

La Nueva Macroeconomía Clásica

Los desarrollos que se enmarcan en esta escuela comparten dos elementos: i) la consideración del supuesto de qué precios y salarios son flexibles, es decir, que se ajustan de forma automática; y, ii) el supuesto de expectativas racionales que ya hemos diseccionado anteriormente. Desde el punto de vista práctico, la hipótesis de las expectativas racionales genera dos proposiciones de una gran importancia. La proposición sobre la *ineficiencia de la política*, formulada por Sargent y Wallace, establece que, si los individuos formulan sus expectativas de acuerdo con la hipótesis de expectativas racionales, predicen los efectos de la política económica de manera perfecta, anticipándose a sus efectos y dejándola sin efecto. Por ejemplo, supongamos que se pretende llevar a cabo una política expansiva a través de la emisión de deuda pública. Según la hipótesis de las expectativas racionales, los individuos preverán una subida del tipo de interés y un aumento futuro en los impuestos necesarios para la financiación de la deuda, por lo que disminuirán sus niveles de consumo para anticiparse a estos pagos, reducción de consumo que contrarrestará los efectos expansivos que se pretendían conseguir. La segunda de las proposiciones es la de los *mercados eficientes*, según la cual, si las expectativas son racionales, los mercados financieros reflejarán de forma eficiente toda la información disponible sin necesidad de regularlos, a través de los precios.

10.3 El análisis macroeconómico actual: elementos característicos

Hecho el repaso somero de la evolución del análisis macroeconómico, analizamos a continuación algunos de los elementos que caracterizan la evolución reciente del análisis macroeconómico.

Interés por el corto y el largo plazo.

El interés por el ciclo, esto es, por el corto plazo es como su propio objeto de estudio cíclico. Durante las épocas de crecimiento sostenido, la preocupación por el corto plazo deja su lugar al interés por las cuestiones de largo plazo, sobre el crecimiento y la sostenibilidad. Esta cuestión ha sido ampliamente abordada en los capítulos 6, 7 y 8, y el lector ha podido comprobar cómo ha evolucionado la modelización en paralelo a la literatura empírica hasta convertirse en un programa de investigación degenerado en el que parece ser necesario un esfuerzo de síntesis. En cualquier caso, la relevancia de las preguntas relativas a la sostenibilidad del crecimiento, o incluso a la naturaleza y causas de la riqueza de las naciones, en terminología de Adam Smith (1776), o a los orígenes del poder, la prosperidad y la pobreza, en términos de Acemoglu y Johnson (2012), siguen siendo cuestiones de primer orden en la agenda de investigación de los economistas, a las que podríamos añadir las formas de combatir la pobreza y la desigualdad (Barnejee y Duflo, 2003, 2013).

La fundamentación microeconómica

Como bien conoce, la Microeconomía se dedica al estudio del comportamiento económico de las unidades básicas de decisión, esto es, consumidores y empresas. Estos agentes, guiados por el principio de racionalidad, actúan como agentes optimizadores de las funciones objetivo que definen sus diferentes roles en la actividad económica. En su origen, desde el nacimiento de la Macroeconomía como cuerpo de conocimiento diferenciado los economistas tendieron a establecer una rígida separación entre el análisis microeconómico y macroeconómico, lo que habría de traducirse en una desconexión entre ambas disciplinas, no solo desde la perspectiva de no compartir sus hallazgos, sino tan siquiera sus procedimientos, de forma que era frecuente encontrar relaciones macroeconómicas que no se derivaban de la agregación de las conductas individuales o de modelizaciones parecidas a las realizadas en el análisis microeconómico. Es por ello, por lo que de manera creciente se tiende microfundamentar la macroeconomía, en la que los modelos de equilibrio general walrasiano han jugado un papel crucial, como punto de unión de las dos disciplinas. De esta forma, la microfundamentación de la macroeconomía ha permitido reforzar la base científica de la macroeconomía, que se limitaba en buena medida a observaciones de carácter empírico sobre las variables agregadas.

La dinámica, la simulación y la previsión

Uno de los rasgos característicos del análisis macroeconómico es la preocupación no solo por el análisis del equilibrio estático sino por su resolución en contextos dinámicos, en los que se analizan las soluciones a corto y a largo plazo, así como los procesos de ajuste. Junto a esta preocupación por los modelos dinámicos, la previsión y la estimación de los parámetros de los modelos que permitan avanzar en la predicción de los efectos a corto y a largo de cambios en los parámetros del problema ha permitido, pese a las críticas, notables avances no solo para la simulación sino para la propia previsión y seguimiento.

La contrastación, la calibración de los modelos: el papel de la computación y. de la Ciencia de datos

Como bien es conocido, la aplicación del método científico en el ámbito de la Economía supone la obtención de recetas a través de las proposiciones que se derivan de los modelos construidos por un proceso hipotético deductivo. En este contexto, estas proposiciones han de ser comprobadas/contrastadas con la realidad que confirmará si las hipótesis son válidas o por el contrario son refutadas, en cuyo caso el modelo necesitará de reformulaciones.

Junto a los avances de los modelos, las operaciones estadísticas llevadas a cabos por agencias oficiales de estadísticas y por otros organismos e instituciones para recopilar los datos económicos necesarios con los que contrastar las proposiciones de los modelos, han avanzado de forma extraordinaria tanto en término de calidad como de homogeneidad, lo que permite avanzar en el análisis comparado. Sirva el ya mencionado caso de las *Penn World Tables*, para entender que este desarrollo ha sido relativamente reciente. Actualmente, la disponibilidad de series temporales más largas, junto a la existencia de datos *pooled*, ha aumentado las posibilidades de aplicar nuevas técnicas a la vez que proporcionar estimaciones cada vez más robustas.[12]

En paralelo, en la era del dato, las nuevas posibilidades de computación y el desarrollo de técnicas de análisis de datos avanzadas -tanto econométricas como de aprendizaje estadístico (*machine learning*), han permitido mejorar la contrastación, la evaluación y simulación, así como la capacidad predictiva de los modelos macroeconómicos.

Finalmente, no podemos obviar el cambio, desde el análisis basado en correlaciones al que se basa en la inferencia causal. Su aplicación implicará, en los próximos años una más que posible revisión de un buen número de resultados aparentemente robustos, y en el que quizás, poco a poco, se vaya abriendo paso la experimentación como paso previo al diseño de las políticas (Cunningham, 2021).

Referencias

Acemoglu, D., & Robinson, J. A. (2012). *¿Por qué fracasan los países? Los orígenes del poder, la prosperidad y la pobreza.* Ediciones Deusto.

Banerjee, A. V., & Duflo, E. (2003). Inequality and growth: What can the data say? *Journal of economic growth,* 8, 267-299. https://doi.org/10.1023/A:1026205114860

Banerjee, A., & Duflo, E. (2013). Poor Economics. A Radical Rethinking of the Way to Fight Global Poverty'. *Society and Economy,* 35(4), 573-587.

Coddington, A. (2013). *Keynesian economics.* Routledge. https://doi.org/10.4324/9781315016788

Cunningham, S. (2021). *Causal inference: The mixtape.* Yale university press. https://doi.org/10.12987/9780300255881

---

[12] Incluso en algunos casos, como en el del desarrollo del *Growth Empirics,* analizado en el bloque de temas dedicados a la teoría del crecimiento, los intentos de contrastación de una determinada hipótesis pueden convertirse en la forma de resolver una determinada controversia.

Frisch, R. (1926). Sur un Problème d'Économie Pure. Norsk Matematisk Forenings Skrifter, 1(16), 1-40. *Facsimile reprint in Metroeconomica* 9: 79-111 (August 1957). https://doi.org/10.1111/j.1467-999X.1957.tb00651.x

Galindo, M. A. (2003). Keynes y el Nacimiento de la Macroeconomía. Editorial Síntesis, Madrid.

Hicks, J. R. (1937). Mr. Keynes and the "classics"; a suggested interpretation. *Econometrica*, 147-159. https://doi.org/10.2307/1907242

Keynes, J. M. (1919). *Las Consecuencias Económicas de la Paz.* Editorial Crítica, Barcelona, 2009.

Keynes, J. M. (1936). *Teoría General de la Ocupación, el Interés y el Dinero.* Fondo de Cultura Económica, México, 2014.

Marshall, A. (1890). *Principles of Economics.* Palgrave Classics in Economics, 2013. https://doi.org/10.1057/9781137375261

Smith, A. (1776). *An Inquiry into the Nature and Causes of the Wealth of Nations.* Fondo de Cultura Económica, 1992, México, DF: 17. Traducción en español. *Investigación sobre la naturaleza y causas de la riqueza de las naciones.*

Usabiaga, C., & O'kean J. M. (1994). *La Nueva Macroeconomía Clásica. Una aproximación metodológica al pensamiento económico.* Ed. Pirámide, Madrid

Referencias

Abel, A., & Bernanke, B. (2004). *Macroeconomía.* Pearson, Madrid.

Abramovitz, M. (1956). Resource and output trends in the United States since 1870. In *Resource and output trends in the United States since 1870* (pp. 1-23). NBER.

Acemoglu, D., & Robinson, J.A. (2012). *¿Por qué fracasan los países? Los orígenes del poder, la prosperidad y la pobreza.* Ediciones Deusto. https://doi.org/10.1257/aer.91.5.1369

Acemoglu, D., Johnson, S., & Robinson, J. A. (2001). The colonial origins of comparative development: An empirical investigation. *American Economic Review, 91*(5), 1369-1401.

Bajo, O., & Díaz, C. (2011). *Teoría y Política macroeconómica.* Antoni Bosch, Barcelona.

Bajo, O., & Monés, M. A. (2000). *Curso de Macroeconomía.* Antoni Bosch, Barcelona.

Banerjee, A. V., & Duflo, E. (2003). Inequality and growth: What can the data say? *Journal of economic growth, 8,* 267-299. https://doi.org/10.1023/A:1026205114860

Banerjee, A., & Duflo, E. (2013). Poor Economics. A Radical Rethinking of the Way to Fight Global Poverty. *Society and Economy, 35*(4), 573-587.

Barreiro, F., Labeaga, J., & Mochón, F. (1999). *Macroeconomía Intermedia.* Editorial McGraw-Hill, Madrid.

Barro, R. J. (1990). Government spending in a simple model of endogeneous growth. *Journal of political economy, 98*(5, Part 2), S103-S125. https://doi.org/10.1086/261726

Barro, R. J. (1991). Economic growth in a cross section of countries. *The quarterly journal of economics, 106*(2), 407-443. https://doi.org/10.2307/2937943

Barro, R. J., & Lee, J. W. (1994, June). Sources of economic growth. In *Carnegie-Rochester conference series on public policy* (Vol.40, pp. 1-46). North-Holland. https://doi.org/10.1016/0167-2231(94)90002-7

Barro, R. J., & Sala-i-Martin, X. (1992). Convergence. *Journal of political Economy, 100*(2), 223-251. https://doi.org/10.1086/261816

Barro, R. J., Sala-i-Martin, X., Blanchard, O. J., & Hall, R. E. (1991). Convergence across states and regions. *Brookings papers on economic activity,* 107-182. https://doi.org/10.2307/2534639

Baumol, W. J. (1986). Productivity growth, convergence, and welfare: what the long-run data show. *The american economic review,* 1072-1085.

Blanchard, O. (2012). *Macroeconomía.* Ed. Prentice–Hall, Madrid, 607 páginas.

Canova, F., & Marcet, A. (1995). The poor stay poor: Non-convergence across countries and regions. *Available at SSRN 289497*

Caselli, F., Esquivel, G., & Lefort, F. (1996). Reopening the convergence debate: a new look at cross-country growth empirics. *Journal of economic growth, 1*, 363-389. https://doi.org/10.1007/BF00141044

Cass, D. (1965). Optimum growth in an aggregative model of capital accumulation. *The Review of economic studies, 32*(3), 233-240. https://doi.org/10.2307/2295827

Coddington, A. (2013). *Keynesian economics.* Routledge. https://doi.org/10.4324/9781315016788

Cunningham, S. (2021). *Causal inference: The mixtape.* Yale university press. https://doi.org/10.12987/9780300255881

De la Fuente, Á. (1995). *Notas sobre la economía del crecimiento, I: algunos modelos básicos.* Universitat Autònoma de Barcelona, Departament d'Economia i d'Història Econòmica, 100 páginas.

De la Fuente, Á. (1996). Economía regional desde una perspectiva neoclásica: De convergencia y otras historias. *Revista de economía aplicada, 4*(10), 5-63.

De la Fuente, Á. (1996). *Notas sobre la economía del crecimiento, II: ¿Convergencia?* Universitat Autònoma de Barcelona, Departament d'Economia i d'Història Econòmica, 128 páginas.

De la Fuente, Á., & Domenech, R. (2001). Schooling data, technological diffusion, and the neoclassical model. *American Economic Review, 91*(2), 323-327. https://doi.org/10.1257/aer.91.2.323

Denison, E. F. (1962). United States economic growth. *The Journal of Business, 35*(2), 109-121.

Duesenberry, J. S. (1949). *Income, Saving and the theory of Consumer Behavior.* Harvard University Press.

Fisher, I. (1913). The impatience theory of interest. *The American Economic Review, 3*(3), 610-618.

Fleming, M. (1962). Domestic financial policies under fixed and under floating exchange rates. *IMF Staff Papers, 9*, 369-379. https://doi.org/10.2307/3866091

Frankel, J. A., & Rose, A. K. (2002). An estimate of the effect of currency unions on trade and output. *Quarterly Journal of Economics, 117*(2), 437-466. https://doi.org/10.1162/003355302753650292

Friedman, M. (1957). A Theory of the Consumption Function. *National Bureau of Economic Research*, Princeton University Press. https://doi.org/10.1515/9780691188485

Friedman, M. (1968). The role of monetary policy. *American Economic Review, 58*, 1-17.

Frisch, R. (1926). Sur un Problème d'Économie Pure. *Norsk Matematisk Forenings Skrifter, 1*(16), 1-40. Facsimile reprint in *Metroeconomica* 9: 79-111 (August 1957).

Galindo, M. A. (2000). *Keynes y el nacimiento de la Macroeconomía.* Editorial Síntesis, Madrid.

Galindo, M. A. (2003). *Keynes y el Nacimiento de la Macroeconomía.* Editorial Síntesis, Madrid.

Gámez, C., & Mochón, F. (1996). *Macroeconomía*. Ed. McGraw-Hill, Madrid, 547 páginas.

García del Paso, J. I. (1999). *Macroeconomía Superior*. Ed. Pirámide, Madrid, 371 páginas.

Grossman, G. M., & Helpman, E. (1993). *Innovation and growth in the global economy*. MIT press.

Hall, R. E. (1978). Stochastic implications of the life cycle-permanent income hypothesis: theory and evidence. *Journal of political economy, 86*(6), 971-987. https://doi.org/10.1086/260724

Hall, R. E., & Jones, C. I. (1999). Why do some countries produce so much more output per worker than others? *The quarterly journal of economics, 114*(1), 83-116. https://doi.org/10.1162/003355399555954

Hall, R. E., & Taylor, J.B. (1992). *Macroeconomía*. Tercera edición, Ed. Antoni Bosch Editor, 726 páginas.

Hicks, J. R. (1937). Mr. Keynes and the "classics"; a suggested interpretation. *Econometrica*, 147-159. https://doi.org/10.2307/1907242

Hicks, J. R. (1960). Thoughts on the theory of capital—the Corfu Conference. *Oxford economic papers, 12*(2), 123-132. https://doi.org/10.1093/oxford journals.oep.a040862

Inada, K.-I. (1963). On a two-sector model of economic growth: comments and a generalization. *Review of Economic Studies*, 30 (2), 119–127. https://doi.org/10.2307/2295809

Irwin, D., & Tervio, M. (2000). Does Trade Raise Income? Evidence from the Twentieth Century. *NBER Working Paper 7745*. https://doi.org/10.3386/w7745

Islam, N. (1995). Growth empirics: a panel data approach. *The quarterly journal of economics, 110*(4), 1127-1170. https://doi.org/10.2307/2946651.

Jones, C. I. (2000). *Introducción al Crecimiento Económico*. Ed. Prentice-Hall, México, 203 páginas.

Kaldor, N. (1961). Capital accumulation and economic growth. In *The Theory of capital: proceedings of a conference held by the International Economic Association* (pp. 177-222). London, Palgrave Macmillan UK. https://doi.org/10.1007/978-1-349-08452-4_10

Kravis, I.B., Heston, A.W. & Summers, R. (1978). Real GDP *Per Capit*a for More Than One Hundred Countries. *The Economic Journal*, 88(350), 215–242. https://doi.org/10.2307/2232127

Kaufmann, D., Kraay, A., & Zoido-Lobatón, P. (1999). *Aggregating governance indicators* (Vol. 2195). World Bank publications. https://doi.org/10.2139/ssrn.188548

Kendrick, J. (1956). Productivity trends: capital and labor. In *Productivity trends: Capital and labor* (pp. 3-23). NBER. https://doi.org/10.2307/1925777

Keynes, J. M. (1919). *Las Consecuencias Económicas de la Paz*. Editorial Crítica, Barcelona, 2009.

Keynes, J. M. (1936). *Teoría General de la Ocupación, el Interés y el Dinero*. Fondo de Cultura Económica, México, 2014.

Koopmans, T. C. (1965). On the concept of optimal growth. In *The econometric approach to development planning.* Chicago, Randy McNally.

Landau, D. (1983). Government expenditure and economic growth: a cross-country study. *Southern economic journal,* 783-792. https://doi.org/10.2307/1058716

Landau, D. (1986). Government and economic growth in the less developed countries: an empirical study for 1960-1980. *Economic development and cultural Change, 35*(1), 35-75. https://doi.org/10.1086/451572

Lichtenberg, F.R. (1992). R&D Investment and International Productivity Differences. *National Bureau of Economic Research Working Paper Series Issue w4161.* https://doi.org/10.3386/w4161

Lipsey, R. (1960). The relation between unemployment and the rate of change of Money wage rates in the United Kingdom, 1862-1957: a further analysis. *Economica, 27,* 1-31. https://doi.org/10.2307/2551424

Lucas Jr, R. E. (1988). On the mechanics of economic development. *Journal of monetary economics, 22*(1), 3-42. https://doi.org/10.1016/0304-3932(88)90168-7

Lucas, R. E. (1973). Some international evidence on output-inflation tradeoffs. *American Economic Review, 63,* 326-334.

Mankiw, N. G. (1990). A Quick Refresher Course in Macroeconomics. *Journal of Economic Literature, 28*(4), 1645-1660. https://doi.org/10.3386/w3256.

Mankiw, N. G. (2007). *Macroeconomía.* 4ª Edición, Antoni Bosch Editor, Barcelona.

Mankiw, N. G., Romer, D., & Weil, D. N. (1992). A contribution to the empirics of economic growth. *The quarterly journal of economics, 107*(2), 407-437. https://doi.org/10.2307/2118477

Marcet, A. (1994). Los pobres siguen siendo pobres: Convergencia entre regiones y países, un análisis bayesiano de datos de panel. *Crecimiento y convergencia regional en España y Europa, 2.*

Marshall, A. (1890). *Principles of Economics.* Palgrave Classics in Economics, 2013. https://doi.org/10.1057/9781137375261

Modigliani, F. (1949). Fluctuations in the saving-income ratio: A problem in economic forecasting. In *Studies in Income and Wealth* (Vol. 11, pp. 369-444). NBER.

Mundell, R. (1968). *International Economics.* Macmillan, New York.

Phelps, E. (1967). Phillips curves, expectations of inflation, and optimal unemployment over time. *Economica,* 34, 254-281. https://doi.org/10.2307/2552025

Phillips, A. W. (1958). The relation between unemployment and the rate of change of money wages in the United Kingdom, 1861-1957. *Economica, 25*(100), 283-299. https://doi.org/10.1111/j.1468-0335.1958.tb00003.x

Ramsey, F. P. (1928). A Mathematical Theory of Saving. *Economic Journal, 38,* 543-559. https://doi.org/10.2307/2224098

Raymond Bara, J. L., & García Greciano, B. (1994). Las disparidades en el PIB per cápita entre comunidades autónomas y la hipótesis de convergencia. *Papeles de economía española, 59,* 37-59.

Rebelo, S. (1991). Long-run policy analysis and long-run growth. *Journal of political Economy, 99*(3), 500-521. https://doi.org/10.1086/261764

Romer, P. M. (1986). Increasing returns and long-run growth. *Journal of political economy, 94*(5), 1002-1037. https://doi.org/10.1086/261420

Sachs, J. D., & Larrain, F. (1994). *Macroeconomía en la economía global.* Ed. Prentice-Hall, Madrid, 371 páginas.

Sala-i-Martin, X. (1990). Lecture notes on economic growth (II): Five prototype models of endogenous growth. https://doi.org/10.3386/w3564

Sala-i-Martin, X. (2003). *Apuntes de Crecimiento Económico.* 2ª edición, Antoni Bosch Editor, Barcelona, 170 páginas.

Samuelson, P. A., & Solow, R. M. (1960). Analytical aspects of anti-inflation policy. *American Economic Review, Papers and Proceedings, 50,* 177-194.

Schmookler, J. (1952). The changing efficiency of the American economy, 1869-1938. *The review of Economics and Statistics,* 214-231. https://doi.org/10.2307/1925628

Schultz, T. W. (1961). Investment in human capital. *The American Economic Review, 51*(1), 1-17.

Smith, A. (1776). *An Inquiry into the Nature and Causes of the Wealth of Nations.* Fondo de Cultura Económica, 1992, México, DF: 17. Traducción en español. Investigación sobre la naturaleza y causas de la riqueza de las naciones.

Solow, R. M. (1956). A contribution to the theory of economic growth. *The Quarterly Journal of Economics, 70*(1), 65-94. https://doi.org/10.2307/1884513

Solow, R. M. (1957). Technical change and the aggregate production function. *Review of Economics and Statistics,* 312-320. https://doi.org/10.2307/1926047

Summers, R., & Heston. A. (1991). The Penn World Table (Mark 5): an expanded set of international comparisons, 1950-1988. *The Quarterly Journal of Economics, 106*(2), 327-368. https://doi.org/10.2307/2937941

Swan, T. W. (1956). Economic growth and capital accumulation. *Economic record, 32*(2), 334-361. https://doi.org/10.1111/j.1475-4932.1956.tb00434.x

Usabiaga, C., & O'kean, J. M. (1994). *La nueva Macroeconomía Clásica. Una aproximación metodológica al pensamiento económico.* Ed. Pirámide, Madrid.

Nota sobre los autores

Emilio Congregado es Catedrático de Economía en la Universidad de Huelva, *Research Fellow* en la *Erasmus School of Economics* (Rotterdam), y actualmente, director del Máster en Economía, Finanzas y Computación por las Universidades de Huelva e Internacional de Andalucía. Especialista en economía laboral, acumula una amplia experiencia docente en el ámbito del análisis micro y macroeconómico. Ha sido autor de varios manuales de Microeconomía, Macroeconomía tanto de nivel básico como intermedio, así como de un manual de Economía de la Cultura. Actualmente, preside la Asociación Española de Economía del Trabajo y es coeditor de *Labour Economics Letters.*

María Concepción Román es Catedrática de Economía Aplicada en la Universidad de Huelva, en la que imparte diferentes asignaturas de Análisis Económico. Directora del Programa de Doctorado en Economía, Finanzas y Computación de la Universidad de Huelva y de la Universidad Internacional de Andalucía, es autora de un manual de Microeconomía y de otro de Macroeconomía Intermedia. Ha realizado estancias en la Universidad de Rotterdam y en el Banco de España y es una especialista reconocida en el ámbito del análisis económico del autoempleo.

Javier García-Clemente es Doctor en Economía e investigador y docente en la *Copenhague Business School,* donde trabaja en un proyecto sobre análisis económico del emprendimiento financiado por la Fundación Carlsberg. Es miembro del *Spanish Entrepreneurship Research Group,* en el que ha participado en proyectos sobre autoempleo, el trabajo a tiempo parcial de carácter involuntario y en la evaluación de políticas del mercado laboral. En 2022, recibió la V Beca Luis Toharia para jóvenes investigadores por la Asociación Española de Economía Laboral.

Ana Rodríguez-Santiago es Doctora en Economía, especializada en Macroeconomía Aplicada. Es Profesora Ayudante Doctora en el Departamento de Economía Aplicada de la Universidad de Málaga. Su investigación se centra en Macroeconomía y Economía Laboral, con especial interés en el análisis del ciclo económico, las series temporales y los métodos econométricos bayesianos. Ha publicado en revistas internacionales como *Journal of Evolutionary Economics* e *International Journal of Manpower.* Actualmente, coordina el Máster en Economía, Finanzas y Ciencias de la Computación de la

Universidad Internacional de Andalucía (UNIA) y es miembro de la Junta Directiva de la Asociación Española de Economía del Trabajo (AEET). Ha participado en proyectos de investigación financiados por el Ministerio de Ciencia, Innovación y Universidades y la Junta de Andalucía. También ha sido investigadora visitante en la Universidad de Viena de Economía y Empresa (WU) y en el Banco de Portugal.

Nicola Rubino es Máster en Econometría por la Universidad de Warwick y Doctor en Economía por la Universidad de Barcelona. Investigador postdoctoral Margarita Salas (2022-2024), ha sido investigador senior en la Universidad Tor Vergata y actualmente es Ayudante Doctor en el Departamento de Economía Aplicada de la Universidad de Valencia. Especialista en macroeconometría aplicada.

David Troncoso es Doctor en Economía por la Universidad Pablo de Olavide y licenciado en Economía por la Universidad de Sevilla. Sus áreas de especialización se centran en la microeconometría aplicada al análisis del mercado laboral y a la evaluación de políticas públicas, y el desarrollo de herramientas econométricas enfocadas en la estimación de modelos de duración para el análisis de transiciones laborales. Ha sido investigador postdoctoral en la Universidad Pablo de Olavide y consultor del Banco Interamericano de Desarrollo. Desde 2019, es profesor en la Universidad de Sevilla en el área de análisis económico.

Inmaculada Vílchez es Doctora en Economía y Máster en Economía, Finanzas y Computación por la Universidades de Huelva e Internacional de Andalucía. Graduada en Administración de Empresas y en Economía por la Universidad de Málaga. Especializada en Macroeconometría Aplicada, sus trabajos recientes aplican técnicas de integración y cointegración fraccional al campo de la economía laboral, las finanzas o los precios de *commodities*. Becaria FPU del Ministerio de Educación (2020-2024), ha sido docente e investigadora en el Departamento de Economía en la Universidad de Huelva y ha sido visitante de investigación en el departamento de Economía de la *Florida Atlantic University* (2023). Actualmente, imparte docencia en la Universidad de Sevilla y en la Universidad Internacional de Andalucía.

APÉNDICE: APLICACIONES PRÁCTICAS CON EXCEL

LAB 1: Análisis básico estadístico con Excel

Resumen

Con estas notas se pretende que se familiarice con la programación en Excel de diferentes conceptos y ejercicios de estadística descriptiva. En particular, se pretende que:

- Adquiera destreza en el uso de fórmulas con Excel y con el tratamiento de datos.
- Sea capaz de realizar estimaciones de los coeficientes de nuestras ecuaciones clave.

Estas notas complementan con una práctica de laboratorio en la que simplemente se pretende que adquiera destreza con el uso de la hoja de cálculo.

PARTE I: ANÁLISIS UNIDIMENSIONAL

Considere los siguientes datos, que reproducen las calificaciones obtenidas por 14 alumnos en la asignatura de Macroeconomía Intermedia, que se presentaron en una convocatoria extraordinaria.

0; 1,75; 3; 4,25; 5; 5; 5; 6; 6; 6; 6; 7; 8,5; 10

Convendremos que la información así presentada no es demasiado manejable. Quizá podamos mejorar esta presentación tabulando los datos, es decir, poniéndolos en una tabla de dos columnas. Reservaremos la primera para la variable notas y la segunda para la frecuencia de cada nota, esto es, el número de veces que se repite cada observación.

X_i (notas)	n_i (frecuencia)
0	1
1,75	1
3	1
4,25	1
5	3
6	4
7	1
8,5	1
10	1

Estará de acuerdo con nosotros en que la información, así presentada, se puede analizar mejor. Por ejemplo, podemos apreciar a simple vista que la nota más repetida –más frecuente– es el 6, que ha sido obtenida por cuatro alumnos. Observe también que nos es fácil saber el número total de presentados, sin más que sumar los datos de la columna de frecuencias.

►► **Reproduzca la tabla anterior en un libro de Excel y compruebe que la suma de las frecuencias es 14**.

Simplemente debe introducir la fórmula siguiente en la celda b11, como muestra la figura:

=suma(b2:b10)

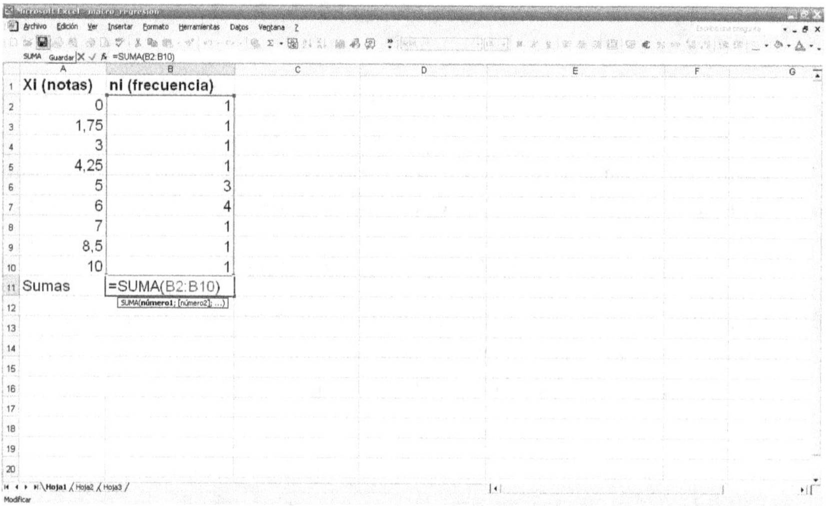

Uno de los objetivos que hemos de plantearnos, a la hora de analizar cualquier tipo de información económica, es presentarla de la forma más entendible posible. En este sentido, los estadísticos nos permiten disminuir la dimensión, dando una información resumen. En concreto, las medidas de posicionamiento y/o centralización, cumplen esta función. Para nuestros fines, tan solo nos centraremos en la presentación de la media aritmética.

1.- La media aritmética

La media aritmética no es otra cosa que el centro de gravedad de una distribución. Imagine que representamos los datos anteriores en una línea recta. Observará que a cada nota le hemos puesto una bola de diferente grosor. Imagine que el grosor está relacionado con el número de veces que se repite cada observación. De esta forma entenderá que el 6 es el que tiene la bola más grande.

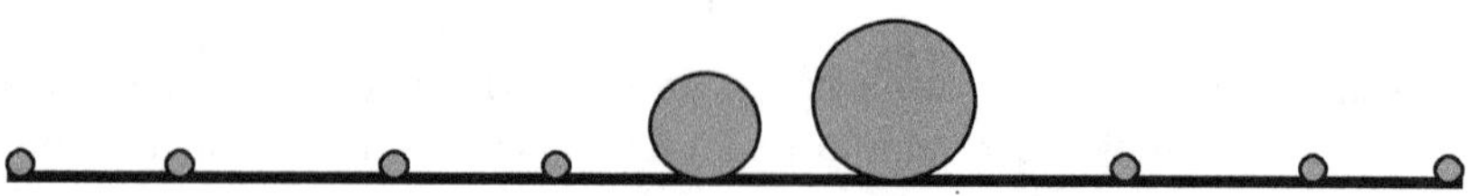

Si entendemos el grosor de cada bola en términos de su peso, convendrá con nosotros que el centro de gravedad, es decir, el equilibrio de la distribución lo alcanzaríamos, aproximadamente donde hemos trazado la línea vertical.

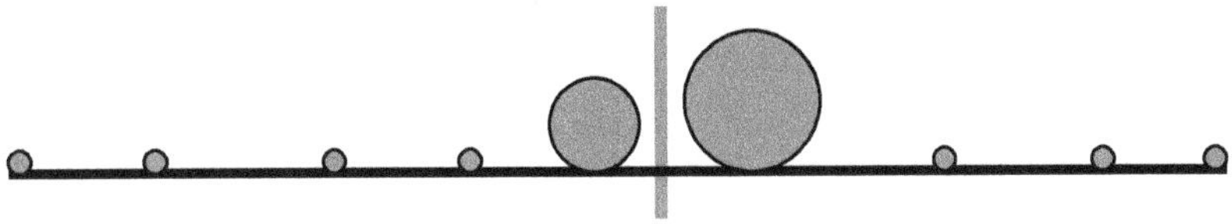

Es decir, el centro de gravedad debe ser aquel valor de x que equilibre la distribución, entendiendo este equilibrio en el sentido de que las desviaciones positivas y negativas con respecto a ella deben sumar 0.

Si definimos las desviaciones con respecto a este centro de gravedad, que denotaremos de aquí en adelante, como $\bar{x}$, como las distancias entre cada observación y el centro de gravedad $(x_i - \bar{x})$, la propiedad que ha de verificar $\bar{x}$, puede expresarse como:

$$\sum_{i=1}^{n} (x_i - \bar{x})\, n_i = 0$$

Evidentemente, debemos multiplicar la distancia entre cada observación y la media por su correspondiente frecuencia, porque cada observación se encuentra repetida tantas veces como indique su frecuencia.

Si realizamos algunas manipulaciones algebraicas, se tiene que:

$$\sum_{i=1}^{n} (x_i - \bar{x})\, n_i = 0 \Rightarrow \sum_{i=1}^{n} (x_i n_i - \bar{x} n_i) = \sum_{i=1}^{n} x_i\, n_i - \sum_{i=1}^{n} \bar{x}\, n_i$$

$$= \sum_{i=1}^{n} x_i\, n_i - \bar{x} \sum_{i=1}^{n} n_i$$

Por lo que, si despejamos la media aritmética $\bar{x}$, se tiene que:

$$0 = \sum_{i=1}^{n} x_i\, n_i - \bar{x} \underbrace{\sum_{i=1}^{n} n_i}_{N} \Rightarrow \bar{x} = \frac{\sum_{i=1}^{n} x_i\, n_i}{N}$$

Es decir, para obtener la media aritmética de una distribución hemos de hacer la suma de los productos de cada observación por su correspondiente frecuencia y dividir esta suma entre el número total de observaciones. Siguiendo con nuestro ejemplo, realice en la columna C del archivo Excel con el que estamos trabajando, el producto de las celdas A y B y sume estos productos en la celda C11. El resultado ha de ser 73,5. Este valor es el numerador de la fórmula de la media aritmética, por lo que para obtener la media tan solo ha de dividir este valor entre el número de observaciones que ya ha calculado en la celda B11.

▸▸ **Calcule la media. Para ello, escriba en la celda B12 la palabra media e introduzca en la celda C12 la siguiente fórmula:**

=c11/b11

La nota media debe salirle 5,25.

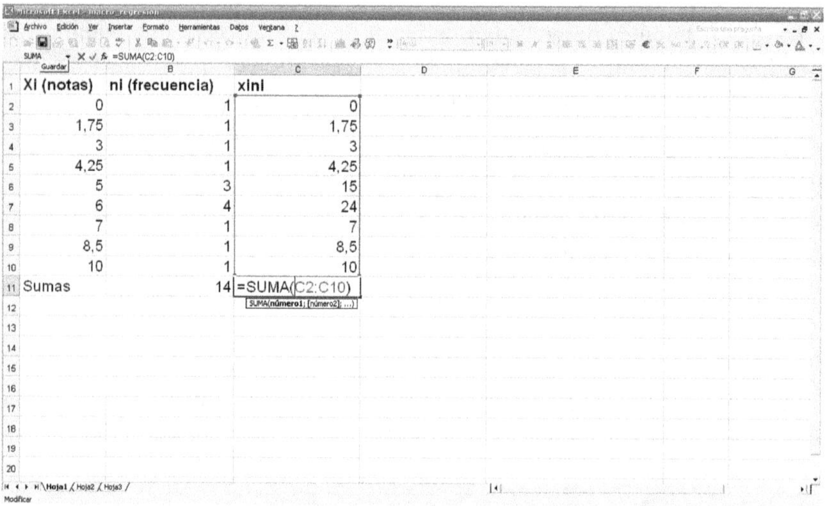

	Xi (notas)	ni (frecuencia)	xini
2	0	1	0
3	1,75	1	1,75
4	3	1	3
5	4,25	1	4,25
6	5	3	15
7	6	4	24
8	7	1	7
9	8,5	1	8,5
10	10	1	10
11	Sumas	14	=SUMA(C2:C10)

Demuestre que:

a.- $Y = aX \Rightarrow \bar{Y} = a\bar{X}$

b.- $Y = a + X \Rightarrow \bar{Y} = a + \bar{X}$

2.- La varianza

Cuando medimos cualquier cosa, siempre es recomendable incluir una medida del error cometido. En nuestro caso, resulta conveniente ver si la media es o no representativa en función del grado de dispersión que presentan los datos respecto a nuestra medida de tendencia central. Tenga en cuenta, que salvo en el caso de que todas las puntuaciones fuesen iguales, en cuyo caso la media sería ese valor, en el resto de casos las puntuaciones presentarán algún tipo de dispersión respecto a la media.

Así, la forma intuitiva de medir la dispersión de los valores respecto a la media, de medir su grado de representatividad, podría ser el cálculo de la media de las desviaciones con respecto a la media, es decir $\frac{\sum_{i=1}^{n}(x_i - \bar{x})n_i}{N}$, pero esta suma es por definición 0, ya que la propiedad definitoria de la media es justamente que las desviaciones positivas han de compensarse con las negativas. Ahora bien, si elevamos estas desviaciones al cuadrado, hacemos que todas sean positivas de forma que el problema queda resuelto.

A esta medida le llamaremos varianza y la denotaremos como S_x^2:

$$\frac{\sum_{i=1}^{n}(x_i-\bar{x})^2\,n_i}{N}=S_x^2$$

Si realizamos algunas transformaciones algebraicas, se obtiene que:

$$S_x^2=\frac{\sum_{i=1}^{n}(x_i-\bar{x})^2\,n_i}{N}=\frac{\sum_{i=1}^{n}x_i^2\,n_i}{N}+\frac{\sum_{i=1}^{n}\bar{x}^2\,n_i}{N}-2\frac{\sum_{i=1}^{n}x_i\bar{x}\,n_i}{N}=$$

$$\underbrace{\frac{\sum_{i=1}^{n}x_i^2\,n_i}{N}}_{\overline{x^2}}+\bar{x}^2\frac{\sum_{i=1}^{n}n_i}{N}-2\bar{x}\frac{\sum_{i=1}^{n}x_i\,n_i}{N}=\overline{x^2}+\bar{x}^2-2\bar{x}\bar{x}=\overline{x^2}+\bar{x}^2-2\bar{x}^2$$

$$=\overline{x^2}-\bar{x}^2$$

Fórmula bastante fácil de recordar como media de los cuadrados menos cuadrado de la media.

►► **Calcule la varianza de la distribución de dos formas distintas. Primero haciendo la media de las desviaciones al cuadrado y después a través de la diferencia de la media de los cuadrados menos el cuadrado de la media.**

	A	B	C	D	E	F
1	XI (notas)	ni (frecuencia)	xini	(xi-media)*ni	(xi-media)*(xi-media)*ni	xi*xi*ni
2	0	1	0	-5,25	27,5625	0
3	1,75	1	1,75	-3,5	12,25	3,0625
4	3	1	3	-2,25	5,0625	9
5	4,25	1	4,25	-1	1	18,0625
6	5	3	15	-0,75	0,1875	75
7	6	4	24	3	2,25	144
8	7	1	7	1,75	3,0625	49
9	8,5	1	8,5	3,25	10,5625	72,25
10	10	1	10	4,75	22,5625	100
11	Sumas	14	73,5	0	84,5	470,375
12	Media		5,25			
13	Varianza		6,035714286			
14	Media de los cuadrados		33,59821429			
15	Cuadrado de la media		27,5625			
16	Diferencia c14-c15		6,035714286			

Demuestre que:

a.- $Y=aX\Rightarrow S_y^2=a^2S_x^2$

b.- $Y=a+X\Rightarrow S_y^2=S_x^2$

3. La desviación típica o estándar

La varianza no tiene la misma magnitud que las observaciones. Por ejemplo, en el caso que nos ocupa, las observaciones están en puntos mientras que la varianza estaría en puntos al cuadrado. Si quisiéramos que la medida de dispersión tenga las mismas unidades –la misma dimensión que las observaciones- nos bastará tomar su raíz cuadrada. La raíz cuadrada de la varianza, es lo que se conoce con el nombre de desviación típica, que se denota por $S_x = +\sqrt{S_x^2}$.

►► **Calcule la desviación estándar. Para ello, escriba en la celda c17 la siguiente fórmula:**

=raiz(c13)

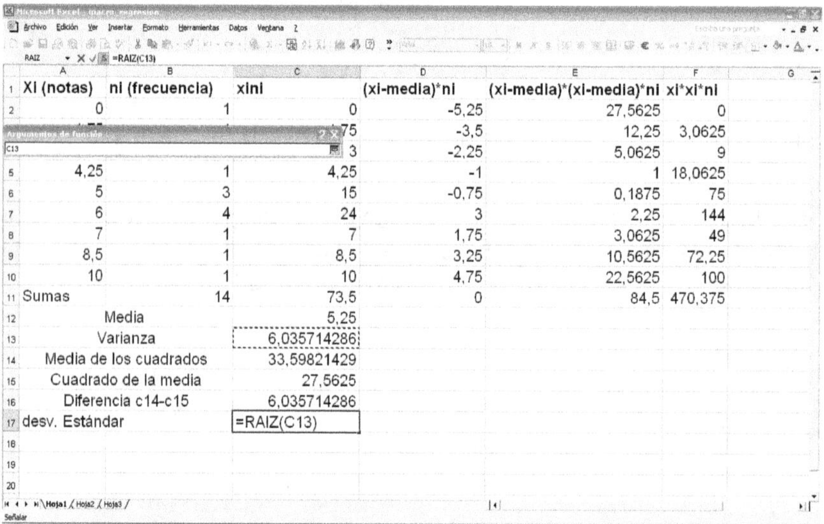

	A	B	C	D	E	F
1	Xi (notas)	ni (frecuencia)	xini	(xi-media)*ni	(xi-media)*(xi-media)*ni	xi*xi*ni
2	0	1	0	-5,25	27,5625	0
3	[illegible]	[illegible]	[illegible]75	-3,5	12,25	3,0625
4	[illegible]	[illegible]	3	-2,25	5,0625	9
5	4,25	1	4,25	-1	1	18,0625
6	5	3	15	-0,75	0,1875	75
7	6	4	24	3	2,25	144
8	7	1	7	1,75	3,0625	49
9	8,5	1	8,5	3,25	10,5625	72,25
10	10	1	10	4,75	22,5625	100
11	Sumas	14	73,5	0	84,5	470,375
12	Media		5,25			
13	Varianza		6,035714286			
14	Media de los cuadrados		33,59821429			
15	Cuadrado de la media		27,5625			
16	Diferencia c14-c15		6,035714286			
17	desv. Estándar		=RAIZ(C13)			

Demuestre que:

a.- $Y = aX \Rightarrow S_y = aS_x$

b.- $Y = a + X \Rightarrow S_y = S_x$

El uso de la varianza o de la desviación estándar para ver la representatividad de la media, tiene el problema de que la medición del error está en unidades al cuadrado en el caso de la varianza o en unidades en el caso de la desviación estándar. Para comparar la representatividad de las medias de diferentes distribuciones nos puede resultar útil el disponer de una medida de error relativo, es decir, de una medida del error que no tenga unidades, que sea adimensional. Para ello, el coeficiente de variación lo que hace es expresar una medida de error absoluto (la desviación estándar) entre la media, de forma que la ratio no tiene unidades.

4.- El error relativo: el coeficiente de variación

Tal y como ya hemos avanzado, el coeficiente de variación queda definido como:

$$CV(x) = \frac{S_x}{\bar{x}}$$

Observe que cuando el error es nulo –es decir, si la media es completamente representativa dado que los valores de la X son constantes-, el coeficiente de variación es 0. Puede demostrar que el coeficiente de variación es invariante ante cambios de escala y variante ante cambios de origen.

Demuestre que:

a.- $Y = aX \Rightarrow CV(Y) = CV(X)$

b.- $Y = a + X \Rightarrow CV(Y) = \frac{S_x}{a+\bar{x}}$

►► **Calcule la desviación estándar en la celda c18.**

PARTE II: ANÁLISIS BIDIMENSIONAL

Continuando con nuestro ejemplo, considere que hemos preguntado a los alumnos que se examinaron acerca de cuántas horas de estudio destinaron a preparar el examen, y que nos planteamos analizar si existe o no relación entre la calificación obtenida y su esfuerzo, medido este, en horas de estudio.

Para analizar este caso, abra una nueva hoja en el archivo Excel e incluya la siguiente tabla de frecuencias donde junto con la calificación obtenida aparece el número de horas que ha dedicado al estudio cada uno de los 14 alumnos.

X_i (horas de estudio)	Y_i (notas)
5	0
6	1,75
7	3
10	4,25
15	5
15	5
18	5
15	6
16	6
15	6
17	6
19	7
20	8,5
26	10

Para analizar si existe o no dependencia entre las dos variables, representemos gráficamente los datos, usando un gráfico de dispersión xy, seleccionando el rango de datos A1:B15. Una vez representado, haga clic en el interior del gráfico primero y en el botón derecho del ratón después, seleccionando la opción *agregar línea de tendencia.*

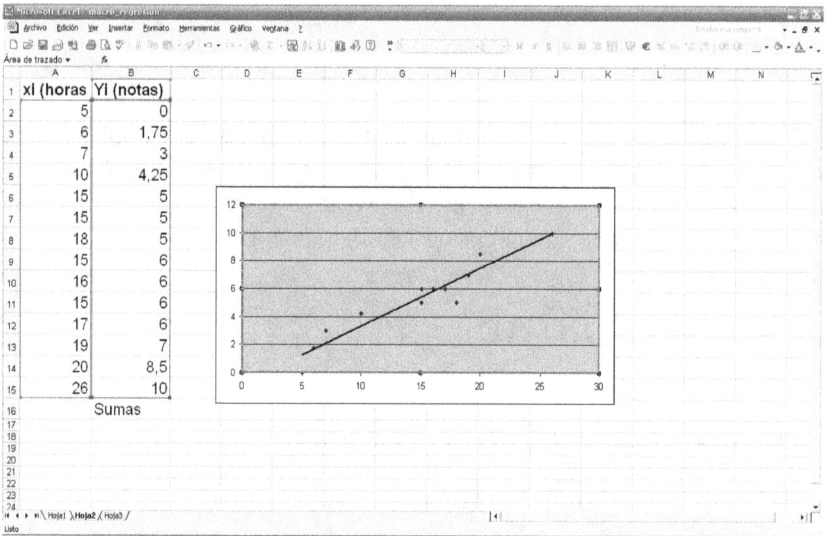

Como puede apreciar a simple vista, parece que a medida que aumenta la variable X, también lo hace la y. Parece que existe una cierta dependencia o relación entre las variables y que además esta es positiva. ¿Cómo podemos ver si dos variables tienen relación o no? Viendo cómo varían conjuntamente las dos variables. Esta idea, es en la que se basa la covarianza.

1. Covarianza

La covarianza *Sxy*, es una medida que nos hablará de la variabilidad conjunta de dos variables numéricas (cuantitativas). Se define como:

$$cov(x,y) = S_{x,y} = \frac{\sum_{i=1}^{n}(xi-\bar{x})(yi-\bar{y})}{n} = \overline{xy} - \bar{x}\bar{y}$$

Consideremos la *nube de puntos* formada por las *n* parejas de datos (x_j, y_j). El centro de gravedad de esta nube de puntos es $(\bar{x}, \bar{y})$. Trasladamos los ejes XY al nuevo centro de coordenadas $(\bar{x}, \bar{y})$. Queda así dividida la nube de puntos en cuatro cuadrantes como se observa en la figura. Los puntos que se encuentran en el primer y tercer cuadrante contribuyen positivamente al valor de *Sxy*, y los que se encuentran en el segundo y el cuarto lo hacen negativamente. De este modo:

- Si hay mayoría de puntos en el tercer y primer cuadrante, ocurrirá que $Sxy > 0$, lo que se puede interpretar como que la variable Y tiende a aumentar cuando lo hace X;
- Si la mayoría de puntos están repartidos entre el segundo y cuarto cuadrante entonces $Sxy < 0$, es decir, las observaciones Y tienen tendencia a disminuir cuando las de X aumentan;
- Si los puntos se reparten con igual intensidad alrededor de ~ entonces se tendrá que $Sxy = O$.

►► **Construya dos nuevas columnas en la hoja 2, en las que ha de obtener las variables x e y, en desviaciones con respecto a la media y represéntelas.**

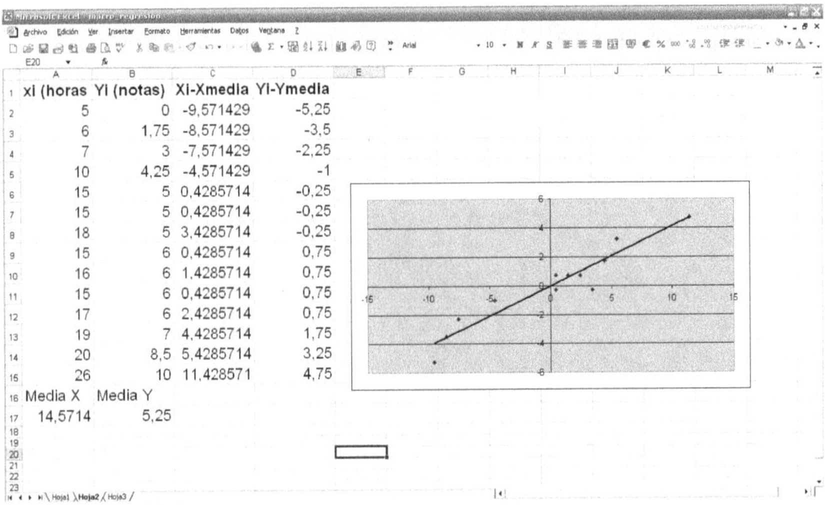

xi (horas	Yi (notas)	Xi-Xmedia	Yi-Ymedia
5	0	-9,571429	-5,25
6	1,75	-8,571429	-3,5
7	3	-7,571429	-2,25
10	4,25	-4,571429	-1
15	5	0,4285714	-0,25
15	5	0,4285714	-0,25
18	5	3,4285714	-0,25
15	6	0,4285714	0,75
16	6	1,4285714	0,75
15	6	0,4285714	0,75
17	6	2,4285714	0,75
19	7	4,4285714	1,75
20	8,5	5,4285714	3,25
26	10	11,428571	4,75
Media X	Media Y		
14,5714	5,25		

2. El coeficiente de correlación lineal de Pearson

La covarianza es una medida de la variabilidad común de dos variables (crecimiento de ambas al tiempo o crecimiento de una y decrecimiento de la otra), pero está afectada por las unidades en las que cada variable se mide. Así pues, es necesario definir una medida de la relación entre dos variables, que no esté afectada por los cambios de unidad de medida. Una forma de conseguir este objetivo es dividir la covarianza por el producto de las desviaciones típicas de cada variable, ya que así se obtiene un coeficiente adimensional, r, que se denomina coeficiente de correlación lineal de Pearson

$$corr(x, y) = r_{xy} = \frac{cov(x, y)}{S_x S_y} = \frac{S_{xy}}{S_x S_y}$$

<u>Propiedades del coeficiente de correlación lineal</u>

- Carece de unidades de medida (adimensional).
- Es invariante para transformaciones lineales (cambio de origen y escala) de las variables.
- Solo toma valores comprendidos entre -1 y 1.
- Cuando está próximo a 1 o a -1, se dice que existe una *relación lineal* muy fuerte entre las variables.
- Cuando *r* es igual a 0, puede afirmarse que no existe relación lineal entre las variables. Se dice en este caso que las variables son incorreladas.

▸▸ **<u>Calcule la covarianza y el coeficiente de correlación lineal.</u>**

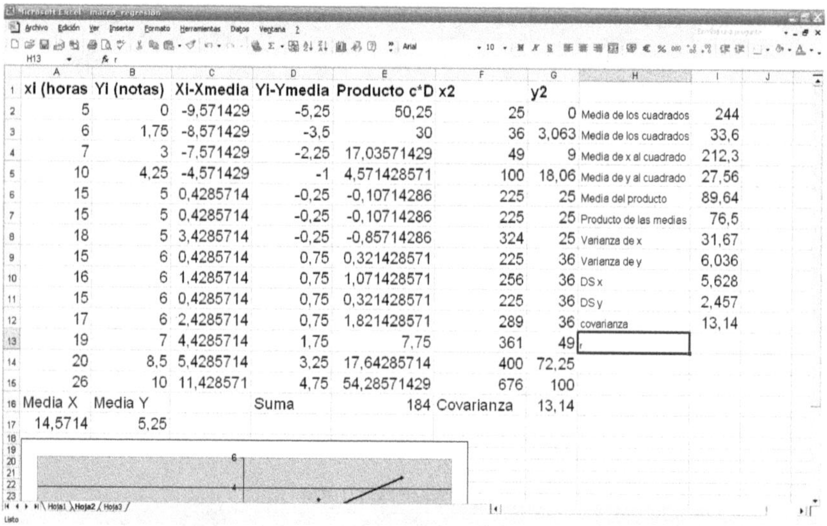

	A	B	C	D	E	F	G	H	I
1	xi (horas	Yi (notas)	Xi-Xmedia	Yi-Ymedia	Producto c*D	x2	y2		
2	5	0	-9,571429	-5,25	50,25	25	0	Media de los cuadrados	244
3	6	1,75	-8,571429	-3,5	30	36	3,063	Media de los cuadrados	33,6
4	7	3	-7,571429	-2,25	17,03571429	49	9	Media de x al cuadrado	212,3
5	10	4,25	-4,571429	-1	4,571428571	100	18,06	Media de y al cuadrado	27,56
6	15	5	0,4285714	-0,25	-0,10714286	225	25	Media del producto	89,64
7	15	5	0,4285714	-0,25	-0,10714286	225	25	Producto de las medias	76,5
8	18	5	3,4285714	-0,25	-0,85714286	324	25	Varianza de x	31,67
9	15	6	0,4285714	0,75	0,321428571	225	36	Varianza de y	6,036
10	16	6	1,4285714	0,75	1,071428571	256	36	DS x	5,628
11	15	6	0,4285714	0,75	0,321428571	225	36	DS y	2,457
12	17	6	2,4285714	0,75	1,821428571	289	36	covarianza	13,14
13	19	7	4,4285714	1,75	7,75	361	49	r	
14	20	8,5	5,4285714	3,25	17,64285714	400	72,25		
15	26	10	11,428571	4,75	54,28571429	676	100		
16	Media X	Media Y		Suma	184	Covarianza	13,14		
17	14,5714	5,25							

3. Regresión Lineal

El análisis de la covarianza (o de la correlación) nos permite discernir si existe o no relación en las variables. En el primero de los casos, es decir, si sabemos que existe relación, el análisis de regresión nos va a permitir buscar una forma funcional exacta que nos permita describir esa relación, de forma que estemos en disposición de predecir, es decir, dado un valor de X, poder determinar el valor de y.

Para ilustrarlo retomemos nuestro ejemplo, considerando que la variable X es la variable independiente, explicativa o exógena, y que la variable Y es la dependiente, explicada o endógena. En otros términos, queremos encontrar una relación funcional del tipo Y=f(X). Así, tendremos que dar respuesta a dos preguntas:

- ¿Qué tipo de función ajustamos?
- ¿Con qué criterio podemos hallar los parámetros del ajuste?

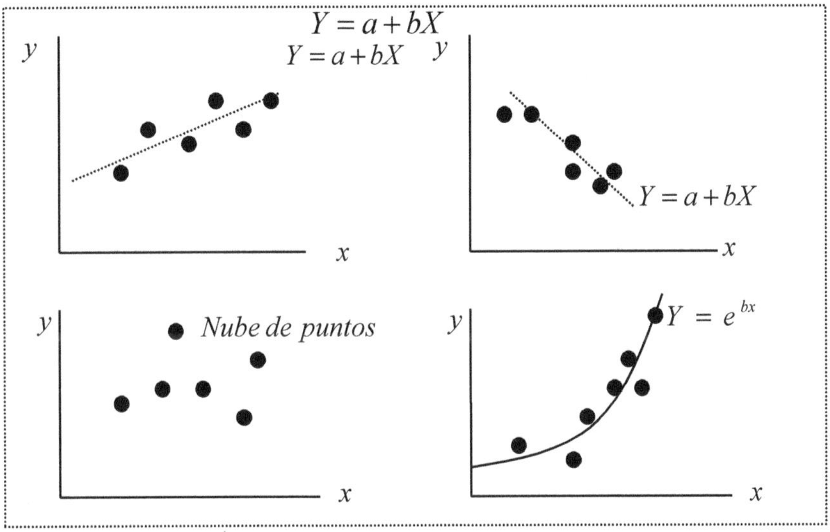

Supongamos que nuestros datos sugieren que una recta se ajusta relativamente bien a la nube de puntos. ¿Cómo hallamos a y b?, es decir, ¿qué ecuación concreta se ajusta mejor a la nube de puntos? El criterio va a ser elegir aquella función que hace mínimo el error cuadrático medio, por eso, se le llama regresión de mínimos cuadrados.

Suponga que tiene los siguientes datos:

x	y
x_0	y_0
x_1	y_1
x_2	y_2

Que representados quedan cómo aparecen en la figura de la página siguiente:

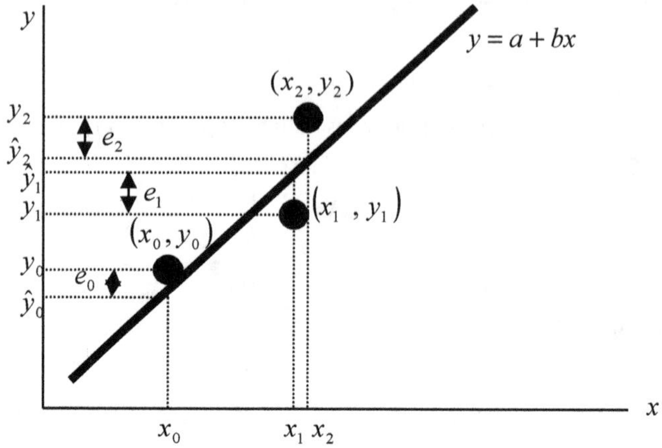

Suponga que decidimos ajustar una recta a la nube de puntos, es decir una función del tipo:

$$Y = a + bX$$

De todas las rectas posibles, elegiremos aquella que haga mínimo el error cuadrático medio. ¿Qué es el error? La diferencia entre el valor verdadero de Y, y el que se obtiene si sustituimos X en la recta de regresión.

$$\underset{a,b}{Min}\frac{\sum e_i^2}{n} = \frac{\sum (y_i - \hat{y}_i)^2}{n} = \frac{\sum (y_i - a - bx_i)^2}{n}$$

$$\left.\begin{array}{l} \dfrac{\partial F}{\partial a} = 0 \Rightarrow \dfrac{2\sum (y_i - a - bx_i)}{n}(-1) = 0 \Rightarrow \bar{y} - \dfrac{\overbrace{\sum a}^{na}}{n} - b\bar{x} = 0 \Rightarrow \bar{y} = a + b\bar{x} \\ \dfrac{\partial F}{\partial b} = 0 \Rightarrow \dfrac{2\sum (y_i - a - bx_i)(-x_i)}{n} = 0 \Rightarrow -\dfrac{\sum x_i y_i}{n} + a\bar{x} + b\dfrac{\sum x_i^2}{n} = 0 \end{array}\right\} \Rightarrow$$

$$\left.\begin{array}{l} \bar{y} = a + b\bar{x} \\ -\dfrac{\sum x_i y_i}{n} + a\bar{x} + b\dfrac{\sum x_i^2}{n} = 0 \end{array}\right\} \Rightarrow -\frac{\sum x_i y_i}{n} + (\bar{y} - b\bar{x})\bar{x} + b\frac{\sum x_i^2}{n} = 0 \Rightarrow$$

$$-\frac{\sum x_i y_i}{n} + \bar{y}\bar{x} - b(\bar{x})^2 - b\frac{\sum x_i^2}{n} \Rightarrow S_{xy} = bS_x^2 \Rightarrow b = \frac{S_{xy}}{S_x^2}$$

Por tanto, para hallar a y b, tan solo hay que aplicar el siguiente sistema de dos ecuaciones con dos incógnitas:

$$\left.\begin{aligned}\bar{y} &= a + b\bar{x}\\ b &= \frac{S_{xy}}{S_x^2}\end{aligned}\right\}$$

Observe que los coeficientes de regresión, es decir a y b, miden respectivamente la ordenada en el origen y el efecto de la independiente sobre la dependiente.

Bondad del ajuste: el coeficiente de determinación.

Para conocer el grado de bondad del ajuste tan solo tenemos que dividir la varianza explicada por el ajuste entre la varianza de la variable explicada. Es decir:

$$\boldsymbol{Bondad} = \frac{\widehat{\boldsymbol{var\,y}}}{\boldsymbol{var\,y}} = \frac{S_{\hat{y}}^2}{S_y^2} = \frac{\boldsymbol{var(a-bx)}}{S_y^2} = \frac{b^2 S_x^2}{S_y^2} = \frac{\left(\frac{S_{xy}}{S_x^2}\right)^2 S_x^2}{S_y^2} = \frac{S_{xy}^2}{S_x^2 S_y^2} = r^2$$

Que como observa es el cuadrado del coeficiente de correlación. Este coeficiente siempre será positivo y te da el porcentaje de varianza de y que explica el ajuste. Por tanto, cuanto más próximo a 1, mejor será el ajuste.

►► **Calcule el ajuste de regresión, interprete los coeficientes y mida la bondad del ajuste.**

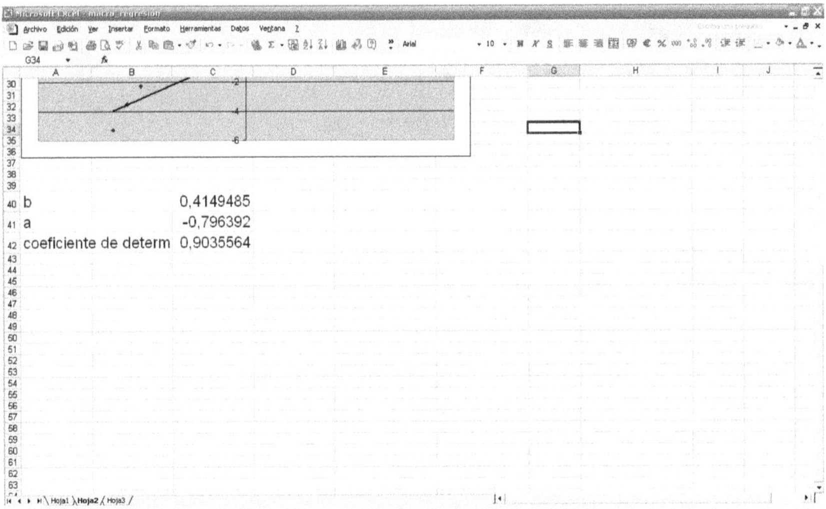

LAB 2. Estimación de ecuaciones lineales

Resumen

Con esta práctica se pretende que haga uso de los conocimientos adquiridos en el lab 1, donde aprendió a estimar regresiones lineales, de manera que sea capaz de estimar las ecuaciones clave de una economía ficticia. En particular, se pretende que:

1) Siga adquiriendo destreza en el uso de fórmulas con Excel y con el tratamiento de datos.
2) A partir de diversas series de datos, realice estimaciones de los coeficientes clave de una economía.

ESTIMACIÓN DE ECUACIONES LINEALES EN EXCEL: ESTIMACIÓN.LINEAL

En la anterior sesión de laboratorios aprendimos a estimar ecuaciones lineales por el método de mínimos cuadrados ordinarios. Una vez que conocemos la estadística subyacente a este procedimiento, introducimos ahora el comando de Excel ***estimación.lineal***, que estima ecuaciones lineales por este mismo procedimiento de forma sencilla.

Si queremos estimar la ecuación $y = a + bx + cz$ donde:

y es la *variable dependiente* o *explicada*

x, *z* son las *variables independientes* o *explicativas*

a es el *término independiente* o *corte con el eje de ordenadas*

b es el *parámetro asociado a la variable explicativa x*

c es el *parámetro asociado a la variable explicativa z*

El comando *estimación-lineal* nos devolverá estimaciones de los parámetros *a, b, c* con los que podríamos calcular el valor de la variable explicada *y* para cualesquiera valores de las variables explicativas *x, z.*

Para utilizar este comando, tendríamos que situarnos en una celda. En la pestaña *Fórmulas,* seleccionamos *Insertar función*

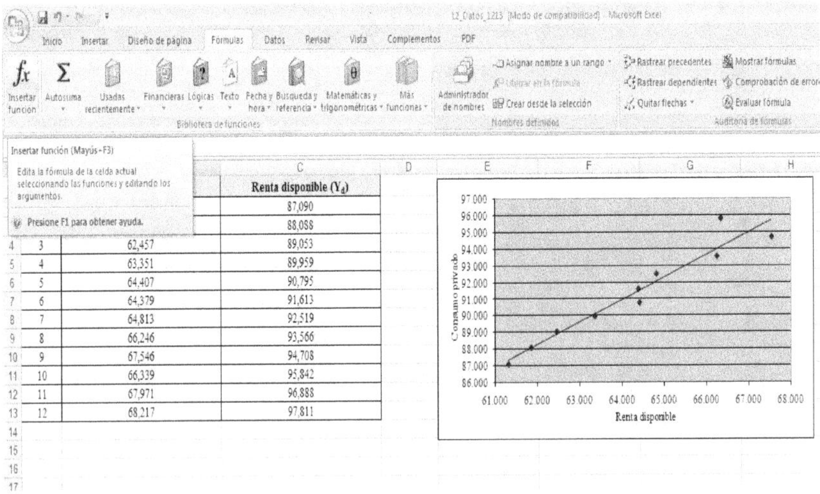

A continuación, seleccionamos la función *estimación.lineal:*

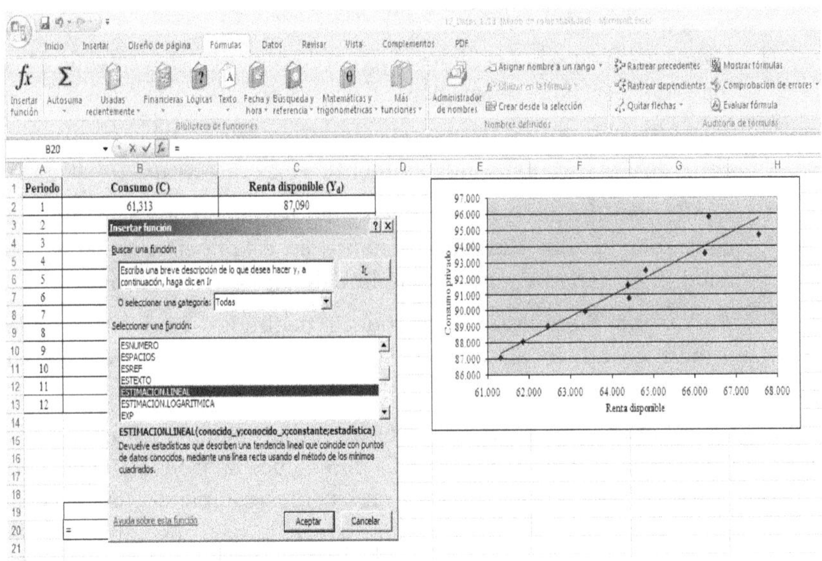

Al aceptar, accedemos a un cuadro de diálogo donde debemos dar la información necesaria para que nos estime los parámetros de la ecuación:

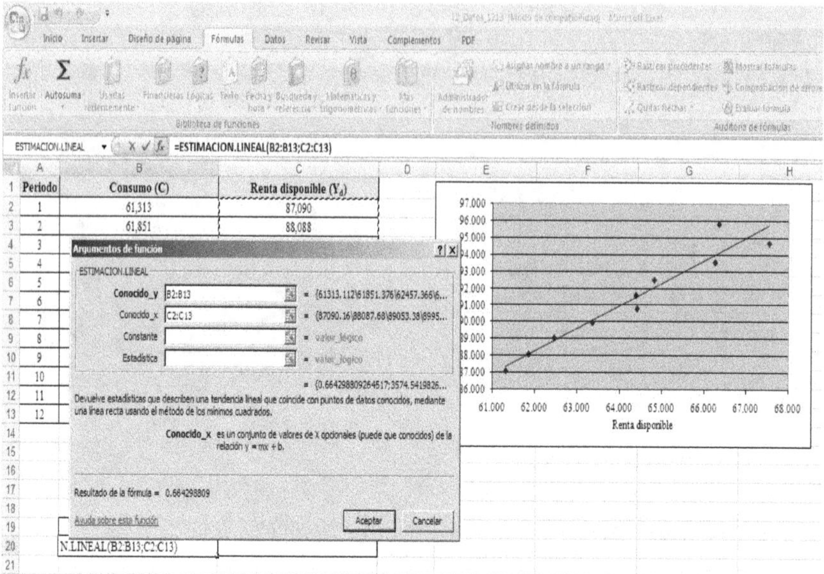

1) *Conocido_y*: Aquí indicaremos el rango de celdas en el que aparece los datos de la **variable dependiente** o **explicada**.

2) *Conocido_x*: Aquí indicaremos el rango de celdas en el que aparece los datos de la/s **variable/s independiente/s** o **explicativa/s**.

3) *Constante*: Aquí indicamos si la ecuación a estimar tiene o no término constante. Si tiene término constante, en esta opción no ponemos nada. Si no tiene término constante, debemos escribir falso.

4) *Estadística*: En nuestro caso, nunca pediremos que nos calcule estadísticas adicionales, por lo que esta opción siempre la dejamos en blanco.

Una vez que hemos introducido esta información, aceptamos. Así, en la celda en la que habíamos introducido la fórmula obtenemos un valor estimado. Sin embargo, dependiendo de la función que estemos estimando deberíamos obtener más de un parámetro estimado. Para ello, hay que introducir la fórmula de manera matricial. Para ello, una vez que hemos introducido la fórmula como hemos visto, procedemos de la siguiente manera:

1º. Nos situamos en la celda en la que hemos introducido la fórmula y seleccionamos celdas a la derecha, de manera que seleccionemos un rango donde tengan cabida todos los parámetros a estimar. Por ejemplo, si solo hay que estimar dos valores, solo seleccionaremos la celda donde está la fórmula y una más a la derecha. En el ejemplo, está seleccionado el rango B20:C20.

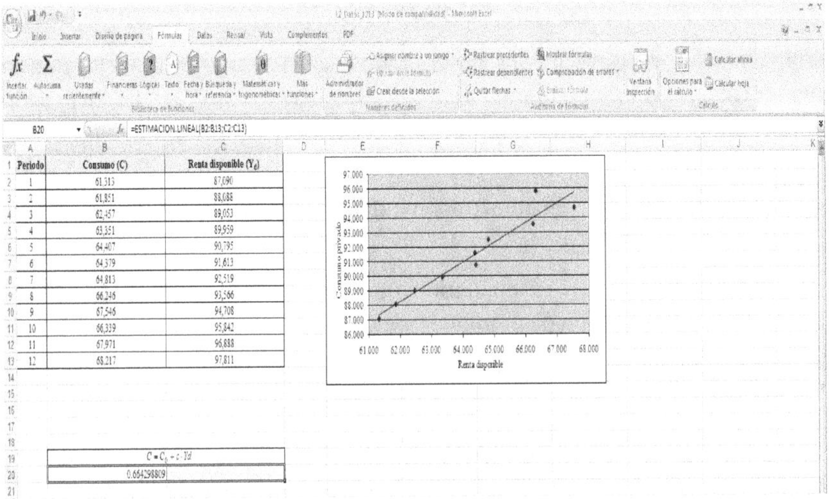

2º. Pulsamos la tecla F2.

3º. Pulsamos a la vez la siguiente combinación de tres teclas: Control + Intro + Mayus.

Así obtenemos los parámetros estimados:

El orden en el que se obtienen es el siguiente: Primero los parámetros asociados a las variables independientes (si hay más de una variable independiente, en orden inverso a como estén introducidos los datos de las variables en cuestión) y en último lugar –a la derecha- el término constante.

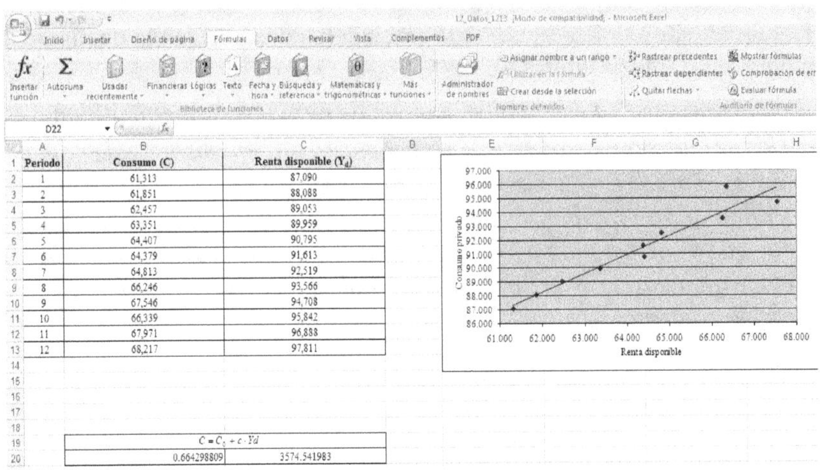

ENUNCIADO

Utilizando los datos recogidos en la hoja de cálculo que se le facilita en la plataforma, estime las siguientes ecuaciones lineales, tanto haciendo uso de lo aprendido en la sesión anterior, como utilizando la función *estimación.lineal* de Excel:

- En la hoja llamada consumo, estime una ecuación de consumo lineal del tipo $C = C_0 + c \cdot Yd$

Donde, como sabe, C_0 es el consumo autónomo, c es la propensión marginal a consumir, Y_d es la renta disponible.

- En la hoja llamada inversión, estime una ecuación de inversión lineal del tipo: $I = I_0 - b \cdot r$

Donde, como sabe, I_0 es la inversión autónoma, b es la sensibilidad de la inversión a cambios en el tipo de interés (o propensión marginal a invertir), r es el tipo de interés.

- En la hoja llamada exportaciones netas, estime una ecuación del tipo:

$$XN = XN_0 - m \cdot Y$$

Donde, como sabe, XN_0 es el componente autónomo de las exportaciones netas, m es la propensión marginal a importar, Y es la renta.

- En la hoja llamada demanda de dinero, estime una ecuación del tipo:

$$L = k \cdot Y - h \cdot r$$

Donde, como sabe, k es la sensibilidad de la demanda de saldos reales a cambios en el nivel de renta, h es la sensibilidad de la demanda de dinero a cambios en el tipo de interés.

Nota: Debe tener en cuenta que, aunque de forma teórica, especificamos la función de inversión como $I = I_0 - b \cdot r$ *(donde b>0). Sin embargo, al estimarla hemos especificado* $I = I_0 + b \cdot r$*. Y, por ello, el parámetro estimado es b<0. Para poder aplicar las fórmulas tal y como hemos explicado en clase debe tener en cuenta que dicho parámetro b debe ser considerado positivo. Lo mismo sucede con los parámetros m de la función de exportaciones netas y h de la función de demanda de dinero.*

LAB 3: el equilibrio del modelo IS-LM

Resumen

Con esta práctica se pretende que estime el equilibrio del modelo IS-LM. Para ello, continúe trabajando en el libro de Excel en el que estimó las ecuaciones de consumo, inversión, exportaciones netas y demanda de dinero. Además de seguir mejorando sus destrezas con el manejo de Excel, esta práctica permite que repase los conceptos fundamentales del modelo IS-LM.

ENUNCIADO

Utilizando la hoja de cálculo que comenzó en la sesión 2 anterior, donde ya tiene estimadas las ecuaciones de consumo, inversión, exportaciones netas y demanda de dinero, realice las tareas que a continuación se enumeran:

- En la hoja llamada **IS**, calcule y represente la curva IS de la economía.

Recuerde:

Curva IS: $Y = \alpha \cdot (A_0 - b \cdot r)$

Donde, $\alpha = \frac{1}{1-c\cdot(1-t)+m}$

$$A_0 = C_0 + c \cdot TR + I_0 + G + XN_0$$

Para ello:

1) Utilice los valores de consumo autónomo (C_0), propensión marginal a consumir (c), inversión autónoma (I_0), sensibilidad de la inversión a cambios en el tipo de interés (b), exportaciones netas autónomas (XN_0) y propensión marginal a importar (m) estimados en la sesión anterior.

Nota 1: Debe tener en cuenta que aunque de forma teórica especificamos la función de inversión como:

$I = I_0 - b \cdot r$ *(donde* $b>0$*)*

Al estimarla hemos especificado:

$$I = I_0 + b \cdot r$$

Y, por ello, el parámetro estimado es $b<0$*. Para poder aplicar las fórmulas tal y como hemos explicado en clase debe tener en cuenta que dicho parámetro b* *deben ser considerados positivos. Lo mismo sucede con los parámetros m de la función de exportaciones netas y h de la función de demanda de dinero.*

2) Estime el valor de las transferencias (TR) y el tipo impositivo (t) de la siguiente forma:

Utilizando las series de datos de consumo (C) –disponible en la hoja consumo- y renta (Y) -disponible en la hoja exportaciones netas-, estime la ecuación:

$$C = a + B \cdot Y$$

Así estimará los parámetros a y B. Por otro lado, recuerde como en la hoja consumo estimó la ecuación:

$$C = C_0 + c \cdot Yd$$

Donde:

$$Yd = Y(1 - t) + TR$$

Por tanto,

$$C = C_0 + c \cdot Yd \rightarrow C = C_0 + c \cdot \underbrace{[Y(1 - t) + TR]}_{Yd} \rightarrow C = \underbrace{C_0 + c \cdot TR}_{a} + \underbrace{c \cdot (1 - t)}_{B} \cdot Y$$

Puesto que conocemos C_0, c, a, B podemos calcular t y TR simplemente despejando de la siguiente forma:

$$a = C_0 + c \cdot TR \rightarrow TR = \frac{a - C_0}{c}$$

$$B = c \cdot (1 - t) \rightarrow t = 1 - \frac{B}{c}$$

3) Suponga que el gasto público (G) asciende a 150.000 u.m.

4) Una vez calculados todos los parámetros que necesita para calcular la curva IS, represéntela gráficamente. Para ello, considere valores de tipo de interés comprendidos entre 0 y 9, con incrementos de 0.5 y calcule –utilizando la expresión analítica de la curva IS- cuál sería la renta que haría, para cada tipo de interés, que los mercados de bienes y servicios estuviesen en equilibrio. Una vez calculada la renta correspondiente a la curva IS –Y(IS)- para cada valor de tipo de interés puede observar en el gráfico como dicha curva IS presenta pendiente negativa.

- En la hoja llamada **LM**, calcule y represente la curva LM de la economía.

<u>*Recuerde*</u>*:*

Curva LM: $r = \frac{1}{h} \cdot \left(kY - \frac{M}{P}\right)$

Por tanto, también podemos escribir: $Y = \frac{1}{k} \cdot \left(hr + \frac{M}{P}\right)$

Para ello:

5) Utilice los valores de sensibilidad de la demanda de saldos reales a cambios en la renta (k) y sensibilidad de la demanda de dinero a cambios en los tipos de interés (h) estimados en la hoja demanda de dinero. sesión anterior.

<u>*Nota 2*</u>*: Recuerde tener en cuenta la información de la nota 1 anterior.*

6) Suponga que la oferta monetaria en términos reales $\left(\frac{M}{P}\right)$ asciende a 3.000.000 u.m.

7) De forma análoga a como lo ha hecho en el caso de la curva IS, una vez calculados todos los parámetros que necesita para calcular la curva LM, represéntela gráficamente tal y como hemos considerado en clase (con la renta en el eje de abscisas y el tipo de interés en el eje de ordenadas). Para valores de tipo de interés comprendidos entre 0 y 9, con incrementos de 0.5, calcule cuál sería la renta que haría que los mercados de dinero y bonos estuviesen en equilibrio.

- En la hoja llamada **equilibrio IS-LM**, calcule los valores de la renta y el tipo de interés de equilibrio:

<u>*Recuerde*</u>*:*

$$Y *= \frac{h\alpha}{h + \alpha bk} \cdot A_0 + \frac{b\alpha}{h + \alpha bk} \cdot \frac{M}{P}$$
$$r *= \frac{k\alpha}{h + \alpha bk} \cdot A_0 - \frac{1}{h + \alpha bk} \cdot \frac{M}{P}$$

Asimismo, represente gráficamente dicho equilibrio.

LAB 4: estática comparativa en el modelo IS-LM

Resumen

Con esta práctica se pretende que realice algunos ejercicios de estática comparativa en el modelo IS-LM que confirmen y complementen lo estudiado de forma teórica. Para ello, debe trabajar en el libro de Excel que está disponible en la plataforma, en el que se ha estimado el equilibrio inicial de forma análoga a como lo ha hecho usted en las sesiones anteriores. Los ejercicios planteados pueden ayudarle a comprender cómo cambios en los diferentes parámetros del modelo implican cambios en dicho equilibrio.

ENUNCIADO

Utilizando la hoja de cálculo disponible en la plataforma, realice los ejercicios de estática comparativa que a continuación se enumeran:

Ejercicio 1

Suponga que el gasto público disminuye un 30%. Calcule cuál sería el efecto de esta política fiscal contractiva sobre...

- La renta
- El tipo de interés
- El saldo presupuestario

Ejercicio 2

Suponga que el banco central decide llevar a cabo una política monetaria expansiva, de forma que la oferta monetaria real aumenta un 20%. Calcule cuál sería el efecto de esta política sobre...

- La renta
- El tipo de interés
- El saldo presupuestario

Ejercicio 3

Suponga que el sector público se plantea redistribuir sus partidas de gasto público y transferencias, de forma que si aumenta una de esas partidas, disminuye la otra en la misma cuantía. ¿Qué sería más conveniente desde un punto de vista económico? ¿Aumentar el gasto público y disminuir las transferencias? ¿O disminuir el gasto público y aumentar las transferencias?

Ejercicio 4

Suponga que se lleva a cabo un aumento del gasto público del 40%.

a. ¿Cuánto tendría que variar la oferta monetaria real para que el efecto expulsión sea nulo?

b. Basándose en la política monetaria acomodaticia anterior, ¿cómo afectaría dicha combinación de políticas a la producción, al tipo de interés y al saldo presupuestario?

Ejercicio 5

Imagine que la inversión autónoma disminuye un 15%.

a. ¿Cuánto tendría que variar la oferta monetaria real si se quisiera eliminar la recesión resultante?

b. ¿Cuáles serían los efectos últimos que esta combinación de políticas produciría sobre el tipo de interés, la inversión y el saldo presupuestario?

Ejercicio 6

Eligiendo nuevos valores para los parámetros que se indican a continuación y observando los gráficos respectivos, convénzase de que en cada uno de los casos siguientes la curva IS en más plana:

- Un aumento de la sensibilidad de la inversión al tipo de interés.
- Un aumento de la propensión marginal a consumir.
- Una reducción del tipo impositivo.

En clase se han demostrado las implicaciones del primer caso (aumento de b) para la eficacia de la política fiscal. Averigüe si el segundo caso (aumento de c) tiene implicaciones similares sobre la efectividad de la política fiscal. En concreto:

a. Calcule la variación de la renta debida a un aumento de las compras del Estado del 20%.

b. Si la propensión marginal a consumir aumenta un 30%, ¿cuál hubiese sido la variación experimentada por la renta corriente al aumentar el gasto público un 20%?

c. Compare el resultado que obtiene en las preguntas 6.a y 6.b. ¿Aumenta o no la eficacia de la política fiscal en la producción? ¿Implica siempre la existencia de una curva IS más plana que la política fiscal es menos eficaz? ¿Por qué?

<u>*Recuerde:*</u>

$$Y *= \frac{h\alpha}{h + \alpha bk} \cdot A_0 + \frac{b\alpha}{h + \alpha bk} \cdot \frac{M}{P}$$

$$r *= \frac{k\alpha}{h + \alpha bk} \cdot A_0 - \frac{1}{h + \alpha bk} \cdot \frac{M}{P}$$

Donde, $\alpha = \frac{1}{1 - c \cdot (1 - t) + m}$

$$A_0 = C_0 + c \cdot TR + I_0 + G + XN_0$$

LAB5: el modelo de OAD-DAD

Resumen

Con esta práctica se pretende que repase el modelo de OAD-DAD y en particular que comprenda, al menos, los siguientes conceptos:

- Resolución analítica del modelo dinámico.
- Comprensión del estado estacionario.
- Deferencia entre shocks transitorios y permanentes.
- Cambios en el largo plazo
- Velocidad del ajuste.

RESOLUCIÓN ANALÍTICA DEL MODELO DINÁMICO

Recuerde las expresiones de las funciones de OAD y DAD que hemos obtenido en teoría:

OAD_t: $\pi_t = \pi_{t-1} + \lambda(Y_t - Y_{pe})$ [1]

DAD_t: $Y_t = Y_{t-1} + \gamma dA + \beta \frac{M}{P}(m - \pi_t)$ [2]

A partir de estas expresiones podríamos aproximarnos a la resolución de este sistema de ecuaciones dinámicas. Sustituyendo [1] en [2] obtendríamos lo siguiente:

$$Y_t = Y_{t-1} + \gamma dA + \beta \frac{M}{P}\left(m - \left(\pi_{t-1} + \lambda(Y_t - Y_{pe})\right)\right)$$

Operando, podemos despejar Y_t:

$$Y_t = \frac{1}{1 + \beta \frac{M}{P}\lambda}\left(Y_{t-1} + \gamma dA + \beta \frac{M}{P}\left(m - \pi_{t-1} + \lambda Y_{pe}\right)\right)$$

Una vez que conocemos Y_t, podemos sustituir en [1] para calcular π_t.

Así, calculamos periodo a periodo los valores de output Y_t y tasa de inflación π_t para los que OAD_t=DAD_t que nos irán marcando la evolución temporal de estas variables en su camino hacia el estado estacionario.

Recuerde que el *estado estacionario* de la economía se alcanza cuando:

$Y_t = Y_{pe}$ $\qquad$ $\pi_t = m$

ENUNCIADO

Utilizando la hoja de cálculo disponible en la plataforma, realice los ejercicios que a continuación se enumeran, suponiendo que de la economía se conocen los siguientes datos:

Y_{pe}	500
m	0
γ	1,2
$\beta \frac{M}{P}$	400
λ	0,0003

Ejercicio 1

Partiendo de una situación inicial de π_0=0,5 e Y_0=520, analice la evolución de ambas variables en ausencia de shocks durante los primeros 250 periodos. Represente gráficamente, las trayectorias temporales de ambas variables. ¿Cuáles son los fundamentos de esta economía?

Ejercicio 2

Suponga ahora que la economía se encuentra en la situación de equilibrio a largo plazo. Suponga además que el gobierno decide aplicar una política fiscal que aumenta el gasto en 50. Analice el shock de política fiscal, *suponiendo que solo tiene lugar en el primer período*, en 250 períodos, sobre los precios y sobre el output. Represente gráficamente, las trayectorias temporales de ambas variables. ¿Cambian los fundamentos?

Ejercicio 3

Partiendo de la misma situación inicial del ejercicio 1, analice el efecto de un cambio en la tasa de crecimiento monetario m, que pasa a valer 0,5. Represente gráficamente, las trayectorias temporales de ambas variables. ¿Cambian los fundamentos?

Ejercicio 4

Partiendo de la misma situación inicial del ejercicio 1, analice qué ocurre si cambia λ. Observe qué sucede si λ pasa a valer 0,0005. ¿Y si λ vale 0,0001? Observe cómo un cambio en este parámetro afecta a la velocidad de ajuste del modelo. Represente gráficamente, las trayectorias temporales de ambas variables.

LAB 6: el modelo de Solow

Resumen

Con esta práctica se pretende que repase algunos conceptos relacionados con el crecimiento económico y sus determinantes. En particular, repasamos el modelo de Solow, centrándonos en los fundamentos, el estado estacionario y la convergencia entre economías.

EL ESTADO ESTACIONARIO EN EL MODELO DE SOLOW CON UNA FUNCIÓN DE PRODUCCIÓN AGREGADA TIPO COBB-DOUGLAS

Supongamos una función de producción de tipo Cobb-Douglas:

$Y = K^{\alpha}L^{1-\alpha}$ con $0 < \alpha < 1$

Podemos calcular la función de producción en términos de output por trabajador como sigue:

$$y = \frac{Y}{L} = \frac{K^{\alpha}L^{1-\alpha}}{L} \Rightarrow y = K^{\alpha}L^{-\alpha} = \frac{K^{\alpha}}{L^{\alpha}} = \left(\frac{K}{L}\right)^{\alpha} \Rightarrow y = k^{\alpha}$$

Utilizando esta función podemos calcular los valores del stock de capital, del output y del consumo por unidad de trabajo correspondientes al estado estacionario.

Para ello, comenzamos calculando el nivel de capital per cápita correspondiente al estado estacionario:

$$dk = 0 \Rightarrow sy - (n+\delta)k = 0 \underset{\substack{\uparrow \\ y=k^{\alpha}}}{\Rightarrow} sk^{\alpha} - (n+\delta)k = 0 \Rightarrow sk^{\alpha} = (n+\delta)k \Rightarrow \frac{s}{n+\delta} = \frac{k}{k^{\alpha}} \Rightarrow$$

$$\Rightarrow \frac{s}{n+\delta} = k^{1-\alpha} \Rightarrow k_{ss} = \left(\frac{s}{n+\delta}\right)^{\frac{1}{1-\alpha}}$$

Sustituyendo el valor del capital per cápita correspondiente al estado estacionario en la función de producción per cápita, el output por trabajador correspondiente al estado estacionario, sería:

$$y = k^{\alpha} \Rightarrow y_{ss} = (k_{ss})^{\alpha} = \left(\frac{s}{n+\delta}\right)^{\frac{\alpha}{1-\alpha}}$$

Por último, el consumo per cápita en el estado estacionario será:

$$c = (1-s)y \Rightarrow c_{ss} = (1-s)y_{ss} = (1-s)\left(\frac{s}{n+\delta}\right)^{\frac{\alpha}{1-\alpha}}$$

ENUNCIADO

Utilizando la hoja de cálculo que se le facilita en la plataforma, realice los siguientes ejercicios:

Ejercicio 1:

Suponga un país, llamado C, cuya función de producción agregada es como sigue: $Y_t = K_t^{1/2} L_t^{1/2}$

Suponga además que en este país no hay crecimiento demográfico y que todos los años se deprecia un 5% del capital. Suponga, además, que el país ahorra el 20% de la producción todos los años. Por último, suponga que en el periodo inicial el stock de capital per cápita es de 5 unidades.

a) Represente el estado estacionario de la economía. Para ello, calcule para valores del capital per cápita comprendidos entre 0 y 50, los valores de la producción per cápita, ahorro per cápita e inversión de sostenimiento per cápita. ¿Para qué valor del capital per cápita se alcanza el estado estacionario?

b) Calcule y represente la evolución del capital per cápita, del producto per cápita y del consumo per cápita en los 200 periodos siguiente. ¿Crecen o decrecen en el tiempo?

c) ¿Hacia qué valores parece que tienden estas tres variables?

d) Calcule y represente la evolución de las tasas de crecimiento del capital per cápita, del producto per cápita y del consumo per cápita. ¿Crecen o decrecen en el tiempo?

e) ¿Hacia qué valores parece que tienden las tasas de crecimiento?

Ejercicio 2:

Suponga que M es otro país idéntico a C. La única diferencia reside en que su stock de capital per cápita inicial es de 1 unidad en vez de 5 unidades.

a) ¿Cuál es la renta y el consumo per cápita de M en el año inicial? ¿Es más pobre o más rica que C?

b) Calcule y represente la evolución del capital per cápita, del producto per cápita y del consumo per cápita en los 200 periodos siguiente. ¿Crecen o decrecen en el tiempo?

c) ¿Hacia qué valores parece que tienden estas tres variables?

d) Represente en un gráfico, cómo evoluciona la renta per cápita de M como porcentaje de la renta per cápita de C. ¿Hacia qué valores parece que tiende esta variable?

e) Calcule y represente la evolución de las tasas de crecimiento del capital per cápita, del producto per cápita y del consumo per cápita. ¿Crecen o decrecen en el tiempo?

f) Compare la tasa de crecimiento promedio del capital y de la renta per cápita de C y M en los 30 primeros períodos.

Ejercicio 3:

Suponga que P es otro país idéntico a M. La única diferencia reside en que en vez de ahorrar el 20% de la renta, solo ahorran el 10%. Por lo demás, son idénticos.

a) ¿Cuál es la renta y el consumo per cápita de P en el año inicial? ¿Es más pobre o más rica que C? ¿Consume más o menos?

b) Calcule y represente la evolución del capital per cápita, del producto per cápita y del consumo per cápita en los 200 periodos siguiente. ¿Crecen o decrecen en el tiempo?

c) ¿Hacia qué valores parece que tienden estas tres variables?

d) Represente en un gráfico, cómo evoluciona la renta per cápita de P como porcentaje de la renta per cápita de C. Represente en otro gráfico cómo evoluciona el consumo per cápita de P como porcentaje del consumo per cápita de C.

e) Calcule y represente la evolución de las tasas de crecimiento del capital per cápita, del producto per cápita y del consumo per cápita. ¿Crecen o decrecen en el tiempo?

f) Compare la tasa de crecimiento promedio del capital y de la renta per cápita de C y P en los 30 primeros períodos.

g) ¿Puede sacar alguna conclusión que nos sea útil para explicar la experiencia de crecimiento de estos países?

Ejercicio 4:

Suponga que observa 11 economías con las siguientes características. Todas tienen la misma función de producción $Y_t = K_t^{0,4} L_t^{0,6}$ la misma tasa de depreciación (5%), la misma tasa de crecimiento poblacional (1%) y el mismo stock de capital inicial (1 unidad). Estas economías se diferencian en sus tasas de ahorro. La primera economía ahorra un 0% de su renta; la segunda un 10%; la tercera un 20%; y así sucesivamente hasta la decimoprimera economía que ahorra un 100%.

a) Calcule el stock de capital per cápita, la renta per cápita y el consumo per cápita a los que tienden cada una de estas economías, es decir, sus estados estacionarios.

¿Qué efectos tiene la tasa de ahorro sobre estas variables? Para responder esta pregunta, haga tres gráficos en los que incluya la tasa de ahorro en el eje de abscisas y cada una de estas variables en el eje de ordenadas.

Índice

D

E

F

G

H

I

L

M

N

O

P

R

S

T

U

V

www.ingramcontent.com/pod-product-compliance
Lightning Source LLC
LaVergne TN
LVHW020004031026
849161LV00029B/3080/J